憲法 I

総論・統治

第3版

毛利 透・小泉良幸
淺野博宣・松本哲治

YUHIKAKU

第3版　はしがき

　第2版刊行から約5年の間隔で，Legal Quest 憲法Ⅰ，Ⅱの第3版を刊行できることとなった。多くの読者に支えられて版を改めることができ，共著者一同，大変感謝している。

　第2版刊行から今日までの間には，新型コロナウイルス感染症という激震が世界を襲った。「ソーシャル・ディスタンス」やら「リモートワーク」やら，5年前にはほとんどの人が耳にしたことのなかった言葉が，今日ふつうに話されている。そして，憲法を学ぶ多くの者にとっても教科書で出会うだけの概念であった「緊急事態」が，世界の多くの国に加えて，日本でも全国を対象に実際に宣言されるという，まったく予想外の事態が発生した。緊急事態においては，人々がこれまで当然のように享受してきた各種の自由が，非常に強く制約される。このような制約の合憲性は，各国で重大な憲法問題を提起している。

　改版にあたり，もちろん我々も，コロナ禍によって提起された憲法問題を取り入れようとした。ただし，日本では，多くの活動制約が自粛要請というかたちで，つまり法的強制としてではなく，なされているために，正面からその合憲性を争う訴訟がごく少ないという特徴がある。これは，コロナに関する自由制約に対してすでに全く数えられないほどの訴訟が提起され，多くの判決が出されている他の立憲主義諸国の状況とは，まことに対照的である。それゆえ，実際にコロナに関して加えられた叙述は，分量的に多くはない。それでも，Ⅰ第1章「憲法総論」に新設した「緊急事態」についてのコラムや，Ⅱ第8章「経済活動の自由」の加筆箇所には，コロナ禍の憲法問題にいち早く対応する説明が，類書に先駆けて含まれていると自負している。

　もちろん，本書はコロナ関係以外の新たな立法・判例への対応も丹念に行っており，最新の憲法状況に即した叙述となっている。とくに，Ⅱ第1章「人権総論」での，外国人の人権享有主体性についての新たなコラムは，もはや憲法の教科書が，不法滞在（とされる）外国人の長期の身柄拘束など，外国人をめぐり現に発生している重大な人権問題を素通りすることはできないだろうという意識で加えられたものであることを記しておきたい。

　執筆の方針については，初版以来のやり方を踏襲している。共著者一同，さらに充実した内容の書籍を読者に届けられることをうれしく思う。もちろん，今後も読者の声などを参考に改善の余地を探っていきたい。

　今回は，共著者の打ち合わせもリモート会議で行った。その設営をはじめ，コロナ禍でも迅速に編集作業を進めてくださった有斐閣の一村大輔氏，小林久恵氏に，深く感謝する。次回の改訂の折に直接お会いできることを期待しつつ。

　2022 年 1 月

毛 利　　透

小 泉 良 幸

淺 野 博 宣

松 本 哲 治

初版　はしがき

　本書は，Legal Quest シリーズの憲法のうち，憲法総論と統治機構の分野を扱っている。有斐閣から，同シリーズの憲法をわれわれ4人で執筆してはどうかというお話をいただいたのは，もう3年以上前のことになる。われわれ4人には，憲法全体についてまとまった体系的叙述を行うにはまだ若輩すぎるという危惧もないではなかった。しかし，Legal Quest シリーズが，本格的に勉強する意欲をもった学部生を対象にするというコンセプトで構想されており，また十分なページ数によって著者の見解を展開することを確保するものであると聞き，われわれのこれまでの研究教育の成果を披露するのに最適の機会であろうと考え，執筆をお引き受けしたものである。実際に執筆を始めてからは，何度も会合を開き，互いの原稿について忌憚ない意見をぶつけあって，少しでも充実した中身となるよう努力を重ねた。

　本書の構成は，憲法総論・統治機構のテキストとしてオーソドックスなものである。内容も，オーソドックスな見解を書き漏らすことはないよう注意したが，しかし著者独自の見解を示すことを遠慮してはいない。知的関心を有する読者には，そこかしこに個性的叙述があらわれる著作の方が読んでいて面白いであろうし，逆にそのような叙述をふまえて考えることで，いわゆる通説・多数説の意義もより深く学べるはずである。この執筆の自由を確保するため，叙述内容についての最終的な責任は，各分担執筆者が負うということにしている。なお，概説書としての性質上，他の学説の出典は，特にそれを挙げることに意味があると考えられる非常に限定的な場合にしか明示していない。この点については，あらかじめご寛恕を請うものである。

　本書では，特に重要な判例は，本文とは切り離して長く引用する方式をとった。これは，憲法の現実の解釈運用について本格的に学ぶには判決文そのものを読んでほしいというわれわれの期待によるものである。ただし，本書はもちろん判例集ではないので，このような措置ができたのはごく一部の判例にとどまる。読者の皆さんは，できれば判例集などで，本文中で引用・参照されている判例にあたっていただきたい。また，各章にいくつかのコラムを設けたが，これは，各執筆者が読者の関心を引きたいと思うテーマを自由に選んだものである。読み進む際に一息つく場となっていれば幸いである。各章末の練習問題は，事例問題というほどのものではない。むしろ，学んだ内容をふまえた頭の体操のようなつもりで，チャレンジしてもらえればと思う。

　われわれ4人は，本書を，当初の目論見どおりかなり中身の濃いものとして書き終えることができたと自負している。学部生だけでなく，法科大学院生が演習に臨むために

必要な知見を得るためのテキストとしても，十分活用できるであろう。本書が広く活用されれば，著者としてこれほどうれしいことはない。もちろんわれわれは，本書にまだまだ改善の余地があることも十分承知している。読者の皆さんの感想を受けて，将来，本書をよりよいものにする機会がもてることを望んでいる。

　最後に，幾度にもわたった会合のお世話を含め，本書の企画から出版にいたるまで万般のご配慮をいただいた，有斐閣の土肥賢氏，一村大輔氏には深く感謝したい。本書に学生用テキストとしての細かな気遣いが見られるとしたら，その多くは両氏の示唆によるものである。

　2010 年 12 月

毛 利 　 透

小 泉 良 幸

淺 野 博 宣

松 本 哲 治

第 2 版　はしがき

　このたび，Legal Quest 憲法 I，II の第 2 版を刊行できることを，共著者一同とてもうれしく思っている。初版では両巻の刊行に数年のタイムラグが生じたため，叙述の基準時がずれてしまい，巻をまたぐクロスレファレンスも不十分なものにとどまらざるを得なかった。また，我々にとって本格的な概説書の執筆は初めての経験だったので，後から読み返すとまだ改善の余地があると思わざるを得ない箇所もあった。

　このたびの改版にあたっては，初版刊行時以降の判例・学説の進展を織り込むことはもちろん，読者の方々からの声も参考にしつつ，憲法の現在の姿をより的確に伝えることができる内容となるよう，共著者一同で努力した。初版執筆時と同様に，各々の原稿を持ち寄り，忌憚のない意見交換を行って叙述の改善に努めた。このような過程を経て，本書はさらに充実した内容をもつものとなったと，確信をもっていうことができる。

　もっとも，執筆の基本方針は初版と変わらない。判例・実務や学界の通説・多数説について十分な知識を伝えるとともに，重要な論点については学界での議論状況についても詳しく説明している。その際，著者各々の見解も遠慮せず示すことにしている。その方が，読者に学界での議論の意義について，より身近に読み取ってもらえるだろうとの考えからである。この方針の反映として，第 2 版においても，叙述内容についての最終的な責任は，各分担執筆者が負う。また，他の学説の出典を限定的にしか記していない

ことも初版と同様であり，この点には引き続きご寛恕を願う。

　特に重要な判例を十分なスペースをとって引用するという方針も，踏襲した。類書と比較して，本文中でも判例を比較的長く引用している。これも，初版同様，読者にできるだけ判例の原文に触れ，自分の頭で考える素材にしてもらいたいとの考えによる。学部レベルの学修なら，判例集を別に準備しなくてもよい程度の引用はしているつもりであるが，さらに知見を広めたい方のために，判例索引には『憲法判例百選（第6版）』の番号を付記している。

　共著者一同，この第2版は，質量ともに，憲法を本格的に学ぼうとする方々の期待を裏切らない内容になっていると自負している。むろん，何事にも完全無欠ということはない。今後とも読者の方々からのご指摘を得て，内容の改善に努めていきたいと思っている。

　最後に，改訂作業にあたっても万事に行き届いたお計らいをいただいた，有斐閣京都支店の一村大輔氏に深く感謝する。

　　2017年2月

毛利　透

小泉良幸

淺野博宣

松本哲治

◁ 判　例 ▷

目　次

執筆者紹介

毛 利　透（もうり・とおる）
　　京都大学大学院法学研究科教授
　　《第 *1* 章，第 *4* 章執筆》

小 泉 良 幸（こいずみ・よしゆき）
　　関西大学法学部教授
　　《第 *2* 章，第 *3* 章執筆》

淺 野 博 宣（あさの・ひろのぶ）
　　神戸大学大学院法学研究科教授
　　《第 *5* 章，第 *6* 章執筆》

松 本 哲 治（まつもと・てつじ）
　　同志社大学大学院法務研究科教授
　　《第 *7* 章〜第 *9* 章執筆》

凡　例

1　法　律　等

家　事	家事事件手続法
家　審	家事審判法（旧法）
議　院	議院法（明治憲法下の法律）
議院証言	議院における証人の宣誓及び証言等に関する法律（議院証言法）
基本法	ドイツ連邦共和国基本法（Grundgesetz für die Bundesrepublik Deutschland）（ドイツ基本法）
行　訴	行政事件訴訟法
行　組	国家行政組織法
行　手	行政手続法
警	警察法
刑	刑法
刑　訴	刑事訴訟法
刑訴規	刑事訴訟規則
検　審	検察審査会法
憲　法	日本国憲法　＊特に表記がない場合，本書では日本国憲法を指す。
皇室経済	皇室経済法
公　選	公職選挙法
国際平和支援	国際平和共同対処事態に際して我が国が実施する諸外国の軍隊等に対する協力支援活動等に関する法律（国際平和支援法）
国民投票	日本国憲法の改正手続に関する法律（国民投票法）
国連憲章	国際連合憲章（Charter of the United Nations）
国　会	国会法
国　公	国家公務員法
裁	裁判所法
財	財政法
裁　限	裁判官分限法
最事規	最高裁判所裁判事務処理規則
裁　審	最高裁判所裁判官国民審査法
裁　弾	裁判官弾劾法
裁判員	裁判員の参加する刑事裁判に関する法律
裁判傍聴規	裁判所傍聴規則
参　規	参議院規則
自　衛	自衛隊法

事態対処	武力攻撃事態等及び存立危機事態における我が国の平和と独立並びに国及び国民の安全の確保に関する法律（事態対処法）
自　治	地方自治法
衆　規	衆議院規則
重要影響事態	重要影響事態に際して我が国の平和及び安全を確保するための措置に関する法律（重要影響事態法）
政　資	政治資金規正法
政党助成	政党助成法
知財高裁	知的財産高等裁判所設置法
地　税	地方税法
典	皇室典範
独　禁	私的独占の禁止及び公正取引の確保に関する法律（独占禁止法）
内	内閣法
内閣府	内閣府設置法
日米安保条約	日本国とアメリカ合衆国との間の相互協力及び安全保障条約
PKO協力	国際連合平和維持活動等に対する協力に関する法律（PKO協力法）
犯罪被害保護	犯罪被害者等の権利利益の保護を図るための刑事手続に付随する措置に関する法律
非　訟	非訟事件手続法
弁　護	弁護士法
法適用	法の適用に関する通則法
民　訴	民事訴訟法
明　憲	大日本帝国憲法（明治憲法）

　上記の他については原則として，有斐閣六法の法令名略語を用いることとした。

2　判　決

大判（決）	大審院判決（決定）
最大判（決）	最高裁判所大法廷判決（決定）
最判（決）	最高裁判所判決（決定）
高判（決）	高等裁判所判決（決定）
地判（決）	地方裁判所判決（決定）

3　判決登載誌

U. S.	United States Supreme Court Reports
民　集	大審院民事判例集
民（刑）集	最高裁判所民事（刑事）判例集

高民（刑）集	高等裁判所民事（刑事）判例集
下刑集	下級裁判所刑事裁判例集
行　集	行政事件裁判例集
訟　月	訟務月報
家　月	家庭裁判月報
裁　時	裁判所時報
新　聞	法律新聞
判　自	判例地方自治
判　時	判例時報
判　タ	判例タイムズ
金　判	金融・商事判例

　上記文献および裁判所ウェブサイトに掲載のない判例について，LEX/DB および Westlaw Japan の文献番号を補った。

4　文　献

芦　部	芦部信喜（高橋和之補訂）『憲法〔第 7 版〕』（岩波書店，2019 年）
清　宮	清宮四郎『憲法 I〔第 3 版〕』（有斐閣，1979 年）
クエスト憲法 II	毛利透＝小泉良幸＝淺野博宣＝松本哲治『憲法 II　人権〔第 3 版〕（LEGAL QUEST シリーズ）』（有斐閣，2022 年）
佐　藤	佐藤幸治『日本国憲法論〔第 2 版〕』（成文堂，2020 年）
佐藤（青林）	佐藤幸治『憲法〔第 3 版〕』（青林書院，1995 年）
杉原 I・II	杉原泰雄『憲法 I　憲法総論』・『憲法 II　統治の機構』（有斐閣，1987 年・1989 年）
高　橋	高橋和之『立憲主義と日本国憲法〔第 5 版〕』（有斐閣，2020 年）
野中ほか I・II	野中俊彦＝中村睦男＝高橋和之＝高見勝利『憲法 I・II〔第 5 版〕』（有斐閣，2012 年）
長谷部	長谷部恭男『憲法〔第 8 版〕』（新世社，2022 年）
樋　口	樋口陽一『現代法律学全集　憲法 1』（青林書院，1998 年）

第1章

憲 法 総 論

　本章では，憲法という法規範の特徴についての総論的説明を行う。まず，第 1 節で憲法に関する諸概念を説明するが，その際には近代的意味の憲法の中心的内容である立憲主義の観点からの理解が必要である。第 2 節では，立憲主義の諸原理のうち，他の章でまとめて扱わないものを詳しく説明する。第 3 節では，日本における憲法規範の法的性格について，視野を不文法にまで広げながら扱う。第 4 節では，憲法規範の効力を守るための特別の法観念や憲法の規範内容の変化のあり方について，論じる。

第 1 節　憲法の意味と分類

1 形式的意味の憲法と実質的意味の憲法

(1)　両概念の内容

　日本には「日本国憲法」と題する法規範があり，この法規範は「国の最高法規」を自任している（98 条 1 項）。「憲法（英語では Constitution）」という名称の法は，現在多くの国で同様に，その国の最高位に位置する法規範として制定され，妥当している。これを「形式的意味の憲法」と呼ぶことができる。成文憲法ともいう。イギリスには憲法がないといわれるときの「憲法」とは，この形式的意味の憲法を指す。他方，「憲法」という名称をもっていなくても，法規

範としての地位がそれに該当する場合には「形式的意味の憲法」と呼ぶことができよう。知られた例としては，ドイツが挙げられる。第二次世界大戦後，東西に分裂して独立することになったという状況の中で，旧西ドイツはあえて「憲法（Verfassung）」の語を避け，暫定的な秩序を定めるという含意で「基本法（Grundgesetz）」という名称を採用した。ところが，1990年の東西統一は新憲法制定ではなく基本法妥当領域への旧東ドイツの編入という形をとり，「基本法」は，名称はそのままに，暫定性を払拭した全ドイツの最高法規となったのである。

　形式的意味の憲法が1つの法典に体系化されている場合，これを「憲法典」と呼ぶこともある。多くの国では，憲法典のみが形式的意味の憲法を構成するが，オーストリアのように，憲法典以外にも，法律中の特定の規定が憲法としての効力を有することが認められている国もある。形式的意味の憲法の規定が多くの法律中に分散して存在しているわけである。

　これに対し，国家における統治制度の構造や権限分配の基本的定めのことを「実質的意味での憲法」と呼ぶことがある。この意味の憲法は，イギリスも含めあらゆる国家に存在することになる。また，形式的意味の憲法がわざわざ制定されるのは，国家統治における重要事項をそこに書き込んでおくためであるから，この憲法を有する国では，両者の内容は広く一致する。もっとも，国家統治にとって何が「基本的」な定めかの判断は様々でありえる。

(2) 形式的意味の憲法の実質的意義

　「形式」と「実質」を対置させると，「実質」の方が大事だという印象をもつ人も多いかもしれないが，ことはそう単純ではない。国家統治の重要事項を「憲法」という特定の形式をもって規定し，国政をこれに従わせようとする考え自体が，近代的な法観念を前提にしているからである。人類の歴史を眺めれば，非常に長い間，憲法典など存在せずとも政治は行われてきた。しかし今日では，形式的意味の憲法を有しない国家はほとんどない。国家が新たに独立する場合には，まず新憲法を制定することが当然のようになっている。憲法典なくして政治はありえないと考えられているのである。

　前近代には一般に，社会秩序——それは身分制と不可分一体のものであった

——は人間にとって所与であり，変えられるものではないと理解されていた。各人は所属する身分に応じた社会的地位と権限を有する。国家全体の秩序もこのような身分制によって構成されており，人為的につくり出せるものだとは考えられていなかった。ヨーロッパにおいてこのような前近代的秩序をまず破壊しようとしたのは，絶対王政を目指す国王権力であった。権力の拡大を求める国王は，様々の既得権を主張する貴族など諸身分の妨害を乗り越えるため，自ら国家の秩序を人為的に決定・変更する権限をもつ「主権者」であると主張した。国家を集権的に統治する権力，主権的な「国家権力」はこうして誕生していった。

　しかし，国王への権力集中が進むと，それへの抵抗も激しさを増す。絶対王政がすでに身分制秩序を掘り崩していたのだが，発達しつつあった近代思想は，身分から解放された諸個人の自由と平等を基礎に国家構造を考えようとする。国家の秩序が人為的に形成できるなら，なぜその権限を特権的身分の最たるものである国王が有しているのか，合理的に説明することが困難になる。主権者は自由かつ平等な諸個人の集合たる国民であり，国政はその国民が定めた規範に従ってなされなければならない。この考えが，アメリカやフランスの近代市民革命，そしてそれに伴い始まった，国政の基本事項を「憲法」という形式をもって積極的に定めるという営みを生み出したのである。国家は，国民が定めた憲法によってはじめて構造を得て，活動できるようになる。これは，前近代的な社会のあり方との根本的断絶であった。逆に，イギリスが形式的意味の憲法をもたないのは，名誉革命が諸身分の有する「古来の権利と自由」の回復（1689年権利章典）という形で決着し，前近代と論理的断絶を経なかったことに起因する。イギリス政治の近代化は，国王や議会の権限が徐々に変質していくことによってなされたのである。

　このように，形式的意味の憲法を制定しそれに従って政治を行うということが，元来は革命的な意味をもっていた。今日でも，一定の形式の憲法に政治を従わせること，そしてこの憲法内容の変更によって，国政の基本的なあり方を変革できることの意味は大きい。形式的意味の憲法に何が定められているかをそれ自体として探求の対象にすることには，したがって，重要な意義がある。

2 立憲的・近代的意味の憲法

上に述べたように，最高の法規範として憲法を制定するという営みは，近代的な社会思想の実践であり，それゆえ制定される憲法の中身もそれに見合ったものであることが求められた。具体的には，身分制秩序から解放された諸個人の自由と平等を確保し，そのために絶対的な権力者をおかず国家権力を分割して配置するというものである。1789年フランス人権宣言16条の「権利の保障が確保されず，権力の分立が定められていない社会は，すべて憲法をもつものではない」という規定は，近代の憲法がこのような特定の内容を有する必要があることを示すものとして，しばしば引用される。このように，国家権力の分割・制限を通じて国民の権利を確保しようとする考え方を「立憲主義」と呼び，立憲主義を内容とする憲法を「立憲的意味の憲法」，ないし「近代的意味の憲法」という。これに対し，特定の内容であることを求めず，およそ国家統治の基本を定めた憲法を広く「固有の意味の憲法」と呼ぶことがある。これは，憲法のあり方は立憲主義に基づくものだけではないという考えによる用語法であるが，立憲主義に基づかない憲法がその名に値するのか本来疑問である。今日では，憲法は立憲主義を基本的内容とすべきだということは広く認められているといってよかろう。

国家権力を制限する考えを広く立憲主義と呼ぶならば，そのような思想は絶対王政以前の前近代にも広く存在した。封建的身分制秩序は，各身分の既得権の体系であって，上位身分の支配権もこの「古き良き法」によって制限されていた。これに対し「近代」立憲主義の特徴は，諸個人が身分的拘束を離れて自由かつ平等な存在であることを前提にし，彼らが生まれながらにして有するこの「人権」を確保するために国家を構築し，同時にその権力を制限するというところにある。J・ロックの社会契約論は，典型的な形で，各個人が自然状態で有するプロパティ（各人にとって proper なもの，自然権と考えてよかろう）を十分に確保するため，契約を結んで政治社会を形成し，権力者に限定的な権力を「信託」するという道筋を示している。自然状態では各人の自然権が十分に保障されないから国家権力が必要とされるのであるが，一方でこの人為的産物たる国家権力は執行権を独占するがゆえに非常に危険でもあり，その目的がプロ

パティの保全にあることが強調され，かつ権力の分割による限定が求められる。さらに，「信託」が破られた場合には，国民は服従義務から解放され「抵抗権」を有することになるというのも，有名な主張である（ロック『市民政府論』）。

　日本国憲法は，国民主権や基本的人権の保障，権力分立を定める，立憲的・近代的意味の憲法である。したがって，その解釈にあたっては，近代立憲主義の観点からの考察が欠かせない。その多くの条文は，豊潤な思想史的背景を有しているのである。そのため，欧米立憲主義諸国の憲法史の理解が，日本国憲法解釈にあたっても重要な意味をもつことになる。むろん，立憲主義を内容とする諸憲法の間にも，多くの差異があるのは当然である。諸憲法の比較は，それぞれの国なりの立憲主義のあり方を知ることを通じ，日本国憲法の選択の意味を理解することにも役立つであろう。立憲主義の内容をなす諸原理については，第2節で詳しく扱う。

❸ 硬性憲法と軟性憲法

　憲法改正要件が通常の法律よりも加重されているかどうかを基準として，硬性憲法（加重されているもの）と軟性憲法（加重されていないもの）が区別されることがある。イギリスは軟性憲法であるとされるが，この場合，「憲法」の語は実質的意味で使われていることになる。形式的意味の憲法が軟性憲法であることは，ほとんどない。憲法規定が法律と同じ手続で改正されてしまっては，それに法律よりも高い効力を与える意味が大幅に失われるから，当然といえる。また，立憲主義原理は権力制限を主たる内容とするため，それを緩めたいと考えることが多いであろう権力者に対し，厳しい条件をつきつけておく現実的必要性も高い。具体的には，議会での憲法改正案可決に単純過半数を超える特別多数を要求したり，国民投票での可決を要求したりすることが多い。日本国憲法はこの双方を憲法改正に要求しており（96条1項），比較法的には硬性さのかなり強い憲法だといえる。

　ただし，憲法改正要件の厳格さと実際に憲法改正がなされる頻度とには，必然的な関係はない。ドイツの基本法は，改正に連邦議会と連邦参議院という両院で総票数の3分の2以上の同意を要求する硬性憲法であるが，年中行事のように改正されている。国民投票前の改正発議に同様の要件を課す日本国憲法

について，まだ一件の発議も行われていないこととはまことに対照的であるが，その原因が，憲法の定めではなく両国の憲法をめぐる政治状況の相違にあることはいうまでもない。

4 民定憲法と欽定憲法

以上述べたように，市民革命期の憲法制定は，国民が主権者として国家統治のあり方を新たに定めるという意味をもっていたから，その制定主体は当然国民であった。これに対し君主は当初，自らの身分に基づく権力が形式的な法典にしばられることを嫌い，憲法という法形式に対して敵対的であった。しかし，19世紀になると国王の専制政治に対する批判が高まり，特に新興ブルジョワジーを中心に自分たちの意向を国政に反映させ権利を拡大するために，議会の開設・強化を求める運動が盛んになった。そこで，多くの国の君主は，国の主権者は自分であるという建前を保持しつつ，自らが憲法を制定して，国民に一定の権利を恩恵として与え，かつ議会への政治参加の途を開くという方策をとった。こうして成文憲法典は君主制国家でも一般化していった。このような状況下で，国民を制定者とする憲法を民定憲法，国王を制定者とする憲法を欽定憲法と呼ぶ分類がなされることになる。

君主制が残っていても，それを含む憲法を国民が定め，いわば国民が君主の地位と権限を確定するような場合，その憲法は当然民定憲法である。フランス最初の成文憲法である1791年憲法や日本国憲法はその例である。これに対し，ナポレオン支配崩壊後の王政復古に伴うフランスの1814年「憲法憲章」（あえて革命期の「憲法」という名称を避けた），1848年に3月革命を弾圧しつつ制定されたプロイセン憲法，そしてこのプロイセン憲法を参考にした大日本帝国憲法（明治憲法）などは，欽定憲法の代表例である。欽定憲法は，国王が立憲政治を求める国民の要求に妥協する形で制定するものである。議会の権限や国民の権利保障が不十分にしか確保されていない場合が多い。しかし，それでは真の意味の立憲主義が実現されていないと考える人々は，これを「外見的立憲主義」にすぎないとして批判した。この概念は，特に19世紀ドイツの状況を指して使われることが多い。

両者の中間的形態として，君主と国民との合意に基づく協約憲法もあるとさ

れる。1830年のフランス憲法憲章は，7月革命後に即位した新国王が議会の同意を得て制定したものであり，協約憲法の一例とされる。

5 近代型憲法と現代型憲法

(1) 近代型憲法

近代立憲主義は，国民各人の権利を十分に確保するために中央集権的な国家を設立すると同時に，その国家が権利侵害主体とならないよう法的にしばることを目的としていた。国家権力の存在を前提とすれば，当然ながらそれへの拘束という側面が強く現れることになる。憲法は権力の制限規範であるといわれるのもそのためである。そこでは，各個人は人権主体として権利をすでに有しているものと考えられ，国家にはその権利を不当に侵害しないことが求められる。このような，消極国家とか夜警国家（夜警しかしないという揶揄を込めた名称）と呼ばれるものが，近代立憲主義が典型的に想定する国家像であった。この段階の憲法，具体的には革命期から19世紀の諸憲法を近代型憲法と呼ぶことができる。ただし，この点についてはいくつかの注意が必要である。

まず，人権主体たる自由かつ平等な個人は，実際には市民革命によってつくり出されたという面をもつ。樋口陽一はこのことを「主権と人権の密接な相互連関と緊張」という形で強調した。国家主権と個人の人権は単に対立しているだけではない。主権国家こそが個人を身分制秩序から解放し，自由な個人を現実化したという面がある（樋口28頁〜29頁）。革命期フランスにおいては，自由の強制ともいうべき事態によって，社会構造の変革が強引に行われ，立憲主義の担い手が創出されていった。国家は個人を析出するという積極的な役割を果たしていたわけである。国家がこのような積極的役割を果たさず，身分制秩序の解体が徐々にしか進まなかったドイツは，上述のように，立憲主義の進展においても遅れをとることになった。

また現実には，解放された諸個人は本当にすべての人々ではなかった。女性は男性よりも劣った権利しか与えられなくて当然と考えられていた。アメリカでは，植民者の多くが文字どおりヨーロッパ旧秩序からの自由を求めた人々であり，独立革命にも自然権思想や社会契約論が大きな影響を与えたのであるが，他方で黒人奴隷は人権主体としては扱われなかった。これらの差別は，性別や

人種による自然的相違によって正当化されていた。また，議員の選挙権は「財産と教養」をもつ者に限られていた（制限選挙）。詳しくは後述するが，「国民」の意思を表明できるのは日々の生活に追われず公益を考慮できる人々だけであるという思想によって，多くの人々は選挙から排除されていたのである。

(2) 現代型憲法への展開と注意すべき点

19世紀半ば以降，資本主義経済の発展に伴って貧困な労働者層が増大すると，そもそも何も有していない者に権利を保障してやるといってもそれは絵に描いた餅だとの批判が高まった。人々が自由を有して存在していることを前提とする立憲主義は，自らの労働力を売る自由しかない労働者階級から，その理論的前提の不存在を批判されるに至ったのである。彼らはまた，政治は現実の人々の要求を反映すべきだとして，普通選挙など政治参加の拡大も求めた。このような状況の中，国家は次第に積極的に社会保障や経済政策に乗り出すことになる。「積極国家」とか「社会国家」，「福祉国家」と呼ぶ国家のあり方である。憲法レベルでこのような思想を取り入れ，最初の現代型憲法ともいわれるのが第一次世界大戦後のドイツのワイマール憲法である。同憲法は，「所有権は義務を伴う。その行使は，同時に公共の福祉に役立つべきである」（同憲法153条3項）という有名な条文や，労働者の団結権保障（同憲法159条），社会保険制度の創設（同憲法161条）など，社会国家的規定を多く含んでいた。また，同憲法が男女の普通選挙を認めているのも，非常に早い例である。日本国憲法を含む第二次世界大戦後の諸憲法にも，同様の条文を有するものが多い。

現代型憲法は，国民が現実に自由に生活できているかに国家が関心をもつべきだという思想を背景とする。しかし，この考えは，国家は諸個人の自由な生き方を尊重し，できるだけ干渉すべきでないという近代立憲主義と一定の緊張関係にある。極端になると，現代国家の任務は国民の福祉を守ることであり，もはや名目的な自由の確保を優先する必要はないという考えに至る危険もある。しかし，労働者の権利を実現するはずの社会主義諸国が，自由を軽視ないし無視した結果，どのような末路をたどったか，今日の我々はよく知っている。それらの姿は，端的に専制国家と呼ばれるべきものであった。

また，現代型憲法は国民の政治参加を促進している。政治は現実の国民の要

請に応え，社会に介入してその生活を改善していくべきものだという考えが支配的となった。男女普通選挙は当然の要請となり，国民による直接立法を取り入れる憲法も多い（ワイマール憲法は，直接立法を大幅に取り入れた点でも画期的であった）。しかし，この民主主義の進展も，国家権力が国民の意思に従って行使されるのであれば，かつてのように警戒する必要はない，という形で立憲主義の今日的意義を弱める論拠として使われることがある。だが，そもそも国民の意思が1つにまとまることは，諸個人の自由が確保されている限りありえない。民主的決定においても必ずそれに賛同しない人々が存在するのであり，国家権力行使が彼らの権利を不当に侵害しないよう制限をかけておくことは，やはり重要である。特に，社会構造上固定的な少数派が存在するような場合，「民意」の名でその権利が害されないよう注意する必要性は高い。

　現代型憲法においても，近代立憲主義の基本的な立場は維持されなければならず，その中心的意味は依然として国家権力への制限に存在する。国家権力に求められるのは，諸個人ができるだけ実際に自由かつ平等な地位を確保できるよう支援することであり，自らが考える良き生き方を押し付けることではない。このことは，現代国家において国家権力，特に行政権が肥大化する傾向を有しているだけに，強調されるべきである。

　一方，今日では，経済活動は諸主体が自由に活動する市場にまかせる方が効率的であり，市場を歪める国家介入はできるだけ避けるべきだという思想（「新自由主義」とか揶揄的に「市場原理主義」といわれる）が再び広がりを見せている。冷戦が終わり資本主義にとっての体制的脅威が消滅した後，19世紀的な純粋資本主義への先祖返りが望まれているかのようである。このような思想は，国家による介入に警戒的である点においては，近代立憲主義とも整合的である。とはいえ，生活に苦しむ人々から市場への規制を求める声が高まったとき，それを国家の役割にあらずといって見捨てるのも，人々の現実の自由に関心を寄せるべき現代国家としての役割を放棄することになる。日本国憲法は25条の条文などから現代型憲法としての特徴を明確に有しているといえ，国家の役割を消極的にのみ捉えるのは，この憲法の立場と合致しない。国家には，そのときどきの状況に応じて，自由を確保しつつ社会福祉を増進していくことが求められている。

第2節　立憲主義の諸原理

1 国民主権

　上述のとおり，近代国家をつくり出したのは，身分制秩序から解放された自由かつ平等な諸個人からなる「国民」である。政治のあり方を決める最高の権威は国民が有するという考え方を「国民主権」と呼ぶ。1789 年のフランス人権宣言 3 条は，「あらゆる主権の淵源は，本来的に国民にある」と述べており，特にフランスにおいて主権は重要な概念として扱われてきた。

　ただし，主権概念はまた多義的でもある。国民に主権があるということから，具体的にどのような法的要請が発生するのかは明確でない。特に，長い間「国民主権」という名の下でも制限選挙が当然視されてきたことは，そこでの「国民」とは一体誰のことなのか，「主権」をもつとはどのような権限を有することなのかという問題を浮上させる。

　諸外国と同様日本でも，「国民主権」については長く豊かな論争が展開されてきた。この議論の詳しい解説は，本書第 3 章に譲る。

2 権力分立

　国家権力がそれぞれ別々の権限をもつ複数の機関に分けられるべきだという考えを「権力分立」と呼び，これは一貫して近代立憲主義の基本的内容とされてきた。通常，国家権力はその作用によって立法・行政・司法に分けられ，それらを相異なる機関に担当させることにより，権力の濫用を防ごうとする。ただし，それらの諸作用をどのように規定するか，そしてどのように分配するかについては，歴史的に様々の主張および実践がなされてきた。権力分立といえばモンテスキューが有名であるが，ロックや J‒J・ルソーも権力分立論を説いている。日本国憲法の権力分立の特徴を知るためにも，権力分立の諸類型を概観しておこう。以下，行政権・司法権の代わりに，比較法的な議論でより一般的な，執行権・裁判権という用語を用いる。

(1)　モンテスキューの理論

　モンテスキューは権力分立論者ではあるが，近代的な社会契約論者としては名前が挙がらない。それは，モンテスキューの理論が身分制秩序を前提としたものだったからである。もともと，身分制秩序では各身分がそれぞれの既得権を有して相対峙しているのであるから，権力は当然分立させられていた。ところが，フランス絶対王政はこれを破壊して国王に権力を集中させようとした。モンテスキューは，この試みに対し，当時（18世紀前半）のイギリスを参考にして権力分立を説き，貴族身分の権益を新たな装いで正当化しようとしたのである。当時のイギリスは名誉革命後の「議会主権」を確立させており，国王と議会の二院（貴族院と庶民院）が協調して政治を行っていた。とはいえ，この体制は今日的な議会制民主主義とは全く異なる。革命後とはいえ，国王や貴族院はまだ実権を有しており，庶民院議員の選挙権もごく限られた富裕層にしか与えられていなかったため，実際には社会の上流階層の協調によって政治が行われていたといってよい。

　モンテスキューは，イギリスを参考に，立法権と執行権を分離し，執行権は国王に委ねる一方で，立法権は議会と国王が有するという体制を理想とした。国王は単独での立法を許されないが，議会が可決した法案への拒否権を有しつづける。議会が「唯一の立法機関」ではないことに，注意が必要である。モンテスキューは，国王が議会の可決した法律に常に従わなければならないとすると，その地位が完全に議会に従属してしまうと考え，立法への拒否権を残したのである。このように，モンテスキューの権力分立論は，相異なる国家作用を複数の機関に分けるという側面だけではなく，同一の国家作用に複数の機関が関与することによる相互抑制・均衡（checks and balances）の視点も強く有していた。

　では，モンテスキューは裁判権についてはどのように考えていたのか。有名なのは，裁判官は「法の言葉を語る口」である，あるいは裁判権は「いわば無」であるとして，その権力性を否定する箇所である。したがって，彼の論理においては，裁判権は正面から「権力」分立の土俵には乗ってこない。ただし，これは裁判権が本来無害なものであるという意味ではない。モンテスキューはむしろ，裁判権は潜在的に大変危険な権力であるから，積極的に「無」にすべ

きだと考えていたのである。前近代においては法の制定と適用ははっきり区分
されておらず，むしろ事件の解決にあたる裁判官がその都度法を「発見」する
と考えられていた。しかし，特に社会秩序の変動期に何が法かが不明確化する
と，このような裁判権に対しては，恣意的な判断の危険が強く意識されること
になる。モンテスキューは，裁判権を，すでに制定された法を適用して個別の
事件を解決するだけの作用に限定しようとしたのであり，裁判所を常設の機関
としないなど権力性を与えないための具体的工夫も提唱している（モンテスキ
ュー『法の精神』〔特に第11編第6章「イギリスの国制について」〕）。

(2)　諸国の統治機構のあり方

　現実の立憲主義諸国が採用してきた権力分立は，このようなモンテスキュー
の理論とは，多かれ少なかれ異なっている。比較的類似しているのは，むろん
君主制と共和制という相違はあるが，アメリカ合衆国の統治体制である。大統
領と連邦議会が存在し，後者は連邦制における州代表の集まりである上院と国
民代表たる下院に分かれる。執行権は大統領が有し，立法には上下両院の可決
にプラスして大統領が拒否権を行使しないことが求められる。立法段階で諸機
関の相互抑制・均衡が働くよう考慮されている。ただし，裁判権の評価は大き
く異なり，アメリカには，立法への違憲審査権を含む強力な裁判所が存在して
きた（実は明示的に違憲審査権を認める憲法規定は存在しないのだが）。これを一種
の立法拒否権と考えると，裁判所も立法についての抑制・均衡の一翼を担って
いることになる。

　これに対し，イギリスの権力分立は，その後モンテスキューの観察した姿か
ら大きくずれていくことになる。重要なのは，国王の家臣であった大臣たちが
次第に国王から独立した集合体である内閣を形成し，その内閣が国王だけでな
く議会の信任にも依存すべきだと考えられるようになっていったことである。
国王権力がより形骸化すると，内閣の存続は一元的に議会によって決せられる
ことになる。また，議会においても，選挙権の拡大とともに，国民から選ばれ
る庶民院が貴族院よりも優越するという思想が強まり，内閣は実質的には庶民
院の信任に依存するようになった。議院内閣制の成立である。内閣は立法権を
有するわけではなく，その限りでは議会に服する。ただし，イギリスの内閣は，

国王が有していた庶民院の解散権を実質的に受け継いだので，これを用いて立法過程に政治的な影響力を与えることができる（この解散権は 2011 年にいったん制限されたが，その後 2022 年の法律で復活した）。また，政治的には，二大政党制によって選挙で多数党が明確に定まり，その党首が内閣総理大臣になる慣行が成立したことによって，議院内閣制の安定がもたらされた。他方，フランス第3 共和制でも同様に議院内閣制が進展したが，ここでは，憲法上大統領が有していた解散権を内閣が受け継ぐ慣行が成立せず，内閣は議会に有効な影響力を行使できなかった。また，多党制状況で，内閣は議会によって頻繁に交代させられた。いずれにせよ，議院内閣制において執行権は内閣という合議体が担い，それは立法権を有する議会の信任に依存することになる。ここでは，立法への複数機関の参与は求められておらず，立法権と執行権を議会と内閣という別々の機関に配分した上で，両機関の地位に一定の関係を設けるという「分立」がなされていることになる。

　日本国憲法も議院内閣制を採用したと一般に解されているが，衆議院解散権についての明示の規定を欠くため，この体制を上記のイギリス型と解するかフランス型と解するか，憲法解釈上の議論があった。詳しくは本書第 6 章で扱う。また，日本国憲法が定めるように議会が立法権を独占するとなると，その権限が濫用されないよう歯止めを設ける必要性への意識が高まる。もちろん裁判所の違憲審査権はその一例であるが，「法律」概念自体を「一般的規範」へと限定し，議会は個別的規範を制定できない——それは執行権に留保される——という理解もこのような関心に対応する。ルソーは，人民主権を提唱しつつ，人民は一般的規範のみを定立することができるのであり，その個別の適用は別の執行権者に委ねるべきだと述べている。そうしなければ法律の正しさが確保されないからである（ルソー『社会契約論』〔特に第 2 編第 4 章「主権の限界について」，第 3 編第 4 章「民主政について」〕）。立法者は具体的事件を前提とせずに一般的な法律を制定し，執行者はその法律を変える権限を有さず，具体的状況に応じてそれを執行する。こうして権力の濫用を防止することができるということになる。日本国憲法の解釈論においてこのような見解をどこまで考慮すべきかも，問題となる。

　裁判権については，かつては，上述のモンテスキューのような警戒論が，フ

ランスをはじめとするヨーロッパ大陸諸国で支配的であった（ルソーも裁判権には警戒的だった）。通常の裁判所には行政裁判も認められていなかったが，行政庁内部の不服審査が徐々に裁判化されるという形で，19世紀後半には行政裁判所が成立するに至る。当然，法律の違憲審査権も認められておらず，法律の合憲性についての最終的判断者は立法者自身だと考えられていた。これと対照的なのがイギリス，アメリカであり，通常の裁判所が当然のように行政裁判も行う。また，成文憲法を有するアメリカでは，裁判所の違憲審査権が早くから承認された。これは，伝統的に，後述する「法の支配」において裁判所の占める役割の重要性が認められてきたからといえよう。

　第二次世界大戦後，法律に対する裁判的統制の必要性が意識され，立憲主義諸国で違憲審査権は一般化した。とはいえ，戦後違憲審査権の導入を図った大陸諸国には，特別の憲法裁判所を設けたところも多い。積極的な権限行使で知られるドイツの連邦憲法裁判所などが有名である。もともと裁判権を限定的に捉える傾向の強い諸国では，通常の裁判とは異なる性質を強くもつ違憲審査権は特別の機関に留保すべきだという考えが強かった。これに対し，日本国憲法の定める違憲審査権は通常の裁判所に与えられたものであり，直接にはアメリカの制度の影響を受けている。戦前の日本の裁判制度は基本的に大陸型であり，裁判所が政治的役割を果たすことは想定されてこなかった。日本国憲法はこのような歴史的背景を有する裁判所に違憲審査権を与えたわけである。このギャップが，日本の裁判所の違憲審査権行使への消極的姿勢の一因となっているという評価も多い。日本国憲法の違憲審査権（の現実）の評価にあたっては，このような比較法的背景も考慮に入れてほしい。

　総じて，権力分立といったとき，国家作用の区別と国家機関の区別を混同しないよう注意する必要がある。憲法解釈においても，立法・行政・司法という諸作用がどのように理解されどのように諸機関に配分されているかと，国会・内閣・裁判所という諸機関がそれぞれどのような権限を有し，相互にどのような関係に立っているかは，区別して理解しておくべきである。

3 基本的人権の尊重

　諸個人が生まれながらにして自由かつ平等であるという自然権思想は，近代

立憲主義の出発点をなした重要なものである。もちろん，具体的にどのような権利が憲法上保障されるべきか，憲法上の権利をどのようにして確保するかについて，歴史的な変遷があるし，立憲主義諸国の間でも様々の相違がある。人権論はクエスト憲法Ⅱで詳しく扱っている。

4 法の支配，法治国家

(1) 法 の 支 配

日本国憲法は「法の支配（rule of law）」を導入したといわれることがある。しかし，通常「法の支配」は近代立憲主義の主要内容とされるものではない。もちろん，「法律の優位」という意味であれば，これは執行権の拘束という形で諸国共通に認められてきた。しかし，通常「法の支配」における「法」とは，むしろ判例法国イギリスの伝統に由来する，より含蓄ある概念だと理解されている。まさにそれゆえ，その「近代」立憲主義との整合性が問題となりうる。

法の支配が注目を集めたのは，17世紀前半に，イギリスのジェームズ一世が王権神授説を盾に，判例法（コモン・ロー）に対する自己の優位性を主張し始めたことによる。これに対し，裁判官であったE・クックは，国王といえども「神と法の下にある」というのがイギリスの伝統であると反論した。ここでの「法」は，当然，判決の積み重ねの中で「発見」されてきた法を意味しており，身分制秩序に基づく前近代的な立憲主義を背景にしたものであった。イギリスではその後17世紀の革命を経て，議会主権が確立する。この議会主権も無限定な立法権を主張する以上，法の支配と理論的には緊張関係にあるが，議会と裁判所が決定的に対立することはなく（そもそもイギリス議会は古くは裁判所としての役割も果たしており，貴族院〔実際には一部の法曹貴族〕は最近の改革まで最高裁判所の機能を果たしてきた），両者はともにイギリス憲法の主要原理でありつづけた。時代の変化の中で法の支配の中身も徐々に近代化され，その「法」とは自由を保護する規範であると理解されるようになった。裁判所によって現実に自由が守られることが，法の支配の要請するところとなる。

19世紀末に憲法学者A・ダイシーは，法の支配の内容を次の3点にまとめた。①政府は恣意的に権限を行使してはならず，「正規の法（regular law）」——これは判例法を含む——に拘束される。②行政権も一般人と同じ法に服し，

通常の裁判所の管轄権に服する。③人々の権利が裁判所の判決によって生み出され，保障されている。これらは，裁判所による自由の保障という法の支配の特徴をよく表しているといえる。このダイシーによる定式化はその後も大きな影響力をもった。もっとも，これに対しては，自由主義的思潮の強かった時代背景に影響されたものであり，特に福祉国家化が進んだ20世紀のイギリス憲法体制を特徴づけるには不適切な面があるとの指摘もある。

　この法の支配の観念は，アメリカ合衆国における違憲審査制の成立にも大きな影響を与えた。アメリカでは，イギリスとは異なり，社会契約論に基づく成文憲法が制定された。しかし，最高の規範として憲法が存在するとしても，それが裁判所において憲法違反の法律を無効とする効力まで有すると一概にいうことはできない。現に戦前のヨーロッパ大陸諸国では，裁判所に違憲審査権は与えられないのが普通であった。これに対しアメリカでは，法の支配の考え方から，事件を解決するにあたり何が法であるかを定めるのは裁判所の役割であるという観念が強かった。実際にも，連邦最高裁が1803年に有名な判決 Marbury v. Madison, 5 U.S. 137 で，自らが憲法に反する法律の適用を排除する権限を有すると宣言すると，裁判所の違憲審査権それ自体は大きな抵抗なく定着した。議論は，この強力な権限はどのように行使されるべきかという，憲法訴訟論としてなされることになる。アメリカの違憲審査権は，このように通常の事件の審査に必要な場合に，問題となる法の合憲性審査を行うというもの（第8章で後述するように，付随的審査制と呼ばれる）であり，法は具体的事案に応じて発見されるという法の支配の観念との連関を残している。

　日本国憲法は，裁判所，しかも通常の裁判所に対し，憲法に反する法律や処分を無効とすることで国民の自由を守るという重大な役割を与えている。この限りでは，日本国憲法が日本に法の支配を導入したという理解は正しい。しかし，これは憲法条文上当然のことであるから，憲法制定直後こそ注目されたが，その後議論を呼ばなくなった。より最近の問題意識は，日本で違憲審査権が積極的に行使されないという状況に発するものである。日本の違憲審査制もアメリカ型の付随的審査制だと考えられているが，法については英米流の判例法的観念が必ずしも定着していない。むしろ，裁判は制定済みの一般的法規の個別事案への包摂であるという理解，違憲審査も当該事案解決に妥当な法を発見す

るということではなく，問題となる法律自体が憲法に違反しているかを一般的
に判断するものだという理解が根強い。しかし，違憲審査権をこのように一般
的なレベルで捉えてしまうと，その作業は通常の裁判所の自己役割理解を超え
るところがあり，いきおい権限行使には消極的にならざるをえない。

　近年，この点を自覚し，裁判所で両当事者が手続に参与し，具体的事実に依
拠して法を形成していくことに，付随的違憲審査制の正統性を積極的に認める
見解が提唱されている。この見解は，英米流の法の支配観によって違憲審査権
を実質的に根拠づけようとするものである（むろん，同時にその正統性の及ぶ範囲
を限界づけることにもなる。土井真一「法の支配と司法権」佐藤幸治ほか編『憲法五十
年の展望Ⅱ　自由と秩序』〔有斐閣，1998年〕79頁）。この理論の使用する「法の支
配」は内実の豊かな，しかしそれだけ論争的な概念であり，「法の支配」は改
めて憲法学の重要なテーマとして扱われるに至っている。たしかに，違憲審査
権を有するに至った裁判所の権限行使の正統性が，それ以前と同じであるわけ
にはいかない。しかし，英米の法の支配の正統性はかなりの程度独特の伝統に
よって支えられており，日本において裁判手続への着目によってその穴を埋め
ることができるかが，問題となりうる。

(2)　法 治 国 家

　一方，しばしば「法の支配」と対置される概念として「法治国家
（Rechtsstaat）」がある。こちらは，元来19世紀ドイツの立憲君主制下で求め
られた体制であり，その中核は法律による行政権の拘束と，行政裁判の実現に
あった。法の支配と比較して，自由の確保という内容を伴わない，「形式的」
な原理であるといわれることがある。しかし，当時の現実においては，議会の
同意が必要な法律に行政を従わせ，行政裁判でそれを担保することによって，
国民の自由を確保することが目指されていた。自由の保障は，裁判所というよ
りも議会に期待されていたのであり，これは市民層が議会によって王権を制約
しようとする時代状況に適合していた。その後，社会の階級分裂が強まり，議
会が国民全体の利害を代表するのではなく，むしろしばしば特定の階層の自由
を抑圧しようとするとみなされるようになると，内容を問わずに法律の優位を
認める体制の「形式」性が強く意識されることになる。

第二次世界大戦後のドイツ基本法は，憲法裁判所による違憲審査権を有する体制であり，法律が法律だからといって無条件に妥当することはなくなった。この体制を「実質的法治国家」と呼ぶこともある。「法の支配」との一定の接近が語られるが，特に裁判所の役割についての理解の相違はいまだ大きいとの指摘もある。たしかに，違憲審査権が特別の憲法裁判所に与えられること，しかもその裁判所が具体的事件と関係なく法律の合憲性審査を行えることは，法の支配からは考えがたい制度である。

第3節　憲法規範の特質

1 最 高 法 規

(1) 最高法規性の意味内容

憲法は，国の最高法規である（98条1項）。その意味は，憲法が形式的効力において国の他のすべての法規範よりも優越するという意味である。とはいえまず，もし憲法が通常の法律と同様の手続で改正されてしまったら，それを最高法規として定める意味はほとんど失われる。日本国憲法は，憲法改正に通常の立法よりも厳重な手続を要求しており（96条），この形式的最高性は改正手続の困難さによって担保されている。さらに重要なのは，このような形式的最高法規を制定することの実質的意味の理解である。憲法が，近代立憲主義の思想に基づき，国民の自由を確保することを目的として制定されたことは上述した。日本国憲法は「第10章　最高法規」の冒頭97条で，「この憲法が日本国民に保障する基本的人権は，……現在及び将来の国民に対し，侵すことのできない永久の権利として信託されたものである」と定めている。この条文は，憲法の最高法規性の実質的根拠が自由の保障にあることを示すものだと理解されるべきである。

なお，憲法が最高法規であるとしても，そこから裁判所が違憲審査権をもつと直ちに結論することはできない。最高法規性をどのように確保するかは，それぞれの憲法体制によって様々である。日本では，もちろん違憲審査制がとられている。

(2)　憲法と条約の関係

98条2項は，日本は締結した条約および確立された国際法規を誠実に遵守すべき旨規定する。この条文は，敗戦後の日本が今後は国際法を遵守するという姿勢を，国際社会に対して明示する意味がある。ただし，条約は同条1項の，憲法に反する場合効力を有しない規範の列挙から外れており，2項の表現ともあいまって，憲法と条約との優越関係いかんという問題が浮上することになる。もっとも，条約そのものには国内法上の効力を認めないという法体系であれば，この両者の抵触問題は発生しない。これに対し，日本の実務は，条約は原則としてそのままで国内法上の効力も有するとの立場をとっている。となると，その国内法上の効力において，憲法と条約の抵触問題はやはり発生することになる。

今日では，憲法優位説が通説である。憲法改正よりもはるかに緩い承認手続しかない条約（61条参照）によって憲法の内容が改変されうるとするのは承認しがたいので，この説が妥当である。98条1項から条約が抜けているのは，条約自体は国際法上の規範であることを考慮したからだと説明しうる。締結国の国内法に抵触する条約が直ちに国際法上無効となるわけではない。ただし，憲法優位説をとり，この場合の裁判所の違憲審査権も肯定するなら，最高裁によって憲法違反だと判断された条約を国内において執行することはできなくなると解するべきだろう。最高裁は，砂川事件（最大判昭和34・12・16刑集13巻13号3225頁 判例 4-1 ）で1960（昭和35）年改定前の旧日米安保条約の合憲性について，留保つきの統治行為論を採用しているが，その際，条約が「違憲なりや否やの法的判断」の対象となることや，裁判所がその審査権を原則として有することは，当然の前提とされていたと理解できる。

ただし，むしろ国家が置かれた環境ともいえる「確立された国際法規」（98条2項），すなわち成立している慣習国際法，については，憲法に優位するとの説が有力である。その内容については個別に判断していくしかないが，重要な一例としては，国際紛争は武力を用いず平和的に解決しなければならないという原則は，現在，慣習国際法として成立していると解されている。

(3)　国の私法上の行為

　国や地方公共団体は，行政処分や刑罰といった強制的・一方的に私人の権利義務を確定させる行為のほか，私人と同様に契約など私法上の行為も行っている。例えば公共事業に使用する土地の買収においては，対象土地の所有者から売買契約によって譲渡を受けるのが通常であり，土地収用法に基づく強制収用は，契約交渉が行きづまった場合の最後の手段としてしか行われないのが通例である。

　このような私法上の行為に憲法の拘束は及ぶのであろうか。自衛隊基地建設のために国が私人から土地を購入した売買契約が，自衛隊の違憲性を理由として無効であると主張された百里基地事件（⇒p. 147の**4**）において，最高裁は，憲法98条1項の対象は「公権力を行使して法規範を定立する国の行為」のみであり，「私人と対等の立場で行う国の行為は，右のような法規範の定立を伴わないから」，憲法適合性が求められる行為にはあたらない，とした。そして，契約が公序良俗違反（民90条）となるか否かの判断においても，憲法9条の要請は私法上の規範によって「相対化」され，「社会的に許容されない反社会的な行為であるとの認識が，社会の一般的な観念として確立しているか否か」がその基準となるとした（最判平成元・6・20民集43巻6号385頁）。人権の私人間効力論における間接効力説の枠組み（クエスト憲法Ⅱ p. 44の**2**）で判断する姿勢を示したといえる。

　しかし，憲法は国家権力を拘束しているのであって，その行為形式によって拘束力の有無が変わってくるのはおかしい。たしかに，契約自体は両当事者の合意によるものであるが，国家権力は強制力を背景に持っているのであって，契約交渉に臨む立場が私人とは質的に異なるはずである。私法上の行為であれば憲法の拘束を受けないということになると，この迂回路を使って憲法に反する行為が国家から事実上要求されることになりかねないであろう。憲法の拘束は国の行為全般に及ぶと考えるべきである。また，最高裁は実際にも，政教分離の事例などでは公権力の一方的行使にあたらない行為の合憲性を審査しており，百里基地事件の判示があらゆる憲法条文にあてはまるとの立場をとっているわけではないといえよう。

2　憲法法源について

　「法源」とは，法規範の存在形式のことであり，「憲法法源」とは，憲法の存在形式のことである。ここで「憲法」を形式的意味で捉えれば，それは憲法典，日本であれば日本国憲法という法典を指すのは当然である。実質的意味で理解する場合には，一定の重要な法律や条約，判例，慣習などが憲法法源としてカウントされうる。もちろん，現実の政治・法運用においては，憲法典以外の法形式も重要な役割を果たしており，それらの変更は，ときに成文憲法の改正を上回るインパクトをもつ。ただし，形式的に最高法規として憲法を制定することが国民の自由確保にとってもつ意義を重視するのであれば，この形式的優越性を相対化させるような法源理解には慎重であるべきだという考慮も働く。特に，憲法の条文に合致しないようにみえる法律や慣習が定着したとき，これによって憲法の内容が変化したと考えるべきかどうかは，「憲法変遷」という重大な問題として論じられてきた。詳しくは p. 38 の(2)で扱う。ここでは，法的性格が争われうる判例と慣習について，触れておく。

(1)　判例の法的性格

　違憲審査制によって，日本でも特に人権分野では憲法判例が蓄積してきた。しかし，判例の法的地位をどのように考えるかについては，意見が分かれている。そもそも「判例」とは多義的な用語であるが，一般には，最高裁判所が事案の解決に必要だとして示した法解釈のことだと理解されている。本書でもしばしば諸判決，特に最高裁判決に言及するように，憲法の現実の姿を知るためには，判例理解は欠かせない。しかし，ここで問題としているのは，その法的位置づけである。

　81 条は最高裁を，違憲審査を行う「終審裁判所である」と規定しており，ある法律などの合憲性が争われている場合，当事者には最高裁の判断を求める手続が用意されている必要がある。また，裁判所法 4 条は，「上級審の裁判所の裁判における判断は，その事件について下級審の裁判所を拘束する」と定める。これは審級制をとる以上当然の要請であり，通常上告審判決として示される最高裁の判断は，その事件に関する限り絶対的に妥当する。しかし，具体的

事件に対する裁判所の応答である判決が，当該事件を超えて法的妥当性を有するのか，はっきり定める制定法は存在しない。たしかに，民事訴訟法318条や刑事訴訟法405条は，上告理由との関係で判例に一定の意味を与えている。しかし，これらは法解釈の統一性を確保するのが最高裁の役割であるとの考慮によるところが大きく，直ちに判例の法的効力が承認されていると結論づけることはできない。

　学説は，肯定説と否定説に分かれている。否定説は，日本は判例法国ではない以上，判例それ自体に制定法と同様の法源性を認めることはできず，事実上の拘束力を有するにとどまるとする。これに対し肯定説は，判例法国と成文法国という二分論の有効性は疑問であり，また「事実上の」拘束力という概念は不明確であると批判する。判例の法的拘束力を正面から認めるべきだというのである。両者は真っ向から対立するが，実は背景としては，日本の現状に対する共通の問題意識を有していることには注意が必要である。それは，日本では，最高裁が示す抽象的な一般論が事案の違いを超えて下級裁判所に強い影響力を与えており，このことが具体的な事件についての判断の積み重ねによって発展すべき違憲審査制の機能不全を招いているという認識である（特に樋口507頁〜511頁と佐藤31頁〜33頁を参照）。「事実上の拘束力」説は，だからこそ最高裁判例の法的拘束力を否定しようとするのに対し，「法的拘束力」説は，だからこそ最高裁判決のどの部分が判例としての法的意味をもつのか厳密に分析すべきだ，と考えるのである。判例法国でいうところの判例とは，結論を導くために直接必要とされる理由づけの箇所（ratio decidendi）のみであり，それ以外の「傍論」は含まない。判例法としての意味のある箇所を厳格に捉えれば，後に類似の事件を扱う下級裁判所の判断余地は広がる。

　ところで，事実上であれ法的であれ「拘束力」という場合には，普通は判例の裁判所に対する効力を考えている。注意すべきは，法的拘束力を認める場合，最高裁判例は，原則として後の最高裁自身をも拘束するということである。しかし実際には，最高裁の判例引用はずさんであるとしばしば批判されているように，最高裁が自身も拘束されているという意識をきちんともっているのかは，疑問視されている。ただし，状況の変化などから特に必要のある場合には判例変更も可能であると解される。

　では，判例は，国会や内閣といった政治部門に対しても拘束力を有するのであろうか。通常の判例であれば，国会は法律を制定してそれを覆すことが可能であるが，法律を違憲とする判決の場合，そうはいかない。同内容の法律を制定しても再び違憲とされる見込みが高く，これを覆すには憲法改正が必要になる。この意味でまさに事実上の拘束は発生するが，一般には，国会に対して判例に従うべきだとする法的拘束力は発生しないと考えられている。国の唯一の立法機関である国会（41条）は，最高裁とは別の憲法解釈によって立法を行う権限を失わないとされるからである（最高裁によって無効とされた法律自体をどう扱うかは，別問題であり，違憲判決の効力として p. 363 の **5** で論じられる。一般には，内閣は，法律が違憲とされた場合，それを執行できなくなると解されている）。国会があえて新たな立法を行った場合には，内閣はその執行義務を有すると解すべきだろう。これに対し，内閣の定めた政令が最高裁によって違憲とされた場合のように，行政府が直接判例によって拘束されるような場合をどう考えるべきか。内閣は，必要があれば国会に働きかけて内容の重なる法律を制定してもらうことができるのであり，原則として立法権をもたない行政府自体は，判例に拘束されると解しておくべきであろう。

(2)　**憲法慣習について**

　イギリスの統治機構をめぐる憲法の多くは慣習として成立したものであり，日本でも国会や内閣の内部構造，両者の相互関係の多くは慣習によって規律されている。衆議院と参議院はそれぞれ『衆議院先例集』，『参議院先例録』などの先例集を編纂しており，一定の明文化もなされている。これらを憲法慣習ということはできるが，日本では必ずしも法的拘束力を有するものとして理解されているわけではない。また，これらの慣習は，いかに定着しようとも，（「憲法変遷」を承認しない限り）成文憲法と同等の効力を有すると解することはできず，法律で修正することは可能だと考えておくべきだろう。そうでないと，憲法典の意義が相対化されすぎる。

第4節　憲法の保障と変動

1 憲法の保障

(1)　公務員の憲法尊重擁護義務

　憲法の妥当性は，違憲の下位法規や裸の暴力行使によって脅かされうる。膨大な暴力装置である国家機関をただの紙切れである憲法によって拘束しようという立憲主義は，そもそも成功する方がおかしいといってもいいぐらい困難な試みである。国家権力の憲法遵守をどのようにして確保するか，これが憲法保障といわれる問題である。もちろん，近代立憲主義は国家権力の抑制を大きなねらいとするから，そもそも憲法構造自体が憲法保障のメカニズムだといってよい。権力分立によって各機関の権限を限定し，互いに抑制・均衡させることも，専制的権力者を生み出さないための工夫であるし，裁判所の違憲審査制も憲法保障の一環といってよい。99条は，公務員に憲法尊重擁護義務を課しているが，これも憲法保障の一環と解されている。国家公務員法97条に基づく「職員の服務の宣誓に関する政令」は，公務員に「日本国憲法を遵守」する旨を含む宣誓を義務づけている。

　ただし，当然ながら，各公務員が守るべき「憲法」の中身は，各人が勝手に決められるわけではない。内閣構成員皆が国会の制定した法律は憲法違反であると考えていたとしても，内閣は法律を執行する義務を有する。権力分立における内閣の地位からしてそう要求されるのであり（65条・73条1号），内閣が自己の憲法解釈によって法律の執行を拒むことは，それ自体が憲法に違反することになる。同様に，天皇は，憲法違反だと思っても，内閣の助言と承認に従う義務を負う（3条・4条1項）。こうして，公務員の憲法尊重擁護義務は，ほとんど，各公務員が憲法上与えられた職責を誠実に果たすべき義務を意味するにとどまる。

　日本の場合，ほぼ一貫して与党を占めてきた保守勢力の国会議員や大臣が，ときおり日本国憲法の有効性を否定する発言をすることがある。具体的な改正提案であれば別であるが，憲法全体の効力を否定するような発言が職務の一環

としてなされる場合には，99 条違反が問題となるといえよう。

　なお，99 条は義務の名宛人に「国民」を入れていない。立憲主義は国家権力を制限することをねらいとするから，その遵守が求められるのは公務員であって国民ではない。国民には，自分たちの自由と権利を保持するよう，「不断の努力」が求められている（12 条）。これは，法的な義務ではない。国家権力への警戒を怠らないことが，この努力の中核をなすであろう。99 条が国民に憲法尊重擁護義務を課していないことからは，比較法的には，第二次世界大戦後ドイツ基本法が採用した「闘う民主制」を否定したという意味を読みとることができる。ナチスが，ワイマール憲法の定める自由を使って同憲法を攻撃し，権力を奪取したとの教訓から，ドイツ基本法は国民に対し「自由で民主的な基本秩序」への忠誠を求める制度をつくった。この秩序に敵対する自由の行使は許されず，そのような政党も認められない。国家が一定の思想を国民に対して強制するというこの制度は，近代立憲主義原理の大きな修正を意味する。国家権力が「自由で民主的な基本秩序」という抽象的な原理を掲げて国民の自由を制約できるというのだから，当然大きな危険を伴う。もちろん，ドイツでもこのような危険は意識されており，憲法裁判所が関与する慎重な手続が定められている。

　「闘う民主制」は，自国史への反省に基づく 1 つの注目すべき試みである。しかし，潜在的には非常に危険な制度であり，また国民の自由が制限される中で守られる憲法に，本当に守る価値があるのかという根本的問題も除去できない。日本国憲法は，国民に憲法の基本原理への忠誠を求めていない。日本で憲法を悪しざまにののしることが自由であるにもかかわらず，それが存続しているのは，評価すべきことだと思われる。

⑵　抵 抗 権

　ロックは，政府が国民の信託を破った場合には，国民は政府に対して抵抗権を有すると主張した。アメリカ独立革命は，まさに抵抗権の行使として行われた。このように，抵抗権とは，国家権力が権力を濫用した場合には，国民は，最終的手段として，実力によってこれに抵抗することができるとする権利である。国家の側が憲法を破る秩序を「法」の名の下で構築したとき，それに対す

る抵抗は「不法」となる。抵抗権は，この「不法」を正当化する論理である。ただし，憲法は，違憲審査権など，憲法違反の侵害に対する事後的な救済手段を用意している。合法的な手続を尽くしても権利が認められなかったからといって，直ちに抵抗権が発生するわけではない。各人の主観的な権利主張を実力行使つきで認めていては，法秩序が成り立たないのは当然である。抵抗権が考えられるのは，憲法秩序全体が停止させられ，大規模な人権侵害が行われるといった極限的状況に限られる。

　今日の主権国家においては，暴力は国家権力へと集中させられており，国民はいわば丸裸で権力と対峙させられている。このような状況で抵抗権を行使しても，ほぼ勝ち目はない。無残に弾圧されるのが落ちであろう。抵抗権は，前近代の身分制秩序においてこそ，現実的意味をもっていた。そこでは，いまだ合法的暴力が国家権力に独占されておらず，各身分はそれぞれの実力を有しつつ，既存の「古き良き法」に従って相互に関係を取り結んでいた。したがって，君主も臣下の既得権を守る義務があり，これに違反した場合には，臣下は自らの権利を実力で回復することができた。この抵抗権は，根拠となる権利が諸個人の自然権へと近代化された上で，社会契約論にも取り入れられ，市民革命の正当化に使用された。しかし，主権国家が成立すると，諸個人には観念的自由は残されても実力は奪い取られ，権利の合法的確認権は国家権力が独占することになる。実定法秩序に対する抵抗は，それとは区分された自然法によって正当化されるしかない。当然，実力の裏付けはない。

　自然法上の抵抗権は，当然，実定憲法によって認められたから存在するというようなものではない。むしろ，それに先立つ権利である。もっとも，日本国憲法は諸個人の自然権思想に依拠していると考えられるから，この抵抗権と親和的であるとはいえる。諸個人が抵抗権を有しているとの考えは，潜在的に，国家権力担当者への抑制として機能しうる。また，権力的な憲法破壊に対し「我々には抵抗権がある」ということは，人々を抵抗行為へと鼓舞する効果をもつかもしれない。今日，自然法上の抵抗権を実力で貫徹しうる可能性はほとんどないが，その言説としての意義は失われていない。

　一方，実定憲法が抵抗権を規定する場合がある。1789 年のフランス人権宣言 2 条は，「圧政に対する抵抗」の権利を承認している。ただし，この「圧政」

とは打ち倒されるべき旧体制のことであり，同人権宣言は，「一般意思の表明」たる法律の執行への抵抗は有罪であると宣言している（同宣言6条・7条）。その意味で，この「抵抗権」は進行中の革命の正当化論であった。その後立憲主義の諸制度が整備されていくと，抵抗権規定は姿を消す。その復活は，ナチス支配を経た第二次世界大戦後ドイツの憲法にみられる。1946年のヘッセン州憲法は，「憲法に違反して行使される公権力への抵抗は，すべての者の権利であり義務である」と規定する（同憲法147条1項）。ドイツ基本法20条4項（1968年の改正規定）は，「すべてのドイツ人は，憲法適合的秩序を排除することを企てる何人に対しても，他の救済手段が可能でない場合には，抵抗する権利を有する」と規定している。

　違憲審査権が正常に働いていれば，これらの条文を待つまでもなく，憲法各条項違反は裁判で正されるはずである。自分の考えと異なる判決だったからといって，憲法上の抵抗権を行使できることになるわけでもない。逆に，憲法の妥当性が現実に失われるに至れば，このような規定には意味がない。その中間的な状況，国家権力の大規模な人権侵害が発生しているが，裁判所はまだ独立の法的判断をなしうる地位を保っているというような状況では，実定憲法上の権利としての抵抗権を裁判の場で主張することに意味がありうる。もっとも，このように述べても現実的意義は乏しいであろうが。日本国憲法がこのような実定法上の抵抗権を認めているといえるか。明文はないが，12条や97条からその趣旨を読みとることは可能であろう。

　なお，上述のドイツ基本法規定が，抵抗の相手として「何人に対しても」と規定していることにも注意が必要である。従来抵抗の相手として考えられていたのは国家権力であったが，ここでは憲法敵対的な国民自身も含められている。憲法敵対的な自由の行使自体を許さないという，「闘う民主制」の一環といえる。しかし，権力をもたない者の「企て」の段階から抵抗権を認めることは，逆に自由への制約となる危険が大きい。これも戦後ドイツの特殊な行き方であり，日本国憲法のとるところではない。

(3)　国家緊急権

　戦争や内乱，大規模な自然災害などが起き，通常の憲法体制によっては対応

27

できない事態となったとき，国家権力は憲法秩序を一時停止して非常措置をとる権限があるという，国家緊急権の主張がなされることがある。しかし，これが単なる治安維持のための緊急措置であるならば，「憲法保障」と呼ぶ価値はない。国家緊急権は，それが認められる場合でも，国家権力以外の人為的・自然的勢力によって国民の権利が深刻に脅かされている場合に，それを回復するために国家が平時の法秩序を破る権限と理解しなくてはならない。それにしても，国家権力に憲法を破る権限を与えるのは劇薬であり，果たしてそのような権限を認めるべきか，問題になる。

　これを国家の自然権として正当化する説もあるが，立憲主義の原理からいって自然権の主体は諸個人であって国家ではない。国家権力はあくまでも，人為的につくられ，主権者国民から与えられた権限の枠内で行為できるにとどまる存在である。抵抗権とは異なり，ここで自然権を持ち出すことはできないというべきである。また，やはり抵抗権と違い，実定憲法に存在しない権限を国家が主張する場合，多くは，保有する暴力装置を使用してそれを貫徹しうる。それだけに，国家権力側には，実定法を無視し緊急権に訴える誘惑が常に存在する。立憲主義の原理からすれば，このような危険な権限は，国家権力の抑制というその中心的要請に反するものであり，認めるべきではない。もし，権力者が本当に憲法秩序を破る必要に迫られたら，自らの責任であえて違法な行為をなす覚悟を求めるべきであろう。

　超実定法的な国家緊急権が認められないとしても，それを特別な状況における特別な権限として実定法化することは可能である。いくつかの憲法は，非常事態についての特別の規定をおいている。この場合，国家緊急権は実定憲法上の権限となるが，やはり平時の権利保障・権力分立が停止される限りにおいて，憲法秩序の停止を語ることができよう。ワイマール憲法48条2項の定める大統領の非常事態権限（「公共の安全および秩序に著しい障害が生じ，またはそのおそれがあるとき」には，大統領は憲法上の諸権利を停止することを含む「必要な措置」をとることができる）が有名であり，実際にも頻繁に活用された。現行のフランス第5共和制憲法16条も大統領の非常事態権限を定めている。明治憲法は，14条の戒厳，31条の非常大権という天皇の大権によって非常事態に対処しようとしていた。このように，非常事態には，一般に迅速な対処ができるよう執行

権者に権力が集中する。

　たとえ実定化されても，国家緊急権には，濫用の危険がつきまとう。そもそも非常時の認定基準はあいまいにならざるをえないし，そのときにとれる措置にも裁量を非常に広範に認めざるをえない。国民の権利を守るためという口実で，大規模な弾圧が行われる危惧はぬぐえない。現行のドイツ基本法は，防衛上の緊急事態について非常に詳細な規定をおき，その中で，非常時にもできるだけ議会による統制を働かせようと工夫していることで知られる。しかし，この統制がどこまで実効的に働きうるかには，疑問が残る。

　日本国憲法は緊急事態についての明文の規定をもたない。54条2項が定める参議院の緊急集会は，衆議院解散時にも国会としての行動を可能にする制度だが，ここでいう緊急事態への対処というほどの意味をもつものではない。国家緊急権には，抵抗権と違い抑制的に対峙すべきであるから，実定憲法上国家緊急権が認められていると解すべきではない。特別な事態に対して法律が定める対処も，憲法に反するものであってはならない。このようなものとしては，警察法71条が定める内閣総理大臣による緊急事態の布告（警察統制権が内閣総理大臣に移るなどの効果を生ずる），自衛隊法78条が定める緊急事態における自衛隊の治安出動がある他，外部からの攻撃に対しては自衛隊法76条が防衛出動を定める。これらには国会の承認が求められている。また，2004（平成16）年に制定された武力攻撃事態等における国民の保護のための措置に関する法律は，外部からの攻撃が迫った場合の国民保護措置を定めるが，その中には，住民に対する避難指示（同法52条以下），避難住民救援措置のための各種の協力要請および強制（同法77条以下），放送事業者への一定の内容の放送の義務づけ（同法50条・57条・101条）など，国民の権利に重大な影響を与える内容が含まれている。日本でも非常事態に対する法的整備は整ってきたといえるが，だからこそこれらの「備え」が憲法に違反する形で濫用されることのないよう注意する必要も高まっている。

> **Column 1-1**　新型コロナによる「緊急事態」
>
> 　2020（令和2）年からの新型コロナウイルス感染症（以下，「新型コロナ」という）の世界的大流行は，感染防止のために人々の行動を強力に抑制することをねらいとする緊急事態法制が各国で導入されるという，異例の状況を招いた。

日本でも，新型コロナは新型インフルエンザ等対策特別措置法（以下，「特措法」という）の適用対象となる「新型インフルエンザ等」にあたるとされ，主に同法に基づきさまざまの措置が取られた。2020 年 4 月には特措法 32 条に基づき，一部都府県に「緊急事態宣言」が発出され，その後全国に拡大された。日本国憲法下で緊急事態とは縁遠い歴史をつづってきた日本が，突如として公式に「緊急事態」の下に置かれるとは，2019 年末には誰も想像していなかっただろう（ただし，2011〔平成 23〕年 3 月の東日本大震災後，福島第一原発周辺地域には原子力災害対策特別措置法 15 条 2 項による原子力緊急事態宣言が発令されつづけていることも，忘れてはいけない。⇒クエスト憲法 II p. 278(3)）。新型コロナの流行はなかなか収まらず，「緊急事態宣言」がその後も繰り返し出されているのは，周知のとおりである。

　ただし，日本の「緊急事態」における権利制約は，正当な理由のない外出を禁止するといった強硬な措置までとられた国も多かったことと比べれば，緩やかな程度にとどまったといえる。特措法は国民の生活を法的に直接制約する根拠となる条文をもたず，一般の国民には 45 条 1 項に基づき「自粛」が呼びかけられるにとどまった。「緊急事態」に法的な制限がかけられたのは，主に飲食店や大型施設であったが，この制限（まずは営業停止や営業時間短縮などの「要請」，それに応じない場合には「命令」。45 条 2 項〜5 項）にも実効性を担保する仕組みが弱いという問題が指摘された。特措法 45 条 5 項は，要請又は命令は「公表」できると定め，また命令違反には 30 万円以下の過料が科せられるが（79 条），いずれも「緊急事態」の措置を貫徹するための手段としては悠長なものだといえる。

　日本の「緊急事態」は結局のところ，大きく「自粛」に頼る性質のものであった。諸外国では，感染防止のための自由制限措置の合憲性を争う訴訟が山のように起きているが，きわめて対照的なことに，日本では飲食店に対する営業制限の合憲性を争う訴訟が少数あるだけである。そのため，今回の「緊急事態」が憲法あるいは立憲主義との関係ではらむ問題性について，深刻に論じられてはいない。しかし，このように社会的な圧力を利用して法的権限行使を控えるというやり方に対しては，国の責任回避だという批判もなされている。

　新型コロナ感染拡大防止のための規制等につき，クエスト憲法 II p. 299(ii)，同 Column 8-1 も参照。

2　憲法の変動

(1)　憲　法　改　正

(a)　憲法改正権と改正の限界　　成文憲法は通常，自らの改正手続も定める。通常の法律よりも厳格な要件が課されるのが普通である（硬性憲法）。日本国憲法は，衆参「各議院の総議員の 3 分の 2 以上の賛成で，国会が」憲法改正を発議し，その提案が国民投票で過半数の賛成での承認を得ることを，改正要件として定めている（96 条 1 項）。承認が得られたら，「天皇は，国民の名で，この憲法と一体を成すものとして，直ちにこれを公布する」（同条 2 項）。両議院の特別多数に加えて国民投票での承認を求めるというのは，かなり硬性度の高い憲法だといえるだろう。国民投票の手続を定める法律は長年不在であったが，2007（平成 19）年に「日本国憲法の改正手続に関する法律」（国民投票法）が成立した。同時に，国会法も改正され，憲法改正発議に関する国会内での手続も整備された。

　ここでは，日本国憲法改正に関する具体的な法的問題を論ずる前に，憲法改正権の法的性格について述べておく。これについては，改正限界の問題も関連して，長く議論が続いてきた。憲法が設立する機関は，憲法によって授権された枠内で権限をもつ。しかし，憲法改正の権限を与えられた者は，自らに権限を与えた憲法自体を変えられるという特殊性をもつ。では，この憲法改正権とは，憲法制定権と同一なのであろうか，それとも違うのか。違うとしたら，両者はいかなる関係に立つのか。

　まず，憲法制定と憲法改正を区別し，憲法改正権はあくまでも憲法制定権者によって与えられた権限にすぎないという説がある。憲法制定とは規範的にはいわば無から有をつくり出す作業であり，憲法改正権はあくまでもつくり出された規範によって与えられるものだとされるわけである。この説の主張者であるC・シュミットによれば，憲法規範には，憲法制定権者の決断した中核的内容と，この決断に基づいて法的妥当性を得るそれ以外の諸規定の二種類がある。実定憲法で認められる憲法改正権も，憲法制定権者の決断を前提として存在するに至ったものであり，決断された中核的内容を変更することはできない。この学説によれば，憲法の中核的内容の変更は改正限界を超えることになるが，

むろん何が中核的内容かは評価の分かれうるところである。この学説に対しては，その憲法制定権力論の神秘性，例えば憲法制定権者が憲法制定以後合法的には登場せず，しかし超法規的には常に登場して「決断」しうると考えること，への疑問が提起される。

　他方，憲法改正権とは，実定法中で制度化された憲法制定権のことだという説がある。この説によれば，主権者国民は，憲法を制定するとともに，自らがそれを改正する権限をも憲法典の中に書き込んだということになる。この学説は，憲法改正に国民投票を要求する日本国憲法の規定に適合的である。普遍的に成立するかはともかく，日本国憲法の憲法改正権理解としては，この学説が妥当であろう。だが，この説に立っても，改正限界の有無については様々な帰結が導かれうる。まず，①改正権と制定権の実質が同じなのであれば，改正内容に限界はないと考えることもできる。しかし，②両権力の担い手は「国民」として同じなのだという点に着目すれば，国民の憲法制定権力を否定する改正は許されず，また国民投票は憲法改正の必須要件となり，それ自体はなくせないという意味で憲法改正の限界を画することになりうる。さらに，③そもそも憲法制定権力が諸個人の自然権によって制約されており，憲法改正権も②に加えて人権の基本原則を改変することもできない，という説もある。

　現在の通説的見解は憲法改正限界論であろうが，シュミット的な理由づけと，改正権を制度化された憲法制定権と理解した上での③のような限界論とは混在している。憲法の妥当性を説明するのに無限定の憲法制定権力を想定しなければならないわけではなく，③には一定の説得力がある。なお，この問題について考える際には，それが純理論的な議論であることに注意が必要である。つまり，憲法改正限界があるとしても，それを超える改正は従前の憲法を前提にして「無効」といいうるにとどまる。もしその改正憲法が効力を発すれば，それは実定法として扱わざるをえない。憲法よりも上位の法規範はなく，現に妥当するに至った憲法をその時点で無効とする法的根拠は存在しないからである。この場合，憲法改正限界論の立場からは，実質的には新憲法の制定があったと理解することになる。明治憲法の改正手続にのっとって成立した日本国憲法が，実質的には新憲法の制定だといわれるのは，まさしくこの理解に従ったものである。

　また，以上の議論は，日本国憲法が改正限界を定めているかの解釈論とも区別しておかなければならない。実定憲法が改正限界を定めているからといって，それを超える改正が直ちに無効だとか，新憲法の制定だということになるわけではない。憲法改正無限界説をとれば，それらの改正限界規定も改正することができる。改正限界説をとっても，そこでの理論的限界と実定法上定められた限界とが一致するとは限らない。理論的限界を超えない限り，実定憲法上の改正限界を超える改正は可能である。改正限界を明記する憲法としては，ドイツ基本法 79 条 3 項（連邦制や国民主権，人間の尊厳といった原理），フランス第 5 共和制憲法 89 条 5 項（共和政体）などがある。これらは，憲法の基本原理を強調する意図をもった規定だということができよう。

　日本国憲法は，改正限界についての明確な条文をもたない。したがって，改正限界を設定していないと解することも可能である（この場合でも，改正限界論をとれば，条文の有る無しにかかわらず理論的に限界が設定されることになる）。しかし，一定の解釈によって改正限界が規定されていると解する立場の方が通説的である。まず憲法前文は，自らが「人類普遍」だとする国民主権の原理に反する「憲法」をも排除すると宣言している。また 11 条・97 条は基本的人権を「侵すことのできない永久の権利」と呼んでおり，また 9 条 1 項は，武力の行使などを「国際紛争を解決する手段としては，永久に」放棄すると宣言している。これらの条文から，日本国憲法は，国民主権・基本的人権の尊重・平和主義という 3 大原理を改正限界としていると解釈することは，それなりの説得力をもとう。

　(b)　改正の手続①──発議まで　　以下では，日本国憲法の改正手続に関する法的問題について，その進行の順序に従ってみていくことにする。

　憲法改正発議は，国会が特定の憲法改正案を議決して国民に提案することによって行われる（したがって，通常の法律案の「発議」が国会内での提案を意味するのとは異なる）。しかしそのためにはまず，国会で議決対象となる原案が提出される必要がある。原案提出権は誰にあるのか。まず，当然国会議員にはあるはずである。ただし，国会法 68 条の 2 は，議員による憲法改正原案の発議に，衆議院においては 100 人以上，参議院においては 50 人以上の賛成を必要としている（修正動議についても同一の要件。国会 68 条の 4）。これは，国会法 56 条 1

項が定める通常の議案の発議要件（衆議院では 20 人以上の賛成，参議院では 10 人以上の賛成）よりも大きく加重されている。憲法は，憲法改正発議についての国会内での手続を規律する条文をもたず，多くを国会の判断に委ねていると思われるが，原案発議要件をあまりに高くするのは，国会内での自由な議論を制約しすぎる問題性もある。ただし，現行法の要件は，審議対象を総議員の 3 分の 2 の同意が得られる現実的可能性のある案に限定するという観点からは，是認しうる程度にとどまっているといえよう。なお，各議院におかれる憲法審査会も，審査会として改正原案の提出権を有するとされている（国会 102 条の 7）。

　また，国会法 68 条の 3 は，改正原案発議は「内容において関連する事項ごとに区分して行うものとする」と規定している。これは，改正発議の後に行われる国民投票が，互いに関係ない複数の内容をまとめた案について一括して賛成か反対か問うものとならないためのものである。後述のとおり，この要請は重要である。

　憲法解釈上の論点として，内閣の原案提出権が認められるのかが議論されてきた。通常の法律案の提出権は通説・実務（内 5 条）によって認められているが，憲法改正について別様に考えるべきか。国会が「唯一の立法機関」（41 条）とされていても内閣の法案提出権が認められるのだから，憲法改正発議機関が国会だとされていても，そこから原案提出権を内閣に認めないという趣旨を読みとることはできないだろう。一方，議院内閣制において通常の立法には内閣と国会の協働が期待・予定されているが，憲法改正にはそのような事情はなく，また憲法は執行機関である内閣を特に強く拘束するものであるから，それを改正手続に関与させるべきではない，という考えも成り立つ。しかし，国会に自由な修正権が認められている以上，国会自身が内閣に発案権を認めることを違憲だとまでいうのは躊躇される。なお，現状では，内閣に改正原案の提出を認める明文の法規定はない。これは，国会が内閣の提案権を認めていないという趣旨に理解すべきであろう。

　議院内閣制の下で，実際には内閣構成員の大部分は国会議員なので，この議論の実益はあまりない。ただし，内閣の発案権否定説をとれば，国務大臣は大臣としては現行の憲法に反する提案をすることはできず，閣議で憲法改正について決定するといったことも認められないことになる。かつて内閣に憲法調査

会がおかれ，憲法改正の是非について議論がなされたが，これは内閣に発案権があるとの立場を前提にしていたといえよう。

　原案の各議院での議決にあたっては，憲法の定める総議員の 3 分の 2 以上の賛成という要件が問題となる。96 条 1 項でいうところの「総議員」とは，各議院の法定の議員数のことか，それから欠員を除いた，議決時の現在議員数のことか。これも国会が定めうる事項であるといえよう。56 条 1 項が「総議員の 3 分の 1 以上」と定める各議院の定足数の計算では，法定議員数を使用するとの先例が確立している。国会法などには，憲法改正発議の際の総議員数の計算方法について特別の規定は存在せず，この場合も法定議員数を用いる趣旨であると解される。

　(c)　**改正の手続②──国民投票**　　憲法改正が国会から発議されると，「特別の国民投票又は国会の定める選挙の際行はれる投票」（96 条 1 項）が行われ，過半数の賛成を得た案が成立する。国民投票法は，国民投票の投票権者を満18 歳以上の日本国民とする（国民投票 3 条）。ただし，2007（平成 19）年の法成立時には，附則で，選挙権の下限年齢の見直しなどの措置がなされるまでは投票権者は満 20 歳以上にとどまるとされていた。だが実際には，選挙権年齢の見直しより前の 2014（平成 26）年に，2018（平成 30）年 6 月からの 18 歳への引下げを確定する法改正がなされた（選挙権年齢の引下げは，2015 年に実現した）。「日本国民」への限定が違憲でないことも当然であるが，国民以外の者にも投票権を与える立法が違憲となるかは，国政選挙の選挙権の問題と同様に考えられるであろう。

　国会法 68 条の 6 は，国民投票期日は国会の議決で定めることとしている。国民投票法によれば，投票は憲法改正案ごとに行われる（国民投票 47 条）。上述のように，この案は内容的にまとまりをもったものであることが予定されている。憲法改正は選挙と異なり，国民が特定の規範内容について直接賛否の意思を表明する機会であり，その趣旨を没却しないためには，意思表明の対象が明確にされている必要がある。自衛隊の海外派遣を明文で認める改正案とプライバシー権を明文で認める改正案を一括し国民にイエスかノーかと問うのでは，国民に人ではなく問題について直接判断してもらうという国民投票の意義は大きく失われる。その意味で，内容的まとまりごとに国民投票にかけるべきだと

いうのは，憲法の要請でもあるといえよう。

　憲法改正発議がなされると，国会に国民投票広報協議会が設置され，改正案の内容や国会審議中に出された賛成意見・反対意見についての広報を行う（国会102条の11，国民投票11条以下）。この際，協議会に「公正かつ平等」（国民投票14条2項）が求められるのは，いうまでもない。だがそれ以前に，そもそも，憲法改正に際し国家が広報活動を行うことが許されるのかという問題もあろう。国家による広報は，国会の発議を勝ち得た多数者の側に有利なものになる危険がぬぐえないし，そもそも激しい論争の中では何が「中立」かも明確ではなく，国家権力が一方に肩入れしたとの印象が生じることは避けがたい。また，選挙に際し，国家が，有権者への投票呼びかけ以上に，「○○党と××党の政策比較」というような広報を行うことは想定されていない。その判断は，当然国民が行うのである。憲法改正についても，放っておいても賛成派・反対派が勝手に議論を闘わせ，国民に情報を提供してくれるのではないか。そこで歪んだ情報が提供されるおそれがあるからといって，国家権力が「正しい」情報を提供することは，憲法上もっと大きな問題をはらんでいるのではないか。国民の自由な判断が示されるべき国民投票において，国家広報が大きな役割を担うという制度は，憲法上許されるものではない。

　国民投票法は，国民投票運動の諸規制についても定める。国民投票法100条は，この諸規定が国民の自由と権利を不当に侵害しないよう留意すべきだと規定している。公職選挙法の定める選挙運動規制のがんじがらめさは悪評高い（クエスト憲法Ⅱ p.408の**3**）が，国民投票運動の自由はそれよりずっと広く認められている。これは，選挙と比べて不当な利益誘導のなされる危険が少ないという理由によるのであろう。選挙運動とは異なり，戸別訪問は禁止されていないし，未成年者の運動も許されている。また，配布できるビラの枚数などについての制約もない。国民投票法103条は公務員や教育者がその「地位にあるために特に国民投票運動を効果的に行い得る影響力又は便益を利用して」国民投票運動をなすことを禁じている。罰則は設けられていないが，違反した場合懲戒処分の理由となろう。公職選挙法の類似規定（公選136条の2・137条）よりも限定的な書き方になっており，その趣旨を生かした限定的な運用が求められる。

　国民投票法 105 条は，国民投票広報協議会や賛否を表明する政党などの広報放送を除いて，国民投票期日の 14 日前から，広告放送を禁じている。これはかなり重大な運動制限である。強い影響力をもつが多額の費用のかかる放送が，一方の側に片寄って使用され，投票の公正さが害される危険があるという理由によるのであろう。しかし，投票直前というまさに影響力を行使したいときに，放送という重要なメディアの使用を原則として禁止してしまうというのは，表現の自由に対する重大すぎる制約であると思われる。何らかの規制がいるとしても，1 日に流せる時間の最大限を定めるといった手法を考慮すべきであろう。また，一般の人々が使用できなくても「お上」の広報放送はあるのだから，国民に必要な情報は行き渡るとの考えがあるとしたら，これは上述のとおり，憲法適合的思考ではない。

　国民投票において，憲法の求める承認要件は「過半数」（96 条 1 項）である。この意味として，総投票数の過半数か，有効投票総数の過半数かが問題となりうる（有権者総数という説もあるが，これは通常の「過半数」理解には合致しない）。国会の判断しうる事項であろう。国民投票法は後者の説をとっている（国民投票 98 条 2 項は，賛成票・反対票の合計を「投票総数」と呼び，それを過半数判断の母数とする）。なお，憲法は，国民投票の成立要件として一定の投票率を求めていない。では，国会が法律でこの要件を定めることは合憲か。承認要件の厳格化ではなく，国民投票の成立自体に一定の国民参加を必要とするという制度は，憲法改正の成立を国民の判断に委ねるという憲法の趣旨からして，違憲とはいいがたい。あまりに低い投票率では，その結果を国民の意思と評価するのは難しいから，例えば 50% 程度の最低投票率を設けることは，むしろ望ましいと思われる。国民の広い関心事となってこそ，過半数の賛成に「国民」の「承認」としての意味を認めることができると考えるべきではないか。

　(d)　**改正の手続③──国民投票以後**　　国民投票で過半数の賛成を得れば，憲法改正は成立し，天皇が「直ちに」公布する。では，96 条 2 項の「この憲法と一体を成すものとして」という文言に法的意味はあるのか。これについては，96 条でいう憲法改正は一部の条文を対象とするものであり，母体となるべき憲法典そのものを取り替えてしまうような「改正」は想定していないという理解が可能であろう。憲法改正論議の中で，ほとんど全条文を手直しする

「新憲法」案が示されることがあるが，日本国憲法を1回の改正手続でこのような「新憲法」に一挙に取り替えることは，96条の予定するところではない。もちろん，上で述べた，国民投票の対象の特定性という要請にも反することになる。

　国民投票結果に対して異議のある投票人に対し，国民投票法は，東京高等裁判所への国民投票無効訴訟提起を認めている（国民投票127条）。一定の違法事由があり，その結果投票結果に異動を及ぼすおそれがあると認めるときには，裁判所は無効判決を出さなければならない（国民投票128条）。訴訟提起があっても，原則として国民投票の効力は停止しないが（国民投票130条），「憲法改正が無効とされることにより生ずる重大な支障を避けるため緊急の必要があるとき」には，裁判所は申立てにより憲法改正の効果の発生を停止することもできる（国民投票133条）。

> **Column 1-2　憲法改正の違憲審査？**
>
> 　この国民投票無効訴訟で無効原因となりうるのは，投票過程の瑕疵（投票運動中の重大な違反も含む）であり，つまり投票結果に国民の意思が正確に反映されないことである。では，裁判所が憲法改正の中身自体を審査することは可能なのだろうか。違憲審査権は法律などが憲法に適合しているかを審査するのであるから，審査の基準となる憲法自体の改正には，裁判所は口出しできない，と考えるのが当然のように思える。しかし，ドイツの憲法裁判所は，自ら，実現した憲法改正が憲法の改正限界規定を超えていないかの審査権を有し，改正限界を超える場合それを無効とする権限を有すると考え，この審査を実践している。まさに「憲法」を排除する権限をも，裁判所がもっているのである。この場合，改正限界を超える改正も実定法として扱うしかないという，(a)で述べた論理は修正され，少なくとも実定憲法上の改正限界規定については，それを超える改正は無効であるといいつづけることに法的意味があることになる。
>
> 　しかし，同じ憲法典の中に共存するに至った改正限界規定とそれに矛盾する規定のうち，前者が後者よりも法的効力において優先するといえるのはなぜなのか，法論理的には難問であるし，なぜ憲法裁判所がその審査権を有するのかも自明ではない。シュミット的な憲法制定権者が，憲法の中核的原理を示す改正限界規定とともに，その擁護者として憲法裁判所をも「決断」によって創造したのだ――だから，憲法裁判所は単なる実定法としての憲法典の擁護というだけでなく，憲法制定権者の「決断」を憲法改正に対しても擁護する任務を担う――ということになるのだろうか。

(2)　憲法変遷論

　実定憲法の定める改正手続に沿った改正がなされないのに，憲法規範に反する法状態に起因して憲法の内容自体が変更されることを認めることを，憲法変遷と呼ぶ。もちろん，法の意味は多義的なことが多く，解釈が変更されることは決して珍しくない。特に憲法には抽象的な文言が多く，解釈の幅は広い。したがって，解釈の変更か，規範内容それ自体の変更かの区分は常に議論の対象となる。日本で憲法変遷が議論される場合，圧倒的に9条が念頭におかれている。政府見解は，憲法制定当初の自衛のための実力組織も許されていないという解釈から，国家固有の自衛権に基づく実力の保有は許されるという解釈へと変わった。これを単なる解釈の変更と考える立場もあるが，多くの学説は，変化後の政府見解は9条解釈としては不可能であり，自衛隊法は違憲であると主張した。政府見解は，解釈によって実質的に憲法改正を行っているとして，「解釈改憲」と批判されたりした。しかし，自衛隊はずっと存続しつづけ，国民世論もその存在を受け入れているようである。そうだとすると，それでも自衛隊法は違憲でありつづけているのか，それとも憲法規範それ自体が変わり合憲となったと判断できるのか，という問題意識が発生する。後者の判断をなすのが，憲法変遷をこの場合に認める論者である。改正手続を経ないでも，現実の法状態により，可能な解釈の枠を超えて憲法の規範内容が変化することを正面から認めるわけである。むろん，憲法変遷は他の場合にも考えうる。かつて帝政ドイツで憲法変遷が論じられたとき，主として問題となっていたのは，憲法規定とは合致しないようにみえる帝国諸機関の権力伸長を憲法上どう評価するかであった。

　上位法規に反する下位法規が存在すること自体も，特に珍しくはないだろうが，憲法の場合の特殊性は，その改正要件が加重されており，改正が困難であるという点にある。政令が法律に反している場合，その政令を覆す法律かあるいは政令を合法化する法律を新たに制定し，この対立状態を解消することは，立法者にとってそう困難ではない。しかし，ある法律が憲法に違反している場合，憲法改正権を発動してこの状態を解消することは，かなり困難である。硬性憲法は，議会の過半数の賛成だけでは変えられない。法律は過半数の賛成により維持されるが，それと内容的に矛盾する憲法も改正できず維持されるとい

う政治状況は，十分考えうる。日本の9条について長期間生じてきたのも，この現象だということができる。このような場合に，憲法の規範内容は維持されているといえるだろうか。

　上位法規の内容が下位法規によって変更されるということは，法の規範構造の論理としては，考えられない。考えられないことを考えるためには，法の有効性を判断する場面にそれ以外の視点を導入する必要がある。憲法変遷は，法は現実を規律すべきものだという考えを前提にしつつ，現実が長期にわたって法に違反しているのなら，もはやその法は法としての機能を果たしておらず，法ではなくなったと判断せざるをえないという考えに基づくものである。現実に守られていない法は，いくら紙の上には存在しても，消滅したものと扱うべきだということである。さらに，憲法変遷を認める立場は，憲法に反する法状態の存続に，主権者国民の暗黙の同意を見る。国民が違憲法律の除去を望むなら，長期的にみれば選挙で選ばれる議会がその意思を実現するはずである。長期にわたって除去されないということは，国民が現状を是認しているのであり，主権者国民の意思によって憲法の中身は変えられたと判断できるということになる。「暗黙」という静かな形ではあるが，憲法改正（場合によっては制定）権が超法規的に行使されたのである。

　この問題を考えるにあたっては，憲法が国家権力を制約する規範であり，本来的に遵守されがたいということを念頭においておく必要がある。憲法が守られるのは当然ではなく，むしろ破られて当然なのである（だから，必死で公務員に遵守を呼びかけている）。時の権力者は，憲法の文面など簡単に無視することができる。文句をいう国民がいたら，暴力的に弾圧すればよい。国民の自由を認めないが長続きしている独裁体制は，たくさんある。このような，憲法の本来的あやうさを考慮すれば，文面として定められた形式的意味の憲法の，自由の砦としての意義を相対化するのは，基本的に適切でない。議会の多数を握っている勢力にとって，立法による既成事実を構築することは容易であるし，長期間その既成事実を承認する勢力が多数を占めつづければ，国民の同意を擬制することも可能となる。しかし，「国民」なる一枚岩の存在があるわけではなく，その「意思」を表示する当然の方法もない。憲法改正手続は，このようにあいまいな国民の意思の表示方法を法的に明確化するものである。それは当然

ありうる1つの方法にすぎないが，しかし，法的に1つに定めることによってはじめて，何が国民の意思かを判断する基準が存在するに至る。それ以外の意思の援用には，常に政治的操作の危険がつきまとう。

　長期間守られていない法は，もはや規範としての効力を失っているという考えは，たしかに成り立ちうる。しかし，上記の懸念からすれば，まさに憲法においては，その変遷を認めるべきではない。憲法の規範性は本来非常にあやういものなのであり，だからこそそれを確実に維持する立場をとるべきである。憲法が手続にのっとって改正されない限り，その規範内容が変更されることはないということになる。また，憲法変遷は，当初の法状態は違憲であったという内容を含むから，通常政府側からなされるものではなく，学者の主張である。政府側は通常，法律は当初から合憲であると主張する。だとすれば，政府は憲法条文の規範力を認めているのであり，政府からすれば，問題は妥当な解釈をめぐる見解の相違にすぎない。このような状況で，学説がわざわざ，当初は違憲であったが，問題となる憲法条文そのものが無効化したので合憲となった，というような，憲法の規範性そのものを弱体化させる論理をたてる必要はない。憲法の妥当な解釈をめぐる議論がえんえん続いている状況だと理解しておけばよかろう。

練習問題

1　「すべての個人は生まれながらにして自由かつ平等である」なんて全く事実に即しておらず，そんな虚妄に依拠する立憲主義は統治の基本原理として適切とはいえない，という考えをどう評価すべきか。

2　A県の知事が，「日本国憲法は占領中に押し付けられたものであり，無効である」と主張している団体の集会に公金を使って出席し，「私はこの会の趣旨に心より賛同します。知事としての職務にあたっても，無効な憲法にとらわれるつもりはありません。」と挨拶した。この会への参加のための公金支出は，憲法尊重擁護義務違反として違法であるといえるか。

3　最近の憲法改正論議では，日本国憲法の改正要件は厳しすぎるとの指摘が多い。国民への発議要件を衆参各議院での総議員の過半数の賛成に緩める，あるいは各議院で総議員の3分の2の賛成が得られれば，国民投票なしで改正が成立することにする，といった提案がなされている。これらの提案をどう評価すべきか。

第2章

日本憲法史

　日本における立憲主義は，明治憲法（大日本帝国憲法）の制定・施行によって導入された。天皇主権に立脚する憲法であり，天皇大権中心の国政運営が意図されていたが，天皇はその統治権を大臣の助言に基づいて行使するものとされた。したがって，大臣責任の追及というルートを通して議会が国政の主導権をとることも運用上可能であり，実際，それが実現した時期もあるが，昭和初期，軍国主義の風潮が強まり，憲法の立憲的運用は崩壊し，日本は太平洋戦争へと突入していく（第1節）。

　敗戦によるポツダム宣言の受諾に伴い，日本は連合国の占領下におかれ，新憲法を制定することとなる。そこでは天皇主権との決別が要求され，国民主権・平和主義・基本的人権の尊重を基本原理とする（第2節）。

第1節　明治憲法

1　明治憲法の成立

　明治新政府の喫緊の課題は，幕末の動乱によって疲弊した国力を再建し，欧米列強諸国と対等の立場で交渉し，幕府によって締結された不平等条約の改正をはじめ国益を回復・伸長することのできる近代国家の形成であった。

　その一環として，立憲的統治制度を導入すべき必要性は政府内部において早くから認められており，1875（明治8）年，明治天皇によって「漸次ニ國家立憲ノ政體ヲ立〔テ〕汝衆庶ト倶ニ其慶ニ頼ラント欲ス」との詔書が発せられた。

これを受けて，立法機関として元老院が設置される。翌 1876（明治 9）年，「国憲」起草の勅語が元老院に向けて下される。いわく，「朕爰ニ我建國ノ體ニ基キ廣ク海外各國ノ成法ヲ斟酌シ以テ國憲ヲ定メントス汝等ソレ宜シク之カ草按ヲ起創シ以テ聞セヨ　朕將ニ之ヲ撰ハントス」。

1880（明治 13）年，元老院は成案「国憲」を天皇に提出するが，それは，「各国之憲法ヲ取集焼直シ候迄」にすぎず，立法権を皇帝と議会の共同行使の権限とするなど，「我国体人情」に合わないことを理由に伊藤博文らの政府実力者によって斥けられる。他方で，1873（明治 6）年の征韓論の政変によって下野した板垣退助や後藤象二郎らの「民撰議院設立建白書」に端を発した自由民権運動は，この間絶頂期を迎え，上記詔書の実施を迫った。そこで，1881（明治 14）年，国会開設の勅諭が発せられ，1890（明治 23）年を期して国会を開設することと，それまでに憲法を制定することが天皇の名において宣言された。

政府内部では，大隈重信によって，国会の早期開設を主張する急進主義も唱えられた。イギリス流の議院内閣制の導入に近い提案であり，岩倉具視や伊藤らの到底受け入れられるところではなかった。両者間の対立は高まり，北海道開拓使官有物払下げ問題を契機とする明治一四年の政変（1881 年）で大隈一派は失脚，野に下る。これにより，伊藤を中心とする漸進主義によって政府意見は統一をみる。

1882（明治 15）年，伊藤は憲法取調のためヨーロッパに派遣され，ドイツ・オーストリアに滞在，R・グナイストや L・シュタインから学ぶ。帰国後，伊藤は自ら憲法の起草に着手する。伊藤専属の部下となった伊東巳代治，金子堅太郎に加えて，井上毅の 4 名の起草チームである。1888（明治 21）年，作業は完了し，草案が天皇に提出される。伊藤を議長とする枢密院が設置され，非公開の審議が行われた。1889（明治 22）年 2 月 11 日，日本ではじめての形式的意味の憲法となる明治憲法（大日本帝国憲法）が発布された。

2 明治憲法の特色

(1) 天 皇 主 権

明治憲法は天皇による統治を基本原理とする欽定憲法である。けれども，統治の正統性は，明治天皇個人のカリスマによるものではなく，『古事記』『日本

書紀』の建国神話によって基礎づけられた。

　それによれば，神話の神の天照大神は，列島統治を邇邇芸命（ニニギノミコ
ト）に委ねた（天孫降臨）。それゆえ，邇邇芸命を始祖とする「万世一系」の列
につながる天皇が，日本国の正統な統治者となる。「国家統治ノ大権ハ朕カ之
ヲ祖宗ニ承ケテ之ヲ子孫ニ伝フ」（明治憲法上諭）とされ，「大日本帝国ハ万世
一系ノ天皇之ヲ統治ス」（明憲 1 条。以下特に表記がない場合，本節では明治憲法を
指す）とされた。神勅主権原理と呼ばれる。日本版王権神授説ともいえるが，
西欧絶対君主制を正当化したそれとは異なり，天皇その人が神の子孫とされる
点において，より神秘主義的であった。主権者である天皇は，「国ノ元首ニシ
テ統治権ヲ総攬」（4 条前半）する。この，「万世一系ノ天皇」が主権者であり，
天皇が統治権を総攬する国家体制をもって「国体」とするのが日本独自の統治
原理とされた。憲法典が天皇の権威に基づき欽定されたことも，「国体」の要
求するところである。

　なお，「皇位ハ皇室典範ノ定ムル所ニ依リ皇男子孫之ヲ継承ス」（2 条）とさ
れた。皇位継承ルールの詳細は，憲法典ではなく，「皇室典範」という「皇室
ノ家法」の中で規定される。典範の法的効力は，憲法典に上位，または並ぶも
のであり，「皇室典範ノ改正ハ帝国議会ノ議ヲ経ルヲ要セス」（74 条）とされた。
王位継承ルールを議会が決定する名誉革命後のイギリス「王位継承法」（1701
年）的な立憲君主制を退けるものである。皇室自律主義と呼ばれる。「国体」
観からの帰結である。

(2)　立憲主義の導入とその限界──「外見的立憲主義」

　天皇は統治権を総攬するが，その権限行使は，「此ノ憲法ノ条規ニ依リ之ヲ
行フ」（4 条後半）とされた。明治憲法の公式コンメンタールともいえる伊藤博
文『憲法義解』（1889 年）は，同条文を注釈して「統治権を総攬するは主権の
体なり。憲法の条規に依り之を行うは主権の用なり。体有りて用無ければ之を
専制に失ふ」と述べている。立憲主義の採用であり，「天皇ハ神聖ニシテ侵ス
ヘカラス」（3 条）とする規定も，立憲君主制下の君主無答責を定めたものであ
る。他方で，以下で述べるように，議会の権限は意図的に弱められ，また，議
会制の運用によって政府責任を追及することも可能ではあったが，総じて政府

主導の国政運営を予定した統治機構であった。外見的立憲主義と評されるゆえんである。

(a) **議会制の導入**　「天皇ハ帝国議会ノ協賛ヲ以テ立法権ヲ行フ」(5条)。立法権の主体・淵源は天皇であり，議会は副たる協賛機関として位置づけられた。法律成立の条件として，天皇の「裁可」(6条) が要求されていたが，実際には議会の決定が尊重され，その可決した法律案が不裁可となった例はない。

「帝国議会」は貴族院・衆議院の両院からなる (33条)。「衆議院ハ選挙法ノ定ムル所ニ依リ公選セラレタル議員ヲ以テ組織」(35条) されるが，「貴族院ハ貴族院令ノ定ムル所ニ依リ皇族華族及勅任セラレタル議員ヲ以テ組織」(34条) される。非民選の貴族院に衆議院と対等の権限が認められ，また，衆議院に対しては天皇による解散制度が導入された (7条)。

(b) **広範囲な大権事項の存在**　議会の権限は，明治憲法6条から16条までに列挙された大権事項の存在によって大きく制約されていた。大権事項とは，原則として国務大臣の輔弼＝助言 (55条1項) によってのみ行使されるべき天皇の権限であり，議会に対して同意を求める必要がない。大権事項には，軍の統帥 (11条)，軍の編制と常備兵額の決定 (12条)，宣戦・講和と条約の締結 (13条)，戒厳令の宣告 (14条)，行政各部の官制を定め，および，文武官の俸給を定め，任免すること (10条) などが含まれていた。天皇は大臣輔弼に基づいて大権を行使するのが原則である——例外として「統帥権の独立」が問題となる——ので，政府と議会の力関係いかんによっては，輔弼権を有する大臣責任の追及というルートを通して大権事項の議会統制の可能性も運用上排除されていないが，大権事項に関する政府の決定は，議会の同意がなくとも憲法上全く有効である。

なお，緊急事態における戒厳令の発令については，その「要件及効力」は「法律」の定めるところとされ (14条2項)，一応，議会主義的統制があった。

(c) **政府立法権**　法律の制定については，「凡テ法律ハ帝国議会ノ協賛ヲ経ルヲ要」(37条) するとされるが，他方で，大権事項として，天皇の独立命令制定権および緊急勅令の制度の例外が設けられた。国民の自由を制限し義務を課す内容の法規範を制定する実質的意味の立法権 (⇒p. 167 の(a)) は，議会と政府に二元的に分有される。

　(i)　独立命令　　独立命令とは，「公共ノ安寧秩序ヲ保持シ及臣民ノ幸福ヲ増進スル為ニ必要ナル命令」(9条本文)であり，法律の根拠なしに定めることができた。ただし，「命令ヲ以テ法律ヲ変更スルコトヲ得ス」(同条ただし書)とされたから，その限りで，法律の優位は認められていた。

　(ii)　緊急勅令　　他方で，本来法律によって規制すべき事項についても，緊急勅令の制度が設けられ，「天皇ハ公共ノ安全ヲ保持シ又ハ其ノ災厄ヲ避クル為緊急ノ必要ニ由リ帝国議会閉会ノ場合ニ於テ法律ニ代ヘキ勅令ヲ発ス」(8条1項)ことができた。ただし，それには議会の事後承諾が条件とされ，「此ノ勅令ハ次ノ会期ニ於テ帝国議会ニ提出スヘシ」「若議会ニ於テ承諾セサルトキハ政府ハ将来ニ向テ其ノ効力ヲ失フコトヲ公布スヘシ」(同条2項)とされた。議会不承諾の場合でも，緊急勅令の効力が遡及的に無効となることはない。

　(d)　**議会による財政統制とその例外**　　明治憲法は，議会の財政統制権を認め，以下の規定を設けた。「新ニ租税ヲ課シ及税率ヲ変更スルハ法律ヲ以テ之ヲ定ムヘシ」(62条1項)。「国家ノ歳出歳入ハ毎年予算ヲ以テ帝国議会ノ協賛ヲ経ヘシ」(64条1項)。

　もっとも，議会の権限は，ここでも意図的に弱められ，予算議定については，「帝国議会ニ於テ予算ヲ議定セス又ハ予算成立ニ至ラサルトキハ政府ハ前年度ノ予算ヲ施行スヘシ」(71条)とされた。プロイセン予算争議から学んだものであり，前年度予算施行主義という。議会が予算を人質として政府責任を追及することに対する予防的措置であった。また，議会の予算修正権は制約を加えられ，「憲法上ノ大権ニ基ツケル既定ノ歳出〔既定費〕及法律ノ結果ニ由リ〔法律費〕又ハ法律上政府ノ義務ニ属スル歳出〔義務費〕ハ政府ノ同意ナクシテ帝国議会之ヲ廃除シ又ハ削減スルコトヲ得ス」(67条)とされた。したがって，例えば公務員の俸給削減や軍予算の削減等は，「憲法上ノ大権」(10条・12条)による既定費として，議会の予算修正権から除外される。

　(e)　**政府の組織・運営**

　(i)　大臣輔弼制　　このように議会の権限は弱められ，国政の主導権は政府，すなわち内閣に委ねられた。内閣は憲法上の機関ではなく，官制によって定められた憲法外の機関である。天皇はその「総攬」する「統治権」を内閣構成員である大臣の「輔弼」に基づいて行使する。政治責任を負うのは大臣であり，

君主無答責とされる。憲法典は，「国務各大臣ハ天皇ヲ輔弼シ其ノ責ニ任ス」（55条1項）と規定し，内閣の連帯責任制でなく，個別責任制を採用した。一大臣の失策により内閣全体の責任を追及されないための工夫とされていた。各大臣の負うべき責任は直接には任命権者である天皇に対してのものであるが，輔弼権を有する大臣責任の追及というルートを通して，議会に対して負うものでもあり，その場合，内閣の責任は二元的なものとなる。

　なお，陸海軍大臣については，現役の大中将を充てるとする慣行が憲法制定以前から存在し，後に官制で明文化される。軍部大臣現役武官制という。この制度によって，軍は，その支持しない内閣から軍部大臣を辞任させ，後任補充を拒否することで，軍の意向を内閣に対して押し付けることができた。倒閣の切り札を軍が握るものであり，昭和初期から強まる軍国主義の制度的要因をなすものであった（⇒p.125の**3**）。

　(ii)　統帥権の独立　　大臣輔弼制は，統治責任の所在を確定するものであり，議会による責任追及にとって不可欠の制度であるが，明治憲法制定の当初から，軍の統帥は国務大臣の輔弼外と解されてきた。統帥権の独立である。統帥事項とは，戦闘活動に直結する軍の作戦用兵に関する事柄であり，機密性・迅速性が要求されることから国務大臣の輔弼にはなじまないとされ，実際には，陸軍参謀総長・海軍軍令部総長等の軍令機関が輔弼者的役割を果たした。統帥事項，すなわち「軍令」事項は，国務大臣が責任を負う「軍政」事項——軍の編制・装備およびその予算措置や外交にかかわる軍の行動等——から，そもそも区別されるべきものである。兵政分離の原則という。しかし，次第に統帥事項が拡大解釈され，両者の区別があいまいとなる。1930（昭和5）年，内閣はロンドン海軍軍縮条約を批准したが，これが，「統帥権の干犯」であるとして，海軍艦隊派や野党から批判され，枢密院は伊東巳代治を長とする審査委員会でその批判を容れる。軍は，統帥権の独立を盾に「軍政」事項にも介入し，日中戦争へと日本を導いていく。

(3)　「臣民」の権利保障とその限界

　明治憲法は，その第2章「臣民権利義務」の中で，臣民の基本的権利を保障した。「臣民権利」という表題には，天賦人権思想を退け，憲法上の権利は国

法よって付与されたものであるとする含意が込められている。自由民権運動の理論家の中江兆民は，社会契約論に基づき，国家以前の自然状態において個人が有していたはずの自由を，人民による憲法制定によって「恢復・確認」するのが本来の意味での民権（人権）であるとし，これを「恢復的民権」と呼び，「臣民権利」を「恩賜的民権」であると批判した。

(a)　**法律の留保**　　明治憲法の採用した自由保障の方式は，法律の留保によるものであり，憲法の列挙する自由の制限は，議会制定法である「法律」によることを原則とする。「日本臣民ハ法律ノ範囲内ニ於テ居住及移転ノ自由ヲ有ス」（22 条），「日本臣民ハ法律ニ依ルニ非スシテ逮捕監禁審問処罰ヲ受クルコトナシ」（23 条）等と規定するのがその例である。議会制定法によれば，いかなる目的・態様での自由制限も可能であるが，逆にいえば，議会の同意がなければ自由制限は不可能であり，議会による権利保障の方式であった。もっとも，先にみた，独立命令や緊急勅令等の政府立法権が広く認められており，法律の留保による保障の効果は大きく減殺された。1928（昭和 3）年，治安維持法（大正 14 年法律第 46 号）の罰則強化等を定める改正法によって，「国体ヲ変革スルコトヲ目的」とする結社を組織し，指導した者に対する死刑が導入されるとともに，同結社の「目的遂行ノ為ニスル行為」を新たに犯罪とする規定（目的遂行罪）が設けられた。「国体」概念の不明確性とあいまって，国民の自由な政治活動を封ずるものである。これは，帝国議会において審議未了・廃案となった改正案とほとんど同一内容のものを緊急勅令の形式で定めたものであった。

なお，この時代のヨーロッパ型憲法の標準装備にならい，アメリカ型の違憲審査制は採用されていない。

(b)　**裁判的救済の不備**　　司法権は，「天皇ノ名ニ於テ法律ニ依リ裁判所」が行使する（57 条 1 項）が，それは，民事刑事の裁判に限られた。他方で，公権力の違法な行使に対する救済のためには，特別裁判所である行政裁判所が，東京に 1 か所設置された。「行政官庁ノ違法処分ニ由リ権利ヲ傷害セラレタリトスルノ訴訟ニシテ別ニ法律ヲ以テ定メタル行政裁判所ノ裁判ニ属スヘキモノハ司法裁判所ニ於テ受理スルノ限ニ在ラス」（61 条）。しかし，法律上，出訴事項限定列挙主義がとられ，「法律勅令ニ別段ノ規程アルモノヲ除ク外」列挙 5 件のみ出訴を認められ，行政事件についての裁判的救済は極めて制限されたも

のであった。

(c) **司法の独立**　明治憲法は司法の独立を保障し（58条2項），1891（明治24）年の大津事件（大判明治24・5・27新聞214号27頁）以降，政府が個別事件の裁判に干渉する例はみられない。しかし，司法行政権は司法大臣に与えられ，裁判官は司法大臣の監督下におかれており，司法の独立の制度的基盤は弱かった。

3 明治憲法の運用

(1) 明治憲法の立憲的運用

明治憲法は，外見的立憲主義と評される一方で，運用いかんによっては議会主導の国政運営まで可能とする幅を有していた。

(a) **責任内閣制**　憲法上，天皇の大権行使を輔弼する大臣は，その任命権者である天皇に対してのみ責任を負い，議会に対して責任を負わない。そこで，維新の功労者である元老の推薦に基づき天皇が内閣総理大臣を任命するという慣行が生まれ，藩閥政治家が首班となるいわゆる「超然内閣（大権内閣）」が，1894（明治27）年の日清戦争の頃まで続き，内閣は，議会勢力とは無関係に組織された。けれども，政府と議会の力関係いかんによっては，議会主導の国政運営も可能であり，大正期においては，衆議院の政党勢力の意向を無視した国政運営は事実上困難となる（大正デモクラシー）。1924（大正13）年1月，枢密院議長の清浦奎吾が首相に任命され，すべての閣僚を貴族院から選出すると，これに反発した衆議院側は，第二次憲政擁護運動を行い，同年6月，衆議院第一党である憲政会総裁の加藤高明が首相に任命される。これにより，衆議院多数党の党首が内閣を組閣する議院内閣制の慣行が成立する（憲政の常道）。統治権の「総攬者」である天皇は立憲君主としてふるまい，大臣の輔弼に基づいて大権を行使したので，大臣責任追及というルートを通して，政府の対議会責任を追及する責任内閣制が実現した。

(b) **立憲学派と天皇機関説**　明治憲法の立憲的運用を学的に支持し，正当化したのが，立憲学派の天皇機関説である。天皇機関説とは，東京大学の一木喜徳郎が提唱し，その弟子の美濃部達吉により発展させられた法学説であり，国家法人説を前提とする。G・イェリネックによるこの説によれば，国家とい

う団体は，法学的には一種の法人として捉えられるべきであり，法人たる国家は，法的権利の主体であるから法人格を有する。すなわち，国家は，統治権という権利の主体である。しかし，法人格の担い手である国家それ自体は抽象的な存在なので，自らその統治権を行使することができない。そこで，国家は，その機関（organ）として，君主や議会，裁判所等を設け，それを通して，その統治権を行使する。比喩的にいえば，生身の人間が，その人格に基づく意思決定を，口や手足等の器官（organ）を用いて伝達・表現するのと同様である。国家の機関は，国家の名において統治権を行使し，その行為は国家の行為とみなされる。これは，国家と同じく，それ自体は抽象的な存在である株式会社や学校法人等が，代表取締役や理事会といった法人の機関を通して，その意思を決定し，行動することと全く同様である。

　美濃部は，国家法人説を明治憲法の説明にあたって用い，統治権は，生身の「天皇その人」ではなく，「国家そのもの」の有する権力であり，天皇は，国家の名において統治権を行使する国の「機関」であるが，天皇は「国家の最高機関」であるという意味において，天皇の意思が「最高機関意思」，すなわち「主権意思」であると説いた。ここで重要なことは，「機関」は，機関権限を定める法的ルールに従ってその権限を行使しなければならないということであり，「最高機関」である天皇といえども，憲法の定めるルールに従って統治権を行使しなければならない。これに対して，「天皇その人」に統治権が帰属し，天皇の統治権は，憲法典制定後も原則として無制限であるとする立場からのいわゆる天皇主権説が，東京大学の穂積八束や上杉慎吉らの君権学派（正統学派）によって提唱された。しかし，1912（大正元）年の上杉・美濃部論争を経て，天皇機関説は通説となる。美濃部の著書は，高等文官試験受験者の基本書でもあった（ **Column 2-1** ）。

(2)　明治立憲体制の崩壊

　他方で，明治憲法は，その立憲的運用を制度的に保障するものでもなかった。特に，昭和初期から敗戦までの憲法史を振り返ってみれば，「神勅主権」主義，「国体」思想等の非合理主義が，明治憲法起草者の企図した以上に立憲主義を侵食し，形骸化していった過程といえる。

1929（昭和4）年のニューヨーク株式市場の株価暴落に発する世界恐慌によって，国内でも金融不安が高まり，失業率の上昇や農産物価格の暴落などによる社会不安が増大した。政党政治は，これに有効な処方箋を提供することができないばかりか，疑獄事件と呼ばれる数々の金権腐敗が明らかとなり，国民的信頼を失いつつあった。1931（昭和6）年，石原莞爾率いる関東軍の一部が柳条湖事件を引き起こし，満州全土を占領するという事態が生じた（満州事変）。政党政治家による政府はこれを収拾できず，関東軍の独走を黙認し，その後の日中全面戦争への道を踏み出す。

1932（昭和7）年，総理大臣の犬養毅が海軍の一部青年将校や民間の国家主義者らによって暗殺されるという事件が起こった（5・15事件）。軍縮論者であり，満州国承認に慎重であったことから，標的とされたものといわれる。事件後，被告人らに対する同情的世論がわきおこり，量刑は非常に甘いものとなる。1933（昭和8）年，満州国承認をめぐり日本は国際社会から孤立し，国際連盟から脱退する。

これ以降，日本の政党政治は急速に衰退する。1936（昭和11）年，陸軍皇道派の青年将校らは，日本政治の腐敗と社会不安の根源は政党政治にあるとみて，「君側の奸」である元老・重臣を殺害し，「天皇親政」を実現するべく，約1500名の兵を率いて首相官邸や大蔵省などを襲撃した（2・26事件）。陸軍および政府は，「叛乱軍」としてこれを鎮圧，クーデターは未遂に終わるが，政党政治の衰退は決定的となった。

帝国議会は，立法府としての役割を事実上放棄し，特に1938（昭和13）年の国家総動員法（法律第55号）は，「戦時ニ際シ国家総動員上必要アルトキハ」，①国民の徴用，雇用・解雇・賃金等の労働条件，争議の予防，②物資の生産・配給・消費等の統制，③会社の合併・分割，金融機関の余資運用等の金融・資本統制，④カルテルの締結や産業別団体の設立・加盟強制等の産業統制，⑤商品価格や運賃，賃貸料等の価格統制，⑥新聞・出版物等の掲載・頒布の統制などについて，勅令で必要な定めをすることができるとした。国民生活の広範な領域の統制運用を政府に白紙委任する包括的な委任立法であった。

ヨーロッパでは第二次世界大戦が始まり，国際情勢の緊迫化に伴って強力な指導体制の形成が必要であるとの声が高まる（新体制運動）。これを受けて，

1940（昭和15）年，既存の政党は自発的に解散，大政翼賛会が結成される。総裁を内閣総理大臣，道府県支部長を知事がそれぞれ兼任し，国家総動員体制の中核的組織となる。複数政党制の消滅であり，政党政治は終焉した。

　1941（昭和16）年，日本軍による真珠湾攻撃を契機として太平洋戦争が勃発する。

Column 2-1　天皇機関説事件

　上杉・美濃部論争は，美濃部の圧倒的勝利で終わった。けれども，国民生活のレベルでは，学校教育や軍隊教育の場で用いられる『教育勅語』や『軍人勅諭』を通して，「現人神としての天皇」という非合理主義的な天皇観が浸透していった。軍国主義の風潮が強まる中で，1935（昭和10）年，貴族院本会議において美濃部の天皇機関説は，「国体」に反する学説であるとして非難・排撃される。貴族院議員であった美濃部の「一身上の弁明」にもかかわらず，軍部・右翼の院外攻撃はやまず，在郷軍人会の活動を通して国民的規模での機関説批判が展開された。また，当時野党であった政友会も，枢密院議長の職にあり，天皇機関説の提唱者でもある一木喜徳郎を失脚させ，海軍出身の岡田啓介内閣の倒閣を図るという政略的理由から，攻撃に回った。

　政府は，事態収拾のために，出版法違反を理由に美濃部達吉の著書『憲法撮要』（改訂第5版，有斐閣，1932年）等を発禁処分とし，引き続き，「（第一次）国体明徴声明」を出して，「統治権ガ天皇ニ存セズシテ天皇ハ之ヲ行使スル爲ノ機關ナリト爲スガ如キハ，是レ全ク萬邦無比ナル我ガ國體ノ本義ヲ愆ルモノナリ」とし，天皇機関説を講ずることを，全国の教育機関に向けて禁止した。政府による学説の公定である。アカデミズムの世界で敗れ去った上杉の天皇主権説が，政治の力で復権したものであり，明治立憲体制の崩壊を象徴する出来事であった。美濃部は貴族院議員を辞したが，右翼の暴漢に銃撃され重傷を負う。

第2節　日本国憲法

1 日本国憲法の成立

(1)　ポツダム宣言の受諾と明治憲法の改正

1945（昭和20）年7月26日，連合国は，「日本ニ降伏ノ機会ヲ与エル」ため

の条件を定めるポツダム宣言を発表した。同宣言は，軍国主義の除去，日本の戦争遂行能力の破砕，そのためにする連合国による日本占領，領土の縮小等について定めるとともに，日本における民主主義的傾向の復活強化と基本的人権の尊重（同宣言 10 項）を要求するものであり，また，占領解除の条件として以下のように規定していた。

　「前記諸目的ガ達成セラレ且日本国国民ノ自由ニ表明セル意思ニ従ヒ平和的傾向ヲ有シ且責任アル政府ガ樹立セラルルニ於テハ聯合国ノ占領軍ハ直ニ日本国ヨリ撤収セラルベシ」（同宣言 12 項）。

　沖縄戦の敗北，広島・長崎への原爆投下，ソ連の参戦などによってすでに敗戦は必至となった日本政府にとって，譲ることのできない休戦条件は，「国体の護持」であった。「国体」の意味は必ずしも明確でないが，万世一系の天皇を主権者とし，天皇が統治権を総攬する国家体制とするのが，その中核的な意味である。占領解除条件である「日本国国民ノ自由ニ表明セル意思」に従う政府の樹立が，天皇主権の否定，すなわち，「国体」の変更を要求するものでないかが政府の最大の関心事であった。

　そこで，政府は，同年 8 月 10 日，「右宣言ハ天皇ノ国家統治ノ大権ヲ変更スルノ要求ヲ包含シ居ラザルコトノ了解ノ下ニ受諾ス」という条件付受諾の通知を連合国に対して送付した。それに対する翌 11 日の連合国側の回答（バーンズ回答）は，「降伏ノ時ヨリ天皇及日本国政府ノ国家統治ノ権限ハ降伏条項ノ実施ノ為其ノ必要ト認ムル措置ヲ執ル連合国最高司令官ノ制限ノ下ニ置カルルモノトス」「日本国ノ最終的ノ政治形態ハ『ポツダム』宣言ニ遵ヒ日本国国民ノ自由ニ表明スル意思ニ依リ決定セラルベキモノトス」と述べるのみであった。政府は，天皇制は維持されるものと判断し，1945 年 8 月 14 日ポツダム宣言を受諾した。同日，天皇によって，同宣言の受諾を国民に対して公示する「終戦詔書」が発せられる。8 月 30 日，連合国最高司令官として D・マッカーサー元帥が厚木飛行場に到着，直ちに総司令部（GHQ）を設置し，日本占領統治が始まる。9 月 2 日，政府全権が東京湾上の米国軍艦ミズーリ号上で降伏文書に署名。

　ポツダム宣言受諾を経て成立した東久邇宮稔彦王内閣は，明治憲法の改正は不要であると考えていたようであるが，GHQ の意向は異なっていた。10 月 4

日，マッカーサーは，近衛文麿と会談し，明治憲法の改正の必要性を示唆した。
同日マッカーサーによって「政治的，市民的及び宗教的自由の制限除去」と題
する指令が発せられ，治安維持法や国防保安法等の廃止，政治犯の即時釈放，
思想警察の廃止等を要求されるや，東久邇宮内閣は総辞職を選択する。天皇制
（「国体」）批判の自由をも保障する「指令」を実施すると国内の治安維持に責任
がもてなくなることが理由とされていた（　Column 2-2　）。

　代わって，幣原喜重郎内閣が成立すると，同月 11 日，マッカーサーは，幣
原に対して憲法改正の必要性を改めて示唆した。幣原内閣成立に伴い国務大臣
を辞した近衛は，憲法改正は天皇の発意によるべきであるから，改正の準備作
業は，内閣でなく，内大臣府の所管するところと解し，京都大学の佐々木惣一
とともに自ら内大臣府御用掛として憲法改正の調査にあたったが，近衛に対し
ては，大政翼賛会の初代総裁等を務めた経歴から戦犯指定が迫っていた。他方，
これとは別に，幣原内閣は，松本烝治（元東京大学教授，商法）を長とする憲法
問題調査委員会を設置し，憲法改正のための調査に着手した。近衛は，改正草
案を天皇に対して奏答しているが，憲法改正の発議は内閣の輔弼と責任に基づ
くべきとの観点から疑義が呈され，また，内大臣府そのものが 11 月 24 日に廃
止され，近衛の構想は潰えた。

(2)　日本側の憲法改正作業——松本委員会

　憲法改正作業は，1945（昭和 20）年 10 月 25 日，内閣の下に設置された憲法
問題調査委員会の下で行われることとなった。松本委員長は，私案として次の
四原則（松本四原則）を呈示した。「国体の護持」という原則堅持の上での，民
主主義・自由主義の拡充が，基本方針である。

　①天皇が統治権を総攬するという基本原則には，変更を加えないこと。

　②議会の議決を要する事項の範囲を拡大し，大権事項をある程度削減するこ
と。

　③国務大臣の責任を国務全般に及ぶものとし，国務大臣は議会に対して責任
を負うものとすること。

　④人民の自由および権利の保障を拡大すること。議会の関与しない立法によ
って人民の自由や権利が侵害されないようにし（法律の留保の拡大），その侵害

に対する救済を完全なものとすること。

　上記四原則に基づき「憲法改正要綱（松本試案）」が作成され，1946（昭和21）年2月8日，GHQ に提出された。GHQ は，当初，憲法改正作業については日本政府の自主性を尊重する態度をとっていたが，要綱の提出に先立ち，2月1日付毎日新聞紙上に「憲法問題調査委員会試案」がスクープされるという事件が起こった。その内容は，明治憲法の基本枠組みを維持したまま，字句に若干の手直しを加えて自由主義化したものにすぎず，GHQ の容認できるものではなかった。この時点から，GHQ は方針を転換し，憲法改正の主導権をとる。

(3) GHQ の方針転換——マッカーサー・ノート

　マッカーサーは，日本政府に対して自ら作成した憲法草案を提示することを決定し，1946（昭和21）年2月3日，草案起草の責任者である GHQ 民政局長ホイットニー准将に対して，草案には次の三原則を取り入れるよう指示した（マッカーサー・ノート）。

　①天皇は，国家の元首（head of the state）の地位にある。皇位の継承は，世襲である。天皇の職務および権能は，憲法に基づき行使され，憲法に示された国民の基本的意思に応えるものとする。

　②国権の発動たる戦争は，廃止する。日本は，紛争解決のための手段としての戦争，および自己の安全を保持するための手段としての戦争をも，放棄する。日本はその防衛と保護を，今や世界を動かしつつある崇高な理想に委ねる。日本が陸海空軍をもつ権能は，将来も与えられることはなく，いかなる交戦者の権利も日本軍に与えられることはない。

　③日本の封建制度は廃止される。皇族を除き，華族の権利は，現在生存する一代以上に及ばない。華族の地位は，今後どのような国民的または市民的な政治的権力を伴うものではない。予算の型は，イギリスの制度に倣うこととする。

　2月4日，民政局は上記三原則に基づいて草案作成の作業を極秘裏に開始し，約1週間で起草作業は完了した。作業が異例の速さで行われた理由は，日本の占領統治に関する最高権限を与えられた極東委員会（FEC）が，同月26日から活動を開始することから，以降は，マッカーサーの権限が憲法問題を含めて

大きく制約されることとなっていたからと推測されている。マッカーサーは，民主主義と両立する形で天皇制を存置することが占領政策の効率的遂行にとって便宜であると考えるに至っていたが，極東委員会においては，ソ連やオーストラリアを中心として天皇制の廃止，より具体的には，昭和天皇の戦犯としての処罰を求める意見が強硬に主張されることが予測されたため，その前に既成事実を作ってしまうことが，アメリカ主導の日本占領統治にとって得策であるとの政治判断があったものといわれている。

(4)　「マッカーサー草案」提示以降

1946 (昭和 21) 年 2 月 13 日，ホイットニーは，松本国務大臣・吉田茂外相らに対して，同月 8 日提出の松本試案に対する回答として，GHQ 案 (「マッカーサー草案」) を提示した。天皇主権から国民主権への転換を含むものであり，驚愕した日本政府は，同月 18 日，GHQ に対して松本試案の再考を求めるが，一蹴される。そのため政府は，「マッカーサー草案」に基づいて日本案を作成することを閣議決定し，日本案を作成，GHQ との折衝を経て，3 月 6 日，「憲法改正草案要綱」として国民に公表することとなる。GHQ との折衝を継続しつつ，「要綱」を条文に起こす作業が行われ，4 月 17 日，「内閣草案」が完成，枢密院へ諮詢された。

同年 4 月 10 日，普通選挙制による衆議院議員総選挙が行われ，5 月 22 日，第一次吉田茂内閣が成立した。枢密院で可決された「内閣草案」は，6 月 20 日，「帝国憲法改正案」として第 90 回帝国議会に提出された。明治憲法 73 条の手続に従い，天皇の「勅書」をもって付議されている。直ちに衆議院の審議が始まり，若干の修正が行われる。「内閣草案」が「日本国民の至高の総意」という文言を用いて主権転換をあいまいなままにしていたのを，「主権の存する日本国民」という表現に修正したのは GHQ の要請によるものであるが，他方で，9 条 2 項冒頭に「前項の目的を達するため」を加えたいわゆる芦田修正や，25 条に「健康で文化的な最低限度の生活を営む権利を有する」という文言を加えたことなどは，日本側の発案による。8 月 24 日，「改正案」は可決される。

引き続き，貴族院で審議，若干の修正の上で 10 月 6 日，可決されると，翌

7 日，衆議院は貴族院の修正に同意し，議会審議は完了した。「改正案」は，再び枢密院の審議に付され，同月 29 日に可決，天皇の裁可を経て，11 月 3 日，公式令（明治 40 年勅令第 6 号）3 条に従って「上諭」をつけて公布，翌 1947（昭和 22）年 5 月 3 日施行された。

「上諭」にいわく，「朕は，日本国民の総意に基いて，新日本建国の礎が，定まるに至つたことを，深くよろこび，枢密顧問の諮詢及び帝国憲法第 73 条による帝国議会の議決を経た帝国憲法の改正を裁可し，ここにこれを公布せしめる」。

② 日本国憲法生誕の法理

(1) 学　説

このように，日本国憲法は，明治憲法 73 条の改正手続に従って成立した。他方で，その憲法の内容は，国民主権原理に立脚するものであり，憲法前文は，「日本国民は……この憲法を確定する」とし，また，天皇の地位は，「主権の存する日本国民の総意に基く」（1 条）と規定する。そこで，天皇を主権者とする欽定憲法の改正手続規定を用いて，国民主権を基本原理とする憲法へと転換することの法理論的な可否が論じられることとなった。学説は，明治憲法と日本国憲法の間の法的連続性を肯定する説と否定する説とに大別される。

　(a) **連続説**　連続説は，憲法改正に内容的限界はないとする説（改正無限界説）を前提とし，日本国憲法は，明治憲法の改正手続規定に従って成立した改正憲法であるとする。この説によれば，日本国憲法は欽定憲法である。無限界説が少数説であることに加えて，日本国憲法を欽定憲法とみることの不自然さから少数説にとどまる。

　(b) **断絶説**　断絶説は，憲法改正には内容的限界があるとする説（改正限界説）を前提とする。改正限界説には様々なヴァージョンがあるが，主権の所在がその限界となることについては見解が一致している。明治憲法下では，限界説が通説であり，天皇主権は改正の対象となりえないと解されていた。明治憲法の改正手続規定を用いて国民主権の憲法へと転換することは改正権の限界を超えており，したがって，日本国憲法は，明治憲法の「改正」憲法ではなくて，新たに制定された「新憲法」である。

（i）　八月革命説　　断絶説の立場から提唱され，広く支持されるに至った学説が，八月革命説である（宮沢俊義「八月革命と国民主権主義」『世界文化』1946年5月号）。1945（昭和20）年8月14日，日本がポツダム宣言を受諾することによって，「日本国ノ最終的ノ政治形態」（バーンズ回答）は「日本国国民ノ自由ニ表明セル意思」（同宣言12項）により決定されることとなった。八月革命説によれば，ポツダム宣言の同条項は，国民主権原理の採用を要求するものと解されるので，同宣言の受諾の時点において主権，すなわち憲法の「根本建前」の所在に変動が生じ，法理論的な意味での「革命」が行われたとされる。憲法改正には限界があり，憲法所定の改正手続でその「根本建前」を変更するというのは「論理的な自殺」を意味し，天皇主権の憲法の定める改正手続で国民主権の憲法に転換することは，天皇の意思をもってしても合法的にはなしえない一種の「革命」である。明治憲法は，ポツダム宣言と矛盾する限り失効したと解すべきであり，日本国憲法は，8月14日付で新たに主権者となった国民によって制定された民定憲法である。明治憲法73条の改正手続の中で，貴族院の議決および天皇の裁可を要求する部分は，それゆえ失効していると解すべきだが，73条に完全にのっとった手続がとられたのは，明治憲法と日本国憲法との連続性を演出しようとする政治的配慮によるものと説明される。

　八月革命説は，次の3つの立場を理論的な前提とする（菅野喜八郎『続・国権の限界問題』〔木鐸社，1988年〕141頁）。

　（ア）　憲法改正限界説（⇒p.30の(a)）

　（イ）　「ポツダム宣言12項＝国民主権の採用を要求」とする解釈　　八月革命説は，ポツダム宣言12項が，国民主権の採用を要求するという解釈を前提としている。これに対しては，12項は国民主権原理の採用まで要求しておらず，同宣言の規定する他の諸条件の枠内で，天皇制の存置いかんを含めて，日本国民が「日本国ノ最終的ノ政治形態」（バーンズ回答）を選択すべきことを要求するものと解することも可能であり，同項の文言は決定的でないとする反論がある。

　（ウ）　ラジカルな国際法優位の一元説　　ポツダム宣言は休戦条約と解されるが，その受諾によって，別途，国内法的所作を待たずに主権変動が生じたとする——それが，八月革命説の眼目である——ためには，条約の直接的効力と

して，国内法の変更が生ずるという解釈をとらざるをえない。国内法の妥当根拠を国際法に求めるものであり（国際法優位の一元説），かつ，国際法に抵触する国内法の効力を直ちに否定する点でよりラジカルなものである。けれども，国際法と国内法はそれぞれ妥当根拠を別にする別個の法体系であると解する立場（二元説）からは，仮に両者が抵触しても，国内法が国際法違反を理由に直ちに無効となることはない。二元説によれば，ポツダム宣言の受諾は，国内法の手続に従って，天皇主権を廃棄し，国民主権原理に立脚する憲法を制定すべき国際法上の義務を日本政府に対して課すにとどまる。この点，すでに帝国議会審議の時点で，ポツダム宣言を受諾したからといって，直ちに国民主権主義が確立したのではなく，明治憲法を国民主権主義の憲法に改めるべきことを日本が「債務」として負ったものとする政府見解が示されている。

　(ii)　制憲議会説　　八月革命説は，これらの前提のいずれかが否定されれば成立しない。そこで，断絶説の立場から，次のような見解が提唱されている。すなわち，ポツダム宣言受諾後も，明治憲法体制は存続し，天皇は，同宣言に基づく「債務」を履行する趣旨から，明治憲法所定の手続に従い「改正案」を帝国議会に提出したものと解すべきである。この「改正案」は，改正権の限界を超えるものであったが，帝国議会における審議過程を通して，主権者たる国民の意思が次第に顕現し，「改正案」可決によって国民主権の自覚が表明された。明治憲法との断絶は，この段階で生じた。1946（昭和21）年第90回帝国議会を実質的な憲法制定議会と捉える説であり，制憲議会説と呼んでおく（佐藤80頁）。この説に対しては，帝国議会における審議過程においても，「改正案」に対する修正にはすべてGHQの事前の承認が内密に要求されていたことなどを指摘し，主権顕現の前提が欠けているとする批判がある。

　(iii)　無効説　　これらの説に対して，無効説によれば，明治憲法の改正手続によって国民主権へと転換することは，改正権の限界を超えており，日本国憲法は無効である。無効説は，明治憲法の改正が占領軍の干渉の下で行われていることから，内政不干渉の原則を定める「陸戦ノ法規慣例ニ關スル條約」（ハーグ条約）付属規則43条違反を補強理由としている。同条項は，「國ノ權力カ事實上占領者ノ手ニ移リタル上ハ占領者ハ絶對的ノ支障ナキ限占領地ノ現行法律ヲ尊重シテ成ルヘク公共ノ秩序及生活ヲ回復確保スル爲施シ得ヘキ一切ノ手

段ヲ盡スヘシ」と規定する。もっとも，これについては，同条約は，交戦中の占領に適用されるものであり，休戦条約に基づく占領には適用されないとし，GHQ の憲法改正への関与の正当性は，休戦条約であるポツダム宣言との関係で問えばよいとする反論がある。

　なお，日本国憲法の制定はその手続において瑕疵があったと認識する点で無効説と共通しつつ，施行後の憲法規定の履行行為によって，憲法は完全な効力をもつに至ったとする説もある（追認説）。

(2)　日本国憲法「生誕の法理」を論ずる意義

　1950 年代における改憲論は，日本国憲法は GHQ から押し付けられた憲法であるという認識の下で，自主憲法の制定を主張した（「押し付け憲法」論）。その主張をバックアップしたのが無効説であるが，そこでいう無効とは何か。憲法が，国の最高法規である以上，その有効・無効を俯瞰する観点は，当該憲法秩序内在的にはありえない。無効説は，明治憲法の妥当性を前提とし，それにコミットする立場からの議論である。日本国憲法制定の直後から，遅くとも占領終了頃までの時期についていえば，無効説には，国民主権への転換を阻止し，明治憲法への復古を正当化するための効用があったかもしれない。けれども，日本国憲法の施行以降，その定めるルールに従って統治権力を行使することを，統治担当者自らが受容し，日本国憲法の下での法実践が反復履行され，半世紀以上に至る。そのような法共同体に向けて無効説を主張することは，亡命貴族が旧憲法体制を懐かしみ，実効的に妥当している革命憲法の無効を主張するのと同様の試みである。その意味において，憲法の妥当性は，統治担当者による受容という社会的事実に究極的には依存する。

3　明治憲法下の法令の効力

　明治憲法と日本国憲法の間に法的連続性はないと考える断絶説による場合，明治憲法下において制定された法令の効力が問題となる。「この憲法は，国の最高法規であつて，その条規に反する法律，命令，詔勅及び国務に関するその他の行為の全部又は一部は，その効力を有しない」とする日本国憲法 98 条 1 項は，明治憲法下の法令の効力について定めた経過規定としての意味をも有す

ると一般に解されている。仮に同条項が経過規定としての意味をもたないとしても，憲法の変革によって明治憲法下の法令は原則としてすべて無効とする立場をとらない限り，憲法体制の転換に伴う明治憲法下の法令の効力を整理し確定する作業は，実務上避けられない。

(1)　学　　説

98 条 1 項の「条規に反する」の意味については，2 つの学説がある。

(a)　**内容説**　　第 1 の説によれば，明治憲法下の法令は，その「内容」が日本国憲法に違反する場合に限って失効する。したがって，日本国憲法下では議会の制定する法律によらなければ定めることのできない「内容」の法規範を，勅令やその他行政命令の法形式で定めていた明治憲法下の法令は，失効することはない。その場合，日本国憲法上，法律事項と解すべき「内容」を規定している命令等は，法律と同じ効力をもつものとして扱われる。

(b)　**内容＋法形式説**　　第 2 の説によれば，明治憲法下の法令が日本国憲法下においても有効であるためには，その「内容」が日本国憲法に適合しているだけでは足りず，加えて，日本国憲法の要求する「法形式」で定められていなければならない。日本国憲法によれば法律で定めるべき事項を勅令等の「法形式」で定めている明治憲法下の法令は，その「内容」が日本国憲法に適合していても，失効する。

(2)　実際の運用

日本国憲法施行に伴う運用の実際をみると，

①明治憲法下の法律は，その内容が日本国憲法に抵触しない限り存続するものとされ，

②皇室典範・皇室令は，1947（昭和 22）年 5 月 22 日付で廃止され，

③緊急勅令（明憲 8 条）で帝国議会の「承諾」（同条 2 項）を得ているものは，法律と同一の効力を有するものとされていたので，その内容が日本国憲法に抵触しない限り法律として効力を有するものとされた。

④命令については，「日本国憲法施行の際現に効力を有する命令の規定の効力等に関する法律」（昭和 22 年法律第 72 号）および「日本国憲法施行の際現に

効力を有する勅令の規定の効力等に関する政令」（昭和 22 年政令第 14 号）が定められ，

　ⓐ日本国憲法施行の際現に効力を有する命令の規定で，法律をもって規定すべき事項を規定するものは，1947（昭和 22）年 12 月 31 日まで法律と同一の効力を有するものとされ，

　ⓑこれに該当しない命令は政令と同一の効力を有するものとされた。

　なお，同年 12 月 31 日の期限到来直前に，「昭和二十二年法律第七十二号日本国憲法施行の際現に効力を有する命令の規定の効力等に関する法律の一部を改正する法律」（法律第 244 号）が制定され，ⓐに該当する命令の中から計 23 の命令を列挙し，それらは「国会の議決により法律に改められたものとする」とし，その他の命令は失効した。

　これらの措置は，内容説によっても，内容＋法形式説によっても説明可能である。内容説によれば，明治憲法下の命令等の内容が日本国憲法と抵触しない限り，同年 12 月 31 日まで存続し，その時点で効力が打ち切られたと説明するのに対し，内容＋法形式説によれば，日本国憲法施行とともに失効するはずの命令等の効力が，その期日まで延長されたと説明することとなる。

(3) 判　　例

　判例は，内容説によるものと解されている（最大判昭和 23・6・23 刑集 2 巻 7 号 722 頁，最大判昭和 24・4・6 刑集 3 巻 4 号 456 頁，最大判昭和 27・12・24 刑集 6 巻 11 号 1346 頁）。

◢4◣ 占領統治と憲法

(1) 管理法体系

　1952（昭和 27）年 4 月 28 日付で対日講和条約が発効し，日本が主権を回復するまでの期間，日本は，連合国による占領統治下におかれた。占領管理のための機構として，連合国最高司令官（SCAP）・総司令部（GHQ），極東委員会（FEC）等が設置されたが，SCAP・GHQ は，合衆国太平洋陸軍総司令官の任務をももっていた。占領方式は，ドイツで実施された直接占領方式ではなく，日本政府を通しての間接占領の方式が採用された。

1945（昭和 20）年 9 月 20 日，明治憲法 8 条に基づく緊急勅令第 542 号とし
て，「『ポツダム』宣言ノ受諾ニ伴ヒ発スル命令ニ関スル件」（ポツダム緊急勅令）
が定められた（日本国憲法施行後は，上で述べた「日本国憲法施行の際現に効力を有
する命令の規定の効力等に関する法律」〔法律第 72 号〕によって有効とされている）。
同勅令は，「聯合国最高司令官ノ為ス要求ニ係ル事項ヲ実施スル為特ニ必要ア
ル場合ニ於テハ命令ヲ以テ所要ノ定ヲ為シ及必要ナル罰則ヲ設クルコト」を規
定する。同勅令に基づく命令をポツダム命令という。これによって，［ポツダ
ム宣言→ポツダム緊急勅令→連合国最高司令官の指令→ポツダム命令］という
管理法体系が成立する。公職追放令や物価統制令等は，ポツダム命令として制
定・施行された。

(2)　学　　説

ポツダム命令の中には，日本国憲法と抵触するものが含まれていた。その効
力が特に激しく争われたのが，「占領目的阻害行為処罰令」（昭和 25 年政令第
325 号）である。同政令は，連合国最高司令官による日本政府に対する指令の
趣旨に反する行為等につき刑罰を科すものであり，犯罪となる行為を政令の中
で特定することなく，最高司令官による指令によってそれが特定される白地刑
罰規定であった。占領終了後，管理法令の効力が問題となった。第 1 に占領下
における管理法令の効力が，第 2 に占領解除後のその効力が，問題となる。

(a)　**占領下における管理法令の効力**　　最も有力な学説は，管理法令の中に
は違憲の疑いが濃いものが含まれるとした上で，占領期間中におけるその超憲
法的効力を認める（田中二郎「ポツダム緊急勅令をめぐる違憲論」公法研究 1 号 68
頁）。超憲法的効力説と呼ばれる。管理法体系と日本国憲法秩序の二元的存立
を主張するこの説は，連合国最高司令官の要求に基づく管理法体系を日本国憲
法秩序と峻別し，前者については，超憲法的権力の発動として憲法に優る効力
を肯定する。その意図は，最高司令官の要求に基づく法的措置を，占領下での
例外として憲法の枠外におくことによって，平時の憲法の規範性が，なし崩し
的に相対化されることの追認を阻止することにあった。

(b)　**占領解除後の管理法令の効力**　　占領解除後の管理法令の効力について
は，明治憲法下の法令の効力問題に関する場合と同様の 2 つの捉え方ができる。

（ⅰ）　内容説　　第 1 の説によれば，占領下の管理法令は，その内容が日本国憲法と抵触しない限りにおいて有効である。

（ⅱ）　内容＋形式説　　他方で，第 2 の説は，占領下の管理法令は，その内容のみならず，法形式の面でも日本国憲法に適合しなければならない。日本国憲法上，法律事項と解されるべき事項をポツダム命令が規定している場合には，失効する。

⑶　講和条約発効に伴う諸措置

1952（昭和 27）年 4 月 28 日，サンフランシスコ講和条約の締結により，日本占領統治は解除された。以降，超憲法的な統治権力の行使の余地はありえず，日本国憲法が文字どおり「国の最高法規」となるはずである。

同日，「ポツダム宣言の受諾に伴い発する命令に関する件の廃止に関する法律」（昭和 27 年法律第 81 号）が施行され，ポツダム勅令は廃止されたが，同時に，同勅令に基づくポツダム命令は，「別に法律で廃止又は存続に関する措置がなされない場合においては，この法律施行の日から起算して 180 日間に限り，法律としての効力を有するものとする」とされた。法律第 81 号を受けて，1952 年 5 月 7 日，「ポツダム宣言の受諾に伴い発する命令に関する件に基く法務府関係諸命令の措置に関する法律」（法律第 137 号）が制定され，「占領目的阻害行為処罰令」は失効することとなったが（同法 2 条 6 号），同時に，その失効前の行為についてはなお同政令を適用し処罰する。

⑷　判　　例

⒜　**占領下における管理法令の効力**　　占領期間中，裁判所は，管理法令の合憲性について，「降伏條項の誠實な實施はポツダム宣言の受諾及び降伏文書の調印に伴う必然の義務」であり，「まことに已むことを得ないところ」（最大判昭和 23・6・23 刑集 2 巻 7 号 722 頁）と判示するのみであった。「理由なき合憲論」と呼ばれる。しかし，占領解除後，公務員の労働基本権を制限する「昭和二十三年七月二十二日附内閣総理大臣宛連合国最高司令官書簡に基く臨時措置に関する政令」（昭和 23 年政令第 201 号）の合憲性が争われた事件において，占領下における管理法令は，「日本国憲法にかかわりなく憲法外において法的効

力を有する」（政令 201 号事件・最大判昭和 28・4・8 刑集 7 巻 4 号 775 頁，最大判昭和 28・7・22 刑集 7 巻 7 号 1562 頁）として，超憲法的効力説の立場をとった。

(b)　占領解除後の管理法令の効力　　対して，占領解除後の管理法令の効力について，当初，最高裁は統一見解を形成することができないでいたが（前掲最大判昭和 28・7・22），後に，団体等規正令の合憲性が争われた事件において，「その規定内容が日本国憲法の条規に違反するか否かによって決すべきもの」（最大判昭和 36・12・20 刑集 15 巻 11 号 2017 頁）とし，内容説による旨を明らかにした。

> `Column 2-2`　**横 浜 事 件**
>
> 　横浜事件とは，戦時中の 1942（昭和 17）年 9 月から 1945（昭和 20）年 5 月にかけて，神奈川県警察部特別高等課，いわゆる特高が，知識人・出版関係者ら約 50 名を治安維持法違反容疑で検挙し，「国体を変更することを目的とした結社の目的遂行のためにする行為」および「私有財産制度を否認することを目的とした結社の目的遂行のためにする行為」を処罰する治安維持法 1 条・10 条違反の罪で，うち 32 名が有罪判決を受けたものである。横浜事件は，それぞれ独立の複数の事件であったが，特高は，その背後に容疑者らの人的つながりを介して共産党再建準備を目的とする陰謀が存在することを立証しようとした。拷問による自白の強要が行われ，4 名の獄死者が出ている。容疑者の 1 人とされた細川嘉六の著書『植民史』（東洋経済新報社，1941 年）の刊行記念に，細川が出版関係者らを郷里の富山県泊町に招待し会食した際のスナップ写真が被告人らによる謀議の証拠とされるなど，特高によるフレームアップの疑いを否定できない事件であった。この事件では，戦後，裁判所によって拷問の事実が認められ，3 名の特高警察官が特別公務員暴行傷害罪で有罪判決を受けている。
>
> 　横浜事件については，数次の再審請求がなされてきた。第三次請求は，原判決が，1945 年 8 月 29 日，同月 30 日，9 月 5 日にそれぞれ言渡しが行われている点に着目し，同年 8 月 14 日のポツダム宣言の受諾によって，原判決言渡し時においては，治安維持法が失効していることを主張するものである。①ポツダム宣言の国内法的効力がどの時点において生じたか，かつ，②その効力により，治安維持法が失効したか否かが，憲法上の論点である。
>
> 　これに対して，横浜地決平成 15・4・15 判時 1820 号 45 頁は，以下のように判示し，再審請求を認めた。
>
> 　①「日本がポツダム宣言を受諾し，ポツダム宣言が内容とするところにつき

対外的な義務を負うに至ったとしても……国家体制が革命的に転換され，直ちに旧憲法をはじめとした国内法秩序もポツダム宣言の内容とする諸原則にしたがって変革が生じたとするのにも疑問がある。確かに，ポツダム宣言の受諾が国内法秩序に事実上影響を及ぼしたことは否定できないが，ポツダム宣言の受諾は法的に見れば一種の国際約束にすぎ」ない。「しかしながら，対外的な受諾という行為を離れて国内における事象に目を向ければ，天皇は，8月14日にポツダム宣言を受諾するとともに終戦の詔書を発し，ポツダム宣言を受諾したことを国内的にも公示している。」「旧憲法の上諭の趣旨や，旧憲法下における天皇の地位・権限」に照らせば，「国内法的には，上記事実をもって，緊急状況下における非常大権の一環として，天皇が少なくとも勅令に準ずる権限を行使したと解するのが相当である」。「そうすると，8月14日に天皇が終戦の詔を発したことにより少なくとも勅令を発したのに準じた効力が生じたというべきであり，ポツダム宣言は国内法的にも効力を有するに至ったというべきである。」

②「ポツダム宣言10項後段では，戦争終結の条件として，日本国国民間に於ける民主主義的傾向の復活強化，言論，宗教及び思想の自由並びに基本的人権の尊重の確立が命令形と解しうべき文言によって求められている。上記条項は，治安維持法等の法規の改廃を直接に要求するものとまでは言い難いが，これが国内法化されたことにより，当該条項と抵触するような行為を行うことは法的に許されない状態になったと解される。」「そうすると，治安維持法1条，10条は，ポツダム宣言に抵触して適用をすることが許されない状態になった以上，もはや存続の基盤を失ったというべきであり」，「かかる事態は，旧刑事訴訟法363条2号が免訴理由として定める『犯罪後ノ法令ニ因リ刑ノ廃止アリタルトキ』に当たると解される」。

練習問題

1　日本国憲法は，GHQによって押し付けられた憲法であるから無効であり（「押し付け憲法」論），国民主権を確立するためには，日本国民自身が憲法を制定すべきであるという議論がある（自主憲法制定論）。日本国憲法制定史を振り返り，いかなる意味において「押し付け」があったのか否か，また，仮に「押し付け」の事実があるとした場合，それは，日本国憲法の妥当性にとっていかなる意味をもつか。

2　「八月革命説」の提唱者・宮沢は，ポツダム宣言の受諾により，「日本の統治権は，連合国最高司令官の下におかれることになり，日本は独立（主権）を失った」という認識を示した上で，「日本の最終の政治形体は，日本国民の自由に表明された意

思によって決定されるべきこととなった」が，「これは，国民主権の原理が日本の政治体制の根本原理となったことを意味」すると述べている。これに対して，「国家としての主権」を「失った」状態においては，国民主権が成立する前提が欠けていたのではないか，とする批判がある。本書第3章の主権論をふまえた上で，これに対していかに応答すべきか考えよ。

第**3**章

国民主権と天皇制

　日本国憲法の下では，「国民」が「主権者」であるとされる。けれども，「国の政治のあり方を最終的に決定する権威または力」が「国民」に属するという「建前」を超えて，国民主権原理が，いかなる統治の組織と運営を求めているのかは自明ではない。現実的にみるならば，国の政治を動かしているのは，国会議員や官僚，政党幹部や有力財界人等であり，「国民」が国の政治のあり方を決定することはほとんどないようにもみえる。このような現実を，憲法の定める統治の基本原理や枠組みとの関係でどのように捉え，評価すべきだろうか。国民主権の意味については，錯綜した議論が展開されているので，まずは，それを丹念にフォローする（第1節）。日本国憲法は，国民主権原理を具体化する仕組みとして，「代表民主制」を採用している。そこで次に，「代表」の概念について考察し（第2節），続けて，「代表民主制」の運営にとって不可欠な媒体とされる「政党」の役割を考察する（第3節）。

　他方で，日本国憲法は，明治憲法下の天皇主権を否定しつつも，「日本国および日本国民統合の象徴」として天皇制を存置した。国民主権原理の下での，天皇の地位や権限が改めて問われることとなる（第4節）。

第 1 節　国 民 主 権

1　主権国家形成のプロジェクト

　主権国家が成立してはじめて，国民主権を論ずることが理論的に可能となる。

「国家の主権」の成立を前提として，国家における「国民の主権」を論ずることが可能となるからだ。

　我々にとって，一定の領域とそこに生活する人々を排他的に支配する統治権をもった国家の存在はほとんど自明なものである。領域的主権国家というが，このような国家観は，近代ヨーロッパとともに成立した。統治権力が多元的に併在する中世の封建的社会構造を解体し，対外的には，ローマ法王および神聖ローマ皇帝からの独立，対内的には封建諸侯や自治都市に対する優越を確立しようとしたフランス絶対王政の営為が，その意図せざる結果として，近代的国家形成を準備した。封建制下の多元的で非領域的な主従関係に代わり，一元的な国家＝臣民関係がそれによって築かれたからである。けれども，絶対王政は，自らの存立根拠である封建的社会構造を解体し尽くすことができず，したがって，国家形成のプロジェクトは，自由かつ平等な諸個人を秩序形成の単位とする社会の再編成を課題とする近代市民革命に受け継がれることとなる。そこでは，封建的諸特権の岩盤であった身分制的中間団体が解体され，統治権力とその行使の正統性が国家に一元的に集中する。それによって，「対外的独立性」と「対内的最高性」を特色とする近代国家が誕生する。「国家の絶対的かつ永続的な権能」である「主権（sovereignty）」の概念は，このような国家の属性を説明し，正当化する概念として発明された（こうした認識を示す代表的なものとして，樋口 71 頁）。

2 「主権」の意味

(1) 「主権」の語の3つの用法

「主権」の概念は多義的であり，次の3つの用法がある。

第1に，国家権力そのもの

第2に，国家権力の最高独立性

第3に，国政についての最高権威または最終決定権

(a) 「主権」＝国家権力そのもの　「国家権力そのもの」，すなわち統治権を意味して「主権」の語が用いられることがある。統治権とは，立法権・行政権・司法権等の国家の諸権力の総体であり，この意味での「主権」は，「国家の統治活動を行う権力」をいう。この意味で主権の語が用いられている例は，

ポツダム宣言 8 項「日本国ノ主権ハ本州，北海道，九州及四国並ニ吾等ノ決定スル諸小島ニ局限セラルベシ」にみることができる。「主権」の概念をはじめて定義した 16 世紀フランスの法律家 J・ボダンの『国家論第六篇』は，主権の要素として「立法権・宣戦講和権・官吏任命権・最高裁判権・忠誠服従要求権・恩赦権・貨幣鋳造権・課税権」等を挙げているが，そこでは，「主権」の語は統治権を意味するものとして用いられている。

(b)　**「主権」＝国家権力の最高独立性**　　「国家権力の最高独立性」とは，国家権力が対外的には独立であり，対内的には最高であることを意味する。対外的な独立性とは，他国から内政干渉を受けないことを意味し，対内的な最高性とは，中央政府に対して権限上優越する統治権力が国内に存しないことを意味する。この意味の「主権」を「国家権力の主権性」ともいう。日本国憲法前文第 3 段が「自国の主権を維持し」と規定する場合の「主権」の用法は，この意味である。

(c)　**「主権」＝国政についての最高権威または最終決定権**　　国政の最高権威または最終決定権（「国の政治のあり方を最終的に決定する権威または力」）を有する主体を「主権者」と呼ぶ場合の用法である。日本国憲法は天皇主権を否定し，国民主権原理を採用したといわれる場合の「主権」の語の用法であり，ノモス主権論争（　Column 3-1　）を通して，この用法が確立した。日本国憲法前文第 1 段が「ここに主権が国民に存することを宣言し」と規定し，1 条が天皇の地位をもって「主権の存する日本国民の総意に基く」とする場合の「主権」の語の用法である。

　この意味での「主権」は，(b)の意味での主権，すなわち「国家の主権」の成立を前提とする。日米安保条約下で日本国の主権性が制限されているという認識に立ち，国民主権を語ることの欺瞞性が指摘されることがあるのはそのためである。

(2)　主権の語の用法の分化

　絶対君主制の下では，(1)で述べた「主権」の語の 3 つの意味は未分化のままであった。君主という自然人が「統治権の主体」であると同時に，「国政についての最終決定権」を有し，その一身において国家の「最高独立性」を体現し

ていたからだ(「朕は国家なり」)。ボダンの『国家論第六篇』は,このような意味での「君主の権力」の正当化を試みた。立法権を筆頭とする統治権を内容とする国家の主権は,「絶対的で永続的な権力」であり,国家が存在するということは,かかる権力を一身に担う君主が存在するということを意味する。逆にいえば,統治権を一極集中的に担う絶対君主の存在が,主権国家の標識となる。けれども,民主主義および近代の合理的思惟の進展に伴い,君主を国家と同一視する思考は退けられ,君主の権力と国家権力そのものとは区別されるに至る。この区別によって,(1)(c)の意味での「主権」,すなわち,「国の政治のあり方を最終的に決定する権威または力」を有するのは誰かを問うことが可能となる。

(3) 主権原理の「2つの側面」

「国の政治のあり方を最終的に決定する権威または力」の所在を示す概念として主権の語を用いる場合,その「権威」としての側面と,「力」としての側面のどちらに力点をおいて理解するかによって,国民主権原理の原理としての性格は異なる。

(a) **「国家権力の正当性原理」としての国民主権**　　「権威」としての側面に力点をおく場合,国民主権原理は,国家権力の正当性の究極の根拠は国民にあるとする原理として捉えられる。その場合,国民主権原理は,国民が現実に国政について決定を行う「力」を有しているか否かについて原則的に関心をもたない。この意味での国民主権は,極端にいえば,独裁制とも両立する。ナチズムやスターリニズムなどの20世紀型全体主義は,国民の「名」において権力行使を正当化した。

(b) **「国家権力の組織化原理」としての国民主権**　　対して,「力」としての側面に力点をおく場合,国民主権は,主権者である国民が現実に国政についての最終決定権を行使できるような統治組織の設営を要求する制度原理として捉えられる。国民主権原理における「権力的契機」,「実定憲法上の構成的原理」,「権力の組織化原理」などとも呼ばれる。

3 「国民」主権の意味

⑴ 「国民」の意味

　国民主権原理にいう「国民」の意味については学説が錯綜しているが，次の2つに大別して説明されてきた。

　(a)　全国民主体説　　全国民主体説によれば，「国民」とは，「国籍保持者の全体（全国民）」である。ただし，天皇がこの意味における「国民」に含まれるか否かについては考えが分かれるが，除外されると解するのが論理的だろう。「全国民」の中には政治的決定能力のない未成年者等も含まれるので，「全国民」それ自体が行動することは想定されていない。この説によれば，国民主権原理とは，「全国民」の意思が国家権力の正統性の究極の根拠であるとする建前（国家権力の正当性原理）を意味する。

　(b)　有権者主体説　　対して，有権者主体説によれば，「国民」とは「有権者の全体」である。「国民」の範囲が限定され，未成年者等が除外されるのと引き換えに，「国民」には主権者にふさわしい権限行使の機会が付与される。そこでは，国民主権原理は，統治権力を組織化する制度原理（国家権力の組織化原理）と解される。有権者主体説には根拠を異にする次の3つの学説がある。

　(i)　国家法人説（最高機関意思説）　　国家法人説によれば，国家は権利能力を有する法人として捉えられ，主権とは，法人たる国家の「最高機関」の発動する意思力をいうと定義される。最高機関意思説という。国家の最高機関が君主である場合が君主主権であり，「国民」である場合が国民主権である。後者の場合，法人の機関を構成することとなる「国民」は，活動能力をもった「有権者の全体」である。誰が主権者であるかは実定憲法によって決定される。日本国憲法の場合，96条が憲法改正国民投票を設けていることが国民主権原理の顕著な現れとされ，その投票権者の全体が主権者である。

　(ii)　憲法制定権限説　　憲法制定権力の保持者をもって主権者とする考え方がある。フランス革命期の指導的政治家でもあったE・シェイエスによれば，憲法制定権力とは，「自然法の下，国民のみが有し，単一不可分であり，それ自体いかなる形式にも服することのない権力」であり，それを発動するためには，国民が「意欲しさえすれば十分」な権力である。旧秩序を破壊し，新たな

法秩序を創造するこの力は，ひとたび国民主権に立脚する憲法が制定された後では，逆に憲法を破壊する可能性をもった「万能の権力」として警戒される。そこで，憲法制定権力を立憲主義の枠内で馴致するための理論的操作が行われる。すなわち，憲法制定権力を，「個人の尊厳」および「民主の原理」を内容とする「根本規範」によって枠づけられた「権限」として捉え直す説であり，国民による憲法制定とは，C・シュミットの憲法制定権力のような法の外部にある「生の政治的実力」の所産ではなく，「根本規範」の制約を受けながら，その授権に基づいて行われる「機関」としての行為とされる（清宮 130 頁）。この行為に参加する地位を認められた者が，「主権の保持者としての国民」とされるので，この説は，有権者主体説の一種である。ただし，この説のいう「機関」としての行為は，「成典憲法以前の行為であり，成典憲法によってあらかじめ規定するに適しない行為」とされるので，「有権者」といっても，実定憲法の下，国家機関として行為する通常の意味での有権者とは異なる。

　(iii)　人民主権説　　J‐J・ルソーの『社会契約論』によれば，主権は，政治的共同体を構成する全人民の，共同の利益を意欲して誤ることのない一般意思として捉えられる。主権は全人民の参加する集会によって行使され，そこでの決定が一般意思とされる。「主権は，代表されえない」ものであるから，直接民主制が原則となる。この理論に影響を受けて提唱されたのが人民主権説である。それによれば，主権の担い手は「人民」であり，「社会契約参加者（成年者）の総体」（杉原 I 179 頁）である。ここでは，主権の意味は，国家権力そのもの＝統治権として捉えられている。主権主体である「人民」に統治権力が帰属し，「人民」自身がそれを行使する。君主主権の下で君主の一身において統一的に把握されていた「主権＝統治権＝最高独立＝国政の最終的決定権」という意味連関が，「人民」の中で復活する。

⑵　「国民」の意味──「ナシオン」か「プープル」か？

　このように学説が錯綜する根本的な理由は，君主主権下での主権者である君主が具体的な生身の人間であるのに対して，「国民」はそうでない，というところにある（渋谷秀樹＝赤坂正浩『憲法2〔第8版〕』〔有斐閣，2022年〕257頁〔赤坂〕）。日本の憲法学に大きな影響を与えたフランス主権論を参照し，議論を整

理しておく（ **Column 3-2** ）。多数の自然人を，「国民」という1つの「まとまり」として構成する場合，2つの異なる方法論がある。

(a)　**「国民」＝観念的・抽象的統一体**　　第1の方法は，国民主権原理にいう「国民」を，現実に存在する自然人の集合体から切り離し，観念的・抽象的に想定される「全国民」という統一体として捉える。観念的・抽象的統一体である「全国民」は，自ら行動し，決定することができない。そこで，「全国民」に代わって国家意思を決定する代表機関が不可欠となる。国民主権原理は，代表の決定を「全国民」の名において正当化する原理として捉えられる。

この方法の典型が，フランス主権論におけるナシオン（nation）主権説である。それによれば，主権主体である「ナシオン」とは，実在する諸個人の集合体ではなく，観念的に想定される統一体としての「全国民」である。「ナシオン」は，自ら意思をもち決定することができない。したがって，「ナシオン」の名において決定する代表機関が不可欠となる。

ナシオン主権原理を採用した1791年フランス憲法は，「主権は国民（nation）に属する。人民のいかなる部分もいかなる個人も主権の行使を簒奪することはできない」と規定する。「ナシオン」は代表機関によって活動する。1791年憲法は，国王と制限選挙によって選出される議会を代表機関として位置づけた。有権者と代表の間の選任関係は理論的に要請されておらず，いかなる機関を代表として位置づけるかは実定憲法によって決定される。ナシオン主権説は，主権主体を「国民（nation）」とすることによって君主支配の正統性を否定すると同時に，「国民（nation）」を実在する諸個人と切り離すことによって，代表による統治（「自由委任の原則」）を正当化した（⇒p. 84 の(b)）。

(b)　**「国民」＝実在的・具体的集合体**　　第2の方法は，国民主権原理にいう「国民」を，実際に存在する自然人の集合体として捉える。このような集合体を「有権者の全体」として構成するのが，有権者主体説であった。この説の下では，国民主権原理は，国家権力の正当化原理にとどまらず，有権者が国政についての最終的決定権を現実に行使できるような制度の導入を要請する。

このような方法の典型がプープル（peuple）主権説であり，p. 73 の(iii)で取り上げた人民主権説のことである。そこでは，主権は，「有権者の全体」を意味する「プープル」に属する。「プープル」は政治的決定能力をもった実在する

諸個人の集合体であるから，理論的には代表機関を必要としない。「主権＝国家権力そのもの＝統治権」が「プープル」に帰属し，「プープル」が統治権を行使する。したがって，国家意思形成の手続としては直接民主制が原則となり，議会制が採用される場合においても，実在する民意を可能な限り反映できる制度の導入が要求される。

プープル主権説は，君主主権の否定という点でナシオン主権説と共通しながらも，ナシオン主権原理が，労働者民衆の国政参加を排除し，代表による統治を正当化しているとして批判する。プープル主権原理を採用したのが，フランス革命史上最も急進的な民衆憲法と評される 1793 年憲法であり，「主権者たる人民（peuple）は，フランス市民の総体である」と規定した。直接民主制的制度が導入され，法律制定の手続に人民表決の制度が組み込まれ，議会が可決した法律案に対して所定の手続を経て異議が唱えられた場合には，当該法律案は人民集会の承認に付せられる。また，代表議員の選出には全人民が参加し（普通選挙制），議員を選挙民の意思に拘束する命令的委任の制度等が導入された。

(3) 学説の検討

これらの学説には，次のような問題点が指摘されてきた。

(a) 全国民主体説の問題点　　全国民主体説は，国民主権原理を「国家権力の正当性原理」として捉える。そこで，国民主権原理を統治制度の民主化のための組織原理として活用すべきとする立場から批判されることとなる。ナシオン主権説にも同じ批判があてはまる。

(b) 有権者主体説の問題点　　対して，有権者主体説は，「国民」の範囲を政治的決定能力のある国民に限定することによって，全国民主体説に対する批判に答えようとするものであるが，①国民の中に主権者とそうでない者との区別を持ち込むことになるという批判，および②「有権者」の範囲が法律レベルで決定されると解するならば，憲法上の主権者の範囲が下位規範である法律によって決定されることとなり，背理とする批判がある他，各々次のような問題点が指摘されている。

（i）国家法人説（最高機関意思説）の問題点　　国家法人説によれば，実定憲法が「最高機関」として指定した国家機関が主権者とされる。実定憲法の外側

に立って，その決定を批判する問題関心は存しない。後にみるように，通説的見解によれば，実定憲法に先立って存在し，憲法を制定する力（憲法制定権力）を有するものが主権者とされるが，この立場からすれば，国家法人説は，主権論の問うべき問いを回避するものとして批判される。

　(ii)　**憲法制定権限説の問題点**　　憲法制定権限説は，国家法人説に対する上の批判を意識したものであり，実定憲法に先立って存在し，憲法を制定する権限を「根本規範」によって付与された者が主権者とされる。けれども，「主権の保持者としての国民」に対して憲法制定の権限を授権する「根本規範」の存在は，自然法論によらない限り観念できず，また，仮に「根本規範」が存在するとしても，それが，憲法制定権限の発動方向を規律できるだけの密度をもっているのかも疑わしい。また，「主権の保持者としての国民」の行為が，憲法典に先立つ憲法制定行為に限定されているため，国民主権原理の「権力的契機」としての規範内容は乏しく，すでに制定された憲法下で行われる憲法解釈論にとっての意義は，全国民主体説の場合と異ならない。

　(iii)　**人民主権説（プープル主権説）の問題点**　　人民主権説は，「権力の民主化」を目的とする壮大なプログラムであり，それにコミットするか否かには，理論的・実践的観点からの検討が必要となるが，ここでは方法論上の問題点の検討にとどめる。

　(ア)　**「主権＝統治権」説**　　人民主権説は，主権原理を国内の統治権力の帰属先を定める法原理として理解する。それによれば，主権原理は，すでに成立した憲法を前提として，法的権限である「統治権」が誰に帰属するかを指示する原理を意味する（「主権＝統治権」説）。対して通説的見解は，国民主権原理にいう主権の意味を「国の政治のあり方を最終的に決定する権威または力」として捉えた上で，これを，憲法制定に先立って存する憲法制定権力と同一視する（「主権＝憲法制定権力」説）。憲法制定権力の概念の捉え方いかんによるが，国家形成のプロジェクトにおいて，「絶対無制約」の「主権」が果たした固有の役割を記述し，正当化するためには，旧秩序を破壊し，新たな法秩序を創造する超実定法的な力を意味するものとして「主権」概念を構成すべきであり，通説的用法が支持される。その場合，「統治権＝国家権力そのもの」の帰属主体が一見宙に浮くこととなるが，法的権限である統治権は「国家そのもの」に

帰属するのであり，その限りにおいて国家法人説的な説明が正しい。国家法人説に対しては，抽象的な「国家」に「主権＝統治権」が帰属すると構成すること（国家主権説）によって，統治権力の現実の所在（担い手）をあいまいにするものだと批判されてきた。しかし，君主であれ実在する人民であれ，生身の統治担当者と「国家そのもの」とを同一視すべきでないとするならば，法人説的理論構成を用いるほかはない（「国家の法人性」について，長谷部5頁）。

　(イ)　主権原理による統治権力の組織化　　人民主権説は，主権原理を統治権の帰属原理として捉え，そこから統治制度の民主化のための具体的指図を引き出すことができるとする。けれども，統治権力の帰属先を指定する原理から，統治組織のあり方に関する指図を引き出しうるかは自明でない（阪本昌成『憲法理論Ⅰ〔補訂第3版〕』〔成文堂，2000年〕104頁）。それができるとしても，指図の具体的内容は明らかでない。このことは，後に見るように，人民主権説によっても，党籍変更議員の失職制が無条件的に要請されるわけではないことからも明らかであろう（⇒p. 94の(c)）。

　(ウ)　「プープル＝労働者民衆」観　　「プープル」は，法学的には「有権者の全体」として定義される。主権者の範囲が法律レベルで決定されることは論理的でないという批判に応えて，「社会契約参加者（成年者）の総体」，「政治的意思能力を有する市民のすべて」等と定義されることもある。他方で，政治理論的には，「プープル」は，労働者民衆と同一視される。そこでは，マルクス主義的な階級史観を前提として，1つの階級として捉えられた労働者民衆が共通の利害関心をもっていることが想定されている。人民主権説が，社会的多数者の人権保障や実在する民意の議会への反映を素朴に主張できるのは，そのためだ。けれども，労働者民衆は実際には一枚岩の利害関心をもっていない。すべての労働者民衆に共通する本質が存在するという想定によらない限り，これを1つの主権主体にまとめあげることには理論的な負荷が伴う。この点を意識して提唱されているのが「市民主権論」の試みである（辻村みよ子『憲法〔第6版〕』〔日本評論社，2018年〕45頁）。それによれば，主権者としての「人民」を「集合体」として捉えることなく，「人民の意思」は，「人民」を構成する多数の「市民」の「個別的意思」から不断に獲得・形成されなければならないことが強調される。その場合，「市民」の多元的な個別意思を平等に尊重しつつ，

77

いかにして統一的な国家意思を形成するかという，人民主権説において回避されてきた難問に向き合わなければならない（毛利透「国家意思形成の諸像と憲法理論」樋口陽一編『講座憲法学第1巻　憲法と憲法学』〔日本評論社，1995年〕46頁）。

(4) 折 衷 説

このような諸学説の対立を克服しようとし，折衷説が通説的見解となっている。この立場を代表する2つの学説があるので，便宜上，折衷説Ⅰ，折衷説Ⅱと呼んでおく。

(a) 折衷説Ⅰ　　折衷説Ⅰによれば，主権原理には，「国家権力の正当性原理」（正当性の契機）としての側面と「国家権力の組織化原理」（権力的契機）としての2つの側面があるので，これを総合的に捉える必要がある。2つの側面に対応して，主権主体も二重化される。すなわち，「正当性原理」としての国民主権の主体は「全国民」であり，「組織化原理」としての国民主権の主体は「有権者の全体」である。

折衷説Ⅰは，「主権＝憲法制定権力」説（⇒p.76の(ｱ)）を前提とする。それによれば，国民の憲法制定権力は，立憲的意味の憲法が制定された時点において，自らを憲法典の中に組織化し，①国家権力の正当性根拠は全国民に存するという建前と，②法的拘束に服しつつ憲法を改める憲法改正権とに分離・転化する。憲法制定によって国民の憲法制定権力は完全に「凍結」されてしまうのではなく，憲法改正権として制度化され，実定法秩序の中に存在する。憲法改正権は，制度化された憲法制定権力であり，国民主権の「権力的契機」の直接的な現れである（芦部信喜『憲法学Ⅰ』〔有斐閣，1992年〕242頁）。

(b) 折衷説Ⅱ──「権力的契機」の再構成　　国民主権原理の「権力的契機」の現れが，憲法改正権に限定されているとすれば，折衷説Ⅰは，全国民主体説やナシオン主権説とあまり変わらない。この点を意識して，「有権者の全体」が参加し実施される代表選出行為である選挙を，国民主権原理の「権力的契機」の具体化として位置づける説も提唱されている。折衷説Ⅰもまた，普通選挙制の趣旨に従って，有権者の範囲ができる限り拡張され，「国民の多様な意思をできるかぎり公正かつ忠実に国会に反映する選挙制度が憲法上要請される」（芦部294頁）とするが，その要請と国民主権原理との関係は明確でない。

　そこで，折衷説Ⅰの基本的考え方を踏襲しつつ，国民主権原理の「権力的契機」の意味を，「実定憲法の存在を前提としてその憲法上の構成的原理としての側面」として再構成することによって，「統治制度の民主化」を要請する折衷説Ⅱが有力に提唱されている（佐藤〔青林〕98頁，佐藤433頁〜434頁）。それによれば，

　①「有権者団」は，民意を忠実に反映するよう組織されなければならない。

　②統治制度全般，特に国民の代表機関の組織と活動のあり方が，憲法の定める基本的枠組みの中で，民意を反映し活かすという角度から不断に問われなければならない。

　③統治制度とその活動のあり方を不断に監視し問うことを可能ならしめる「公開討論の場」が確保されなければならない。

⑸　主権論の民主主義論への「組み替え」

　⒜　**主権不要論**　　このように主権の概念をめぐる複雑な議論をフォローしてくると，主権の概念を決め手とし，または，それを媒介する思考は混乱を招くのみであって，憲法解釈論において主権の概念を用いるべきでないとする議論が出てくることも理解できなくもない。主権概念が，あらかじめ論者の意図する結論を導き出すことができるように操作可能な多義的であいまいな概念であることから，その使用を排斥する見解である（小嶋和司『小嶋和司憲法論集2 憲法と政治機構』〔木鐸社，1988年〕21頁）。主権論の下で論じられてきた事柄を，「実定憲法秩序の存在を前提とする公権力の組織原則・解釈原則」として論ずべきとする見解（高見勝利「主権論」法学教室69号20頁）や，主権論を「民主主義論」へと組み替えるべきことを提唱する見解（渡辺康行「国民主権」ジュリスト1089号99頁，松井茂記「国民主権原理と憲法学」山之内靖ほか編『岩波講座・社会科学の方法第Ⅵ巻　社会変動のなかの法』〔岩波書店，1993年〕17頁）も有力であり，主権不要論と呼ばれる。

　⒝　**静態的主権観と動態的主権観**　　このような見解からすれば，折衷説Ⅱにいう「統治制度の民主化」の要請は，主権論の枠組みでなく，民主主義論の枠組みの中で論ずべきこととなる。その場合，折衷説Ⅰが国民主権原理の「権力的契機」の現れを憲法改正国民投票（96条）に限定していたことの意義が，

逆に積極評価される。折衷説Ⅰが，主権論の登場する場面を憲法改正行為に限定するのは，主権をもって，「既存の権力構造を廃棄し，新しい法秩序を創造する」という例外的状況においてのみ召喚される概念として捉え，国家形成のプロジェクトにおいてこの概念が果たした固有の役割を重視するからである。主権発動の場面を例外的状況に限定し，実定憲法の定める統治機構の日常的な運用の場面において「凍結」するこの立場を静態的主権観と呼んでおく。他方で，主権原理の中に「統治制度の民主化」の要請を取り込んで説明する折衷説Ⅱは，国民主権をもって，統治主体としての国民が自ら統治制度の運用に参画することを通して，日常的に具体化され，継続形成される動態的な法原理として捉えることとなる。動態的主権観と呼ぶ。折衷説ⅠとⅡとは，この意味において主権観を異にしている。このように考えてくると，主権不要論の真意は，主権の概念を用いた法思考を不要とするものでは必ずしもなく，逆に，静態的主権観にこだわるがゆえに，「統治制度の民主化」を主題化するための場を，主権論の外部に移籍させるべきことを主張するもの，とみることもできる。

　上の区別を用いて整理するならば，静態的主権観の典型が，全国民主体説（およびナシオン主権説）であり，そこでは，国民の憲法制定権力は，国家権力の正当性原理にまで抽象化され，発動場面を全面的に「凍結」されている。憲法改正行為に限定して国民主権原理を動態化する折衷説Ⅰは，静態的主権観の一変型として位置づけられる。対して，動態的主権観の典型が人民主権説であり，有権者の全体に「主権＝統治権」が帰属し，主権は，統治制度への有権者による参画を通して日常的に行使される。折衷説Ⅱは，一般に折衷説Ⅰとともに通説的主権論として分類されているが，動態的主権観にコミットするという点において，逆に人民主権説と発想を共有している。いずれの主権観も理論的に成立可能だが，①主権国家形成のプロジェクトにおいて主権概念の果たした固有の役割を記述・正当化し，および，②日常の統治活動における「有権者」の決定を「主権者」の決定として絶対視することを回避する，という観点を重視するならば，静態的主権観を採用すべきであろう。

Column 3-1　ノモス主権論争

　国民主権の意味をめぐって，日本国憲法制定の直後において行われた論争が，ノモス主権論争であり，論争当事者の名を冠して，尾高・宮沢論争と呼ばれる。

この論争を通して，国民主権原理にいう「主権」とは，p. 70 の(c)で用いた意味，すなわち，国政の最高権威または最終決定権の所在を意味するものであることが，明らかにされ，それが通説となっていく。

　尾高説によれば，日本国憲法の制定によっても，「主権」の在り様は変動していない。なぜなら，「国家において最高の権威をもつものを主権と呼ぶのならば，主権はノモスにあるというべき」（ノモス主権論）である。「ノモス」とは，「多くの人々の福祉をできるだけ公平に具現する」という「正しい筋途」であって，いかなる統治主体も「ノモス」に従わなければならない。ノモスが至高の政治原理であるということは，日本国憲法の制定によっても何ら変更はない（尾高朝雄『国民主権と天皇制』〔国立書院，1947 年〕63 頁）。

　対して，宮沢説によれば，仮に「ノモス」の主権を認めるとしても，問われるべきは，「誰がノモスの内容を決定するのか」ということにある，とする。その上で，主権が天皇に存するか，国民に存するかが論じられている場面において問われているのは，この問いであるとし，それに対して「ノモスに主権がある」と答えても無意味であると主張した。宮沢説によれば，日本国憲法の定める国民主権にいう「主権」とは，「国家の政治のあり方を最終的に決める力」の意味であり，この「力」を国民が有するという「建前・理念」が「国民主権」であるとされた。このような宮沢説にとって，ノモス主権論は，「君主主権と国民主権との対立を克服する主権理論として成立しえない」ものであり，尾高説は，日本国憲法の制定によって天皇制の被った致命的な傷を包む「ホウタイの役割」を果たすものだと批判されることとなる（宮沢俊義「国民主権と天皇制とについてのおぼえがき」国家学会雑誌 62 巻 6 号 15 頁）。

Column 3-2　**70 年代主権論争**

　1970 年代，日本の憲法学においては，フランス主権論に準拠しつつ，日本国憲法の採用する主権原理とは何かが論じられてきた。論争を代表する 2 人の名を冠して，杉原・樋口論争と呼ばれる。

【杉原説】

　杉原説によれば，主権原理は，国内における統治権の帰属主体を指示する法原理である（「主権＝統治権」説）。日本国憲法の条文の中には，ナシオン主権原理に適合的な条文（43 条 1 項・51 条）とプープル主権原理に適合的な条文（15 条 1 項・95 条・96 条 1 項）とが混在しているが，後者は例外にとどまり，プープル主権の具体化に不可欠な制度は十分に用意されていない。したがって，認識の問題としては，日本国憲法の採用する主権原理は，プープル主権への傾斜を示す過渡的性格を帯びたナシオン主権である。他方で，実践的解釈論のレ

ベルにおいては，憲法の条文および全体構造と矛盾しない限り，プープル主権原理を具体化し，直接民主主義を実現する方向を採用すべきとされ，例えば，憲法 43 条 1 項の条文にかかわらず，国会議員のリコール制や党籍変更議員からの議席剥奪の制度の合憲説などが主張される（杉原泰雄『国民主権と国民代表制』〔有斐閣，1983 年〕206 頁）。

【樋口説】

　対して樋口説は，実在する人民の意思と議会意思とは一致すべきであるとするプープル主権論の「建前」が承認され定着していることをもって，日本国憲法の採用する主権原理はプープル主権であると規定する。樋口説は，「主権＝統治権」説をとらず，主権を憲法制定権力と同視する（「主権＝憲法制定権力」説）。憲法制定権力は，既存の実定法秩序を破壊し，新しい実定法秩序をつくりあげる超実定的な性質を本質とする。したがって，憲法制定権力は，ひとたび国民主権に立脚する憲法が制定された後では，逆に憲法を破壊する可能性をもった「万能の権力」として警戒される。そこで，この説は，近代立憲主義憲法が制定された時点において，「主権＝憲法制定権力」は，憲法制定権と憲法改正権に概念上分離され，憲法制定権は「永久凍結」されたと構成する（樋口陽一『近代立憲主義と現代国家』〔勁草書房，1973 年〕301 頁）。主権凍結論と呼ばれ，主権原理は国家権力の正当性の所在を示すにとどまるものとされる。

　なお，主権原理を正当性原理とすることの帰結として，樋口説は，「プープル」を，政治的決定能力をもつ「有権者の全体」でなく，「誰でも」「国民みんな」を意味するものと捉えることとなる。もっとも，その意味は，本文で説明した全国民主体説とは，重要な点で異なっており，『国民みんな』といっても，その内容の規定の仕方によっては，特定の組織原理上の帰結をひき出すことは可能であり，抽象的な全体としての——そして，現存する世代に限られない——『国民』ではなく，ひとつの政治社会＝国家に現に存在している具体的構成員の集合体としての『国民』を考えるならば，そのうちの可能な最大限の範囲のものに選挙権をみとめるべきとする要請（普通選挙）や彼らによる直接決定の建前（理念としての直接民主主義）の承認は導き出すことができるはずである」（樋口 81 頁）という。

【70 年代主権論争の問題意識】

　杉原説は，主権原理を統治権の帰属原理として捉えた上で，プープル主権原理のもっている統治組織上の含意を徹底して引き出した。その問題意識は，1960 年代以降の日本において国民主権が建前として定着しつつもなお，国政が「真に国民のもの」となっていない現実をどのように認識し克服すべきか，ということにあった。それによれば，日本国憲法の採用する主権原理が「国民

（ナシオン）」主権であるがゆえに，国政は「真に国民のもの」たりえていないのであり，したがって，プープル主権を具体化する方向での憲法実践による「権力の民主化」が課題とされた。対して，議会制民主主義の運用の中で，プープル主権論の「建前」が定着したと規定する樋口説は，それゆえに「人民」の名において人権抑圧的な統治権力の行使が正当化されること，直接民主主義的決定を援用することによって統治権が恣意的に行使されることを危惧し，主権原理を「権力の正当化原理」にまで抽象化する。杉原説が「権力の民主化」＝「権力への自由」によって克服しようとした課題については，「権力からの自由」＝人権論の課題とされる。

第2節　代表制

1　代表民主制

　日本国憲法前文第1段は「日本国民は，正当に選挙された国会における代表者を通じて行動」すること，国政における「権力は国民の代表者がこれを行使」することとし，43条1項は，「両議院は，全国民を代表する選挙された議員でこれを組織する」と規定している。代表民主制（議会制民主主義）原理を採用したものである。

　主権論と代表論は密接に関連するものとして扱われてきた。動態的主権観によれば，代表論は，「統治組織の構成的原理」としての主権原理の具体化として位置づけられるのに対して，静態的主権観においては，代表論は主権論から思考の上で切断され，国家意思形成における民主的方法いかんという観点から扱われる（⇒p.79 の(b)）。

2　代表の諸観念

(1)　代表観の変遷

　代表の観念には歴史的な変遷がみられる。日本の代表論に大きな影響を与えたフランス憲法学の議論を参照して整理しておく。

　(a)　**身分代表**　　近代の国民代表議会の母体となったのは，君主制下での身分制議会（等族議会）であるが，選挙民と議員の関係は，近代議会とは全く異

なる。封建制社会においては，各身分は，貴族や僧侶，騎士や地主，上層都市民等の諸身分に応じた特権と義務を有しており，各々の身分は，国王による新たな課税要求に抗して，その既得権益を擁護するために議員を選出した。議員の任務は，選出身分の利益を代弁することにある。したがって，議員は選出母体の訓令に拘束されて議会活動を行うものとされ，選挙民と議員の間には，具体的・個別的議題の発言・表決についての命令的委任の関係が妥当した。命令的委任に違反した議員は，召喚され，罷免（リコール）されるなどの法的制裁が加えられる。議員は，あたかも選挙民の意向を伝達するメッセンジャーである。

(b)　**純粋代表**　市民革命によって封建的社会構造が破壊された後に成立した近代議会では，議員は，諸身分をそれぞれ代表する「部分代表」ではなく，「全国民」の代表であると考えられた。そこで，命令的委任の制度が禁止され，議員には自己の信念に基づいて発言・表決する自由が保障された。「自由委任の原則」という。この原則は，イギリスで徐々に確立したものであり，ホィッグ的代表観と呼ばれる。議会は「全体の利益」をもった「1つ」の「国民の審議のための集会」であるとした E・バークのブリストル演説（1774年）は，その典型である。

フランス憲法学においては，このような代表観は，「純粋代表（古典的代表）」と呼ばれる。ナシオン主権原理に基づく1791年憲法は，この代表観を採用した（⇒p.74の(a)）。ナシオン主権説においては，主権主体は観念的・抽象的に捉えられた「全国民」であるから，自ら主権（統治権）を行使することができない。そこで，「全国民」の名において政治的決定を行う何らかの代表機関が不可欠となる。1791年憲法は，国王と議会を代表機関として位置づけた上で，議員は，選挙区選挙民の代表でなく，「全国民」の代表であるとして，自由委任の原則を採用した。「各々の県において指名された代表者は，それらの県の代表者ではなく，全国民の代表である。彼らに指令を与えることは許されない」（部分代表の禁止）と規定され，議会における発言・表決の自由を保障するために，議員に対して免責特権および不逮捕特権が付与された。そこでは，代表議会による決定が，すなわち国民意思とみなされる（代表意思＝国民意思）。

この意味での「代表（représentation）」観に基づく統治組織原理は，「治者と

被治者の同一性」（C.シュミット）として定義される「民主制」原理と対立する。後者の原理の下では直接民主制が原則となり，議会が設置される場合においても，その決定は，選挙民意思を忠実に媒介し，反映するものでなければならないとされるのに対して，純粋代表制においては，代表議会による決定が国民意思を形成的・構成的に表現する。当時の制限選挙制の下で，選挙権・被選挙権を付与される人々は，「財産と教養を有する市民」，すなわち，新興有産市民階級に属する人々に限定されていた。そのため，純粋代表制は代表による統治を正当化し，労働者民衆の政治参加を排除するイデオロギーであるとして批判されることとなる。

(c) **半代表**　民主主義の進展に伴い，代表制は変容を被る。議会第一院の直接普通選挙制や解散制度が導入され，議員に対しては有権者意思を可能な限り反映すべきことが要請されるようになる。法的にはなお議員は「全国民の代表」であり，「自由委任の原則」は維持されているが，再選を期待する議員は実在する人民の意思に事実上拘束されて行動することを余儀なくされる。フランス第3共和制期に活躍した憲法学者 A・エスマンは，このような代表観を「半代表（semi-représentation）」と名づけた。純粋代表制を本来的な代表観として捉えた上で，そこからの偏差・逸脱を意識した用語法である。半代表制の下では，代表議会の決定に先行して人民意思が実在することが想定されており，議員には，実在する有権者意思を議会へと媒介し，審議・表決を通して，人民意思を確認的に表示する役割が期待される（ Column 3-3 ）。

(d) **半直接制**　もっとも，半代表制は，代表者と被代表者の意思の「事実上の一致」を要請するにとどまるものであり，法的にみる限り，議会のみが国民意思を表示する権限を付与されている点において純粋代表制と異ならない。それに対して，国民意思形成のシステムとして代表制を原則としながらも，イニシアチブ（国民発案）やレファレンダム（国民表決）などの直接民主制的制度を導入する憲法体制があり，「半直接制（半直接民主制）」と呼ばれる。立法過程に直接参加することを通して，「主権者＝有権者の全体」にもまた国民意思を表示する法的権限が，議会と並んで付与される点に特徴がある。フランス第5共和制憲法は半直接制を選択し，「国民の主権は人民に属する。人民はその代表者を通じて及び国民投票により主権を行使する」としている。

(2)　政治的代表と社会学的代表

以上の「代表」の諸観念と並んで，日本の憲法学においては，政治的代表・社会学的代表という概念が用いられている。

(a)　法的代表・政治的代表・社会学的代表　憲法上の「代表」とは政治的代表であると一般に説明されてきた。そのことの意味は，「代表は民法上の代理とは異なる」ということにあり，すなわち，民法上の代理人が行った第三者に対する法律行為は本人の行為とされ，その法律効果は本人に帰属するのに対して，代表の場合，本人である有権者と代表議員との間にはこのような意味での法的関係は存しない。代表はひとたび選出された後では有権者と何の法的関係もなく，次回の選挙での落選のリスクを覚悟して，自らの信条に基づき自由に発言・表決することができる（「自由委任の原則」）。このような特徴を捉えて，憲法上の代表とは法的代表ではないとするのが政治的代表説である。純粋代表と同一の構造をもっており，そこでは，代表者と被代表者の意思の一致は要求されない。

他方で，普通選挙制が導入され，有権者の範囲が拡大し，多元的な民意が表明されるようになると，「代表」のあり方は，政治的代表説の説くところから変質した。有権者意思と代表意思の「事実上の類似」が重視されるようになるからである。このような代表の観念を社会学的代表といい，「選挙において表明される世論と選挙から帰結される議会構成との間における類似性」（M. デュヴェルジェ）が要請される。社会学的代表と半代表の異同については議論のあるところだが（杉原 I 229 頁～232 頁），両者は概ね重なり合うものと解されてきた。

社会学的代表の下では，「国民の多様な意思をできるかぎり公正かつ忠実に国会に反映する選挙制度」が憲法上要請される。このことに異説はないが，そこにいう，「公正かつ忠実な反映」とは何か。「各政党の得票率と議席数との一致」を重視する見方が一般的と思われるが，「世論の主要な動向の国会への反映」を重視すべきとする見方もありうるところだ。前者の見方によれば，比例代表制が，この代表観に最も適合的である。しかし，後者によれば，選挙区内の多数派が議席を独占する小選挙区制も，不適合とは必ずしもいえない。社会学的代表の概念から，具体的な選挙制度のあり方を「単純に決めることは難し

い」(芦部304頁~305頁[高橋和之])とされるのは，このためである。

(b) **学説の検討──国民意思統合の方法という観点から**　政治的代表説と社会学的代表説との本質的な違いは，社会において存する多元的な利害・個別意思を統合し，国民意思を形成する過程における方法上の違いの中に見出される。

(i) 政治的代表説　政治的代表説は，[選挙→議会での審議・表決→解散→選挙]という一連の流れを国民意思の形成過程として捉え，この各々の段階における議員と国民との双方向的コミュニケーションを媒介として国民意思が統合されるものと考える。そのために不可欠となるのが「自由委任の原則」である。普通選挙制と解散制度の下では，「自由委任の原則」は，初期の近代議会でもっていた「代表意思＝国民意思」という擬制を成立させる機能を果たすことができない。逆に，この原則は，発言・表決において「自由」を保障された議員が，国民に対して，応答責任・説明責任を果たすべき根拠となり，議員の側からの国民に対するコミュニケーションの拒否を事実上阻止する機能をもつ。対して，国民の側からは表現の自由という主観的権利の発動としてコミュニケーション回路が開かれる。したがって，国民にはコミュニケーションを拒否する自由もあるし，自己の発言に対して責任を求められることもない。政治的代表説は，議員と国民との，このようなコミュニケーション上の非対称性をも取り込んだ上で，代表の意味を，「国民と国会ないし統治機関の間の緊張に満ちた相互的な応答関係」として捉えるものと解することができる（野中ほかⅡ61頁[高見勝利]。ただし，高見は，政治的代表の動態的な統合過程を静態的にコピーしたものとして社会学的代表を捉え，両者は矛盾しないとする）。

(ii) 社会学的代表説　対して社会学的代表説は，このような国民意思の形成過程に先行し，何らかの形で「民意」が実在することを前提とする。「民意」を公正かつ忠実に議会へと「媒介・反映」するという代表の任務は，この前提の下でのみ成り立つ。「民意」は制度以前の所与であり，国民意思は，代表によって構成されるものではない。多元的な「民意」を1つの国民意思へと統合する作業が，そこでも要求されるが，作業の流れとしては，有権者によって表明された「民意」を，可能な限り歪めることなく，いわば下から積み上げ，国政決定へと一方向的に吸い上げていくというのが，社会学的代表説のとる国民

意思統合の方法となる。

③ 日本国憲法の採用する代表制

(1) 通　説

　日本国憲法はどのような代表制を採用していると考えるべきだろうか。通説によれば，日本国憲法は，純粋代表制と半代表制との折衷的原理を採用している。国会議員は，「全国民」の代表であって，選挙区選挙民や支援団体等の「部分代表」ではないが，他方で，議員は，有権者の意思を公正かつ忠実に国会へと反映すべき任務を負う。憲法条文上の根拠としては，国会議員が「全国民の代表」と資格づけられていること（43 条 1 項），免責特権・不逮捕特権が保障されていること（51 条・50 条）などが，純粋代表制的な解釈を正当化し，他方で，国民による公務員の罷免権（15 条 1 項）が保障され，普通選挙制（同条 3 項）が導入されていることなどが，半代表制的解釈を正当化する。これら 2 つの要請は一見二律背反的だが，通説はそう考えず，純粋代表制下での「部分代表の禁止」の要請を代表制の核心的要素としながら，代表と被代表者の意思が対立するものであることを前提に，半代表制的な意味でのその一致を要請する。通説によれば，例えば，国会議員のリコール制の合憲性はどうか。43 条 1 項や 51 条を強調し，違憲とする説が一般的といえようが，制度の具体的定め方によっては憲法上許容されるという意味での合憲説もあり，通説の解釈論上の帰結は，明確でない。

(2) 学説の検討

　対して，通説とは方向性を異にする 3 つの考え方がある。

(a) 人民主権説　　第 1 に，人民主権説によれば，主権主体は実在する人民（プープル）であるから，人民による「主権＝統治権」の直接行使を可能とする直接民主制が国家意思形成の理想的な方法となる。したがって，議会制が採用される場合においても，議会は，実在する人民意思を忠実に反映すべきであるから，半代表制と適合的である。日本国憲法の中には，純粋代表制に適合的な条文と半代表制に適合的な条文とが混在しているが，後者に重きをおいた解釈論が要請される。具体的には，議員を「全国民」の代表とする規定（43 条 1

項）の存在にもかかわらず，公務員の罷免権（15 条 1 項）が「国民固有の権利」とされていることを積極に解して，命令的委任を正当化し，また，議員の免責特権（51 条）を限定的に解するなどの解釈論が導出される。そこでは，例えば国会議員のリコール制は憲法上要請され，それを具体化する立法措置がないことが逆に違憲となる。

(b)　半直接制　　第 2 に，日本国憲法の下での代表制を半直接制とみる学説も有力である。日本国憲法が，憲法改正国民投票制（96 条 1 項）を採用している点を捉えて，「主権者＝有権者の全体」による直接的な意思決定が部分的に認められていることがその根拠である。しかし，国会を「唯一の立法機関」（41 条）と規定する日本国憲法の下では，有権者が通常の立法過程に直接参加することは予定されていない。半直接制を採用したフランス第 5 共和制憲法においては，議会の立法事項が限定され，かつ，国政の重要事項に関して広範なレファレンダムが規定されている。半直接制の概念を日本国憲法の解釈論上の概念として用いる場合，憲法の全体構造との整合性について困難を伴う（毛利透「代表観念」小山剛＝駒村圭吾編『論点探究憲法〔第 2 版〕』〔弘文堂，2013 年〕286頁）。

(c)　政治的代表の機能論的評価　　第 3 の考え方は，政治的代表説（純粋代表）の意義を積極的に評価する。すでに見たように，①純粋代表の観念から派生する「自由委任の原則」は，普通選挙制および解散制度の下では有権者と議員との双方向的コミュニケーションの条件として機能し，かかるコミュニケーションを媒介として国民意思が統合される。対して，②半代表制（社会学的代表）の下では，あらかじめ存在する民意の忠実な反映として国民意思の統合過程は説明され，正当化される（⇒ p. 87 の(b)）。代表民主制下での国民意思統合の過程の説明としてみたときに，①の方がより説得的であるとするのが第 3 の考え方であり，政治的代表の観念を機能論的に再評価するものだ。そこでは，具体的な解釈論上の問題，例えば国会議員のリコール制の合憲性については，日本国憲法の基本的枠組みを前提に，国民意思の統合のためのコミュニケーションが，それによって促進されるか否かという観点から評価されよう。

> Column 3-3 **70年代主権論争と半代表**
>
> 　代表論は主権論と密接に関係するものとして論じられてきた。70年代主権論争（ Column 3-2 ）においては，プープル主権原理と半代表制の関係をどう捉えるべきかが，1つの重要な論点となった。
>
> 　本文で説明したように，半代表制の下では，代表は，①法的には純粋代表と同様に有権者からの独立が保障されているが，②事実上有権者の意思に従属せざるをえない。杉原説は，①の側面，すなわち，議員を有権者に対して従属させる法的制度がいまだ導入されていないことを重視し，半代表制は，ナシオン主権の下で採用される代表制の1つの形態であり，プープル主権へと向かう過渡的段階において採用される代表制として位置づけた。対して，樋口説は，②の側面，すなわち，半代表制の下では，議会外に存在する民意と議会意思との一致が事実上要請されていることの意義を重視し，そこに主権原理レベルの転換を見出して，半代表制をプープル主権原理に基づくものと位置づけた。逆にいえば，プープル主権とは，有権者意思と議会意思との事実上の一致を少なくとも「建前」として要請する憲法体制であり，普通選挙制や解散制度が存在することが，プープル主権原理が採用されていることの制度的徴表となる。樋口説のこのような説明に対して，杉原説は，いまだ実現されていない人民（プープル）主権をすでに現実のものと説明するイデオロギー的機能を果たすものとして批判している。

第3節　政　　党

1 政党の機能・定義

(1) 政党の機能

　政党は，現代の代表民主制を支える不可欠の存在であるといわれる。普通選挙制の下で，有権者の範囲が拡大すると，議会には，多元的な利害関心が流れ込み，これを単一の国民意思へとまとめあげることは困難な作業となる。そこで，有権者の間にある多元的な利害・意見を整序し，一貫した政策パッケージにまとめあげ，議会へと媒介する政党の役割が不可欠とならざるをえない。判例もまた，「憲法の定める議会制民主主義は政党を無視しては到底その円滑な運用を期待することはできないのであるから，憲法は，政党の存在を当然に予

定しているものというべきであり，政党は議会制民主主義を支える不可欠の要素なのである」と位置づけ，「政党は国民の政治意思を形成する最も有力な媒体」（八幡製鉄政治献金事件・最大判昭和 45・6・24 民集 24 巻 6 号 625 頁クエスト憲法 II〈 判例 1-3 〉）であり，「国民がその政治的意思を国政に反映させ実現させるための最も有効な媒体であって，議会制民主主義を支える上においてきわめて重要な存在である」（日本共産党袴田事件・最判昭和 63・12・20 判時 1307 号 113 頁）と述べている。

　政党の役割は，議員の選出過程にとどまらない。議院内閣制の下では，選挙の結果多数党となった政党の党首が，通常，内閣総理大臣に選出され，総理は自党の有力議員を中心として内閣を組織するので，議会と内閣は，与党を媒介に融合する。このような議院内閣制の生理を前提とするならば，議会多数派＝内閣＝与党を監視し，批判する野党の役割が，機能的権力分立という観点から重視されることとなる。諸政党が選挙および議会運営において競争・協力する相互作用の構造全体が，議院内閣制の運用を左右する。

(2)　政党の定義

　政党は，特定の政治目的の実現を目指す政治結社であり，その意味において，他の私的な政治結社と異ならないが，その目的実現のための手段として，統治組織運営の支配獲得を目標とする点において際立った特徴をもつ。「一定の政策を掲げ，それに対する国民の支持を背景に，政府機構の支配の獲得・維持を通じてその実現を図ろうとする，自主的・恒常的な政治組織団体」（佐藤 460 頁）という定義は，その特徴をうまく捉えている。

2　代表制と政党

(1)　代表制と政党の緊張関係

　政党が，上で述べたような機能を果たしているとしても，歴史的にみるならば，判例（前掲八幡製鉄政治献金事件）の説くところとは異なり，「憲法は，政党の存在を当然に予定」していない。中世の身分制議会から脱却し，「全国民」を代表することとなった近代議会においては，議員を選挙区選挙民の「部分代表」とする代表観が退けられた。そのような純粋代表制の下では，政党は，「全

国民」の代表であるべき議員を，自らの代理人・メッセンジャーとして議会内部に送り込み，特殊利益の実現を目指す「有害な党派」(J・マディソン) として，「敵視」された。のちに，民主主義の進展に伴い，社会において存する多元的な国民意思を議会へ媒介するための不可欠の役割を政党が果たしていることを認めざるをえなくなると，政党は，法制上「合法化・承認」され，「結社の自由」の下にその結成と活動が保障されることなる（ Column 3-4 ）。とはいえ，「部分代表の禁止」を核心部分とする代表制原理の下で，特定の政治目的の実現を目指す政党活動の自由を保障することには，一定の緊張関係が伴う。

(2)　憲法解釈論上の諸問題

したがって，代表観のいかんによって，政党をめぐる憲法解釈論上の諸問題に対する答えは異なってくる。

(a)　名簿式比例代表制の合憲性　　現行公職選挙法は，衆議院議員選挙において拘束名簿式比例代表制を，参議院議員選挙においては非拘束名簿式比例代表制（ただし，2018〔平成30〕年に導入された特定枠については，政党が優先的に当選人となるべき候補者を指定することができる〔公選86条の3第1項後段〕。クエスト憲法Ⅱ p. 131）を，それぞれ一部採用している。いずれの場合であれ，名簿届出政党に所属しなければ立候補することはできない。拘束名簿式においては，各政党は，候補者に順位を付けた候補者名簿をあらかじめ作成し選挙にのぞみ，有権者は政党名の1つを自書して投票する。その得票数に応じて各政党に議席が配分され，名簿の上位掲載者から順に当選が決定する。他方で，非拘束名簿式においては，有権者は政党名または政党の候補者名の1つを自書して投票する。その得票数に応じて各政党に議席が配分されるが，得票数の多かった候補者から順に当選が決定し，当選に必要な得票数を上回る分は，当該候補者の所属政党への投票としてカウントされる。

(ⅰ)　合憲説　　学説上，名簿式比例代表制そのものを違憲とするものはみられない。比例代表制が「民意を公正かつ忠実に反映」する代表法である点を積極評価し，代表の半代表的側面から正当化されると考えるからである。

(ⅱ)　条件付合憲説（直接選挙説）　　「政策本位，政党本位」の選挙制度という1990年代前半の政治改革を牽引したかけ声の下であいまいにされがちであ

るが，名簿式比例代表制の下でも，選挙によって選出されるのは，政党ではな
く，議員個人（候補者）である。この点に注意を喚起し，直接選挙の原則は，
有権者による議員個人の直接選出を要請すると解する説がある（高橋和之「国
民の選挙権 vs. 政党の自律権」ジュリスト 1092 号 54 頁）。直接選挙説と呼んでおく。
この説は，「政党本位」の選挙制度が現代において不可避であることを前提に
しつつも，有権者による議員個人の直接選出を憲法上の手続的な要請として解
釈することによって，選挙制度の設営上国会に認められた立法裁量（47 条）の
統制を試みるものである。それによれば，例えば，政党は順位を付けずに候補
者名簿を届け出て選挙にのぞみ，獲得した議席数に応じて，政党が名簿登載者
の中から自由に当選者を決定するという制度は違憲とされる。条件付合憲説で
あり，政党自体の選出を目的とし，政党を有権者による議員個人の選出媒体と
する位置づけをとらない制度には違憲の疑いが指摘される。

　(iii)　判　例　　判例は，衆議院拘束名簿式比例代表制について，「政党等に
あらかじめ候補者の氏名及び当選人となるべき順位を定めた名簿を届け出させ
た上，選挙人が政党等を選択して投票し，各政党等の得票数の多寡に応じて当
該名簿の順位に従って当選人を決定する方式は，投票の結果すなわち選挙人の
総意により当選人が決定される点において，選挙人が候補者個人を直接選択し
て投票する方式と異なるところはない」（最大判平成 11・11・10 民集 53 巻 8 号
1577 頁）とする。また，参議院非拘束名簿式比例代表制についても，「名簿式
比例代表制は，政党の選択という意味を持たない投票を認めない制度であるか
ら，本件非拘束名簿式比例代表制の下において，参議院名簿登載者個人には投
票したいが，その者の所属する参議院名簿届出政党等には投票したくないとい
う投票意思が認められないことをもって，国民の選挙権を侵害し，憲法 15 条
に違反するものとまでいうことはできない。また，名簿式比例代表制の下にお
いては，名簿登載者は，各政党に所属する者という立場で候補者となっている
のであるから，改正公職選挙法が参議院名簿登載者の氏名の記載のある投票を
当該参議院名簿登載者の所属する参議院名簿届出政党等に対する投票としてそ
の得票数を計算するものとしていることには，合理性が認められる」（最大判平
成 16・1・14 民集 58 巻 1 号 1 頁）としている。

　(b)　**党議拘束の合憲性**　　国会における表決に際して，政党執行部が所属議

員に対して投票行動を指図し，それに従わなかった議員に対して何らかの制裁を科す慣行を，党議拘束という。日本の政党は，この点，厳しい規律をもっており，党の機関決定に反した投票行動を議員がとることにはかなりの覚悟が必要である（対して，例えばアメリカにおいては，共和党議員が民主党提出法案に賛成投票するなどの交叉投票〔cross voting〕は，必ずしも厳しく批判されない）。憲法は発言・表決の免責特権（51条）を議員に対して保障しているが，これは，院外における民事・刑事の責任の免除を意味するまでで，所属政党による規律違反を理由に除名を含む処分からの免除まで要請するものではない。

　(i)　合憲説　　通説は，政党が，社会における多元的利害・意見の媒介機能を営んでいることにかんがみ，代表の半代表制的側面を重視し，党議拘束の慣行を「自由委任の原則」の枠外と解して合憲とする。

　(ii)　条件付合憲説　　対して，条件付合憲説も主張されており，「いたずらに厳格な党規律によって議員の議会における行動を拘束する政党は，憲法になじみにくい存在」（佐藤〔青林〕141頁）であるという。

　ちなみに，議員個人の倫理観・宗教観にかかわる案件については，党議拘束をかけないとする例もあり，1997（平成9）年の「臓器の移植に関する法律」（臓器移植法）では，同法に反対していた日本共産党を除く各党が党議拘束を外し，投票は議員個人の判断に委ねられた。

　(c)　**党籍変更議員の失職制の合憲性**　　選挙時の所属政党から別政党に自発的に移籍し，または，除名された議員から，議員資格を剝奪する制度は合憲だろうか。この論点は，理論的には政党の公認・推薦を受けて立候補し，当選した議員について，選挙制度のいかんにかかわらず問題となるはずだが，専ら名簿式比例代表制の場合を念頭において論じられてきた。議席保持説，議席喪失説，折衷説の3つに大別される。

　(i)　違憲説＝議席保持説　　議席保持説は，議員は「全国民」の代表であるという代表の純粋代表制的側面を強調し，自発的移籍と除名の別を問わず，議員資格の剝奪は憲法上禁止されており，違憲とする（禁止説）。多数説である。この説によれば，代表の半代表制的側面は，あくまで政治的・道義的レベルで問題とされる事柄であり，政党による拘束は事実上のものにとどまる。党籍変更を有権者への裏切りとする見方もあるが，政党の側が選挙時の公約から変節

したために離党を余儀なくされる場合もあり，それぞれの側が自らの正当性を主張するのが政治的な現実である。これを理論的に裁定することはできないと考える以上，有権者意思からの逸脱に対する責任の性格は政治的なものと解すべきであり，その責を負うべきが，政党か議員のどちらの側であるかは，有権者の判断に委ねるべきである。

　なお，直接選挙説（(a)(ii)説）によれば，①議員に対して全国民代表として政治活動の自由が実体的に保障されるべきこと（これは，「自由委任の原則」によってカバーされる）に加えて，②有権者による議員個人の直接選出という意味での手続的要請が加わる。当選人となった議員を，政党からの離脱・除名を理由に失職させることを認める制度は，この意味での「直接選挙の原則」に反し，違憲の疑いが強いとされる。

　(ii)　合憲説＝議席喪失説　　対して，党籍変更議員に対する議席剥奪を合憲とする説には，日本国憲法の解釈論上，立法政策に委ねられているとする許容説と，何らかの議席剥奪制の採用は憲法上の要請であり，不採用を違憲とする要請説との2つの型がありうる。

　　(ｱ)　許容説　　第1の見解である許容説は，党籍変更を有権者意思からの逸脱とみなして，代表の半代表的側面を強調し，選挙時の党籍から異動した議員の議席剥奪は，憲法上禁止されていないという意味で合憲とする。比例代表選挙，特に拘束名簿式の場合においては，有権者は政党への投票を意識するものであることが，その理由とされる。

　　(ｲ)　要請説　　他方で，第2の見解である要請説は，党籍変更議員の議席喪失を憲法上の要請として明確に位置づけるものであり，人民主権説の立場から提唱される。この立場からは，議席剥奪制度は，有権者意思と議会意思の一致を法的に担保し，議員を有権者に従属させるための，一種のリコール制として積極評価される。とはいえ，選挙で表明された有権者意思から逸脱するのは，必ずしも議員の方でなく，その所属政党の側であることもありうる。そこで，この説は，特に除名の場合の議席剥奪に関して慎重な留保を付し，「政党とその公約を媒介として『人民』とその単位に対する議員の従属が維持されているのであれば」（杉原Ⅱ 170頁）という条件の下で，議席剥奪を要請する。条件付要請説であるが，その条件の充足は，政党の現状をふまえる限り難しく，条件

付要請説は，逆に，党籍変更議員の議席保持を正当化するという指摘もある（杉原泰雄＝只野雅人『現代憲法大系⑨　憲法と議会制度』〔法律文化社，2007年〕323頁〔只野〕）。

(iii)　折衷説　　両説の中間をとるのが折衷説である。それによれば，①自発的な離党と，②一方的な除名との場合は区別されるべきであり，①の場合の議席剝奪については，自らの責任において，選挙の時点で示された有権者意思から離脱したものとの評価を媒介にして，代表の半代表制的側面から憲法上許容されると評価されるのに対して（合憲説），②の場合の議席剝奪は，ひとたび選挙された議員が「全国民」の代表とされること，すなわち，代表の純粋代表制的側面から，憲法上禁止される（違憲説）。

(iv)　現行法の合憲性　　2000（平成12）年5月の改正公職選挙法・国会法により，衆参両院とも比例代表選出議員については，自発的離党か除名かの別を問わず，選挙時に存した他の政党に異動した場合（したがって，無所属となる場合と選挙時に存在しなかった新党に参加する場合とを除く）には，議員資格が剝奪されることとなった（公選99条の2，国会109条の2）。違憲説の場合はもとより，折衷説の立場からも，自発的離党と除名の別を問わない点において違憲となる。対して，学説の中には，改正法を支持するものもあり，それによれば，自発的離党の場合であれ，除名の場合であれ，議員が，選挙時において存した他の政党に移籍した場合，移籍先の名簿はすでに有権者による審判を終えており，移籍した議員が，その政党の候補者としての審判を受けていないことから，そのような場合には，客観的にみて，有権者意思からの逸脱とみなされるということが，理由とされている。

(d)　**比例代表制における繰上補充当選制の合憲性**　　1982（昭和57）年の改正公職選挙法により，拘束名簿式比例代表制が導入されると同時に，繰上補充当選制が採用され，議員に欠員が生じた場合には，先任議員と同じ政党の候補者名簿に登載されている次点者によって補充することとされた。これに関連して，繰上補充の対象となる次点者が，政党から離党・除名される等によって当該政党に所属する者でなくなっているときは，これを当選人と定めることができない，と規定されている（1994〔平成6〕年公職選挙法改正により，衆議院比例代表選出議員にも導入。公選98条3項・97条の2等）。

　（i）　合憲説　　この制度については，導入当初から，すでに当選人となった議員との取扱上の均衡が立法論として問題とされてきた。すでに当選人となった議員からの党籍変更を理由とする失職制について違憲説（（c）（i）説，および「除名」の場合に関して（c）（iii）説）をとる場合には，それとの整合性が問われる。その場合，合憲説は，当選者といまだ議員の地位にない者との法的地位は合理的に区別可能と解し，前者についての失職制を違憲としつつ，後者については，政党の判断によって繰上当選の機会を剥奪することもまた憲法上禁止されていないと解することとなる。

　（ii）　違憲説　　対して，直接選挙説（（a）（ii）説）によれば，有権者による投票の後で，政党の決定によって誰を当選人とするかを決定することを認める制度には違憲の疑いが強いとされる。

　（iii）　判　例　　選挙後，政党からの除名届に基づき選挙会が行った繰上補充による当選人の決定の効力が争われた当選訴訟に関して，日本新党事件（最判平成7・5・25民集49巻5号1279頁）は，当選人の決定にあたって，選挙会は政党の除名処分の適否をその実体に立ち入って審査を行う権限を有するか否かの解釈論レベルで事案を処理し，制度そのものの合憲性については判示していない。

3 政党法制

(1) 政党法制と結社の自由

　政党は，「議会制民主主義を支える不可欠の要素」であり，「国民の政治意思を形成する最も有力な媒体」（八幡製鉄政治献金事件・最大判昭和45・6・24民集24巻6号625頁クエスト憲法II　**判例 1-3**　）である。国民の政治意思を形成する媒体には，マスメディアやNPO，労働組合など様々な団体が存するが，政党は，そのメンバーを，統治組織である議会の中に直接送り込むことを介して，国民の政治意思の形成に参画する点において，他の媒体と異なる。議院内閣制の運用も，与党と野党の競争・協力関係のあり方いかんによって大きく左右されるなど，政党は，政治結社一般とは異なる「公的機能」を果たしている。このような「公的機能」にかんがみ，政党に対して特別の法的処遇と規制を設けるべきだとする立場があり，具体的には，政党の活動を国が財政面で支援するとと

もに，政党内部の役員選出や政策形成過程の民主性・透明性の確保（党内民主主義）などが要求される。これに対しては，政党のいわば本籍は，統治機構の中でなく，社会の内部にあり，日本国憲法上，政党は結社の自由（21 条）を保障された私的団体であることの意義を重視し，政党に対する過度の特別扱いを警戒する立場があり，いずれの立場をとるかによって，法律による政党規制の合憲性につき異なる評価がありうる。

　もっとも，政党が一定の「公的機能」を果たしているという事実から，政党の法制上の位置が直ちに決定されるわけではない。憲法の基本的枠組みをふまえ，政党の自由を保障または規制することが，国民の政治意思形成における政治的コミュニケーションの質を高め，促進するか否か，という観点から，政党法制の合憲性を論ずるべきだろう。

(2)　政 党 法 制

　日本には現在，政党法という名称の法律はないが，1990 年代前半の「政治改革」に伴い制定された諸法律を中核として，実質的な意味における政党法制が相当程度整備されている。

　(a)　政党助成法　　1994（平成 6）年に制定された政党助成法は，「議会制民主政治における政党の機能の重要性にかんがみ」（政党助成 1 条），政党への国庫からの資金助成を行う。交付金は，各政党の議員数と選挙における得票数を基準にして配分され（政党助成 8 条・9 条），2022（令和 4）年現在ではその総額は約 315 億円となっている。施行当初は，各政党への交付金の額がその政党の前年度収入総額の 3 分の 2 を超えてはならないという規定があった。政党が資金面において過度に国家に依存することのないように配慮したものであるが，1995（平成 7）年に削除された。他方で，助成と引き換えに政党活動に対する干渉が行われることのないように，「国は，政党の政治活動の自由を尊重し，政党交付金の交付に当たっては，条件を付し，又はその使途について制限してはならない」（政党助成 4 条 1 項）とする。助成の対象となる政党等は，以下のように定義されている（政党助成 2 条）。

　①衆議院議員または参議院議員を 5 人以上有する政治団体，または，

　②1 人以上の国会議員を有し，かつ，直近の国政選挙で，有効投票総数の

２％以上の得票をした政治団体

　実績本位の形式的定義であり，「政党の政治活動の自由を尊重し」，政治団体の活動内容の実体的評価による定義を回避したものである。

　なお，交付金の交付を受ける政党等に法律上の権利能力を与えるために，「政党交付金の交付を受ける政党等に対する法人格の付与に関する法律」（政党法人化法）が制定された。

　政党助成法は，出所不明の政治資金への依存を断ち切って，健全な政党政治の育成を目的としているが，他方で以下のような逆機能が指摘されている。

　第１に，政党助成は，本来，支持者の自発的寄付によって発達してきた政党の活力を削ぎ，政党の国家依存を強める。

　第２に，政党内において交付金の使途・配分を決定する党執行部の権力が強化され，党の官僚主義化を助長し，党内民主主義を阻害する。

　第３に，助成の対象となる政党は，政治的にある程度の地歩を獲得した既存政党に限定されており，小政党を淘汰し，新たな政党の登場を抑制する。

　(b)　政治資金規正法　　政治資金規正法は，「政治団体及び公職の候補者により行われる政治活動が国民の不断の監視と批判の下に行われるようにするため，政治団体の届出，政治団体に係る政治資金の収支の公開並びに政治団体及び公職の候補者に係る政治資金の授受の規正その他の措置を講ずることにより，政治活動の公明と公正を確保し，もつて民主政治の健全な発達に寄与すること」（政資１条）を目的としている。政治過程の腐敗を防止するという観点から，①政治資金の公開性と，②政治資金の流れの適正化のための規制とを柱とする。規制対象となる政治団体は，政治上の主義・施策を推進，支持，反対し，または特定の候補者の推薦，支持，反対を本来の目的とする団体（政資３条１項１号・２号），および政治上の主義・施策の推進などまたは特定の候補者の推薦などの活動をその主たる活動として組織的かつ継続的に行う団体（同項３号）と定義される一方で，政党は，かかる政治団体の中で，①所属国会議員を５人以上有するもの，または，②直近の国政選挙における得票総数が当該選挙における有効投票総数の２％以上のもの（政資３条２項），と定義される。

　（i）　政治資金の公開性　　政治資金の公開性確保の観点から，すべての「政治団体」に対して，都道府県選挙管理委員会または総務大臣に届出が義務づけ

られ（政資6条），その収支に関する毎年の報告義務が課され（政資12条），その報告書は閲覧に供され，その要旨は官報等で公表される（政資20条・20条の2）。このような規制については，結社の自由との関係で疑義があり，2つの説が提唱されている。第1説は，献金者の開示制により，小政党が政治活動に支障をきたすなどの結社の権利を侵害される合理的蓋然性を証明した場合には，適用除外がありうるとし（佐藤464頁〜465頁），第2説は，より端的に，政治団体への届出・会計報告の義務づけは，国家権力と特別の関係をもつに至った政党に対してのみ許されるとする（毛利透「政党法制」ジュリスト1192号166頁）。

(ii)　政治資金の流れの適正化　　他方で，政治資金の流れの適正化の観点から，1994（平成6）年改正法は，政治家個人の資金管理団体に対する企業・団体等の寄附を年間50万円以下とし（同改正後22条1項），かつ，改正法施行の5年後に全面的に禁止する（改正法附則9条）こととした。それによって，政治団体以外のあらゆる団体の政治献金の相手先は，政党および政党の政治資金団体に限定されることとなり（政資21条），企業・団体献金の流れは政党に集中する。政治家個人と企業等との結び付きから生ずる政治腐敗の防止という観点からの規制である。有限責任制と税制上の優遇措置の下で，潤沢な資金調達力を有する株式会社などの政治献金はその影響力において不当に有利であり，民主制のプロセスを歪めるおそれが強く，企業献金に対する制限は憲法上許容される。とはいえ現行法は，団体の別を問わずに一律に規制の網をかけており，過度に広汎な規制となっていないか検討の余地がある。

(c)　**候補者届出政党の特権**　　1994（平成6）年の改正公職選挙法は，衆議院議員選挙における従来の中選挙区制を改め，小選挙区・比例代表並立制を導入した。「政策本位，政党本位」の選挙制度を謳う改正法の下で，小選挙区選挙においては，政治資金規正法上の定義と同一の要件を満たす政党による候補者届出制度が導入され，届出政党には，候補者個人とは独立に，選挙運動や新聞広告等を行うことが認められ（公選141条2項・142条2項・149条2項等），かつ，候補者届出政党については政見放送を行うことができることとされた（公選150条1項）。一定の国民的支持を得た既存の政党に有利な制度設計であるが，判例は，このような仕組みを，「国民の政治的意思を集約するための組織を有し，継続的に相当な活動を行い，国民の支持を受けていると認められる政党等

が，小選挙区選挙において政策を掲げて争うにふさわしいものであるとの認識の下に，政策本位，政党本位の選挙制度をより実効あらしめるために設けられたと解される」（最大判平成 11・11・10 民集 53 巻 8 号 1704 頁）として，その立法政策上の合理性を肯定する。ただし，「政見放送という手段に限ってみれば，候補者届出政党に所属する候補者とこれに所属しない候補者との間に単なる程度の違いを超える差異を設ける結果となるものである」と判示し，また，同判決の反対意見は，「候補者届出政党への参入の窓口を閉ざしたまま，候補者届出政党に所属する候補者とこれに所属しない候補者との間で，右のごとく著しい選挙運動上の便益の較差を残したまま選挙を行うことは，候補者届出政党に所属しない候補者に，極めて不利な条件を課してレースへ参加することをやむなくさせることになる」と判示している。

(d) **党内民主主義**　1990 年代前半の政治改革は，「政党本位」の政治を目標としながらも，政党の内部的事項についてはその自律性を尊重し，特別の規制を設けなかった。これに対しては，政党を特権的に扱うならば，同時に，党首の選抜手続や政策形成の民主性・公開性を法的に要請すべきとする考えがある。特に，党籍変更議員の失職制（⇒ p. 94 の(c)）について，それを合憲とする立場からは，所属議員の除名処分に際して適正手続の遵守が要請される。このような見地からは，前掲日本新党事件が，結果として，政党の内部的自律を広く認めた点が批判される。

> Column 3-4　**トリーペルの四段階図式**
>
> 　政党に対する法制上の位置づけの変遷を説明する図式として，ドイツの憲法学者 H・トリーペルの四段階図式が有名である。それによると，政党は，「部分代表」として，国家から①「敵視」されていた段階から始まり，②「無視」，③「合法化および承認」へという法制上の位置づけを経て，④「憲法的編入」という扱いを受けるに至るとされる。
>
> 　④の「憲法的編入」の例としてよく引用されるのが，ドイツ基本法であり，「連邦および州」の章の下におかれた 21 条において，「政党は，国民の政治的意思形成に協力する。その設立は自由である。政党の内部秩序は，民主主義の諸原則に適合していなければならない。政党は，その資金の出所および使途について，ならびにその財産について，公的に報告しなければならない（1 項）。政党で，その目的または党員の行動が自由で民主的な基本秩序を侵害もしくは

除去し，または，ドイツ連邦共和国の存立を危うくすることを目指すものは，違憲である。違憲の問題については，連邦憲法裁判所が決定する（2項）。詳細は，連邦法律で定める（3項）。」と規定している。政党条項が，政党を結成する市民の自由（基本権）保障から一旦切断され，国家の基本構造を定める「連邦および州」の章の中に位置づけられている点に特徴がある。

　何をもって「憲法的編入」とみるかは必ずしも明確でなく，形式的意味の憲法（憲法典）の中に政党条項が設けられていることから，直ちに④の段階にあるとみなしてよいわけではない。例えば，イタリア共和国憲法49条は「すべての市民は，民主的な方法で，国の政策の決定に協力するために，自由に政党を結成することができる」と規定するが，内容的には③の「承認」段階とみるべきであり，ドイツ基本法よりむしろ，政党に関する言及を欠いている日本国憲法に近い。逆にいえば，憲法典の中に政党条項が設けられていないとしても，政党法制が法律レベルで整備され，政党と国家組織との結び付きが質的に変化したといわざるをえないほどに堅固なものとなる場合には，「憲法の編入」の段階にあると評価されることもありうる。

第4節　天皇制

1 天皇の地位

(1)　象徴天皇制

　日本国憲法は，「天皇は，日本国の象徴であり日本国民統合の象徴であつて，この地位は，主権の存する日本国民の総意に基く」（1条）とし，さらに，「天皇は，この憲法の定める国事に関する行為のみを行ひ，国政に関する権能を有しない」（4条1項）と規定する。天皇を統治権の「総攬者」として位置づけていた明治憲法下の天皇制と対比して，象徴天皇制と呼ばれる。

(2)　「象徴」の意味

　「象徴」という言葉は，抽象的な観念を具体的なものによって示すものと一般に説明されている。ハトが平和の象徴であるということが意味していることは，ハトという具体的なものを見たり，思い浮かべたりしたときに，それが

人々の内心に作用して，平和という抽象的な観念を想起させるという関係が存在するということであり，このような関係性を象徴関係という。両者の結び付きは，慣習的・歴史的に成立しているものであって，象徴関係の成立いかんは社会心理上の諸条件に左右される。憲法が天皇を「日本国の象徴であり日本国民統合の象徴」（1条）と規定しても，それによって，象徴関係が社会的事実として成立するわけではない。天皇ではなく，桜の花や富士山を見て，「日本国」という抽象的な観念を想起する者がいたとしても全くの自由であり，法的規律の及ぶところではない。

(a)　「機能」か「地位」か？

(i)　「象徴＝機能」説　　このような理解を前提とする限り，天皇が「象徴」としての「機能」を発揮しうるか否かは，社会心理的な問題であり，象徴とは，天皇の「地位」を意味するものではなく，天皇の「機能または役割」を意味するものであるとされる（「象徴＝機能」説）。この説によれば，天皇職にある自然人は，国家機関としての天皇の権限として憲法上付与された国事行為を行うことを通して，「象徴」としての「機能または役割」を遂行する（黒田覺「天皇の憲法上の地位」公法研究10号3頁）。それによって，象徴関係が実際に成立するか否かは，法的規律の及ぶところではない。この説によれば，天皇を「象徴」と規定する1条を根拠として，天皇の有する統治機構上の具体的な権限を導き出すことはできない。

(ii)　「象徴＝地位」説　　対して，1条の「この地位」という文言を「象徴の地位」と解し，「象徴」とは，天皇の「地位」であるとする説がある（「象徴＝地位」説）。この説によれば，天皇職にある自然人は，憲法上付与された国家機関としての権限＝国事行為を行うことに加えて，「象徴」という「地位」を即位と同時に取得し，その「地位」を恒常的に保持することとなる。その場合，天皇は，ただ存在することによって恒常的に「象徴」としての「機能」を発揮する。この説によれば，1条は，天皇は「象徴とみなされるべきである」という規範的要求を含むものであり，天皇に対して「象徴」たる「地位」にふさわしい法的処遇を要請し，かつ，国事行為以外に天皇が一定の公的色彩をもった行為，例えば，国会の開会式に参列して「おことば」を述べたり，外国君主の戴冠式に出席したりする行為を行うことを，「象徴としての地位」に基づく行

為として正当化する（清宮154頁）。

(b)　天皇の地位の連続・非連続　　上の論点は，日本国憲法下の天皇制と明治憲法下の天皇制を連続的にみるか否かという問題と複雑に絡み合っている。

(i)　連続説　　2つの天皇制の連続性を肯定する説がある。この連続説によれば，明治憲法下の天皇は，統治権の総攬者という地位にあると同時に「象徴」としての地位をも有していたが，国民主権に立脚する日本国憲法によって「国政に関する権能」を剥奪され，形式的・儀礼的な性格の国事行為を国家機関として行う権限を留保した上で，「象徴」としての「地位」のみが残った。明治憲法の天皇から日本国憲法の天皇への推移は，「統治者から象徴へ」ではなくて，「統治者＋象徴」から「単なる象徴へ」と説明される。「象徴」としての「地位」は，明治憲法からそのまま引き継がれており，明治憲法下での天皇制運用上の伝統・慣行は，国民主権原理や政教分離原則等その他憲法上のルールに違反しない限り，維持されてよい。

(ii)　断絶説　　対して，2つの天皇制の質的違いを強調する説を断絶説と呼んでおく。同じ「天皇」という言葉が用いられていても，日本国憲法の天皇制は新たに創設されたものであり，その地位・権限は日本国憲法の条文およびその全体構造から決定されるべきであり，明治憲法下の伝統・慣行を引き継ぐべきでない。日本国憲法制定時に，明治憲法下において天皇職を占めていた「裕仁」が，引き続いて天皇職にあたることは当然の前提とされており，国会が，「裕仁」以外の任意のＡ氏を，日本国憲法下の新天皇として即位させ，Ａ氏の子孫が皇位を世襲するといったことが可能であったとは誰も考えない。断絶説もまたその意味での連続性を否定するものではないが，日本国憲法の制定によって，明治憲法下とは異なる「象徴」の役割が，新たに創出され，それにふさわしいものへと，従来の天皇制は質的に変革された。断絶説によれば，新・旧2つの憲法下の天皇が，ともに「象徴」としての役割を果たしているとしても，その意味は大きく異なる。明治憲法下の天皇は，「統治権の総攬者」，特に陸海軍の大元帥としての法的地位・権限に裏打ちされることを通して，国民統合の「象徴」としての役割を果たした。天皇が国家の命運を左右するような権限をもち，行使している場合であれば，国民の意識の中に「天皇＝日本国」とする象徴関係は強烈に成立するだろう。対して，日本国憲法下の天皇は，形式的・

儀礼的な性格と解される「国事行為」を国家機関として行うことを通して，「象徴」としての役割・機能を果たすことが期待されている。天皇が「象徴」としての役割・機能を果たすための場が，それによって十分に用意されているかどうかは疑わしいが，日本国憲法は，そのようなものとして象徴天皇制を創出した。

(iii)　学説対立の意義　　断絶説は「象徴＝機能」説と，連続説は「象徴＝地位」説にそれぞれ適合的であるということができる。もっとも，「象徴＝地位」説をとって，「象徴」としての「地位」が1条によって保障されていると解するとしても，天皇の有する具体的権限やその法的処遇のあり方は，そこから直ちに決定されない。現行法は天皇に対する特別扱いを設け，天皇の地位を世襲とする憲法的決定（2条）に加え，例えば天皇には「陛下」という敬称が認められ（典23条），天皇誕生日は「国民の祝日」とされる（「国民の祝日に関する法律」2条）などの特別扱いを定めているが，これらの処遇は，天皇の地位を規定する憲法1条の要請するところではなく，それが国民主権原理やその他憲法上のルールに違反しない限度で，憲法上許容されているものと解すべきである。

(c)　天皇に対する特別の法的処遇

(i)　天皇の刑事責任　　そのような枠内での法的処遇として第1に問題となるのは，天皇の刑事責任である。この点，直接規定する法律はないが，国会の議決による皇室典範は，「摂政は，その在任中，訴追されない。但し，これがため，訴追の権利は，害されない」（典21条）と規定する。天皇権限の代行者に関するこの規定の趣旨からするならば，なおさら天皇を在任中訴追することはできず，かつ，天皇には退位を認めないとする立場をとる限り，結果として，天皇の刑事無答責を承認するのが，許容説的な枠組みを前提としての，法律レベルの選択であるといえる。

(ii)　天皇の民事責任　　第2に，天皇の民事責任についてはどうか。学説上は，民事責任肯定説が多数説であるが，天皇を被告として提起された住民訴訟による損害賠償事件において，最高裁は，「天皇は日本国の象徴であり日本国民統合の象徴であることにかんがみ，天皇には民事裁判権が及ばないものと解するのが相当」（最判平成元・11・20民集43巻10号1160頁）と判示した。①明治憲法下においてさえ，天皇の財産である「御料」につき民事裁判権が及ぶこと

を前提に，「御料」に関する民事訴訟については宮内大臣を当事者とみなすとされていたこと（皇室財産令〔明治 43 年皇室令第 33 号〕2 条），②天皇にも私生活があり，私的行為を営む限り民事責任が発生する可能性があり，民事裁判権を一切否定することは，結果として天皇の私生活上の自由を認めないことを意味することなどにかんがみれば，肯定説が妥当である。

　(iii)　天皇の名誉　　第 3 に，天皇は，「象徴」として敬われるべき地位を法的に保障されるべきか。明治憲法下の刑法には，不敬罪（74 条）の規定があったが，1947（昭和 22）年改正刑法によって廃止されている。現行法上，「象徴」に対する侮辱や不敬について格別の規定はない。天皇の一身専属的な憲法上の地位に着目し，天皇に対して一般人とは異なる特別の名誉を認めても，平等原則（14 条 1 項）の例外であり，違憲とはいえないとする説がある一方で，天皇個人の人格的価値の保護を超えて，天皇の体現する国家的価値や，天皇はすべての国民によって敬われるべきであるとする社会の多数者の（ものとされる）感情を保護するために，通常の名誉毀損罪より重い罪を設けることに違憲の疑いを提起する学説も有力である。

　なお，現行法は，名誉に対する罪を親告罪とした上で，「告訴をすることができる者」が天皇であるときは，「内閣総理大臣が，……告訴を行う」としている（刑 232 条 2 項）。

　(d)　天皇の地位──君主・元首論争　　日本国憲法の定める天皇の地位は，君主または元首であるか否か。天皇を元首とする改憲案が 1950 年代提唱されて以降，繰り返し争われてきている。

　(i)　天皇は君主か？　　君主の存否は，国家体制の区分にかかわる本質的要素とされ，その有無によって共和制と君主制に区分されてきた。君主制の標識として，次の 4 点が挙げられてきた。

　①独任機関であること。

　②一般国民とは異なる身分の者が位につき，その地位は世襲とされること。

　③統治権の担い手であること。

　④対外的に国を代表する地位・権限をもつこと。

　民主主義の進展に伴い，君主制を採用する諸外国においても，君主の政治的実権は名目化され，③④に関する実質的権限は，議会に対して政治責任を負

う内閣へと移行しており，③④の条件は，現代の君主制にとって必要な条件とはいえないが，それでも，名目上は君主に③④の権限が帰属する建前とされてきた。日本国憲法下の天皇は，①②の条件を満たすが，他方で，はじめから「国政に関する権能を有しない」（4条1項）とされる点において名目上も③を欠いており，また，「外交関係を処理すること」（73条2号）が内閣の権限とされており，天皇は名目上も条約締結権や外交使節の任免権等をもたない点において④を欠いている。天皇は，例えばイギリスの女王とは異なり，「大臣助言制」の下で名目的な統治権や対外的代表権を有する立憲君主制型の君主ともいえない。もっとも，①②の条件をもって君主の必要十分条件とする用法もありうる。1973（昭和48）年の政府解釈はこの見解によっていて，天皇が特別な世襲の地位にあり，尊貴の対象とされることを根拠として君主とみなしうるとし，日本国を「立憲君主制」国と説明した。

　(ii)　天皇は元首か？　　明治憲法は，「天皇ハ国ノ元首ニシテ統治権ヲ総攬シ……」（明憲4条）と規定していた。元首とは，上で述べた君主の標識の中の③④に着目し，行政権の長であると同時に国の対外的代表権をもつ君主を，国家有機体説を背景に，国家の「頭」に喩えたものである。共和制の国では，大統領が元首として位置づけられてきた。③④の条件を名目・実質ともに欠く象徴天皇は，元首とはいえない。

　(iii)　君主・元首論争の意義　　もっとも，日本国憲法下の天皇が君主・元首であるか否かを論ずる実益はない。天皇のもつ権限は，他の国家機関の場合と同じく，憲法典の規定するルールによって決定されるのであり，天皇の地位を君主・元首として資格づけたからといって，そこから直ちに，何らかの権限が導出されるものではないからだ。

　(e)　**「主権の存する日本国民の総意に基く」の意味**　　1条は，天皇の地位を「主権の存する日本国民の総意に基く」ものと規定している。明治憲法下の天皇主権を否定したものであるが，積極的には，天皇の地位を国民の意思で変更しうることを意味する。憲法改正によって天皇制を廃止することは，憲法改正限界説の下でも可能だ。

(3)　皇位継承のルール

(a)　世襲制　　憲法は，「皇位は，世襲のものであつて，国会の議決した皇室典範の定めるところにより，これを継承する」（2条）と規定する。世襲とは，ある地位につく資格が特定の系統に属する者に限定されていることをいい，皇位継承の場合の系統とは「血統」を意味する。公職の担任者を世襲によって決定することは平等原則（14条1項）と根源的に相容れないが，天皇制を採用することに伴う例外として，憲法自らが選択した。

(b)　現行皇室典範の性格とその定めるルール　　皇位継承について世襲制をとること自体は憲法レベルで決定されているが，その具体的ルールの決定については，「国会の議決した皇室典範」（2条）に委ねられている。明治憲法下の皇室典範（1889年）は憲法典と並ぶ最高法典であり，「皇室典範ノ改正ハ帝国議会ノ議ヲ経ルヲ要セス」（明憲74条1項）とされていた（皇室自律主義）。「国会の議決した皇室典範」とは，皇位継承のルールを定める皇室典範は，明治憲法下のそれとは異なり，議会制定法（法律）であることを意味している。現行典範は，以下のルールを規定している。

（ⅰ）　皇位継承の原因　　皇室典範は，皇位継承の原因を「天皇が崩じたとき」（死去の場合）に限定している（典4条）。旧皇室典範を踏襲し，生前退位や廃立（強制退位）は認められてこなかった。皇位継承は天皇の「崩御」という事実によって法律上直接に生ずる。「皇位の継承があつたときは，即位の礼を行う」（典24条）とされているが，これは，皇位継承の効力要件ではない。

なお，法改正により，生前退位を認めることを憲法は禁止していない。その場合，退位した天皇の基本的人権保障のあり方や，刑事・民事の責任等の法的処遇について検討が必要となる。2017（平成29）年，天皇の退位等に関する皇室典範特例法が制定された（　**Column 3-5**　）。

（ⅱ）　皇位継承の資格　　皇位継承資格を有する者は，「皇統に属する男系の男子」（典1条）で，かつ，「皇族」（2条1項）である者に限定される。男系＝男子主義であり，したがって，例えば，天皇の娘（男系＝女子）や天皇の娘の子ども（女系＝男・女子）には皇位継承資格がない。男系主義については，天皇の系統が歴史的に男系によってのみ成立してきたことに着目し，憲法2条による皇位の「世襲」制の採用によってすでに含意されており，皇室典範1条はこ

れを確認したものとする説もあるが，現行の典範による政策的選択とみるのが通説である。

　皇室典範が女性天皇を認めていないことについて，その合憲性が論じられてきた。平等原則（14条1項）違反とする違憲説もあるが，多数説は，立法政策上許容されているという意味で合憲とする。そもそも世襲の天皇制自体が身分制の否定に立脚する近代立憲主義の例外であり，平等原則の適用は要請されていないからである（2006〔平成18〕年，2021〔令和3〕年の政府見解も同旨である）。

　(ⅲ)　皇位継承の順位　　皇室典範は，皇位継承の順位について，直系＝長系主義を採用する（典2条）。第一順位の継承資格を有する者を「皇嗣」というが，「皇嗣に，精神若しくは身体の不治の重患があり，又は重大な事故があるときは，皇室会議の議により，前条〔2条〕に定める順序に従つて，皇位継承の順序を変えることができる」（典3条）。継承順位を確定するために，皇族の身分関係を明らかにする必要があり，皇族の身分の得喪は，「皇統譜」に登録される（典26条）。

2 天皇の権限

(1) 国家機関としての天皇の権限

　憲法は，「天皇の国事に関するすべての行為には，内閣の助言と承認を必要とし，内閣が，その責任を負ふ」（3条）とし，かつ，「天皇は，この憲法の定める国事に関する行為のみを行ひ，国政に関する権能を有しない」（4条1項）と規定する。国家機関としての天皇の権限は，憲法が限定列挙する国事行為に限定される。

(a) 国事行為の性質

　(ⅰ)　結果的形式説　　このような仕組みは，一見，立憲君主制の下での大臣助言制に類似する。イギリスの女王に典型的な立憲君主は，法的権限として，統治権（行政権）および対外的代表権を有するが，それは名目上のものであり（仮に女王が大臣の助言に反する外交的活動を行ったら，イギリス議会は憲法違反として厳しく批判するであろう），実際は大臣の助言に従って権限を行使する。その結果として，政治責任は大臣に帰属し，君主は無答責となる（「君臨すれども，統治せず」）。学説の中には，このような考え方をとるものもあり，そこでは，

「内閣の助言と承認」制度は，大臣助言制と連続的に捉えられる。具体的に考察しよう。例えば，日本国憲法7条3号は「衆議院を解散すること」を国事行為とする。「国政に関する権能を有しない」天皇が，実質的解散権をもたないことは明らかであるが，それでは，いかなる国家機関がそれを有することとなるのか。そこで，この学説は，国事行為に関する「助言と承認」権を有する内閣が，衆議院解散の実質的解散権を有すると解する（7条説）。この説によれば，「内閣の助言と承認」を経ることによって，結果的に天皇による「衆議院の解散」は，「国政」に関与しない儀式的・儀礼的性格のものとなる。結果的形式説と呼んでおく（なお，解散権の所在に関する詳細は，p. 242の(3)で扱う）。

　「内閣の助言と承認」権の中に実質的決定権が含まれていると解すると説明が困難となるのが，例えば天皇による内閣総理大臣の任命行為（6条1項）である。内閣総理大臣の実質的決定権は国会が有する（67条）ので，天皇によるその任命行為に対する「助言と承認」権をもつ内閣がその実質的決定権を有すると解するのでは，背理となるからだ。そこで，結果的形式説は，「内閣の助言と承認」権には実質的決定権を含むものと含まないものとがあると解することとなる。含まないものとされるのが，内閣総理大臣の任命（6条1項）や国務大臣の任免の認証（7条5号）などである。それらの場合，「内閣の助言と承認」以前に他の国家機関によって実質的決定が下されており，内閣の裁量が働く余地はない。したがって，そのような国事行為について，改めて「内閣の助言と承認」を要求する必要はない。

　(ii)　本来的形式説　　結果的形式説に対しては，3条の「内閣の助言と承認」制を大臣助言制と同一視すべきではないとして，伝統的立憲君主制からの断絶面を強調する学説も有力である。日本国憲法の下で，天皇は，名目上も「国政に関する権能を有しない」（4条1項）。天皇の権限とされた国事行為は，「国政に関する権能」から遮断された儀式的・儀礼的な性格をもって本質とする，いわば本来的に形式的なものであり，「内閣の助言と承認」によって形式的性格に転ずるわけではない。本来的形式説と呼んでおく。憲法は，そのような国事行為についてなお，「内閣の助言と承認」を要求しているのであり，伝統的な立憲君主制の下での大臣助言制とその性質を異にする。日本国憲法は，政治からの君主の隔離に関して，比較憲法的にみて類例のない厳しい態度を選

択したものであり，天皇には，憲法に限定列挙された儀礼的・儀式的な国事行為のみを遂行することを通して「象徴」としての機能・役割を果たすことが期待されている。

　本来的形式説によれば，「内閣の助言と承認」は，もともと形式的な性格の国事行為に対して向けられているものであるから，内閣以外の機関によってすでに実質的決定が下されている場合においてもなお，必要である。このような解釈は，天皇の国事に関する「すべての」行為につき「内閣の助言と承認」を要求する憲法の文言にも適合的である。明治憲法下の大臣輔弼制（明憲55条）からの質的断絶を「内閣の助言と承認」制の中に見出す立場からは，この説が支持される。

　(b)　**「助言と承認」の時期**　　3条の文言からは，天皇の国事行為の前後双方に内閣の関与が要求されるかのようであり，「衆議院の解散」（7条3号）につき，内閣の「承認」だけで「助言」がなかったことを理由にその解散を違憲無効とした下級審判決もある（苫米地事件・東京地判昭和28・10・19行集4巻10号2540頁，東京高判昭和29・9・22行集5巻9号2181頁）。しかし，天皇の意見を容れて，内閣がその裁量権に属する事項に関する判断を変更し，これを「承認」するようなことは憲法の予定するところではないし，また，「国政に関する権能を有しない」天皇は，内閣の「助言」を拒否することもできない。「助言と承認」を一体的に捉えた上で，原則として国事行為の前に行えば足りる。

　(c)　**「助言と承認」の方式・効果**　　「内閣の助言と承認」は通常，閣議決定という方式で行われる。国会の召集や衆議院の解散などの法的効果をもつ国事行為は，明治憲法下の公式令にならって，「詔書」という文書で行われ，「内閣の助言と承認」は首相の「副署」という方式で示される。すべての国事行為に関する政治的責任は内閣が負う（3条）。仮に天皇が国事行為を拒否した場合はどうか。万一，このような事態が生じたとすれば，内閣がその責任を負うと解する他ないが，その場合，天皇が国政上看過できない影響力をもつこととなり，憲法の予定しない事態と評せざるをえない。

(2)　**国事行為の具体的内容**

　国事行為とは天皇が国家機関として有する権限の総称であり，憲法によって

限定列挙されている（6条・7条）。法律によって，新たに国事行為を創設することはできない。

(a)　**内閣総理大臣の任命**　「天皇は，国会の指名に基いて，内閣総理大臣を任命する」（6条1項）。内閣総理大臣は，国会議員の中から国会の議決で指名され（67条），国会の指名は，衆議院議長から内閣を経由して天皇に奏上され（国会65条2項），「内閣の助言と承認」に基づいて天皇が任命する。「助言と承認」を行う内閣は，総辞職後の事務管理内閣（71条）であり，国会の指名があった後，すみやかに「助言と承認」を行うべきこととされている。

(b)　**最高裁判所長官の任命**　「天皇は，内閣の指名に基いて，最高裁判所の長たる裁判官を任命する」（6条2項）。

(c)　**憲法改正，法律，政令および条約の公布**　天皇は，「憲法改正，法律，政令及び条約を公布する」（7条1号）。「公布」とは，すでに成立した法令の内容を国民一般の知りうる状態におく行為である。「公布」の方式を定める現行法はなく，慣例上，官報に掲載するという方式が用いられてきている。「公布」の時期は，誰が決定すべきか。「憲法改正」については憲法レベルの決定があり，天皇は，憲法改正国民投票による「承認」を経たときは，「直ちに」これを「公布」する（96条2項）。「法律」については，「奏上の日から30日以内にこれを公布しなければならない」（国会66条）とする定めがあるが，「政令及び条約」の「公布」時期を定める現行法はなく，内閣の裁量による。

(d)　**国会の召集**　天皇は，「国会を召集する」（7条2号）。「召集」とは，集会の期日を定めて議員に告知する行為で，「議員は，召集詔書に指定された期日に，各議院に集会しなければならない」（国会5条）。「召集」の実質的決定権を有するのは誰か。臨時会については，内閣が召集権者であることが憲法上定められているが（53条），常会（52条）・特別会（54条）については明文上の定めがない。実務では，内閣が「召集」を決定している（⇒p. 215の(1)）。

(e)　**衆議院の解散**　天皇は，「衆議院を解散する」（7条3号）。「解散」とは，任期終了前に全議員の身分を終了させ，合議体としての議院の存在を一時消滅させる行為をいう。

(f)　**国会議員の総選挙の施行の公示**　天皇は，「国会議員の総選挙の施行を公示する」（7条4号）。ここでいう「総選挙」とは，全国すべての選挙区を

対象として行われる選挙のことをいい，公職選挙法の定める衆議院議員の総選挙と参議院議員の通常選挙とが含まれる。「公示」の時期については，法律が規定し，衆議院の総選挙については少なくとも 12 日前に，通常選挙の場合には少なくとも 17 日前に施行を公示すべきこととされている（公選 31 条 4 項・32条 3 項）。

(g)　**国務大臣および法律の定めるその他の官吏の任免ならびに全権委任状および大使および公使の信任状の認証**　　天皇は，「国務大臣及び法律の定めるその他の官吏の任免並びに全権委任状及び大使及び公使の信任状を認証」する（7 条 5 号）。「認証」とは，ある行為が権限ある機関によってなされたものであることを公に証明する行為をいうが，「認証」は，その対象となる行為や物の効力要件ではない。

「国務大臣」の「任免」の実質的決定権は内閣総理大臣が有する（68 条）。「法律の定めるその他の官吏」には，最高裁判所判事，高等裁判所長官，検事総長，次長検事および各検事長等がある（裁 39 条 3 項・40 条 2 項，検察庁法 15条 1 項）。「認証官」と呼ばれ，その実質的「任免」権の所在は，憲法および法律によって定められている。

「全権委任状」とは，特定の外交事項の交渉の全権を特定人に委任する文書であり，「大使及び公使の信任状」とは，外国に派遣する大使・公使として特定人を信任する旨を表示する文書である。その実質的決定権は，「外交関係を処理する」権限を有する内閣にある（73 条 2 号）。

(h)　**恩赦の認証**　　天皇は，「大赦，特赦，減刑，刑の執行の免除及び復権を認証する」（7 条 6 号）。これらの行為を一括して「恩赦」という。「恩赦」とは，行政権が犯罪者の赦免を行うことである。その実質的決定権は，内閣にある（73 条 7 号）。

(i)　**栄典の授与**　　天皇は，「栄典を授与する」（7 条 7 号）。「栄典」とは，特定人に対しその栄誉を表彰するために認められる特別の地位をいう。明治憲法下の，爵・位・勲章・褒章等がそれにあたる。日本国憲法は，「栄典」の世襲を禁止した（14 条 3 項）ので爵は廃止され，また，勲章のうち軍人に授与された金鵄勲章は廃止された。「栄典」の種類および授与の基準を定める法律は存せず，明治憲法下において勅令で定められ，日本国憲法施行後，政令で改正

された「位階令」や「褒章条例」等により，内閣がその授与の実質的決定を行っている（⇒ p. 170～171）。

「栄典」の授与については，その他の国事行為が，原則として天皇の排他的権限とされているのに対して，他の国家機関がこれを行うことを禁止する趣旨ではないと解されている。

(j)　**批准書および法律の定めるその他の外交文書の認証**　　天皇は，「批准書及び法律の定めるその他の外交文書」を「認証」する（7条8号）。「批准書」とは，全権委任状を携えた使節等によって署名された条約を承認して，その効力を確定させる文書をいう。その実質的決定権は，外交処理権を有する内閣にある（73条2号）。「法律の定めるその他の外交文書」としては，例えば「大使及び公使の信任状及び解任状」（外務公務員法9条）等がある。

(k)　**外国の大使および公使の接受**　　天皇は，「外国の大使及び公使」を「接受」する（7条9号）。「接受」とは，外国の大使・公使を儀礼的に接見する事実上の行為を意味する。したがって，天皇は，外国が大使・公使の派遣に先立って派遣先国政府に対して求める「承認（アグレマン）」を与える権限を名目上も有しない。しかし，実務上は，外国政府からの「アグレマン」の名宛人は天皇とされており，政府もこれに異議を唱えていない。

(l)　**儀式を行うこと**　　天皇は，「儀式を行ふ」（7条10号）。「儀式を行ふ」とは，国の公的な儀式を天皇が主催者となって行うことを意味する。「即位の礼」（典24条）や「大喪の礼」（典25条）等がそれにあたる。「儀式」は国家行事であるから，政教分離原則（20条1項・3項・89条）の適用を受ける。

(3)　国事行為の代行

(a)　**法定代行**　　憲法は，「皇室典範の定めるところにより摂政を置くときは，摂政は，天皇の名でその国事に関する行為を行ふ。この場合には，前条〔4条〕第1項の規定を準用する」（5条）と規定する。天皇の意思によらない法定代行制度であるが，摂政の設置原因は，①天皇が成年（皇室典範22条により「18年」とされている）に達しないとき，②天皇が，精神もしくは身体の重患または重大な事故により，国事行為を自ら行うことができないと皇室会議により議決されたときとされ（典16条），摂政資格者とその順位は，皇室典範によ

って法定されている（典17条・18条）。

　(b)　**委任代行**　　他方で，憲法は，天皇の意思に基づく委任代行を認め，「天皇は，法律の定めるところにより，その国事に関する行為を委任することができる」（4条2項）と規定する。これを受けて，「国事行為の臨時代行に関する法律」が制定されている。

3 国事行為以外の公的行為

(1)　天皇の公的行為

　日本国憲法は，「天皇は，この憲法の定める国事に関する行為のみを行ひ」（4条1項）と規定したが，憲法施行後も，天皇は国事行為以外の場を通して公的にふるまってきた。1946（昭和21）年から1954（昭和29）年の「全国巡幸」，1947（昭和22）年第1回国会以来の開会式での「おことば」や，1948（昭和23）年からの正月・天皇誕生日の「一般参賀」，1953（昭和28）年のイギリス女王の戴冠式への皇太子の派遣（「皇室外交」）等がその例である。これらは，憲法の定める国事行為には該当しないが，大相撲見物のような天皇の私的行為ともいえない公的色彩をもった行為であり，このような行為が憲法上許容されるか否か，論じられてきた。

(2)　学　　説

　学説は，二分説と三分説とに大別される。

　(a)　**二分説**　　二分説によれば，天皇の公的行為は，天皇が国家機関として行う国事行為に限定され，それ以外の行為は私的行為である。二分説の中には，「おことば」等の公的色彩をもった行為を一切認めない否定説と，これらの行為を国事行為に分類可能であるとして正当化する肯定説とがある。肯定説の中には，理由づけを異にする2つの説がある。いずれにおいても，その責任は，「助言と承認」を行う内閣が負う。

　(i)　10号説　　この説によれば，国事行為の1つとされる「儀式を行ふこと」（7条10号）の意味は，天皇が「儀式の主催者」となって儀式を行うことに限定されず，儀式に参加して「儀式的・儀礼的行為を行うこと」まで含む。「儀式的・儀礼的行為」である限り，天皇の行う公的行為一般は，10号によっ

て正当化される。

　(ⅱ)　準国事行為説　　対して，準国事行為説によれば，国事行為が憲法上限定列挙されていることに対応して，それに準ずる実質的理由がある場合に限って，公的行為を認めるべきとされる。例えば，外国元首の儀礼的接受や社交的な外国訪問については，国事行為として外国大公使の接受が認められていること（7条9号）との均衡ないし対応，「おことば」については国会の召集（同条2号）が国事行為とされていることとの関連で認められる。この説は，10号説を文言上無理な拡張解釈とし，かつ，10号を媒介として「儀式的・儀礼的行為」を一般的・包括的に解禁しかねない，と批判する。

　(b)　**三分説**　　他方で，三分説は，国事行為以外の一切の公的行為が禁止されているという二分説の前提に対して，天皇という自然人を象徴とした以上現実的でないとし，天皇の行為を国事行為・公的行為・私的行為に三分して捉える立場をとり，「おことば」等の公的行為を合憲としている。三分説には理由づけを異にする2つの説がある。

　(ⅰ)　象徴的行為説　　「象徴＝地位」説（⇒p.103の(ⅱ)）の立場からすれば，天皇は国事行為を行う国家機関としての地位と並んで「象徴としての地位」を有している。象徴的行為説によれば，この地位を根拠として，天皇には象徴たる地位にふさわしい公的行為を行うことが認められるべきとされる（清宮168頁）。この説に対しては，①「象徴」を「地位」と解し，そこから憲法明文で規定されていない法的効果を導き出す思考の是非が問われることに加え，②摂政や国事行為代行が設置される場合，それらの地位にある者についても同様の公的行為を行うことを認めるべきだが，「象徴」性は天皇の地位と一体不可分であり，摂政や国事行為代行はその地位にないので説明が難しい，といった問題点が指摘されている。

　(ⅱ)　公人的行為説　　そこで，改良版の三分説として唱えられたのが公人的行為説である（高辻正己『憲法講説〔全訂第2版〕』〔良書普及会，1980年〕287頁）。それによれば，一定の地位にある公務員や民間企業の役員等には，法的権限ではないが，純粋に私的でもない儀式的・儀礼的な行為を行うことが社会的に期待されている。例えば，知事が高速道路の開通式でテープカットをしたりするような行為である。公人的行為説によれば，天皇の公的行為も，「象徴として

の地位」に基づいてではなく，天皇が公人であることに伴い社会的に期待される儀式的・儀礼的行為として正当化される。したがって，摂政職等にある者にも，同様の公的行為が認められる。

なお，どちらの説をとるにせよ，公的行為が合憲とされるためには，次の実体的・手続的条件を満たさなければならない。

①法的効果の伴わない事実行為であり，儀式的・儀礼的な行為であること。

②内閣の直接または間接の補佐と責任の下に行われること。

公的行為は国事行為ではないから，上の「内閣の補佐と責任」は，3条の規定する「内閣の助言と承認」とは別物である。また，「間接の」というのは，「皇室関係の国家事務」を所管する宮内庁（宮内庁法1条）が第一次的責任を負うことを意味する。最終的責任は，内閣が負う。

(3) 学説の検討

これらは，一見，説明の巧みさを競うかのごとくだが，学説の検討にあたっては，この論点の背景を理解しておくことが必要だ。二分説，特に準国事行為説による場合，現実に行われている「公的行為」の相当部分が違憲となりかねず，現実的でないせいか，三分説が多数説となっている。にもかかわらず，二分説が有力に提唱されてきたのはなぜか。

この論点は，政府による天皇の政治利用に対する警戒感の度合いと関連している。二分説は，憲法が限定列挙した国事行為の中には，法的効果を伴わない事実行為（7条7号・9号・10号）も含まれていることの意義を重視する。すなわち，事実行為さえも列挙し，限定しようとしたのが憲法の趣旨であり，象徴的行為であれ，公人的行為であれ，どのように概念構成するにせよ，儀式的・儀礼的なものにすぎないという名目の下で，天皇の公的プレゼンスがなし崩し的に拡大していくことに対して，警戒的であるべきと考えるのである。これに対して，三分説は，これらの行為が，内閣の補佐と責任の下で行われる限り，象徴天皇制と矛盾せず，許容されると考える。

(4) 実際の運用

他方で実務は，「国事行為・公的行為・その他の行為」の三分説をとってい

る（1973〔昭和48〕年6月28日内閣法制局長官答弁）。「その他の行為」には，「純粋に私的なものと公的性格ないし公的色彩があるもの」とが含まれるとされており（1990〔平成2〕年4月17日内閣法制局第一部長答弁），後者については，それに係る費用を，宮内庁の経理する宮廷費から支出することが許されている。昭和天皇から前天皇（明仁）への代替わりに際して，1990年，「大嘗祭」が「公的色彩のある皇室の行事」として，日本国憲法の下で初めて挙行された。「大嘗祭」については，天皇が私人としての地位で行う宗教的活動として位置づけ，国は当該活動そのものに直接関与しないとすることによって政教分離原則違反の疑いを回避する一方で，「皇位の世襲制をとる我が憲法」の下での皇位継承儀式であることにかんがみ，国は「大嘗祭」の実施にあたって必要な人的・物的な手立てを講ずることが許されるとされ（同年4月19日内閣法制局第一部長答弁），約22億5千万円の宮廷費が支出された（⇒クエスト憲法Ⅱ p.179 の(b)）。

4　皇 室 経 費

(1)　皇室財産の国会によるコントロール

「皇室」とは，天皇および全皇族を一体として指す語である。憲法は，「すべて皇室財産は，国に属する」（88条前段）とし，明治憲法下で設けられた皇室財産（天皇の財産である「御料」および皇族の財産）を，日本国憲法施行とともに国有化することを定めた。GHQが，皇室を一種の財閥とみて，解体しようとしたためである。皇室財産がすべて国有化されたため，皇室の活動に要する経費は国庫から支給されることとなり，憲法は「すべて皇室の費用は，予算に計上して国会の議決を経なければならない」（88条後段）と規定している。皇室経済法によれば，「予算に計上する皇室の費用」は次の3つに区分されている（皇室経済3条）。

①内廷費：「天皇並びに皇后，太皇太后，皇太后，皇太子，皇太子妃，皇太孫，皇太孫妃及び内廷にあるその他の皇族の日常の費用その他内廷諸費に充てるもの」（皇室経済4条1項）で，「内廷費として支出されたものは，御手元金となるものとし，宮内庁の経理に属する公金としない」（同条2項）。

②宮廷費：「内廷諸費以外の宮廷諸費に充てるもの」で，「宮内庁で，これを経理する」（皇室経済5条）。

③皇族費：「皇族としての品位保持の資に充てるために，年額により毎年支出するもの及び皇族が初めて独立の生計を営む際に一時金額により支出するもの」，ならびに「皇族であつた者としての品位保持の資に充てるために，皇族が皇室典範の定めるところによりその身分を離れる際に一時金額により支出するもの」（皇室経済6条1項）をいう。

なお，天皇の国事項行為以外の公的行為に関して三分説をとる場合（⇒ p. 116 の(b)），天皇の「公的行為」に要する費用は，内廷費ではなく，宮廷費から支出される。

(2)　皇室の財産授受の制限

憲法は，「皇室に財産を譲り渡し，又は皇室が，財産を譲り受け，若しくは賜与することは，国会の議決に基かなければならない」（8条）と規定する。皇室の財産授受を国会のコントロールの下におくことによって，再び大きな財産が皇室に集中し，皇室が特定の個人・団体と経済的に特別な関係を結ぶことを防止することを目的とする。

> **Column 3-5　生前退位**
>
> 　2017（平成29）年6月9日，天皇の退位等に関する皇室典範特例法が，皇室典範と「一体を成すもの」（皇室典範附則3条）として制定され，特例法1条は，「この法律は，天皇陛下が，昭和64年1月7日の御即位以来28年を超える長期にわたり，国事行為のほか，全国各地への御訪問，被災地のお見舞いをはじめとする象徴としての公的な御活動に精励してこられた中，83歳と御高齢になられ，今後これらの御活動を天皇として自ら続けられることが困難となることを深く案じておられること，これに対し，国民は，御高齢に至るまでこれらの御活動に精励されている天皇陛下を深く敬愛し，この天皇陛下のお気持ちを理解し，これに共感していること，さらに，皇嗣である皇太子殿下は，57歳となられ，これまで国事行為の臨時代行等の御公務に長期にわたり精勤されておられることという現下の状況に鑑み，皇室典範（昭和22年法律第3号）第4条の規定の特例として，天皇陛下の退位及び皇嗣の即位を実現するとともに，天皇陛下の退位後の地位その他の退位に伴い必要となる事項を定めるものとする」と規定する。
>
> 　「この天皇陛下のお気持ち」は，2106（平成28）年8月8日に天皇明仁がビデオメッセージの中で表明したものであり，これを受けて，内閣官房に天皇の

公務の負担軽減等に関する有識者会議が設置され、審議が行われた。安定的な皇位継承の確保のためには女性宮家の創設等の課題を踏まえた検討が必要とされ、天皇の退位に関する恒久法ではなく、天皇明仁の退位を可能とする特例法の制定に至った。

2019（平成31）年4月30日、特例法は施行され、同日、天皇明仁は退位し、皇嗣が直ちに即位した（同法2条）。退位した天皇は、上皇（同法3条1項）、上皇の后は、上皇后（同法4条1項）という。

憲法は、天皇の高齢化等に伴い、国事行為を行うことが困難となる場合に備えて摂政や委任代行の制度を設けているが（⇒p.114(3)）、ビデオメッセージにおいて表明された「お気持ち」によれば、「象徴の務め」を果たすにあたっては「時として人々の傍らに立ち、その声に耳を傾け、思いに寄り添うことも大切なことと考え」、「日本の各地、とりわけ遠隔の地や島々への旅」なども「天皇の象徴的行為として、大切なもの」と感じてきたとされ、そのような務めが高齢化に伴い、困難となり、また、摂政を置く場合でも、天皇が「十分にその立場に求められる務め」を果たせないことなどが述べられている。国事行為以外の公的行為を「象徴的行為」と捉え、それが、天皇が国民統合の「象徴としての役割」を果たすためにもつ意義を強調するものであり、天皇の公的行為の性格に関する二分説と公人的行為説（⇒p.115 **3**）をともに退けるものとなっている。「象徴的行為」は機関権限でないので、それを天皇に期待するか否かは、国民の判断次第である。

練習問題

1　「国民主権という、それ自体としては統治の正統性を示す原理が、今日では、一定以上の『組織原理レベル』の具体的要請、別の言葉でいえば、『権力的契機』を含むことなしには、統治の正統性根拠を提供することができなくなっている。その『一定以上』がどこまでを要請するかは、それぞれの実定憲法がそれぞれに選択している、と解すほかないだろう」（樋口79頁）。この見解は、①芦部説（折衷説Ⅰ）、②杉原説（人民主権説）、③主権不要論のそれぞれの立場から、どのように評価されることとなるか。

2　Yは、参議院議員A県選挙区選挙に無所属の立場で立候補し、市民感覚による政治の刷新を訴えると同時に、自然環境保護の立場から、政権与党であるB党の推進するA県内の大規模ダム工事には反対との選挙公約を掲げ、B党公認候補のCを大差で破り、当選した。Xらは、Yの選挙公約に賛同し、後援会を結成、ボランティアでYの選挙運動を支援した。ところが、Yは当選後、「無所属であること

の非力さを痛感した。後援会のメンバーは，私の支援者の一部にすぎない。すべての支援者，ひいては国民全体の利益のためには，B党に所属し，院内活動を行うべきと判断した」としてB党に所属することとし，B党の推進するダム工事にも賛成との立場を示すに至った。なお，B党所属に際して，Xらに事前の説明はなされていない。これに対して，Xらは，Yに対して，法的責任を追及することは可能か。

3 　党内民主主義の確立を目的として，政党内部の意思決定手続や，党役員の選任方法および党内規律等について規定する法律が，議員立法によって制定された。その上で，この法律の規律に適合することを，政党助成金の交付の条件とするための政党助成法の改正が行われた。その合憲性いかん。

4 　新たに天皇に即位したXは，困っていた。内閣および宮内庁は，天皇家の伝統的儀式として，「大嘗祭」を実施することを決定し，天皇に対して，その「儀式を行ふ」よう「助言」してきたが，Xは大学在学中に政治学を専攻し，「大嘗祭」は，日本国憲法の定める政教分離原則に違反し，少なくとも宮廷費から支出してそれを行うべきではないという意見をもっている。このような立場から，Xが「大嘗祭」の挙行に反対することがあった場合，それは，象徴天皇制の下でどのように評価されるべきか。

第**4**章

平 和 主 義

　憲法9条は，戦後憲法をめぐる最大の争点を形成してきた条文である。しかも，戦争放棄・戦力不保持というその内容は，比較法的にみて非常に異例のものであり，この条文解釈は日本の憲法学にも独自の課題を負わせることになってきたといってよい。ただし，軍隊の統制は他の立憲主義諸国でも昔から重要な問題であった。第1節は，日本国憲法解釈の前提知識として，諸外国における軍への統制手法と戦前の日本における軍の地位について説明する。第2節は国際協調・平和主義を強調する前文を検討し，第3節で9条解釈を行う。同条をめぐる非常に分厚い議論の堆積の中から，現時点で9条を理解する上で必要となる内容をできるだけ取り上げたつもりである。その後第4節で，自衛隊の合憲性が問題となった主要な憲法裁判を扱う。第5節は近時大きな論争となった集団的自衛権をめぐる憲法問題を扱う。第6節は軍事をめぐる国際関係について，やはり近時の大きな法改正に留意しつつ検討する。最後に第7節は，自衛隊への法的統制の現状を分析する。軍事をめぐる憲法解釈の課題は，自衛隊は違憲か合憲かに尽きるわけではない。現実に自衛隊が存在する以上，他の立憲主義諸国と同様，それへの文民統制のあり方の批判的検討は，憲法学の重要な内容の1つである。

第1節　憲法と軍備の問題

1 立憲主義諸国における議会を中心とした軍統制

　憲法によって軍を統制するという課題自体は決して特殊なものではなく，むしろ立憲主義諸国共通の現象だといってよい。軍が国家権力の中核を占める実力組織である以上，これは当然のことである。本節では，立憲主義諸国の歴史の中で軍の問題がどのように扱われてきたかを簡単に概観した後，明治憲法下における日本の状況について述べておくことにする。

　市民革命期にまず目指されたのは，軍に対する議会のコントロール強化であった。イギリス名誉革命の帰結たる権利章典（1689 年）は，国王への請願権や議会の立法同意権と並んで，常備軍の徴集・維持への議会の同意権を確認している。軍隊への統制を国王の専権事項から奪い取ることは，立憲主義発展の重要な節目となった。アメリカ合衆国憲法は，大統領を軍の最高司令官とする（同憲法 2 条 2 節 1 項）一方，議会に軍の維持・規律についての権限や宣戦の権限を与える（同憲法 1 条 8 節 11 項～14 項）ことにより，大統領の独断による軍事力の発動に歯止めをかけようとしている。しかし，この憲法条文では，特に第二次世界大戦後しばしばなされるようになった，正規の戦争宣言を経ない大統領による軍事力行使を有効にコントロールできない。特にベトナム戦争の教訓に基づいて，1973 年に議会は「戦争権限決議」を行い，大統領による軍事力行使に広く議会の承認を求めることにした。2001 年のアフガニスタン攻撃や 2003 年のイラク戦争の際にも，議会の承認がとられている。

　国王の軍隊との武力衝突を経たフランス革命でも，軍への統制は当然大きな問題であった。1791 年憲法は，国王を軍隊の長とする一方，やはり軍の維持や宣戦についての議会の権限を認める。国王が国民に対して武力を行使した場合には，王位を放棄したものとみなすという条文も含んでいた。軍の命令への服従を求め，その政治的影響力行使を防止しようともしている。また，この憲法とアメリカ合衆国憲法修正 3 条がともに，軍による私人の家屋の一方的使用を制限していることは，軍による市民の権利侵害に憲法によって対処する必要

123

が感じられていたことを示す。

　軍隊の編制や宣戦について議会の同意を必要とすることは，その後立憲主義諸国における最低限の軍へのコントロール手段となったといえる。逆にいえば，議会があってもそれが軍への統制権をもたないのであれば，その国は立憲主義国家とはいえないだろう。他方，日本と同じく第二次世界大戦の敗戦国でありながら，冷戦構造における東西対立の最前線に位置し，日本とは異なり憲法（基本法）改正によって再軍備を行ったドイツでは，この最低ラインを超える議会の統制権を憲法上保障している。国政調査権を有する国防委員会や議会の補助機関としてより日常的監督を行う国防受託者といった制度が，憲法上設けられている（基本法45a条・45b条）。また，防衛上の緊急事態の認定は議会が行うという憲法上の規定（基本法115a条）に加え，連邦憲法裁判所の解釈によって，武装兵力の出動一般に議会の同意が必要だとされている。歴史的事情からして，軍隊への統制に非常に神経が使われていることがわかる。

2 憲法による軍事力行使への実体的制約

　しかし，第二次世界大戦後の違憲審査制の一般化が，議会への不信の高まりによるのだとすれば，同様のことが軍隊へのコントロールについてもいえるであろう。現実にも，立憲主義諸国において軍への議会によるコントロールがうまく機能してきたとはいいがたい。イラク戦争へのアメリカ議会の承認が，誤った情報に基づいてなされてしまったことは，記憶に新しいところである。このような問題意識からは，軍が出動できる場合を，実質的に憲法で制約しておこうという志向が登場するのは当然である。すでにフランス革命期に，革命に対する各国の干渉が強まる中で，1791年憲法は，フランス国民は征服を目的とした戦争を放棄すると規定していた。これは，新しいフランスの外交についての理念を武力行使の実体的条件として憲法化するものであった。第一次世界大戦後，国際平和の維持を目的としていわゆる不戦条約が成立し，条約加盟国は国際紛争解決のための戦争を放棄したが，第二次世界大戦を防ぐことはできなかった。これを受けて，特に第二次世界大戦後の憲法には，フランス第4共和制憲法・イタリア憲法・ドイツ基本法など同旨の規定を国内法化したものが多い。軍隊の出動に対する実体的条件を最高法規である憲法で定めることによ

って，その実効性を確保しようとするのである。日本国憲法 9 条も，このような潮流の一環であることはいうまでもない。

3　戦前における日本の軍統制の問題点

　これに対し，明治憲法は，むしろ軍への議会のコントロールをできるだけ避けようとしていた。一般的には議会の立法参画権は認められていたが，軍の編制や宣戦は天皇の大権事項とされ，議会の同意を必要としなかった（明憲 12条・13 条）。さらに，明治憲法 11 条が定める天皇の陸海軍統帥権は，国務大臣の輔弼をも排除するものだと解釈されていた（統帥権の独立）。また，軍部大臣現役武官制によって軍は政治的影響力を保ちえた（これらの明治憲法下の制度については，本書第 2 章を参照）。

　さらに，1932（昭和 7）年の 5・15 事件，1936（昭和 11）年の 2・26 事件のように，軍による直接的なクーデターの企ても起きた。しかし，明治憲法下で日本の破局をもたらした責任を憲法の不備や軍部の横暴にのみ求めるのは，不十分だということも指摘しておかなければならない。統帥権干犯問題でもみられたように，当時の政党は自らの勢力拡大を図るために軍部との結び付きを利用しようとした。議会の中に軍の政治利用は許されないという意識が薄かったのである。また，特に 1929（昭和 4）年からの世界恐慌に対して政党内閣が有効な対処を示せなかった時期以降，かなり広い世論は軍の強硬姿勢を支持し，むしろ議会や政府の「弱腰」を批判した。軍の独走は，国民によって支えられたという面がたしかにあったのである。これらは，軍に対する実効的コントロールの困難さを示す事情として，日本国憲法解釈に際して考慮に入れられるべき事柄であろう。

第 2 節　前文の平和主義と平和的生存権

1　平和主義の宣言

　日本国憲法前文は，第 1 段において，「自由のもたらす恵沢を確保」することと，「主権が国民に存すること」とならんで，「諸国民との協和による成果」を

確保することと「政府の行為によつて再び戦争の惨禍が起ることのないやうにすること」を定めている。基本的人権の尊重と国民主権という原理とならび，国際協調・平和主義がこの憲法の基本原理であることを示す重要な記述である。特に，「戦争の惨禍」が国際協調の「成果」や自由の「恵沢」と対置させられているのは，第二次世界大戦が国民の生活を破壊し，その自由に生きる権利を奪ったことをふまえたものであり，国際協調が国内の自由確保と密接な関係を有することを宣言するものであるといえよう。

　第2段は，「日本国民は，恒久の平和を念願し，……平和を愛する諸国民の公正と信義に信頼して，われらの安全と生存を保持しようと決意した」と述べる。9条はこの「決意」の具体化だといえる。この文言に対しては，自国の「安全と生存」を他人任せにするものであり，あまりに非現実的であると同時に，主権国家の態度としては無責任で許容しがたいものだという批判がある。しかし，憲法制定当時においては，このような態度がまさに日本の存立に必要だった。戦争によって自国民と他国民に甚大な被害を与えた国家が――しかも天皇制を抱えたまま――存続していくには，一旦自らは丸腰になってでも他国民を信じるという決意を示す必要があった。実際，GHQ は，前文についてはマッカーサー草案からの修正をほとんど許さなかった。そして当時はまた，日本を占領したアメリカを含む戦勝国によって公正な国際秩序が構築されるという希望があったのであり，日本の安全はこの国際秩序によって守ってもらうという構想は，そう突拍子もないものではなかった。冷戦の強まりとともに，このような希望は急速に薄れていったが，かつての「決意」は改正されずに今日まで形をとどめているわけである。その意味でこの文章は，今日の「日本国民」にも，第二次世界大戦直後に日本のおかれた立場を否応なく思い出させるものである。そして，まさに自国の「安全と生存」について，自国の政府よりも他国民を信頼するという決断が今日どこまで適切かが，平和主義理解において問われる根本的問題であることも，示唆しつづけている。

２　平和的生存権

(1)　法的権利性をめぐる議論

　第2段の第3文は，「われらは，全世界の国民が，ひとしく恐怖と欠乏から

免かれ，平和のうちに生存する権利を有することを確認する」と述べる。この
うち「平和のうちに生存する権利」（「平和的生存権」ともいわれる）の性質につ
いては，憲法の平和主義との関連で多くの議論がなされてきた。この文のおか
れた位置，また「恐怖と欠乏」からの自由との併置からして，平和的生存権は，
第1段で述べられた平和と自由との密接な関連が「全世界の国民」に妥当する
「普遍的」命題であり，日本国民はこれらの権利が実現される国際秩序の達成
を目指すことを誓うという文脈で登場しているといえよう。憲法の平和主義が，
その根底において，どんな人でも自由に生きるためには平和が必要だという普
遍的な人権保障の理念に立脚していることを示すものといえる。問題は，これ
が憲法本文の諸条項が規定している諸権利と同様の意味をもつ「権利」といえ
るのかである。

　この問題を考える前提として，そもそも憲法前文が法規範性を有しているの
かという点も検討しておかなければならない。これが否定されるなら，前文に
含まれる平和的生存権の法的権利性を特に検討する必要もなくなるからである。
前文も憲法の一部である以上法規範性は承認されるとしつつ，裁判所が直接執
行しうる規範という意味での裁判規範性は否定されるというのが通説的理解で
ある。しかし，憲法の一部であるのになぜ裁判規範性が否定されるのか。その
主たる理由として，内容の抽象性が挙げられる。たしかに前文は日本国憲法の
基本原理や日本国民の「決意」を述べており，具体性を欠く。しかし，それは
内容の問題であって，前文という形式の問題ではない。そして，平和的生存権
については，その内容が裁判で執行できる程度に具体的だという主張がなされ
ているのであり，だとすれば論ずべきはこの権利の内容そのものだということ
になる。前文だからというだけで法規範性，裁判規範性を否定すべきではない。

　したがって，平和的生存権の法的性質は，憲法がこれをいかなる趣旨で規定
したのかをめぐる解釈問題ということになる。まず，第3章の表題（「国民の権
利及び義務」）やその中の諸権利規定の主語（「すべて国民は」や「何人も」など）
とは異なり，この前文規定が「全世界の国民」の権利の確認という形式をとっ
ているだけに，それが日本国内で政府に対して保障を求められる法的な権利と
いえるのかが問題となる。憲法が理想とする国際秩序の理念を述べるにとどま
るとも解しうるからである。内容的にも，平和は国際関係の問題であり，日本

127

国政府だけで保障することは不可能だし，また政府のどのような行為がこの権利を侵害することになるのかも，そのときどきの国際状況から判断せざるをえない。ある人々にとって「戦争につながる」と判断される行為が広く禁止されるのでは，政府の活動を制限しすぎることになろう。

　これに対して，憲法はたしかに「権利」という文言を用いていること，またこの規定は憲法の平和主義の理論的根拠を示すものとして重要であり，単なる理想として棚上げすべきではないことなどの理由から，その法的権利性を肯定する見解も強い。しかし，少なくとも，憲法を根拠にして裁判で救済を求められるという意味での具体的権利性は認められないだろう。政府の個別の行為が平和を侵害しているか否かを裁判所が判断するのは困難であり，かつあまりに政治的問題に裁判所を巻き込むことになる。もし戦争が起きたとしてもそれで直ちに全国民の憲法上の権利が侵害されたと考えるのも困難であり，またもし戦争中の政府の行為によって個別の人権が侵害されたなら，その人権制約の問題として処理されるべきであろう（その際，戦争遂行上の必要をどの程度正当な公益と評価するかにあたっては，憲法の平和主義が意味をもつこともあろう）。そして，平和的生存権が法律で具体化されれば裁判上救済を求められるようになる抽象的権利であるとの考えに対しても，これを「具体化」する法律というのは想像しにくいという問題がある。生活保護法が生存権（25条1項）の具体化であるというのと同じような意味で，平和的生存権を具体化する法律をつくりうるであろうか。となると結局，この規定の法規範性は乏しいということになろう。やはりその主要な意味は，憲法の平和主義が普遍的人権思想に立脚していることを示すことにあると考えておくべきであろう。この意味での重要性は，否定されるべきではない。

(2)　裁判例の検討

　平和的生存権が裁判規範としての意味をもつ具体的権利だという解釈に大きな刺激を与えたのは，後に自衛隊の合憲性の箇所で主として取り扱う長沼訴訟第一審判決（札幌地判昭和48・9・7訟月19巻9号1頁）である。本事件では自衛隊基地建設のための保安林指定解除の合法性が問題となったが，同判決も，この解除処分が周辺住民の平和的生存権を侵害することを，その違法性を肯定す

る理由としたわけではない。判決が平和的生存権を使用するのは，解除処分の直接の相手方ではない基地周辺住民が，それでも同処分の取消しを求める原告適格を有していると判断する場面である。判決は，森林法の解釈として，保安林制度によって保護される地域住民の利益は単なる反射的利益ではなく，原告らは処分の取消しを求める「法律上の利益を有する者」（行訴9条）といえるとした上で，さらに，同制度は「帰するところ，憲法の基本原理である民主主義，基本的人権尊重主義，平和主義の実現のために地域住民の『平和のうちに生存する権利』（憲法前文）すなわち平和的生存権を保護しようとしているものと解するのが正当である。したがって，もし被告のなんらかの森林法上の処分によりその地域住民の右にいう平和的生存権が侵害され，また侵害される危険がある限り，その地域住民にはその処分の瑕疵を争う法律上の利益がある」と述べる。そして具体的には，長沼基地が「一朝有事の際にはまず相手国の攻撃の第一目標になるものと認められるから，原告らの平和的生存権は侵害される危険がある」と認定したのである。

　しかし，これではあらゆる法律が平和的生存権保護のための規定だということになりかねない。そして，「一朝有事」において何が起こるかを裁判所が予測することによって権利侵害の危険性が判断されるという図式も，裁判所による事実認定のあり方として適切か，政治的判断によって左右されていないかという疑いを提起するものであろう。長沼訴訟第二審判決（札幌高判昭和51・8・5行集27巻8号1175頁）は，森林法の解釈として原告適格を認めた上で，憲法前文の「平和は崇高な理念ないし目的としての概念にとどまるものであることが明らかであって，前文中に定める『平和のうちに生存する権利』も裁判規範として，なんら現実的，個別的内容をもつものとして具体化されているものではない」として，平和的生存権による原告適格の根拠づけを否定した。

　その後，自衛隊基地使用のための国・私人間の土地売買契約の有効性が争われた百里基地事件では，第一審，第二審とも平和的生存権の裁判規範性を否定する判断を示しており，最高裁も「上告人らが平和主義ないし平和的生存権として主張する平和とは，理念ないし目的としての抽象的概念であって，それ自体が独立して，具体的訴訟において私法上の行為の効力の判断基準になるものとはいえ」ないと判示した（最判平成元・6・20民集43巻6号385頁）。

　これに対し，p. 158 の(2)で述べる「イラクにおける人道復興支援活動及び安全確保支援活動の実施に関する特別措置法」(イラク復興支援特別措置法)に基づく自衛隊のイラク派遣を憲法違反として差し止めるよう求めた訴訟の名古屋高裁による第二審判決(自衛隊イラク派遣違憲訴訟・名古屋高判平成 20・4・17 判時 2056 号 74 頁)は，実際のイラク派遣が自衛隊の武力行使を伴っていると認定し，武力行使を禁ずる同法および憲法 9 条 1 項に違反すると判示するとともに，平和的生存権が差止請求の根拠となりうるとも判示して注目を集めた。同判決は，平和的生存権は「全ての基本的人権の基礎にあってその享有を可能ならしめる基底的権利」として「憲法上の法的な権利」であり，しかも「裁判所に対してその保護・救済を求め法的強制措置の発動を請求し得るという意味における具体的権利性が肯定される場合がある」と述べる。具体的には，国家の戦争遂行や戦争準備行為によって個人の生命・自由が侵害される場合や，戦争遂行への加担・協力を強制される場合などには，この権利を根拠にして当該違憲行為の差止請求も可能となるという。ただし，自衛隊のイラク派遣によって原告の具体的権利としての平和的生存権が侵害されたとはいえないとして，訴えは退けた。

　国家による自由への現実の侵害が生じ，その侵害が違法と評価されるべきである場合に，侵害された者に対して救済が与えられるべきであるのは当然である。しかし国家の行為が 9 条違反である場合に，そこで侵害された自由を特に「平和的生存権」と呼ぶ必要があるのかは疑わしい。また，戦争遂行が現実に迫っていない段階で，裁判所が政治部門の判断を平和的生存権を使って統制することがその適切な役割といえるかも，上述のとおり疑問であり，高裁判決がこの段階で具体的権利性を認めなかったのは妥当な判断であろう。

第3節　憲法9条の解釈

1 条文成立過程

　9 条の解釈は，自衛隊の合憲性をめぐって激しく争われてきた。今日では，自衛隊の合憲性を正当化する政府解釈がかなりの程度受け入れられているよう

にみえるが，憲法学界では依然違憲論も強い。この条文についてなされてきた，微に入り細をうがった検討を簡単にでもフォローするには，まず条文の成立経緯から検討する必要がある。

連合国最高司令官マッカーサーは，1946（昭和21）年2月2日に新憲法の基本原則についてのいわゆるマッカーサー・ノートを示した。その第2項は，日本は紛争解決の手段のみならず自己の安全を保持する手段としての戦争も放棄する，日本は自らの防衛と保護を「今や世界を動かしつつある崇高な理想」に委ねる，日本は陸海空軍をもつ権能を与えられず，交戦権ももたない，とするものであった。自衛のための戦争をも放棄することが明言されていることが，注目される。この徹底した戦争放棄は，マッカーサーと幣原喜重郎首相との同年1月24日の会談で発想されたものらしい。これを言い出したのが幣原かマッカーサーかについても議論があるが，仮に幣原起源だとしても，それで9条が日本側の発案によるといえるわけでないのはもちろんである。後に憲法9条となる規定の最初の起草者が，日本における当時の最高権力者マッカーサーであるのは間違いない。

憲法草案作成を担当していたGHQの民生局では，この戦争放棄条項は憲法本文にはなじまないと考えて一旦前文に組み込んだが，マッカーサーはそれを本文に移動させた。彼は，この平和主義条項に強いこだわりをもっていたようである。しかし，日本側に手渡されたマッカーサー草案の中身には，ノートからの修正がなされていた。放棄されるのが，紛争解決手段としての武力による威嚇または武力の行使とされ，自衛のための戦争も放棄するという文言がなくなったのである。これは，民生局の法律家たちが，国際法上認められている国の自衛権を憲法で否定するのは行き過ぎだと考えたからである。ただし，陸海空軍をもてないという部分では，「陸海空軍その他の戦力」というように，むしろ不保持の範囲が拡大されている。

日本側にマッカーサー草案が示された後，正式の改正案起草段階や帝国議会での審議においていくつかの修正がなされたが，実質的に重要なのは衆議院帝国憲法改正案特別委員会でなされた修正である。これは，議会に提出された改正案9条1項の戦争放棄規定の冒頭に「日本国民は，正義と秩序を基調とする国際平和を誠実に希求し，」というという文言を挿入し，かつ2項前段の戦力

不保持規定の冒頭にも「前項の目的を達するため，」という文言を挿入するものであった。これは，同特別委員会の委員長であった芦田均氏の提案に由来するもので，「芦田修正」と呼ばれるようになる。芦田氏は憲法改正審議の中では，9条は全面的に軍備を撤去するものであり，修正での挿入の趣旨は9条の動機を示し日本国民の平和創造への熱意を表すためのものだと説明していた。が，彼は後にこの修正は保持が禁じられる戦力の範囲を狭めるものだと説明するようになり，自衛隊の合憲性をめぐる議論においてこの改正の趣旨が大きな争点となった。

2 日本の再軍備をめぐる現実

　憲法が制定された当時，陸海軍は占領軍によって武装解除され消失しており，日本に現実に軍隊は存在しなかった。したがって，9条は，日本は今後再武装しないという意味をもっていた。上述のとおり，これは終戦直後のマッカーサーの恒久平和への熱意に起因するが，しかし戦争により悲惨な目にあった日本国民にも，この条文は新生国家への希望の象徴として受け取られた。「平和国家」としての再建を目指そうという主張は，当時議会内外で何度も繰り返されていたのである。しかし，実際には東西冷戦の強まりとともに，アメリカの占領政策は日本を西側陣営に組み入れ，その一員としての自主防衛も求める方向へと変化していった。1950（昭和25）年に朝鮮戦争が勃発し，日本を占領していた米軍の一部が国連軍として朝鮮半島に移動すると，アメリカは日本政府に対し再軍備を求めたが，このときには9条との関係を考慮し，2項が保持しないとした「戦力」ではない，治安維持のための警察力の範囲にとどまるものとして，警察予備隊が設置された。さらに占領解除後，アメリカからの防衛努力の期待に応えて保安隊（1952〔昭和27〕年），そして自衛隊（1954〔昭和29〕年）が設置されたが，それらがもはや警察力とはいえないのは明白であった。自衛隊は，その規模，装備を拡充しつつ，今日に至っているが，それが日本を外敵から防衛するための実力組織であることは，自衛隊法の条文（3条1項は「自衛隊は，我が国の平和と独立を守り，国の安全を保つため，我が国を防衛することを主たる任務と」すると述べる）からも，その現実からも明らかであり，憲法9条との整合性が当然問題となる。

3 9条の条文解釈

(1)　9条1項の解釈

(a)　「戦争」「武力による威嚇」「武力の行使」

9条1項は，「国際紛争を解決する手段」としての「国権の発動たる戦争と，武力による威嚇又は武力の行使」を，永久に「放棄」している。ここで「武力の行使」と区別された「戦争」とは，戦時国際法の適用を受ける事態としての戦争，すなわち宣戦布告などの意思表示によって開始され，兵器を使用した敵施設の破壊や敵兵員の殺戮などが一定範囲で正当化され，講和条約などによって終結する，武力による争いのことである。国際法上認められる戦争主体は国家のみであり，「国権の発動たる」という文言は戦争を限定するものではないと解されている。かつては，他国との紛争を解決する手段として戦争に訴えるのは主権国家の国際法上の権利であると解されていた。上述したように，かつての立憲主義諸憲法は宣戦の判断を議会に留保していたが，それらもこの政策的判断の余地を前提にしたものであった。しかし，戦間期の不戦条約などによって戦争違法化が進み，今日では国際紛争解決のために戦争に訴えることは，国際法上許されていない（したがって，戦時国際法という呼称自体すたれており，現在，武力行使を規律する国際法は，武力紛争法や国際人道法と呼ばれるのが一般的である）。国際法上自衛のための戦争は禁止されてはいないが，他国から攻撃を受けた場合にはこちらから宣戦を布告するまでもなく応戦できるのであるから，実際には国際法上の戦争が行われる機会は激減したということになる。今日では国際法上も，正式の戦争概念よりも，より実態に着目した武力の行使・武力による威嚇という概念の方が，広く用いられる。国際連合憲章も，加盟国に対し「武力による威嚇又は武力の行使」を慎むよう要請している（2条4号）。

「武力の行使」とは，法的な形式を問わない，他国に対する事実上の武力行使全般のことであり，国際法上の戦争と区別する場合には，そのような形態をとらない武力行使のことを意味することになる。日本が起こした「満州事変」（1931〔昭和6〕年）などは，戦争ではないという含意で「事変」という言葉が用いられたが，「武力の行使」にあたることはいうまでもない。「武力による威嚇」とは，実際に武力を使わなくても，武力行使の可能性を示唆して相手を威

嚇することにより，自国の主張を貫徹しようとすることをいう。日清戦争後の日本に対する三国干渉（1895〔明治 28〕年）や，第一次世界大戦中に日本が中国に対して行った対華 21 カ条要求（1915〔大正 4〕年）はその例とされる。

(b)　「国際紛争を解決する手段としては」

結局，9 条 1 項が放棄の対象として定めるのは，武力の現実の行使およびそれを脅しの手段として用いること全般であり，この点では意見の相違はない（本書で 1 項の趣旨を「戦争放棄」と表記する場合にも，武力による威嚇や武力の行使まで含めた放棄を意味している）。しかし，同項は，これらを「国際紛争を解決する手段としては」永久に放棄すると定めている。この文言が放棄の範囲を狭めるものであるのかが，9 条解釈の最初の大きな別れ目となる。不戦条約以来「国際紛争解決のため」の戦争の違法化が図られてきたが，これは以前の，戦争に訴えて国際紛争解決を図ることが国家主権の一部をなす権限であるという考えを否定するものであり，現に侵略がなされた場合に自衛のために武力を行使することは正当と考えられつづけた。つまり，違法とされたのは，自衛のための武力行使ではない，広い意味での侵略戦争であった。9 条 1 項の文言をこの国際法上の用語法と同様に理解するなら，そこで放棄されたのは，日本が国際紛争を武力によって，あるいは武力の威嚇でもって相手を屈伏させることで解決しようとすることであり，自衛のための武力行使は放棄されていないということになる。

これに対し，「国際紛争を解決する手段としては」という部分は放棄される戦争等の範囲を限定する意味をもたないという説も主張されている。その理由としては，自衛のための戦争と侵略戦争との区別は実際には困難であり，現に日本の起こした満州事変も太平洋戦争も自衛権の行使だとして正当化されたこと，それらの反省の上に立つ日本国憲法が，前文で「平和を愛する諸国民の公正と信義に信頼して，われらの安全と生存を保持しようと決意した」とまで述べている以上，国際法上当然とされる程度の放棄しかなされていないとは考えがたいことなどが挙げられる。また，9 条 2 項まで含めれば結局一切の戦力の保持が禁じられていると解釈する学説に対して，それならなぜ 1 項で自衛のための戦争を認めておく必要があるのか，説明困難だという批判がなされる。

マッカーサー・ノートから草案への変更において，自衛のための戦争の放棄という文言がなくなり，この文言が残ったという経緯からは，ここに戦争放棄

の範囲を限定する意味が込められていたことが読みとれる。また，憲法制定当時の政府解釈も，1項については自衛のための戦争を禁じていないというものであり，この文言が限定的意味をもつことは意識されていた。そうだとすると，国際法上通常の読み方に従い，「国際紛争を解決する手段として」の戦争放棄は，侵略戦争の放棄のことであると理解しておくことが妥当であろう。そして，9条2項で一切の戦力を放棄していると解釈するとしても，1項を限定的に理解しておくことには，日本が主権国家として自衛権を有していることは留保しつつも，あえて戦力をもたないという選択をするのだということを示す意味を与えることができよう。

(2)　9条2項の解釈

(a)　「前項の目的を達するため」──芦田修正をめぐる議論

次に，2項は「前項の目的を達するため，陸海空軍その他の戦力は，これを保持しない」と定める。この一文についても多くの議論がなされているが，まずは「前項の目的を達するため」という文言が戦力不保持の範囲を限定する意味をもつのかが問題となる。この文言は，本節**1**の芦田修正で入れられたものである。芦田修正によって自衛のための戦力の保持を合憲とする論理は次のようなものである。まず1項での戦争等の放棄は侵略戦争に限定されたものであり，自衛戦争は放棄されていないという立場をとった上で，2項の「前項の目的を達するため」とは戦力不保持の範囲も限定するものであり，つまり侵略戦争のための戦力は保持しないという意味だとする。だとすると，自衛のための戦力については9条は触れておらず，それを保持することも憲法上禁じられていないということになる。

この芦田修正を用いる解釈論は，占領解除後芦田氏自身によって修正の意味として主張されたこともあり，大きな注目を集めた。しかし，芦田氏が憲法改正案審議の際に本当にそのような意図をもっていたのかどうかは，定かでない。しかも，上述のとおり，芦田氏は帝国議会においてこの修正によって意味の変化は生じていないと述べている。憲法制定者の意思を考慮する場合に意味をもつのは公の場でのこの発言であり，芦田氏が内心でどう思っていたかは関係ない。芦田修正に対して，占領政策の最高意思決定機関であった極東委員会は，

それが再軍備の可能性を開くものだと考え，すべての大臣は文民でなければならないという条項を追加するよう要請してきた。しかし，この考えを憲法制定者の条文解釈として扱うことができるわけではない。当時日本側は，このような再軍備合憲化の可能性について，少なくとも公的には言及していない。

　また，制定者意思を離れてみても，芦田修正によって自衛のための戦力を合憲化する論理は，1項・2項に付された条件の反対解釈を積み重ねるものであり，戦力保持の合憲性という重大事項の結論を導くための手法としては，あまりに技巧的である。この解釈は，国家は戦力をもつのが当然であり，憲法はその一部を限定するものだ――だから明示的に限定されていない限り原則に戻って戦力を保持できる――との立場をとるときにのみ説得力があるが，そのような立場の妥当性自体が問題であり，日本国憲法はそのような立場をとっていないと考えることも十分可能である。また，実質的にも，侵略戦争と自衛のための戦争の区別は可能だとしても，武装組織としての戦力自体は目的を問わず存在するか否かの区別しか不可能であり，自衛のための戦力なら保持可能だということは2項を無意味化するとの批判がある。

　やはり2項の目的規定は，芦田氏が帝国議会で述べていたように，戦力不保持の動機を強調するものだと理解するのが妥当であろう。だとすると，1項では侵略戦争を放棄しつつ，2項はこの要請の貫徹のため，日本としての決断でそもそも戦力をもたないことにしたのだということになる。戦力をもたなければ，侵略は実際にできないし，その意思のないことを明確に示すことができる。

(b)　「戦力」と自衛のための最小限度の実力

　(i)　「戦力」概念についての見解の相違　　実は現在政府がとる9条解釈も，芦田修正を用いるものではなく，基本的にこの解釈に沿ったものである。つまり，政府も「戦力」が目的によって保持できたりできなかったりするという立場をとっているわけではない。政府解釈と学説の多数説とで自衛隊の合憲性という大問題への解答が異なってくるのは，9条解釈の最後の分かれ目である，「戦力」の理解の違いによるのであり，政府はこの概念自体を狭く理解する。

　国家が実力組織として治安維持にあたる警察力を有することができるのは当然であり，憲法諸条文もそのことを前提にしている。これに対し，外敵から自国を防衛するための実力組織は，軍（隊）と呼ばれてきた。通常，両者は別個

の組織として構築・維持される。それは，両者の目的が異なり，また活動様式も異なるからである。警察力は犯罪の予防や犯罪者の発見・拘束を目的とし，殺傷はそのために必要な限りで許容される。軍隊は外敵を撤退させることを目的とするが，その際には，敵の殺傷がむしろ主な手段となる。もちろん戦時国際法に従う必要があるが，この法自身，戦争においては敵兵士の殺傷が原則として許されるという前提で構築されている。この相違から，両者が有する装備にも大きな違いが生ずる。軍隊は組織的に攻撃してくると想定される外敵を直接破壊するために，大規模な暴力装置を多数保有することになる。9条2項が保持しないとしたのは，このような意味での軍隊であると解するのが，多数説であるといえる。警察力として構築される組織であっても，実態からして軍隊というしかない実力組織も，もちろん禁じられる。これは，2項の戦力についての「警察力を超える実力」説といわれるものである。憲法制定当初は政府もこの解釈をとり，日本は自衛権を放棄したわけではないが，戦力を有しないので結局自衛のための戦争もできないことになると述べていた。

　現状の自衛隊がこの「警察力を超える実力」にあたるのは明らかである。政府は自衛隊を合憲とするために新たな9条解釈を示したが，そこでは「戦力」概念を操作することで合憲論が導かれた。ここで重要な役割を果たすのが国家固有の自衛権という概念である。つまり，あらゆる主権国家は，当然他国からの侵略に対して自国を防衛する自衛権を有しており，日本もそれを放棄していない。だとすれば，自衛のための実力組織を有することは可能であるはずであり，憲法が保持を禁ずる「戦力」とは，自衛のための必要最小限度の実力を超えるものであると理解できる，ということになる（「自衛のための必要最小限度を超える実力」説）。つまり，自衛権と9条2項の関係につき，憲法制定当初は2項が優先して，自衛権があっても軍備を一切もたない決断をしたと解釈されていたのが，その後自衛権の方が優先するように逆転し，2項は自衛権の必要からは正当化できないような実力組織の禁止だと理解されるようになったわけである。自衛隊の規模は今日まで拡充を続けているが，政府は一貫して，自衛隊は自衛のための必要最小限度の実力であり，憲法が保持を禁止する「戦力」にはあたらないと主張している（なお，自衛のための実力保持を憲法13条の権利保障によって正当化する主張もあるが，人権規定から直接自衛隊を正当化するというのは飛

躍しすぎである。立憲主義国の自衛権とは国民の生命・幸福追求等への権利を守るためにあるという，自衛権の実質的根拠を示して，政府説を補強する説としてなら理解可能であるが）。

(ii)　学説の評価　「自衛のための必要最小限度を超える実力」説は，自衛のための実力組織は憲法の文言にかかわらず保有することができるというのであるから，自衛隊の合憲性を説明するというよりも，その超憲法的正当性を述べているというべきものである。国家がこのような超法規的根拠に基づいて暴力手段を保有することができるのか。国家論の根幹にかかわる問題であるが，国家権力への拘束を主眼とする立憲主義の観点からは大いに疑問とすべきであろう。国際法上あらゆる主権国家が自衛権を有しているといっても，個々の国家がその自衛権をどのように行使するかは，それぞれの国家が国内法で定めるべきものである。いくら「国家固有の権利」であっても，国家の権力発動は国内で法的に認められていなければならないという要請を掘り崩すことはできず，したがって最高法規たる憲法の領分を限定することもできないはずである。また，この解釈に対しては，自衛のための必要最小限度性をどのようにして判断できるのかが不明確だという批判がなされている。何が必要最小限度かは，日本がその時々におかれた国際状況からしか判断できず，しかもその判断には不可避的に主観的要素が入り込むから，明確な限界づけは不可能に近い。現在の自衛隊も限界内だという主張は，この限界づけの有名無実性を如実に示しているように思われる。

　結局，9条の解釈としては，1項で侵略戦争を放棄しつつ，その目的の達成のために，2項で外敵と戦うための実力組織である軍隊＝戦力を全面的に保持しないことにしたとする解釈が，今なお最も妥当だといわざるをえない。実際，他説の主張は「9条はこのように解釈することも可能だ」というものであり，この説の解釈が9条の文言解釈として劣っているという正面からの反論としては弱いままである。逆に，現在でも保守的政治家から，「憲法の文言を素直に読めば自衛隊は違憲と言わざるをえない，だから改憲すべきだ」という主張がしばしばなされるのは，この説が最も9条の字義に即した解釈であることの傍証だといえよう。素直に解釈すると非現実的帰結となってしまう（と感じられる）から，現実的帰結を導くような解釈可能性が探されるのである。

　ただし，自衛隊の長期間の存続によって，それを違憲と述べることの現実的意味が著しく低下していることも明らかである。自衛隊違憲論が国民多数の支持を得る状況の到来は予測できず，また裁判所が今後そのような解釈を採用することも考えにくい。しかし，憲法は実力組織である国家権力を拘束するというその性質上，国家権力が「憲法など守らなくてよい」と開き直れば本来遵守されがたいものである。憲法を超える国家固有の自衛権を持ち出す政府解釈は，9条について開き直ったものともいえるわけだが，このような態度に対しあくまでも建前を唱えつづける勢力が存在することは，それが開き直りであるということを忘れさせないために重要である。自衛隊違憲説は，現行の9条の文言から自衛隊の合憲性を導くことには困難が伴っているということを自覚させるものとしての意義を有しつづけている。政治的には，逆にだから9条を改正すべきだ，という主張にもつながりうるものである。実効的軍統制のためには，むしろ正面から自衛隊の存在を認めた上で，それへの憲法上のしばりを明文化すべきだという見解もありうる。もちろん，自衛隊違憲説をとった上でも，現実の自衛隊の規模・活動を政府解釈の観点から批判的に評価することは，憲法学説の重要な役割として残る。

　⒞　**交戦権の否認**　　9条2項後段は，「国の交戦権は，これを認めない」と述べる。交戦権とは何か。これについては，「国家として戦争を行う権利」と，「戦争において交戦国が有する権利」との2つの理解可能性があるとされてきた。ただし，すでにみてきたように，今日ではそもそも主権国家が無条件の「戦争を行う権利」を有しているとは解しえない。侵略戦争違法化は，日本国憲法が遵守を求める「確立された国際法規」（98条2項）にあたるといえよう。政府は憲法制定当初より，9条2項の「交戦権」を「交戦国が国際法上有する種々の権利の総称」として理解している。具体的には，敵国兵力の殺傷・破壊，敵国領土の攻撃および占領などを指す。交戦国は中立国に対しても，中立を破る行為をしないよう求める一定の権利を有している。

　ただし，政府見解では日本は当然自衛権を有しており，その行使として武力闘争を行うことは許されるのであるから，それに必要な限りで侵略国の兵力を殺傷・破壊することは当然認められることになる。つまりここでも，憲法が保持を認めない交戦権とは，日本が当然有する自衛権の行使に必要な範囲を超え

るものだと解釈されるわけである。

> **Column 4-1** 自衛隊の装備の限度と非核三原則
>
> 「自衛のための最小限度の実力」の限界はどの辺にあるのか。政府見解では，「最小限度」性は，そのときどきの国際状況や軍事技術の水準などによって変わりうる相対的なものだとされる。このような相対的・政策的判断によるならば，内閣や国会の裁量を法的にコントロールすることはほとんど不可能であろう。「自衛隊の国際貢献」の箇所で後述するように，現在の自衛隊はインド洋に艦隊を長期で派遣できる能力をもっているのだが，それでも憲法上許される範囲内だということになる。政府解釈は，「最小限度」という言葉とは裏腹に，装備の面での9条の法的拘束力をほとんど失わせるものである。ただし，政府見解でも「性能上専ら相手国の国土の壊滅的破壊のためにのみ用いられる兵器」の保有は許されないとされており，大陸間弾道ミサイル（ICBM）や長距離戦略爆撃機，攻撃型空母はこれにあたるので自衛隊は保有できない，とする。
>
> これに対し政府は，核兵器の保有が直ちに「自衛のための必要最小限度の実力」を超えることにはならない，という立場をとっている。核兵器といっても防御的なものもありうるという理由からである。ただし，憲法上の要請とは別に，日本は「核兵器を持たず，作らず，持ち込ませず」という非核三原則をとっている。製造・保有の禁止については，たんに政府の政策というだけでなく，原子力基本法が原子力の利用を「平和の目的に限」る（2条）と定め，また日本が核兵器不拡散条約に加盟していることによって，法律・条約上の義務となっている。ただ，「持ち込ませず」については，アメリカの核兵器搭載艦船が日本の基地に寄港する際にのみ核兵器を取り外しているとは考えられないとして，それが守られてきたのか疑問視されてきた。日本政府は，米軍の核兵器持ち込みは，日米安保条約の交換公文で求められる両国の事前協議の対象となるはずであり，アメリカ側から協議の申出がない以上核兵器は持ち込まれていないはずだと説明してきた。しかし，2009（平成21）年の民主党への政権交代後，政府は，日米の間に，アメリカの核兵器搭載艦船の日本への寄港を事前協議の対象外とするという「暗黙の合意」があったことを認め，核兵器持ち込みを否定してきた従来の態度を改めている。

4 9条の法的性格をめぐる議論

(1) 政治的マニフェスト説

9条の文言をめぐっては上述のように精緻な解釈論が展開されてきたが，一

方ではそのような議論を不要とする条文理解も提唱されてきた。かつて注目を集めたものとして，憲法条文には為政者を拘束する「現実的規範」と国家の理想的提言を示す「理想的規範」があり，後者は政治的マニフェストであって為政者を法的に義務づけるものではないとする見解（高柳賢三）があった。高柳は，日本国憲法諸条文には断定的な権利規定などイデオロギー的性格の強いものが多く，それらを文字どおりに解釈するのは非現実的であるとの憲法全体についての解釈態度をとった上で，9条も現実の国際関係からして為政者を義務づける現実的規範と理解することはできず，「世界平和達成のための一つの理想的提言」としての意味を認めておくべきだとする。この見解は，結局のところ，独立国家が自衛のための戦力をもたないということは冷戦当時の国際状況からして非常識であり，そのような非常識な結論を導く法解釈は妥当な解釈とはいえないという立場から，自衛のための戦力の保持を法的には許容しつつ，9条の意義を「理想的規範」という形で維持しようとしたものであった。このような立場からは，9条の個々の文言についてああだこうだと議論することは，少なくともその法的内容を探るためには不必要な作業だということになる。（高柳賢三「平和・9條・再軍備」ジュリスト25号2頁，高柳賢三『天皇・憲法第九條』〔有紀書房，1963年〕147頁〜168頁）。

　高柳自身述べるところであるが，この立場から9条が現実的規範か理想的規範かを判断するためには，それを現実的規範として理解することの現実性が重要な考慮要素となる。しかし，国際社会の現実（についての論者の判断）によって憲法条文の規範としての性格自体まで違ってきてしまうのでは，憲法の国家権力を拘束する法規範としての意味が薄れすぎるのではないだろうか。

(2)　9条を「原理」と捉える説

　近年，高柳と類似する問題意識から，9条の規範としての性格を考え直す議論が長谷部恭男によって提唱されている。長谷部は，憲法条文には答えを一義的に定める準則と，答えを特定の方向へと導く力として働くにとどまる原理とがあり，9条は原理として理解されるべきだとする。21条の「一切の表現の自由」の保障という文言が，文字どおりの意味ではなく原理を定めるにとどまるのと同様，9条2項前段の「戦力は，これを保持しない」という条文も文字ど

おりの意味をもつと理解すべきではない。その理由として長谷部は，日本だけ
が公然と非武装を宣言することは，周辺国家に日本侵略を合理的なものとし，
かえって国家間の関係を不安定にすることや，「人類一般の理性や良識」を信
じられないのであれば，自衛のための戦力なしで侵略に対処するのは困難であ
ることを挙げた上で，それでも非武装を求めるなら，その理由はこれが特定の
「善き生」であるからということにならざるをえないと指摘する。このような
生き方を憲法に書き込み国家の政策を拘束するのは，公私の領域を切り分けた
上で，公の場では社会全体の利益について討議・決定する一方，善き生の問題
は私的領域に留保して国家の介入からの自由を確保し，多元的な価値観の共存
を図るという立憲主義のプロジェクトと矛盾する。立憲主義と整合的に9条を
理解するためには，それは原理を定めるものだと考えるべきだということにな
る（長谷部恭男『憲法の理性〔増補新装版〕』〔東京大学出版会，2016年〕3頁〜22頁）。

　9条を文字どおり理解すれば，特定の善の観念を国家を通じて国民皆に押し
付けることになるという主張は，かなり意表をつくものである。善の押し付け
といって通常頭に浮かぶのは，典型的には国家が国民にある宗教への礼拝を強
制するといった事例であろう。戦力をもたないということは，少なくとも直接
的には，国民に何かを強制するわけではない。にもかかわらず長谷部がそこに
立憲主義との衝突を見出すのは，日本が非武装で自衛できるという考えは国際
関係，「人類」の現実に照らしてあまりに非現実的であり，そうだとすれば，
それを要請する理由は，政策としての合理性を超越した特定の善の観念しかあ
りえないと考えるからであろう。日本国民は，他国からの侵略の脅威に無防備
なまま暮らすという理不尽な恐怖を，やはり国家から強いられていることにな
る。つまり，ここでも決定的なのは，9条を貫くことは非現実的に過ぎるとい
う判断であり，そうである以上現実的な解釈が求められることになる。長谷部
の9条解釈が，「字句に執着してナショナル・セキュリティを置きざりにする
ような憲法の解釈は正しい解釈ではない。」とした高柳と共通する態度に発す
るものであることが読みとれる。

(3)　9条の準則性を否定することの是非

　ただし，長谷部は9条の法規範としての意味を否定するわけではなく，それ

を原理として理解すべきだという。実は高柳も，日本国憲法の人権保障規定は「裁判所の見地にたてば，内容の明確な『規則』（rule）でなく一つの基準（standard）であ」ると述べていたのであり，9条もそのような伸縮性を有する法規範であると理解することも可能だったはずである。法解釈の現実性――それが解釈の説得力の一要素であるのは確かである――を憲法の法規範性と両立させるためには，このような立場の方が望ましいのはいうまでもない。しかしそれでも，9条を原理として捉える長谷部説に対しては，9条を文字どおり理解した非武装が本当に政策としての合理性を有しないほど非現実的なのか，また9条を原理として捉えることが現実にどの程度国家権力を拘束する効果をもちうるのか，という2つの疑問を提起することができるだろう。

(a)　**完全非武装の政策としての合理性の度合い**　9条の現実性を考える際には，日本という具体的国家の選択肢としてどうかという視点で判断すべきである。現在の国際情勢において完全非武装を国家の政策として普遍的に正当化するのが難しいことは，この条文が他国によって追随されず日本独自のものでありつづけていることからだけでも十分推測できる。しかし，9条は（語弊のある言い方かもしれないが）しょせん日本独自の条文であり，その正当性は日本のおかれた特殊な歴史的・地理的状況から判断される必要がある。普遍的に正当化できないからといって，日本の政策としても正当化できないということはない。憲法制定当時9条が国民に受け入れられたのは，それが現実的だったことも一因であろう。日本の再軍備が日本の安全保障に役立つ状況にはなかったし，占領軍を攻めてくる国は想定できなかった。さらにそれ以上に，当時の日本国民の多くにとって，旧日本軍の政治的介入・人権侵害からの解放が歓迎された。この，他の立憲主義諸国にも例を見ない条文は，ほかならぬ日本にとっては合理的選択肢だった。

　その後この条文が非常識となったのか。第二次世界大戦後の国際関係において侵略戦争違法化が定着した以上，その実効性への疑問は国内での軍への統制の実効性への疑問と少なくとも比較衡量できるものとなったはずである。国際法には実効的保障者が欠けているといわれるが，国内でも国家権力を統制する憲法については原理的に同じことがいえるのであり，特に実力組織そのものである軍を法が統制できる保障はどこにもない。平たくいえば，軍が存在する限

り，どれほど法的手だてを尽くしても，クーデターの危険は事実として存在するということである。国会議事堂や首相官邸を攻撃するのに，他国の軍隊よりも自衛隊の方が有利な位置にいるのは明らかである。そして，立憲主義の観点からみれば，外国による支配と自国軍による支配で，後者をより望ましいとする理論的根拠は存在しない。さらに，クーデターの脅しによって軍が政治に介入する危険は，現実のクーデターの危険よりもはるかに高い程度で恒常的に存在することになる。今日の世界でも，軍がその圧倒的暴力手段を背景に，政治において一定の，さらには支配的な権力を有している国は多く，クーデターのニュースもあちこちから聞こえてくる。

　軍への立憲主義的統制は，非常に困難な作業である。この危険を重視し，根本的な解決策，つまり軍の存在自体を許さないという策をとることは，周辺諸国が国際法を遵守する蓋然性がそれなりにあると見込める場合には，合理的衡量としての資格を主張できるだろう。これに対し，日本には立憲主義が定着したのであり，軍が暴走して国民を弾圧するなどという事態はもはや現実的には想定できないと考えるなら，国際法の不完全さからして，軍を全くもたないという選択肢に合理的根拠を見出すことは不可能となる。その場合，9条の意義を，自衛のために必要な限りの戦力を憲法上統制する原理であるという点に見出すことに説得力が生まれることになる（なお，別の観点からであるが，やはり「国際社会の一定レベル以上の規範性ないし文明度」を前提にすれば非武装にも立憲主義と整合する根拠を見出すことが可能であるとする論稿として，佐々木弘道「非武装平和主義と近代立憲主義と愛国心」憲法問題 19 号 87 頁も参照）。

(b)　9条が拘束力を維持できるか　　また，9条を原理だと捉える説の説得力は，それが現実にどの程度国家権力を拘束する意味をもちうるのかによっても左右される。長谷部自身認めるように，9条を原理と考える説が「尻抜けに終わる」ならば，非武装を貫くという選択の方が優れている可能性がある。これに対し長谷部は，現在なされている自衛隊に対する諸拘束を維持する意義を説いているが，これではそれらを憲法解釈として正当化したということはできないであろう。21 条の表現の自由保障が原理であるとしても，立法者の裁量が広く認められるわけではないのと同様，9条が原理だというだけでは立法者の裁量がどの程度認められるべきなのか，その審査基準を導くことはできない。

しかし，原理だという説の説得力の一部は，それが憲法解釈として具体的にどのような帰結を導くかにかかっている。9条を準則と考えるなら文言解釈でことがすむが，原理だと考えるなら，原理だというだけでは解釈論を最後まで行ったことにはならない。少なくとも，現在の自衛隊の装備についての憲法上の評価が引き出せる程度の具体化がなされる必要はあろう。逆に，そのような具体化により9条が自衛隊のコントロール手段として「使える」ようになるなら，自衛隊違憲論より意義ある解釈論だということも可能になる。

⑷　憲法変遷論

9条については，自衛隊の長期間にわたる存続によってその意味内容の変遷が生じたとの見解もある。この場合にも，現存する条文の文言解釈を行うことは，現在妥当している法を知るためには必要ないということになる。しかし，本来あやうい憲法の国家権力への拘束力を保持するためには，正式な改正手続なしで条文が無意味化するということを認めるべきではないことは，本書第1章で述べた。

第4節　憲法9条をめぐる憲法裁判

警察予備隊から自衛隊に至る再軍備は大きな政治的争点となったが，その合憲性はいくつかの裁判でも激しく争われた。憲法史の観点から重要な判決について触れておくことにする。

1 警察予備隊違憲訴訟

まず，警察予備隊に対して，当時の左派社会党委員長が，その設置ならびに維持に関する一切の行為が違憲であり無効であることの確認を求めて，直接最高裁判所に提訴した。これは，最高裁判所は抽象的な違憲審査を行う特別の権限を有しているという81条解釈を根拠にしたものだったが，最高裁はそのような権限を否定し，訴えを却下した（最大判昭和27・10・8民集6巻9号783頁〈 判例 8-1 〉）。

2 恵庭事件

　自衛隊法の合憲性が本格的に争われた最初の事件は，いわゆる恵庭事件である。これは，自衛隊演習場周辺の住民が演習に抗議して演習用の電話通信線を切断したところ，自衛隊法 121 条の禁止する「その他の防衛の用に供する物」の損壊にあたるとして起訴された事件である。裁判の過程で被告人側は自衛隊法の違憲性を正面から主張して争った。が，札幌地裁は，刑罰法規は厳格に解釈すべきであり，自衛隊法で損壊が禁止される「その他の防衛の用に供する物」も，その前に列挙された「武器，弾薬，航空機」との類似性の認められるものに限定されるとし，切断された通信線はこれにあたらないとして，被告人に無罪を言い渡した。判決は，違憲審査権の行使は「主文の判断に直接かつ絶対必要なばあい」に限定すべきだという姿勢をとった上で，法律解釈で事案が決着する以上，本件ではその必要はないとして自らの憲法判断回避を理由づけている（札幌地判昭和 42・3・29 下刑集 9 巻 3 号 359 頁）。検察が控訴しなかったため，本判決は確定した。

　本判決は，自衛隊法違憲判決を期待していた側からは「肩すかし」判決と呼ばれたが，地裁が自衛隊法の刑罰規定について厳格解釈の要請を強調した背景には，自衛隊装備の損壊が，殺人等の自然犯のように罪となるのが当然な行為だとはいえないという判断があったと考えることができよう。そうだとすれば，そこには自衛隊の合憲性が確実ではないという事情が影響を与えていたと推測することもできる。

3 長沼事件

　自衛隊法の違憲判決によってさらに社会の注目を集めたのが，いわゆる長沼事件である。これは，樹木を伐採して自衛隊のミサイル基地を建設するために，国有林の保安林指定を解除する農林大臣の処分の取消しが求められた事件である。森林法 26 条 2 項によれば，「公益上の理由」のある事業のためでなければ，このような解除処分はできない。周辺住民は，自衛隊法が違憲である以上，基地建設のためというのは「公益上の理由」にあたらないと主張したのである。第一審判決において，住民の原告適格を根拠づけるため，憲法前文の平和的生

存権が援用されたことは，既述のとおりである。本案の判断において第一審判決は，おおむね当初の政府見解と同様の解釈で自衛隊の違憲を導いている。すなわち，9条1項は戦争の全面的放棄ではなく侵略戦争の放棄にとどまり，日本は自衛権を放棄したわけではないが，その行使方法は国内の主権者が決めるべき事柄である。9条2項は，日本国民の決定として「戦力」を保持しないとしたのであり，この「戦力」とは「外敵に対する実力的な戦闘行動を目的とする人的，物的手段としての組織体」およびそれに準ずる組織体をいう。何が「戦力」かはこのように客観的性質によって決められるべきものであり，自衛目的であれば保有が許されるということにはならない。自衛隊法は違憲だということになり，原告の訴えは認められる（札幌地判昭和48・9・7訟月19巻9号1頁）。

　第一審判決は，事案を自衛隊の合憲性という憲法問題以外の争点で決着させる可能性があることを認めつつ，重大な憲法違反の疑いがあり，紛争の根本的解決のためにはその憲法問題の解決が必要だというような場合には，憲法判断を回避すべきではないとして，違憲判断に踏み込むことを正当化している。これに対し第二審判決は，洪水や渇水の防止といった保安林の機能を代替する施設が設置されたため，原告らの訴えの利益は失われたとして原判決を取り消した。しかし同判決は同時に，国家の防衛というような「国の存立維持に直接影響を生じ」る「国政上の本質的事項に関する行為」については，それが一見極めて明白に違憲である場合を除き原則として司法審査は及ばないとした上で，政府による9条2項の解釈や自衛隊法の合憲性がこの例外にあたるとはいえないとの判断も示している（札幌高判昭和51・8・5行集27巻8号1175頁）。前掲恵庭事件判決とは逆に，いわゆる統治行為論を採用しつつも，限定的にではあれ判決主文を導くのに必要のない実体的判断をなしたわけであるが，このような判示の妥当性については批判もなされた。最高裁は，やはり原告の訴えの利益を否定して事件を決着させたが，その際実体的判断には踏み込まなかった（最判昭和57・9・9民集36巻9号1679頁）。

4 百里基地事件

　自衛隊基地の用地買収のための国と私人との契約の有効性が争われた百里基

地事件では，自衛隊が違憲であるとの理由によりこの契約が無効となるかどうかが問題となった。第一審判決は，自衛のための最小限度の実力の保持は憲法上認められると解釈した上で，自衛隊がこの限界を超えているかどうかの判断は，原則的には司法審査権の範囲外であるとする。そして，契約当時の自衛隊が一見極めて明白に違憲であるとはいえないと判示した（水戸地判昭和 52・2・17 訟月 23 巻 2 号 255 頁）。本判決は，9 条解釈自体にも統治行為論を採用し自らの立場を示さなかった前掲長沼訴訟第二審判決とは異なり，自らの 9 条解釈を明確に示しており，統治行為論の採用は現実の自衛隊のその解釈との適合性判断の場面に限られていることに注意が必要である。また，本判決も次に述べる第二審，最高裁判決と同様，本件土地売買契約の有効性判断に憲法は直接適用されないと考えているのだから，結論を導くために 9 条解釈を示す必要は本来なかったことにも注意が必要である。

　第二審判決は，国の私法上の行為に憲法は直接適用されないとし，自衛隊の合憲性について世論が分かれている現状では自衛隊基地用の土地売買が公序良俗に違反するほど「反社会的，反道徳的」ともいえないとして，契約の有効性を認めた（東京高判昭和 56・7・7 訟月 27 巻 10 号 1862 頁）。判決は，不要な憲法判断には立ち入らない旨，注記している。上告審の最高裁判決も，国の私法上の行為には原則として憲法は直接適用されないとした上で，自衛隊基地建設のための土地売買が許容できない反社会性を有するとの社会の一般的な観念が成立していたとはいえないとして，上告を退けた（最判平成元・6・20 民集 43 巻 6 号 385 頁）。本判決の間接適用の枠組みに対しては，一般的社会通念の成立を基準とするのでは，憲法の規範性を無視するに等しいのではないかとの批判が可能であろう。

　結局，自衛隊の合憲性について最高裁の判断は示されていない。それどころか，自衛隊の合憲性について統治行為論を採用するか否かについても，最高裁の判断はまだ示されていないことになる。

⑤ 9条の裁判規範性について

　9 条の裁判規範性をどう理解するかは，9 条の内容をどう理解するかとは別の問題点を形成する。防衛問題について統治行為論をとるなら，同条の裁判規

範としての意味は大きく失われる。通常の裁判所によって担われる日本の付随
的違憲審査制が，このような問題の審査に適した制度であるとはいいがたい。
9条は戦後政治の最大の争点であったといってよく，しかもその解釈を特定す
ることの政治的影響は甚大である。このような中で現に存在する解釈可能性の
うちから1つを妥当なものとして選び出すことを裁判所に期待するのは，司法
権に過大な負担となるのではないか。仮に最高裁が将来自衛隊の合憲性につい
ての判断を迫られたとき統治行為論をとっても，責められるものではないと思
われる。しかし，9条の実現が政治過程に委ねられるとしても，その法規範と
しての妥当な解釈を説く学説の役割が減少するわけではない。

第5節　集団的自衛権行使の合憲性

1 集団的自衛権とは

　自衛隊の定着によって，それ自体の合憲性は政治の場の日常的争点ではなく
なったが，9条は自衛隊の活動範囲の限定という意味では大きな役割を果たし
てきた。その最大のものが，集団的自衛権をめぐる問題である。9条の政府解
釈で用いられた，国家が固有に有している自衛権とは，自国を防衛する権利の
ことである。これに対し，国連憲章51条前段は，加盟国は武力攻撃が発生し
た場合，「安全保障理事会が国際の平和及び安全の維持に必要な措置をとるま
での間，個別的又は集団的自衛の固有の権利」を有することを確認している。
集団的自衛権とはこの規定に基づく概念であり，個別的自衛とは異なり，他国
に対する攻撃であっても，それを自国に対する攻撃とみなしてその他国の防衛
に協力する権利である。東西冷戦期には，両陣営がヨーロッパを舞台にこの集
団的自衛のブロックを形成した。東側のワルシャワ条約機構は消滅したが，西
側の北大西洋条約機構（NATO）は旧東側諸国の加盟を認め拡大しつつ存続し
ている。NATO のいずれかの加盟国に対する攻撃は全加盟国への攻撃とみな
され，集団的自衛権が発動される。冷戦期にはこのような攻撃と認定されたも
のはなかったが，2001年9月11日のアメリカ合衆国への同時多発テロは，全
加盟国への攻撃とみなされた初のケースとなった。

　日本政府は長年，この集団的自衛権行使は，自衛のための必要最小限度を超えるので憲法上許されないとの立場をとってきた。条文を超えた国家固有の自衛権で自衛隊を正当化したことは，他国を助けることまで国家が本来有する権利とはいえないというしばりを導くことになった。この論理自体は説得的であろう。国家は個人と異なり，それ自体が存続すべき価値を有するものではない。他人を犯罪から救うことは正当防衛になりうるが（刑36条1項），他の国家を救うことが当然に価値ある行為ということにはならない。国家が当然に守れるのは，せいぜい自国のみである。しかし，この集団的自衛権行使不能論は自衛隊の国際的活動への制約を意味するから，冷戦終結後自衛隊の役割が純粋の自衛よりも拡大させられる中で大きな政治問題となっていった。

2 集団的自衛権についての解釈変更

　2014（平成26）年7月1日に，安倍晋三内閣は閣議決定でこの政府見解を変更し，集団的自衛権の行使が憲法上認められる場合があるとの新たな解釈を示した。この見解は，安全保障環境の根本的な変化から，他国に対する武力攻撃が日本の存立を脅かすことが起こり得るとしたうえで，「我が国と密接な関係にある他国に対する武力攻撃が発生し，これにより我が国の存立が脅かされ，国民の生命，自由及び幸福追求の権利が根底から覆される明白な危険がある場合」において，これを排除するために他に適当な手段がないときに，必要最小限度の実力を行使することは憲法上許容される，とする。この閣議決定は，この集団的自衛権行使も「憲法上は，あくまでも……我が国を防衛するためのやむを得ない自衛の措置」であると位置づけている。

　この解釈変更を前提に，政府は関連法の改正案を国会に提出し，2015年9月に成立した。上記の事態は「存立危機事態」と名づけられ（武力攻撃事態等及び存立危機事態における我が国の平和と独立並びに国及び国民の安全の確保に関する法律〔事態対処〕2条4号），わが国への武力攻撃が発生した事態又はその明白な危険が切迫していると認められる事態である「武力攻撃事態」（同条2号）と同様，自衛隊の防衛出動が認められる（自衛76条など）。

　この憲法解釈変更には，批判が強い。自国への武力攻撃が発生していなくても実力行使ができるとなると，それは自国を防衛するための自衛の措置とはい

えないはずである。国会審議の中で政府は、「存立危機事態」となりうる一例として、日本の石油輸入ルートが絶たれた場合を挙げた。しかし、このような経済的支障をもって「我が国の存立が脅かされる」と判断し、その打開のための武力行使を「自衛の措置」というのは、明らかに「自衛」概念の不当な拡大であり、憲法の武力行使に対する限定とは相容れない理解であろう。

　政府の集団的自衛権行使容認は、従来の憲法解釈との整合性をできるだけ保つため、他国の防衛という色彩を極力薄め、自国の防衛の範囲を拡大したという論理をとっている。しかし、それにより、自国が攻められていないのに自国防衛のためとして武力を行使できるという、根本的問題のある論理となってしまったように思われる。他国を防衛することを正面から認められない、憲法上の制約の効果が、ここで現れているといえよう。

第6節　日米安保条約と自衛隊の海外派遣

1 日米安保条約の憲法問題

(1) 日米安保条約の内容

　とはいえ、集団的自衛権の問題は、冷戦期より日米安保条約との関連で議論されてきた。日本の安全保障は、独立回復当初より、自国だけでなくアメリカ合衆国が深く関与する問題であった。1952（昭和27）年、サンフランシスコ講和条約と同時に日米安保条約も発効した。この条約により、米軍は占領解除後も引き続き日本に駐留することになった。日本政府は、「片面講和」後の日本の安全保障を、米軍のプレゼンスによって確保しようとしたのである。ただし、駐留米軍は日本の防衛だけでなく「極東における国際の平和と安全の維持」のためにも活動できるものとされていた。当初より、在日米軍基地はアメリカの世界戦略の一環としての役割をもたされていたわけである。また、米軍の日本防衛は法的義務とはされていなかった。そのため、この条約は日本の一方的基地提供という片務性の強いものと感じられ、改正が試みられた。その結果、1960（昭和35）年に新条約が成立した。この条約の批准・承認に際して大規模な反対運動が展開されたのは周知のところであろう。同条約は今日まで日本の

防衛の基本的枠組みとして存続している。

　新安保条約は，日本の安全と極東の平和および安全のために米軍の駐留を認める旧安保条約を受け継いでいる（同条約6条）。さらに，日本領内への攻撃が両国の平和および安全を危うくするものであると認め，その際の両国共同の対処は，「自国の憲法上の規定及び手続に従つて」なされることも定めている（同条約5条）。このように，NATOとは異なり，日米安保条約は日本への攻撃に対して共同対処を定めるもので，アメリカ領土が攻撃されたときに日本が対処義務を負うわけではない。したがって，日本が自国の防衛と関係ない集団的自衛の義務を負うわけではなく，この条約は憲法9条に違反しない，というのが政府の見解である。また，攻撃への共同対処に際しても，日本側が日本国憲法に従うことは明記されているから，自衛のために必要な範囲を超えて実力行使を行うことにはならないとされる。

(2)　日米安保条約の合憲性

(a)　問題点　　日米安保条約をめぐっては，そもそも日本に外国の軍隊を駐留させること自体が憲法9条に反するのではないかという問題がある。合憲説は，9条は日本の軍隊についての規定であって，外国の軍隊を規律するものではないと考える。政府もこの見解をとっている。これに対し，米軍は日本が締結した条約に基づいて駐留している以上，日本が意図的に領土内の戦力を容認していることになるから，9条に抵触するとの違憲説もある。この問題を考える上では，さらに駐留米軍が日本の安全を守るためだけでなく，極東全体の安全維持を目的として活動できることに注意する必要がある。これにより，日本がアメリカの戦争に引きずり込まれる危険があると指摘される。アメリカが海外で戦闘行動に入った場合，日本の基地はそのために使用される。現に，ベトナム戦争（アメリカが参戦したのは1964年〜1973年）でも湾岸戦争（1990年〜1991年）でも，日本の基地の米軍が派遣された（どうがんばっても，ペルシャ湾岸が「極東」というのは無理なのに）。そうだとすると，アメリカの相手国にとって在日米軍基地は正当な攻撃対象となりえる。もしそのような攻撃がなされれば，それは当然日本への攻撃でもあるから，日本は自衛権を発動することになろう。結局，日本はアメリカを防衛するために自衛権を発動することになってしまう

のではないか，という懸念である。

(b)　砂川事件　　日米安保条約の合憲性が問題になった事件として有名なものに，砂川事件〈　判例 4-1　〉がある。

〈　判例 4-1　〉**最大判昭和 34・12・16 刑集 13 巻 13 号 3225 頁**　　〈砂川事件〉

【事案】砂川事件とは，1957（昭和 32）年に，米軍飛行場の拡張計画への反対運動の際，一部の人間が境界柵を破壊して飛行場内に入った行為が，刑事特別法（当時の正式名は「日本国とアメリカ合衆国との間の安全保障条約第三条に基づく行政協定に伴う刑事特別法」，現在の正式名は異なる）2 条違反（正当な理由なく米軍施設に立ち入る罪）に問われた事件である。

　第一審の東京地裁判決が日米安保条約による米軍駐留を憲法違反としたことで，大きな注目を集めた。判決は，米軍基地が極東の平和と安全のための軍事行動のためにも使用されることから，「わが国が自国と直接関係のない武力紛争の渦中に巻き込まれ」る危険を指摘した上で，9 条は自衛のための戦力の保持をも禁じており，米軍駐留が日本とアメリカ政府の意思の合致によって許されている以上，それは「一面わが国政府の行為」であって，「日本国憲法第 9 条第 2 項前段によって禁止されている陸海空軍その他の戦力の保持に該当するものといわざるを得」ない，と判示し，被告人を無罪とした（東京地判昭和 34・3・30 下刑集 1 巻 3 号 776 頁）。

　これに対して，検察側は最高裁に跳躍上告した（刑訴 406 条，刑訴規 254 条 1 項）。

【判旨】原判決破棄差戻し。9 条により「わが国が主権国として持つ固有の自衛権は何ら否定されたものではなく，わが憲法の平和主義は決して無防備，無抵抗を定めたものではないのである。……憲法 9 条は，わが国がその平和と安全を維持するために他国に安全保障を求めることを，何ら禁ずるものではないのである」。9 条が「戦力の不保持を規定したのは，わが国がいわゆる戦力を保持し，自らその主体となってこれに指揮権，管理権を行使することにより，同条 1 項において永久に放棄することを定めたいわゆる侵略戦争を引き起こすがごときことのないようにするためであると解するを相当とする。従って同条 2 項がいわゆる自衛のための戦力の保持をも禁じたものであるか否かは別として，同条項がその保持を禁止した戦力とは，わが国がその主体となってこれに指揮権，管理権を行使し得る戦力をいうものであり，結局わが国自体の戦力を指し，外国の軍隊は，たとえそれがわが国に駐留するとしても，ここにいう戦力には該当しないと解すべきである。」

　米軍の駐留を許す日米安保条約は，「日本国との平和条約（昭和 27 年 4 月

28日条約5号）と同日に締結せられた，これと密接不可分の関係にある条約である」。「右安全保障条約は，その内容において，主権国としてのわが国の平和と安全，ひいてはわが国存立の基礎に極めて重大な関係を有するものというべきである」。このような条約の「内容が違憲なりや否やの法的判断は，その条約を締結した内閣およびこれを承認した国会の高度の政治的ないし自由裁量的判断と表裏をなす点がすくなくない。それ故，右違憲なりや否やの法的判断は，純司法的機能をその使命とする司法裁判所の審査には，原則としてなじまない性質のものであり，従って，一見極めて明白に違憲無効であると認められない限りは，裁判所の司法審査権の範囲外のものであって，それは第一次的には，右条約の締結権を有する内閣およびこれに対して承認権を有する国会の判断に従うべく，終局的には，主権を有する国民の政治的批判に委ねられるべきものであると解するを相当とする。」

日米安保条約に基づく米軍の駐留は，「わが国の防衛力の不足を，平和を愛好する諸国民の公正と信義に信頼して補なおうとしたものに外ならない」のであり，「かようなアメリカ合衆国軍隊の駐留は，憲法9条，98条2項および前文の趣旨に適合こそすれ，これらの条章に反して違憲無効であることが一見極めて明白であるとは，到底認められない。そしてこのことは，憲法9条2項が，自衛のための戦力の保持をも許さない趣旨のものであると否とにかかわらないのである」。

砂川事件 ＜ 判例 4-1 ＞ で問題となったのは旧日米安保条約であったが，最高裁は新安保条約についても同様の留保つき統治行為論を採用している（沖縄代理署名訴訟・最大判平成8・8・28民集50巻7号1952頁〔米軍基地用の土地の強制使用手続における，内閣総理大臣から沖縄県知事に対する職務執行命令訴訟〕）。

砂川事件最高裁判決は，統治行為論を採用しながらも，同時に日米安保条約の合憲性を積極的に認めるような判示部分も有しており，どう理解すべきか議論を呼んできた。最高裁自身が統治行為論の採用を明言している以上，日米安保条約の合憲性判断は「一見極めて明白に違憲でない」という限りでしかなされていないと解すべきであろうが，最高裁の「勇み足」的な合憲性についての叙述には政治的意図があるのではと勘繰られても仕方あるまい。なお，集団的自衛権についての憲法解釈変更にあたって，同判決がすでに集団的自衛権を認めているという主張がなされたが，米軍駐留の合憲性をめぐる同判決からそのような内容を読みとるのは無理である。

　最高裁は平和条約締結当時の状況を「安保なくして独立なし」であったと解しているようであるが，この認識が正しいのだとすれば，むしろ日米安保条約は憲法を最高法規とする占領解除の条件であり，違憲性の問題は生じえないと解することも可能であろう。このような立場をとらないとしても，「保持しない」という文言からして，日本が他国軍の駐留に同意することまで禁じられているとはいえないのではないか。いずれにせよ，裁判所が統治行為論を採用することにはそれなりの理由があるといえる。

　(c)　周辺事態法・重要影響事態法　　ただし，日米安保条約はその「極東」条項によって日本をアメリカの戦争に巻き込むおそれをもっていることは否めない。しかも，冷戦終結後，アメリカ側から日本のこの地域での防衛への協力要請はむしろ強まった。1997（平成9）年に両国で合意された新しい「日米防衛協力のための指針」を受け，1999（平成11）年にはいわゆる周辺事態法が成立し，日本「周辺」での米軍への後方支援が強化された。さらに，2015（平成27）年には「指針」がさらに改定され，これを受けて，周辺事態法は自衛隊の支援活動の地域を限定しない重要影響事態に際して我が国の平和及び安全を確保するための措置に関する法律（重要影響事態法）へと改正された。

　「重要影響事態」とは，「我が国の平和及び安全に重要な影響を与える事態」（重要影響事態1条）であり，この事態が発生した場合には，自衛隊は米軍に対し物品や役務の提供といった後方支援などを行う。この活動において，自衛隊に武力による威嚇または武力の行使は認められていない（重要影響事態2条2項）。

　自衛隊に武力の行使が認められていないのは，「重要影響事態」がまだ日本の自衛権発動の要件を満たしていないからである。しかし，重要影響事態法は，そのような場合でも米軍は戦闘行為に入っている可能性があることを前提とし，その米軍への具体的な支援を可能にしている。米軍が日本周辺で他国と戦闘を起こせば，日米同盟からして，それは直ちに日本にも重大な影響を与える「重要影響事態」だと認定される可能性が高い。しかも，戦闘地域と「後方」を現実に区切ることができるかは非常に疑問であり，少なくとも日本側の判断と相手国の判断がくい違う危険は高い。相手国が日本は戦闘に参加したとみなすことは十分考えられる。日本がアメリカの戦争に巻き込まれる危険は，この法律

によりさらに高まったといえる。実質的にみると，日本がアメリカの東アジア防衛に協力し，米軍への攻撃には共同で対処するという集団的自衛権を認めることになっているのではないかという批判のあるところである。

Column 4-2　沖縄米軍基地の問題

　日米安保条約に基づき日本国内にはいくつもの米軍基地がおかれているが，面積にしてその約4分の3が沖縄県に集中している。沖縄本島の約20%は米軍基地として使用されている。沖縄県は太平洋戦争末期に陸上戦の戦場となり，民間人を含む多くの犠牲者を出した後，米軍に占領された。米軍はここでは直接統治を行い，基地を建設するための土地を強制的に収用し，それは戦争が終わった後も続けられた。沖縄基地はアメリカの太平洋地域における戦略上重要な位置を占めており，ベトナム戦争でも大きな役割を果たした。

　沖縄住民の本土復帰闘争は反米軍基地闘争としての性格を強く有していたが，1972（昭和47）年の本土復帰は基地の縮小をもたらさなかった。アメリカ側は，返還後も沖縄基地の機能を保持することを強く要求していたのである。そのため，反基地闘争は収束していない。基地縮小について日米の交渉が続いているが，なかなか実現しないのが現実である。米軍の訓練による騒音や事故，米軍兵士による度重なる犯罪といった住民への負担に加え，上で日米安保条約の問題として触れたアメリカの戦争の巻き添えになる危険も，基地の集中する沖縄ではより強く懸念される問題である。

　基地建設の経緯からして，米軍基地には私有地が含まれているが，そのうち基地としての使用を望まない，いわゆる反戦地主の土地については，日本復帰後は法律によって強制使用の正当化が図られてきた。この使用権は時限つきのもので，何度か延長を重ねてきたが，1995（平成7）年には，米軍兵士による強姦等の悪質な犯罪の多発への反発から，沖縄県知事が延長に際して手続に必要な署名を拒否するという事態に至った。内閣総理大臣は，旧地方自治法151条の2に基づき，機関委任事務の職務執行を命ずる判決を求めて知事を提訴した。最高裁は，上記のように日米安保条約の合憲性について統治行為論を用いた後，「沖縄県における駐留軍基地の実情及びそれによって生じているとされる種々の問題を考慮しても，同県内の土地を駐留軍の用に供することがすべて不適切で不合理であることが明白」とはいえない，として，沖縄での米軍基地用の土地強制使用が違憲とはいえないと結論づけている（前掲沖縄代理署名訴訟）。最高裁が法律の沖縄への適用の合憲性について，一応個別の検討を行ったことは，注目される。

　なお，本訴訟中に土地使用期限は切れ，一時的に私有地が不法占拠されてい

る状態が生じた。その後の法律改正によって，最終的に内閣総理大臣（その後，防衛大臣に変更）が土地の強制使用を決定できる制度が設けられ，このような事態が生ずる見込みは薄くなったが，日本の安全を守るという名目で沖縄県民に負担を押し付けている現実が変わったわけではない。

2 自衛隊の国際貢献

　冷戦終結後，ソ連など東側の脅威が低下し，かつ国際紛争解決における国連の役割が重視されるようになると，自衛隊を国際活動に協力するため海外に派遣できるようにすべきだという主張が強まった。しかし，自衛のための必要最小限度の実力としてその存在が正当化されている自衛隊が，海外で活動できるのかについては，疑問が残されており，議論を呼んできた。また，軍事的な国際協力活動といってもいろいろあるから，区別して考えていかなければならない。

(1)　PKO 協力法

　まず主なものとして国際連合の活動がある。国連憲章の建前は，国際の平和と安全を，安全保障理事会の決議に基づき最終的には軍事力で確保するというものである。しかし，9条の要請からして，日本は他国間の紛争解決のために武力を行使することはできず，国連への協力には限界がある。もとより，国連憲章43条が予定していた，安全保障理事会が指揮権を有する完全な「国連軍」は，結局設立されなかった。国連憲章が予定していた武力による平和確保が冷戦で困難になると，むしろ憲章にはなかった，中小国の軍隊を中心とし，紛争当事者双方の同意の下に中立的な立場から停戦監視や行政事務支援などにあたる平和維持活動（PKO）が増加した。冷戦終結後，紛争地域へのPKO派遣はさらに拡大し，その役割が国際的に重視されるようになった。このような状況で，日本は「国際貢献」のためとして，1992（平成4）年に国際連合平和維持活動等に対する協力に関する法律（PKO協力法）を制定し，自衛隊によるPKO活動に道を開いた。

　PKO協力法は，「国際連合平和維持活動」を，国連総会または安全保障理事会の決議に基づき国連の統括の下に行われる活動であって，武力紛争の停止や

当該平和維持活動についての紛争当事者の合意などがある場合に，紛争当事者に対して中立的に実施されるものだと定義している（PKO協力3条1号）。そして，自衛隊は，選挙の監視や被災民支援などの他，停戦や武装解除の監視，捕虜の交換の援助など，派遣国の軍隊による平和維持軍（PKF）が行う任務にもあたることになる（なお，制定当初はこの任務はPKO協力法附則で凍結されていたが，その後国会の承認を条件として凍結は解除されている）。この法律も，当該任務の実施が武力による威嚇または武力の行使にあたるものであってはならないとしている（PKO協力2条2項）。

(2) その他の自衛隊の海外派遣と国際平和支援法の成立

さらに，2001（平成13）年9月11日のアメリカ合衆国への同時多発テロの後，アメリカが中心として行ったアフガニスタン攻撃やイラク戦争に対しても，日本はいわゆるテロ対策特別措置法を制定して自衛隊を派遣した。アフガニスタン攻撃に関しては，法律によって後方地域支援が可能とされ，自衛隊はインド洋上での米艦船への給油活動などを行った。

イラク戦争でフセイン政権が崩壊した後の復興支援のためのイラク復興支援特別措置法は，イラク領土内に自衛隊を派遣するものであった。国際社会の強い反対を押し切って始められたイラク戦争について米軍支援を行うことの是非も政治的に大きな論争となったが，憲法との関係では，派遣先を非戦闘地域に限ることが現実に可能なのかも争われた。イラク駐留の多国籍軍に対し反米勢力の自爆テロが相次ぐような状況で，イラク領内で戦闘地域と非戦闘地域をはっきり分けられるのか非常に疑わしかった。国会論戦では，小泉純一郎首相（当時）の，「どこが非戦闘地域か，私に分かるわけがない」とか「自衛隊が活動する地域が非戦闘地域だ」というような珍答弁が話題となった。現実に米軍を中心とする多国籍軍とその占領に反対する勢力との武力衝突はイラク各地で続いていたのであり，自衛隊の派遣はその部隊を戦闘に巻き込み，憲法で禁じられる武力行使へと強いる大きな危険を有していたといえる。イラク復興支援特別措置法は2009（平成21）年に失効したが，憲法に抵触すると強く疑われる法律であった。イラク派遣の差止めなどが求められた訴訟で名古屋高裁は，当時のイラクは国際的な武力紛争状態であったと認め，そこに派遣された自衛隊

が他国による武力行使と一体化した行動を行っていたとし，その活動は憲法に違反すると判断した。ただし，原告の権利侵害は認めなかった（名古屋高判平成 20・4・17 判時 2056 号 74 頁。p. 130 参照）。

　2015（平成 27）年には，自衛隊の外国軍への支援を認める恒久法として，国際平和共同対処事態に際して我が国が実施する諸外国の軍隊等に対する協力支援活動等に関する法律（国際平和支援法）が成立した。

　同法は，「国際社会の平和及び安全を脅かす事態」（国際平和支援 1 条）に国連総会または安保理事会の決議に従って対処する外国軍への，自衛隊の協力支援活動を可能にしている。ただし，外国での活動は，当該国の同意がある場合に限られ，武力による威嚇や武力の行使は認められない（国際平和支援 2 条 2 項・4 項）。

第 7 節　自衛隊への法的統制

1 シビリアン・コントロール①──内閣による指揮

　9 条は日本独自の条文といってもよいが，自衛隊が存在する以上，軍事組織に対する立憲主義的統制という立憲主義諸国共通の課題も，当然存在する。日本国憲法が，66 条 2 項の文民条項を例外として軍事組織への統制についての条文を有しないため，現行防衛法制についての憲法上の評価はあまりなされていない。しかし，前述のとおり軍の統制は立憲主義にとっての最大の関心事の 1 つであり，その維持や出動条件は通常憲法で規律される事項である。日本でも，自衛隊が合憲であればそれで憲法問題が終わるわけではないのは当然である。むしろ，憲法条文がないからこそ，自衛隊の統制問題について憲法学に課せられた任務は大きいといわなければならず，そこでは他の立憲主義諸国との比較法的知見が（ただし，「普通の国ではこうだから……」といった安易な手法ではなく）活用されるべきであろう。

　軍事法制についてよく口にされるのが，文民統制（シビリアン・コントロール）という言葉である。しかし，この用語の意味するところは必ずしも明確ではない。軍事組織の最高司令官は，軍人ではなく文民でなければならない，つまり

軍事力は軍組織内部の判断だけで発動されてはならないという意味であれば，66条2項によってその要請は満たされていることになる。この「文民条項」の解釈問題について詳しくは本書第6章で扱うが，少なくとも現役の自衛官が国務大臣となることはできないという点では異論はない。そしてまた，自衛隊が国の行政組織の一部として，大臣とは独立の指揮命令系統をもつことはできないことも，当然である。

自衛隊法7条は，「内閣総理大臣は，内閣を代表して自衛隊の最高の指揮監督権を有する」と定める。本条は憲法72条や内閣法6条と同じ意味内容を自衛隊について具体的に規定したものだと解される。したがって，総理大臣の指揮監督に対しては，有事であっても閣議による拘束がかかるのであり，少なくともその意に反して自衛隊を動かすことはできない。緊急事態について特別の規定を有さない日本国憲法の解釈としては，総理大臣単独の自衛隊指揮権を創設することはできないと解すべきである。当然，独立の「統帥」権を考える余地もない。なお，自衛隊を管理する組織は長らく総理府（その後内閣府）の外局である防衛庁（長は防衛庁長官）であったが，2007（平成19）年に防衛省（長は防衛大臣）に変更された。

2 シビリアン・コントロール②——国会による統制

(1) 統制の仕組み

また，多くの立憲主義諸国における文民統制は，文民大臣による指揮権掌握だけではなく，議会による軍への統制も含んでいる。日本においても，自衛隊の組織・規模・出動条件などについては国会の議決が必要とされなければならない。むろん，日本国憲法は予算についての国会の権限を認めており，また一般には通常の行政組織に対しても法律の留保が及んでいると解されているから，これらの点では特に自衛隊についての要請をたてる必要は乏しい。憲法解釈としては，自衛隊について例外は当然認められないというにとどまる。

さらに，立憲主義諸国においては，一定の軍事力の発動については，個別の案件ごとに議会の同意を求めるという仕組みが普及している。行政組織の個別の活動について議会の同意を得るというのは，一般にはみられない法制度であるが，軍事力の発動については古くから議会の同意が求められてきた。これは，

国民の自由にも密接にかかわる非常に重大な決定については，個別に国民代表の判断を介在させる必要があるとの考えによるものだといえるだろう。古典的憲法には宣戦についての議会の権限を認めるものが多いが，国際紛争の解決としての戦争が違法化され，武力の行使が正式な戦争という形態以外でなされることの方が一般的となった今日では，軍事力の発動全般について議会の承認を求めることが，立憲主義の趣旨にかなう。特に，自衛隊の出動が政府も認める憲法の厳しい要件に適合しているかが常に問われる日本では，国会での審議と承認を求める必要性は高い。公開の場での批判に耐えうる理由づけが求められるのである。

(2)　自衛隊法・武力攻撃事態対処法の定め

　自衛隊法も，当初より自衛隊の防衛出動や治安出動について国会承認を義務づけていたが（自衛 76 条 1 項後段・78 条 2 項），特に防衛出動については，武力攻撃事態等及び存立危機事態における我が国の平和と独立並びに国及び国民の安全の確保に関する法律（事態対処法）が詳細な手続的規定を定めるに至っている。同法は，事態が緊迫し武力攻撃が予測されるに至った事態を武力攻撃予測事態と位置づけ，この段階から政府に対処基本方針の作成を求め，これにより自衛隊の防衛召集や出動待機を可能にしている。対処基本方針につき国会の事後承認が必要とされる。ただし，武力攻撃事態または存立危機事態に至った場合の防衛出動命令には，原則として事前の国会承認が必要とされ，事後の承認は「特に緊急の必要があり事前に国会の承認を得るいとまがない場合」のみ許される（事態対処 9 条 4 項）。不承認の議決があった場合，自衛隊の防衛出動は当然終了する。国会の承認という場合，特に規定がないので，衆議院と参議院の意思の一致が必要である。つまり，どちらか一院の反対があれば国会は承認せずということになる。

　武力攻撃に対して即座に反撃するためにそれ以前からの準備が必要なのは当然であるが，武力攻撃が予測されるとの政府の認定のみによって自衛隊が出動準備に入ることは，それが内政・外交上もたらしうる巨大なインパクトにかんがみると不安がある。またそれが自衛のために必要な活動といえるかの判断は憲法上重大な意味をもつから，武力攻撃事態や武力攻撃予測事態の認定自体を

国会が行うとすることで，統制を強化するべきではないか。

　自衛隊法 78 条 1 項は，「一般の警察力をもつては，治安を維持することができないと認められる場合」，内閣総理大臣の命令による治安出動を認めている。この場合には国会承認は事後的でよいとされている。しかし，治安出動は自衛隊が国民に対して武器を向ける，極度に緊迫した事態を招くものであり，国会承認前に一定の既成事実をつくってしまうことの憲法上の問題性は大きい。自衛隊が実力を行使するためには事前に国会の承認を必要とするという原則を，この場合にも貫くべきであると思われる。自衛隊法 81 条 1 項は知事の要請による治安出動を規定しており，この場合には国会承認も必要とされていない。しかし，一地域であれ，自衛隊の国民に対する実力行使を可能にするには，国会の承認が必要であると思われる。

(3)　海外派遣の場合の国会承認

　上述のとおり，近年，自衛隊の海外での武力行使を目的としない活動が増加している。それらの活動にも，広く国会の承認が求められている。これは，武力行使を伴わない（はずの）活動であっても，その是非の判断につき議会を関与させて慎重に行おうとするものである。日本国憲法は軍事組織の海外での活動には厳しい制約を課しているから，その条件が満たされているかをその都度審査することは憲法上も当然望ましい。重要影響事態法は，米軍への後方支援等について，原則として事前の国会承認を求めており（重要影響事態 5 条 1 項本文），PKO 協力法も，自衛隊による停戦監視などの PKF 任務については，原則事前の国会承認を求めている（PKO 協力 6 条 7 項本文）。同法は重要影響事態法と異なり，国会が開会されているときに緊急性が高いとの理由で国会承認を後回しにすることを認めていないが，その代わり，事前承認を各議院がそれぞれ 7 日以内に「議決するよう努めなければならない」という努力義務規定をおく（同条 8 項）。しかし，一般的に PKF 派遣に高い緊急性が求められることは少ないと思われるから，承認の是非について国会は十分な審議をなすべきであろう。2015（平成 27）年に成立した国際平和支援法は，例外なく事前の国会承認を求めるとともに，PKO 協力法と同様の努力義務規定をおく（国際平和支援 6 条 1 項・2 項）。

なお，近年特にアフリカのソマリア沖で海賊による被害が拡大し，諸国が海軍を派遣して航行船舶の警護にあたるようになった。日本は海賊行為の処罰及び海賊行為への対処に関する法律（海賊対処法）を成立させ，自衛隊の派遣を可能にした。だが同法は，地球上の公海全体において，他国の船舶の警護も含む自衛隊の活動を可能にするものであり，その活動範囲を大きく広げるのみならず，集団的自衛権との関係でも問題を含んでいる（自衛隊が警護する他国の船舶を，海賊ではなく第三国が攻撃してくることは十分考えうる）。また，海賊行為自体は地球上の様々の場所で生じているのだから，どこにどれだけの自衛隊をなぜ派遣するのかは高度に政治的な判断であり，それだけ一層国会によるコントロールの必要性が高い。同法が，単なる警備活動だからとして個別の派遣について国会の承認権を認めず，内閣総理大臣からの国会報告のみにとどめている（海賊対処法7条3項）点には重大な問題がある。

練習問題

1　徴兵制は憲法上どう評価すべきか。徴兵制は，兵士を一部の特殊な考えをもった人々から解放し「制服を着た市民」とするために望ましいという考えもある。他方，自衛隊が合憲だとしても，徴兵制は認められないという考えもある。徴兵は18条が禁じる「意に反する苦役」にあたるか。

2　憲法前文は，日本国民が「国際社会において，名誉ある地位を占めたい」と希望している旨定めている。そのためには，自衛隊を積極的に海外に派遣し，PKOなどに参加させるべきだという意見がある。自衛隊の海外派遣拡大は憲法の精神に沿った活動だろうか。もしそうでないとすると，前文のいう「名誉ある地位」とは，どのような活動によって得られるものだろうか。

3　9条を改正すべきか。どのように改正すべきか。自衛隊を明文で認めるべきか。それにはどのようなメリット・デメリットがあるか。

第5章

国　会

　国会について学習するときは，憲法が国会にどのような権限を与えているのかという点と，憲法が国会をどのように組織し運営することとしているのかという点に注意しつつ，かつ，その2つの観点の間で視線を往復してほしい。憲法は，国会の組織や運営のあり方に着目して，それにふさわしい権限を与えているだろう。また，憲法は，国会の権限に着目して，その権限が適切に行使されるために必要な組織・運営のあり方を定めているはずである。

　第1節では，国民や他の国家組織との関係で，国会にどのような権限が与えられているのかについて説明する。憲法は立法権など非常に強力な，しかも，幅広い権限を国会に与えている。なお，本節では，国政調査権等のように，正確には国会ではなく議院の権限として憲法が規定している場合も，あわせて説明する。

　第2節～第4節では，国会がその強力な権限を適切に行使するように，憲法がどのように国会の組織・運営方法を定めたかについて，みていくこととする。

　第2節では選挙制度について説明する。憲法は，選挙によって国会を国民と直接に結び付けている。公開を義務づけられた国会（57条）は常に国民の監視・批判にさらされ，また，選挙にさらされることによって，国民の意思に従って権限を行使することが期待されている。

　第3節では，国会の運営について説明する。憲法は国会を2院に分け，各院に自律権を与えることによって，相互に抑制・均衡し，全体としての国会の権限行使が適切に行われることを期待している。議院の運営は基本的には議院の自律的決定に委ねられているが，会期制など憲法が直接に定めているところもある。憲法の定めには，内閣などとの関係での抑制・均衡の仕組みが導入されていることにも注意しておいてほしい。

　第4節では，国会議員の特権について説明する。個々の国会議員に特権が与えられる主要な理由は，それによって議員が自由に活動することができ，議院における審議の活発化につながると考えられるからである。

第1節　国会の権限

　憲法は国会にどのような権限を与えているか。

　まず，憲法は，第4章「国会」の冒頭で，国会が「国権の最高機関」であると規定している（41条）。

　「国権の最高機関」に関する通説は，政治的美称説と呼ばれている。

　「美称」とは，ほめ言葉という意味である。すなわち，国会は主権者である国民と選挙によって直結していること，立法権など国政の中心となる重要な権限を与えられていることなどから，「国権の最高機関」とは，国会を称えた形容にすぎない，と説かれている。

　「政治的」とは，「最高機関」を法的に理解すべきではないという意味である。すなわち，「最高」を最上級という意味に理解し，上級機関と下級機関とは命令服従関係にあると考えるべきではない。なぜなら，国会が判決や行政処分を個別に命令できるわけではなく，国会は裁判所や内閣に対する上級機関ではないからである。また，「最高機関」を主権者と理解するべきでもない。国民が主権者だからである。さらに，「最高機関」を統治権の総攬者と考えるべきでもない。国会は，明治憲法の天皇とは異なるからである。こうして，政治的美称説によれば，「国権の最高機関」という規定は権限配分において直接の意味をもたないことになる。

　しかし，政治的美称説には批判も根強く，例えば，国家の諸機関を統括する地位にあるということを意味する，または，国政全般の遂行について最高の責任を負うことを意味する，などの解釈も有力に主張されている。そもそも「国権の最高機関」という文言は，マッカーサー草案の時点で既に書き込まれており（the highest organ of state power），そこには，明治憲法の欠点を議会の権限が狭く制約されていたところに見て，新しい憲法では国会の地位を格段に強

化しようという意図が表れていたと考えられる。政治的美称説への批判には，このような憲法の趣旨が十分に表現されていないという問題意識がある。

　ただ，国会にどのような権限が与えられているのかという観点からいえば，これらの少数説も，「国権の最高機関」であることから直ちに国会の具体的権限を導くことは否定している。批判説が法的意義として導いているのは，憲法の他の箇所で個別的に定められている国会権限の解釈指針になること，所在不明の権限が国会に帰属することを推定させることなど，間接的な意義に限られている。

1 立 法 権

　41条は国会を「国の唯一の立法機関」であると定めて，国会に立法権を与えている。「唯一の」というのは，国会中心立法の原則と国会単独立法の原則という2つの意味があると説明されている。

(1) 国会中心立法の原則と国会単独立法の原則

　国会中心立法の原則とは，国の立法はすべて国会を通し国会を中心にして行われなければならないことをいう。また，国会単独立法の原則とは，国の立法は国会の議決のみで成立することをいう。つまり，国会中心立法の原則とは，立法は国会だけが行うことができるということであり，国会単独立法の原則とは，立法は国会だけで行うことができるということである。

　これら2つの原則は，明治憲法から大きく改められた点である。

　まず，国会中心立法原則に関しては，明治憲法は5条で帝国議会の立法協賛権を定めていたが，8条1項で「天皇ハ公共ノ安全ヲ保持シ又ハ其ノ災厄ヲ避クル為緊急ノ必要ニ由リ帝国議会閉会ノ場合ニ於テ法律ニ代ルヘキ勅令ヲ発ス」と定め天皇の緊急勅令制定権を認め，また，9条で「天皇ハ……公共ノ安寧秩序ヲ保持シ及臣民ノ幸福ヲ増進スル為ニ必要ナル命令ヲ発シ又ハ発セシム」と定め天皇の独立命令制定権を認めていた。天皇のこれらの命令制定権は条件付きであり，緊急勅令は次の会期で議会が承諾しなければ失効することとなっており（明憲8条2項），また，独立命令は法律を変更しない範囲内でのみ認められることとなっていたが（明憲9条ただし書），それでもこれらが議会の

立法権に対する大きな制約であったことに変わりはない。国会中心立法の原則はこのような明治憲法上の制度を否定する意義をもつ。

　次に，国会単独立法原則に関しては，明治憲法5条はそもそも「天皇ハ帝国議会ノ協賛ヲ以テ立法権ヲ行フ」と定めていたのであって，帝国議会に認められていたのは立法協賛権であり，立法権の主体は天皇であった。帝国議会の法律案の議決は国家内部での議会の意思表示にすぎず，天皇の裁可によってはじめて法律として成立することになっていた（ただし，天皇が実際に裁可を拒否した例はなかった）。国会単独立法の原則は，明治憲法のこのような議会立法権の位置づけを否定する意義をもつ。なお，単独立法原則は59条1項によっても重畳的に規定されている。

　以下，中心立法原則について(2)(3)で，単独立法原則について(4)でみていこう。

(2)　国会中心立法原則と「立法」の意義

　国会だけが立法できるというときの，「立法」とはいかなる意味であろうか。立法とは法律を制定することであるから，言い換えれば，国会のみが定立しうる「法律」とは何かという問題でもある。

(a)　形式的意味の立法と実質的意味の立法

国会中心立法原則にいう「立法」「法律」については，通常，立法や法律の形式的意味と実質的意味とを区別して，実質的意味で理解すべきであると説明されている。立法の実質的意味というときの「実質的」とは，法律の内容・中身に着目するという趣旨である。つまり，実質的意味の立法とは，一定の内容の法規範を制定することを意味する。形式的意味というときの「形式的」とは，内容とは関係がないという趣旨である。「形式的」には，制定主体，制定手続，名称などいくつかの着目点がありうる。

　なぜ形式的意味で理解すべきでないかといえば，もし制定主体に着目して形式的意味の立法を国会が制定主体である法規範を制定することという意味に理解すれば，国会中心立法の原則とは，国会が制定主体である法規範は国会だけが制定できるという意味になってしまうが，これでは無内容だからである。また，名称に着目して形式的意味の立法を「法律」という名称の法規範を制定す

ることを意味すると考える場合は，国会中心立法の原則とは，「法律」という
名称の法規範は国会だけが制定できるという意味になり，この場合は無内容で
はなくなるが，これだけでは，憲法が「法律で定める」ことを規定している場
合や（形式的法律事項という。10条など），すでに法律が定められている場合に
（法律の優位の原則から，法律を命令で改正することはできない），国会によって立法
が行われなければならないという意味にしかならず，内容に乏しいからである。

　「立法」を形式的意味に理解したのでは，国会中心立法の原則は上記のよう
に無内容か乏しい内容になってしまうので，「立法」は実質的意味で理解され
なければならないと説かれている。実質的意味で理解すれば，国会中心立法の
原則とは，一定の内容の法規範は国会だけが制定できるという意味になる。

　立法を実質的意味で理解するこのような解釈は，明治憲法下で帝国議会の立
法協賛権に関して立憲学派が行った解釈を引き継いだものである。明治憲法は
天皇の「立法」に議会の協賛を必要としていたが，他方で，天皇に立法とは別
の法形式である「命令」の制定権を認め，命令の制定については議会の協賛を
必要としていなかった。そのため，立法とは何かという問題は，どのような法
規範については議会の同意が必要であるか，逆にいえば，どのような法規範に
ついては天皇が単独で命令という法形式で定めることができるのか，という問
題であった。つまり，立法の広狭は，究極的には民主制と独裁制との選択の問
題であった。そして，立憲学派の代表的学説は，立法を形式的意味で理解する
と，議会の協賛が必要となるのは，形式的法律事項等に限られることになり不
十分であるとして，立法を実質的意味に理解すべきであると説いていた。

(b)　新しい形式説

近年では，立法を形式的意味で理解すべきことを説く
有力な学説も現れている。この学説は，41条の「立法」を実質的意味で理解
する考え方は，明治憲法下と同様の枠組みで議会の権限を検討しようとするも
のであるが，日本国憲法下ではその必要はないと説く。

　すなわち，明治憲法のように法律と命令という並列する2つの法形式が予定
されている場合には，法律で定めるべき範囲を画定する作業が必要であったが，
日本国憲法では独立命令は認められていないというのが通説であるのだから
（⇒p. 233 の(4)），その作業を必ず行わなければならないわけではない。むしろ
国民主権という原則からは，憲法の下での始原的な法的規律はまず国会で行わ

れなければならないと考えるべきではないか。このような観点から，「立法」は「法律」という名称の法規範を定立することという意味での形式的意味に理解しておけばよく，むしろ 65 条が内閣に与えている「行政権」を法律の執行と解釈すべきであるという考え方が説かれている（高橋 388 頁）。41 条の「立法」を形式的に理解しても，65 条の「行政権」の解釈とあわせれば，十分な内容をもつことになるというわけである。

　理論的には，このような学説の方が明快である。ただ，新しい形式説をとったとしても，実際には，実質的意味の立法の内容として論じられてきた問題を論じる必要がなくなるわけではないのではなかろうか。すなわち，国会の立法能力が有限な資源であることを考えると，現在の多様な行政活動の全てについて，それを法律の執行と呼ぶことができるほどに詳細な立法を行うことは実際には難しいと思われる。そうすると，法律がない部分については，行政活動は認められないということになるのだろうか。それが現実的でないとすると，法律の規定が非常に概括的なものしかない場合であっても，それに関連する行政活動を法律の執行といわなければならない場合が出てこざるをえないのではないか。そして，法律による行政の規律がすべて概括的であってよいということはないのであるから，結局のところ，形式説をとったとしても，国会が綿密に審議・決定すべき領域がどこかという問題を続けて議論する必要があるのではないかと思われ，それは，これまで立法の実質的意味として議論されてきたところと実際はそれほど変わらないのではないだろうか。

> **Column 5-1**　**本質性理論**
>
> 　ドイツの判例理論を手がかりに日本でも本質性理論（重要事項留保説）という学説が提唱されるようになっている。本質性理論とは，議会の法律制定過程がもつ統合機能や公開機能に着目し，本質的な決定については議会自らが行うべきであるという主張である。その特徴は，従来の通説であった侵害留保説よりも議会の留保事項をさらに拡張し行政組織の基本構造なども含めて議会が決定すべき範囲を論じようとすること，また，議会が決定すべき範囲だけでなく実質的にも議会が決めたといえる程度の規律密度も要求することにある（大橋洋一『行政法Ⅰ〔第 4 版〕』〔有斐閣，2019 年〕30 頁）。

(c)　**実質的意味の立法の「実質」**　　国会中心立法原則の「立法」を実質的意味に理解した場合に，実質的意味の法律とはいかなる内容の法規範か。以下

では，この関連でよく議論されるところを取り上げて説明しておく。

　(i)　権利の制限・義務の賦課　　国民の権利を制限しあるいは義務を課す法規範を法規といい，法規は国会によって制定されなければならないという主張は，明治憲法5条の「立法」に関する解釈として立憲学派が主張したところである。国家が国民に対して権利を制限し，義務を賦課する場合には，国会があらかじめ法律でその根拠を定めていることが必要であることは，現在では異論なく認められている。租税法律主義（84条）や，罪刑法定主義（31条が根拠とされることが多い）はその現れであり，最高裁も，84条の背景には，「国民に対して義務を課し又は権利を制限するには法律の根拠を要するという法原則」があることを認めている（旭川市国民健康保険条例違憲訴訟・最大判平成18・3・1民集60巻2号587頁◀判例 5-1▶）。法律レベルでも，内閣法11条，内閣府設置法7条4項，国家行政組織法12条3項など，この原則を前提とするものがある。

　権利の制限や義務の賦課に法律の根拠が必要であるのは，自由や権利を保障するためである。したがって，根拠を与える法律が一般的・概括的であっては意味がない。いかなる場合にどのような制限をするのかを法律で個別的・具体的に定めなければならない。また，制限される権利の内容だけでなく，権利を制限する手続についても法律で定められている必要があると考えられている。31条は刑事手続についてこの点を明記するが，手続の法定という要請は刑事手続以外についても及ぶと解される（成田新法事件・最大判平成4・7・1民集46巻5号437頁〔クエスト憲法Ⅱ◀判例 9-1▶〕）。

　なお，権利の制約や義務の賦課は法律のみが定めることができるといっても，その法律の内容が，憲法で保障された権利を侵害するものであってはならないことはいうまでもない。

　立法実務においても，権利の制限や義務の賦課に法律の根拠が必要であることは認められている。ただ，逆に，権利を制限したり義務を課したりする場合以外には法律でその根拠を定める必要はない，という考え方がとられてきたと指摘されている。実際，勲章や褒章のような栄典の授与（7条7号）に関しては，何度か国会に栄典法案が提出されたことはあるが成立に至らず，現在まで法律に基づかずに，褒章条例（明治憲法下で勅令によって改正されていたものを1955〔昭和30〕年に政令で改正したもの）に基づいて実施されている。

　しかし，このような立法実務には強い批判がある。栄典の授与に関していえば，権利や利益を新しく与える（あるいは与えない）ということと，すでに有する権利を制限することとの間で，それほど明快に線引きできるわけではない。また，栄典の趣旨が国家や公共に対して功労があった者を表彰することにあるとすると，国民を代表し国権の最高機関である国会が定めるのがふさわしいともいえる。内閣の自由に委ねると，栄典の授与が党派的な利益のために使われるのではないかという懸念もある。褒章条例の改正が政令で行われたことには強い批判があったが，それには理由があったといえるだろう。

　法律でなければ規律できない領域は，全体としての国家の活動の中で，国会がいかなる役割を果たすべきかという観点に遡って考える必要がある。国家に期待される役割が最小限度の秩序維持と治安の確保に限られていた場合には，立法の実質的意味を権利を制限しあるいは義務を課す法規範に限定する解釈が妥当であったかもしれないが，現在の国家に期待される役割は多様である。権利を制限しあるいは義務を課す法規範の定立を国会が独占することの重要性は変わらないが，現在では，それに加えて，どのような法規範が国会によって定められなければならないかが検討されるべきであろう。

　(ii)　一般的・抽象的な規範の制定　　実質的意味の法律の意味を一般的・抽象的法規範とする解釈もある。規範が一般的・抽象的であるとは，規範が妥当する人や事件が特定されていないことを意味する。

　国会中心立法の原則の「立法」の実質的意味を一般的・抽象的法規範と理解しようとする趣旨は，国会以外の諸機関の活動は，国会が定めた一般的・抽象的法規範の個別的・具体的な適用でなければならないということである。このように考える場合は，あらゆる国家の活動について国会による立法が必要になる。この考え方には，新しい形式説に関して述べたように（⇒ p. 168 の(b)），国会の立法能力が有限な資源である以上，多様な行政活動のすべてについてそれを法律の個別的適用と呼べるほどの立法は実際には難しいという難点があると思われる。どのような場合にどの程度の一般的・抽象的規範が必要かについてさらに議論を継続する必要があるだろう。

　他方，実質的意味の立法を一般的・抽象的法規範とする解釈は，国会中心立法の原則との関係ではなく，国会が制定する法規範は一般的・抽象的でなけれ

ばならないという趣旨で行われることがある。言い換えると，国会は個別的あるいは具体的な法規範を制定してはならない，つまり，特定の人あるいは特定の事件のみを対象とする法規範（このような法律は，処分的法律とか措置法とかと呼ばれている）を制定してはならないという主張である。国会が一般的抽象的規範を制定した上で行政府が特定の人・事件に対して適用するのではなく，いきなり国会が特定の人・事件のみを対象とした処分的法律を制定することには，立法者が個別的利益のみを考慮して公益を考慮しないおそれや，平等原則に違反するおそれ，予見可能性が損なわれるおそれ，権力分立に反し，手続保障が確保されないおそれなどがある。

　なお，実際には，具体的な課題に直面してその解決のために法律が制定されることも多く，また，法律の名称に「〇〇措置法」という名が用いられることもしばしばである。しかし，その場合でも，特定の人・事件のみに適用される立法として制定されるのではなく，一般的な形式がとられている。名城大学で内部紛争が起きたときに，その調停のための法律の制定が図られたが，他の私立学校は，調停委員会やそれが設置される所轄庁（文部大臣など）に強力な権限が付与されることには反対であり，名城大学のみを適用対象とする立法を望んでいた。それでも，法律に名城大学だけを対象とすることが書き込まれることはなく，形式上は，「学校法人紛争の調停等に関する法律」（昭和37年法律第70号）として制定され，ただし同法附則で2年の経過で法律は効力を失うこととされた。東京地判昭和38・11・12行集14巻11号2024頁は，「調停法は特定事件についての行政措置であって憲法上認められた『法律』とはいえない違憲の法律である」という主張に対して，「かりに調停法の立法の過程において被告〔文部大臣〕と国会の議員団との間に原告主張のような約束〔調停法は名城大学の紛争を解決するためにのみ適用されるべき旨の秘密の約束〕があったとしても，調停法はその約束のような学校法人名城大学の紛争という単一の事件のみを規律する法律として成立したものでないことは法文上明白であるから，調停法がそのような法律であることを前提とする原告の主張は理由がないことが明らかである」と述べてその主張を退けている。

　(iii)　行政組織の編成　　行政府が活動するためには，いかなる行政機関がどのような事務を所掌するのかという組織規範が定められていなければならない。

このような行政の組織規範も国会によって定められなければならないと考えるべきであろうか。

　この点，明治憲法10条は「天皇ハ行政各部ノ官制……ヲ定メ」とし，行政組織に関する定めは天皇の権限としていたところである（官制大権）。国民の権利・義務にかかわる場合には，国民の同意という観点から議会の関与が要請されるが，行政府が自らの内部をどのように組織するかという問題については議会にかかわらせる必要はないというのが，立憲君主制における通常の考え方であった。

　しかし，国民にとっては，権利が制約されるかどうかだけでなく，どのような行政機関によって制約されるかも，権利にかかわる重大な関心事であるだろう。また，民主主義に立脚する日本国憲法の下では，行政組織のあり方についても民主的コントロールが及ぼされるべきであろう。他方で，行政府が変化に機動的に対応しつつ効率的にその職務を遂行するためには，必要に応じて迅速に組織をスクラップアンドビルドできた方がよい。

　日本国憲法は，66条1項で内閣の組織について法律で定めるべきことを要求している。また，90条2項は会計検査院の組織について同様である。その他の国の行政組織について法律で定める必要があるかを憲法は明記していないが，国の行政組織の少なくとも基本的事項に関しては法律で定めるべきであると解釈する学説が有力である。この点，現在の国家行政組織法は，法律で設置・廃止や任務・所掌事務の範囲を定めなければならないのは省・委員会・庁までで（行組3条・4条），それ以下については，官房，局，部などをおくことができるとだけ定めていて，具体的な設置や所掌事務の範囲については政令等の命令によって定めることとしている（行組7条）。

　(iv)　公務員の雇用関係の規律　　明治憲法10条は「天皇ハ……文武官ノ俸給ヲ定メ及文武官ヲ任免ス」と定めていた（任官大権）。公務員は「天皇の官吏」という位置づけであり，そのあり方も勅令によって定められていたところである（官吏服務紀律）。行政組織に関する法規範についてと同様に，公務員の雇用関係の規律も国家の内部関係であって，議会の関与を認める必要はないというのが一般的な考え方であった。

　これに対して，日本国憲法の下では，「公務員を選定し，及びこれを罷免す

173

ることは，国民固有の権利である」（15条1項）とされ，公務員は「全体の奉
仕者」（同条2項）という位置づけに改められた。官吏に関する事務を掌理する
ことは内閣の権限とされているが，それは「法律の定める基準」に従わなけれ
ばならないことが明示されている（73条4号）。

　(v)　特別権力関係　　かつては，(iv)で挙げた公務員の雇用関係に加え，国公
立学校の在学関係，刑事収容施設における被収容関係などは，特別権力関係で
あるとして，法治主義が排除されるという議論が有力に主張された（詳細は，
クエスト憲法Ⅱ p. 35 **1**）。特別権力関係とは，「特別の法律上の原因（法律の定
め又は本人の同意等）に基づき，公法上の特定の目的を達成するために必要な
限度において，一方が他方を包括的に支配する権能を取得し，他方がこれに服
従すべき義務を負うことを内容とする関係」（田中二郎『新版行政法　上巻〔全訂
第2版〕』〔弘文堂，1974年〕89頁～90頁）をいう。特別の法律上の原因に基づい
て特別権力関係がいったん成立すると，特別権力は法律の定めがなくても必要
な範囲で命令権や懲戒権を行使でき，また，司法審査も制約されると論じられ
ていた。

　しかし，日本国憲法の下で特別権力関係の理論を維持することに対しては厳
しい批判がなされた。特別権力関係と分類されている諸関係もその内容は多様
であり，それらを一括りにしてしまって法治主義を排除するような理論は認め
るべきではないという評価が，現在では共有されている。

　他方で，特別権力関係論自体はすでに時代遅れになっているとしても，特別
権力関係として分類されていた権力関係それぞれについて，一般の権力関係に
ついて要求されるのと同程度の法律による規律が必要とされるのかについては，
なお個別に検討する必要がある。例えば，最高裁は，「大学は，国公立である
と私立であるとを問わず，学生の教育と学術の研究を目的とする公共的な施設
であり，法律に格別の規定がない場合でも，その設置目的を達成するために必
要な事項を学則等により一方的に制定し，これによって在学する学生を規律す
る包括的権能を有するものと解すべきである」（昭和女子大学事件・最判昭和49・
7・19民集28巻5号790頁）と述べて，国公立大学が法律の具体的な根拠がなく
ても学生に対して規律権を有していることを，一般論ではあるが，認めたこと
がある。

(3) 立法の委任

国会中心立法の原則がいう立法を実質的意味に理解するならば，国会以外の国家機関が実質的意味の法律を制定することは許されない。しかし，この原則は，国会自身が許容する場合も貫徹すべきであろうか。これが，立法の委任の可否と呼ばれている問題である。国会は実質的意味の立法権を他の機関に移すことができるか。

(a) 立法の委任の合憲性　　一般原則としては，権力の委任は許されないと考えられる（「委任された権力は委任してはならない」という法格言）。委任者は受任者を信頼するからこそ委任するのであろうし，また，委任者は必要と考える場合には受任者の権限行使に手続的な制約を課す等の配慮ができるが，もし受任者が自由に再委任できるということになると，そのような信頼や配慮が無意味になってしまう。国民が憲法を通じて国会に立法権を与えたのも，国会を信頼したからこそであり，また，国会に立法権を適切に行使させるための組織や手続を定めるなどした上でのことであることを考えれば，立法権の委任は許されるべきではない。

他方，73条6号は，特に法律の委任があれば政令で罰則を設けることができることを前提としていると解される。この規定の他に委任を認める規定は憲法の中には見当たらないが，罰則は法律で定められるべき事項の中でも強くそれが求められる事項であること（罪刑法定主義）を考慮すると，罰則の制定すら委任を許しているのであれば，それ以外の立法についての委任も憲法は許容していると理解することもできる。また，実際上の問題として，専門的・技術的な事項や，環境の変化に応じた迅速な改正が必要な事項などについては，国会にはそれらに対応する能力が十分になく，必要な能力をもつ機関に立法を委任する必要性は高い。

学説の多数は，憲法は立法の委任を禁止していないと解釈している。ただ，立法の委任が禁止されていないとしても，限界があり，包括的委任・白紙的委任は許されないと考えている。

すなわち，まず，委任は包括的にではなく個別的になされなければならない。73条6号は，罰則の委任について，「特にその法律の委任がある場合」（傍点著者）でなければならないとしているところである。明治憲法下では，「命令ノ

175

条項違犯ニ関スル罰則ノ件」(明治23年法律第84号。「命令ノ条項ニ違犯スル者ハ各其ノ命令ニ規定スル所ニ従ヒ二百円以内ノ罰金若ハ一年以下ノ禁錮ニ処ス」)が，命令が命令違反に対して罰則を定めることを包括的に認めていたが，新憲法施行と同時に廃止された。最大判昭和27・12・24刑集6巻11号1346頁は，「命令ノ条項違犯ニ関スル罰則ノ件」を，「広範な概括的な委任の規定であつて新憲法下においては違憲無効の法律」であると述べている。

　次に，国会は，立法を委任する場合に，受任者がいかなる内容の法規範を制定すべきかについて具体的な指示を与えなければならず，白紙的委任は許されないと考えられている。猿払事件(最大判昭和49・11・6刑集28巻9号393頁〔クエスト憲法Ⅱ 判例 1-4 〕)では，国家公務員法102条1項が「職員は，政党又は政治的目的のために，寄附金その他の利益を求め，若しくは受領し，又は何らの方法を以てするを問わず，これらの行為に関与し，あるいは選挙権の行使を除く外，人事院規則で定める政治的行為をしてはならない」と規定し，人事院に禁止対象の定めを委任していることが白紙委任であって憲法違反ではないかが争われた。この委任が，懲戒処分の対象の委任である(国公82条)と同時に，刑事罰の対象の委任でもある(国公110条1項19号〔当時〕。2021〔令和3〕年に，強制労働廃止条約批准のため，懲役刑が禁錮刑に変更された〔国公111条の2第2号〕)ことも問題とされた。この点について，多数意見は，国家公務員法102条1項は「公務員の政治的中立性を損うおそれのある行動類型に属する政治的行為を具体的に定めることを委任するものである」とし，そのような政治的行為に懲戒処分を課すことも刑罰を課すこともともに理由があるのだから，懲戒処分の対象と刑罰の対象とを「一様に委任するものであるからといって，そのことの故に，憲法の許容する委任の限度を超えることになるものではない」と，簡単な理由づけで合憲判断を下している。これに対して，大隅健一郎ら4裁判官による反対意見は，「国会が，法律自体の中で，特定の事項に限定してこれに関する具体的な内容の規定を他の国家機関に委任することは，その合理的必要性があり，かつ，右の具体的な定めがほしいままにされることのないように当該機関を指導又は制約すべき目標，基準，考慮すべき要素等を指示してするものであるかぎり，必ずしも憲法に違反するものということはできず，また，右の指示も，委任を定める規定自体の中でこれを明示する必要はなく，当該法

律の他の規定や法律全体を通じて合理的に導き出されるものであってもよい」いう一般論を示した上で，国家公務員法 102 条 1 項について，公務員関係の規律の委任としては合憲であるが，犯罪構成要件の定めの委任としては違憲であるという判断をしている。前者について合憲である理由は，①公務員関係の規律につき国会は広い裁量権を有していること，②国家公務員法の他の規定から，禁止の目的が「成績制公務員制度の趣旨，目的，特に行政の中立性の保持の目的を達するため」であることが明らかであること，③明示がなくても，「目的を達するために必要かつ相当と合理的に認められる措置を定めるべきことを委任したものと解すべき」であること，④公務員の多種多様性などから立法を委任する必要性があること，⑤受任者が人事院という政治的中立性を保障された機関であることにある。これに対して，後者の委任の場合は，「禁止の目的，根拠，性質及び効果を異にし，合憲的に禁止しうる範囲も異なる」のだから，「別個の，より厳格な基準ないしは考慮要素に従って，これを定めるべきことを指示すべき」であるのに，国家公務員法 102 条 1 項が一律一体として人事院に委任していることは憲法違反であると判断している。

　なお，この点，堀越事件（最判平成 24・12・7 刑集 66 巻 12 号 1337 頁）では，最高裁は，国家公務員法 102 条 1 項の「文言，趣旨，目的や規制される政治活動の自由の重要性に加え，同項の規定が刑罰法規の構成要件となることを考慮すると，同項にいう『政治的行為』とは，公務員の職務の遂行の政治的中立性を損なうおそれが，観念的なものにとどまらず，現実的に起こり得るものとして実質的に認められるものを指し，同項はそのような行為の類型の具体的な定めを人事院規則に委任したものと解するのが相当である。」（傍点著者）と述べている。

　また，地方自治法 14 条 3 項は，条例が一定の罰則を設けることを包括的に認めているが，この点をどのように評価するかについては，⇒ p. 390 の(iii)を参照。

　(b)　**授権法と委任命令の関係**　　立法の委任が行われた場合，委任した法律を授権法あるいは委任立法と呼び，委任に基づいて制定された命令を（本来は受任命令と呼ぶべきであろうが）委任命令と呼ぶのが一般的である。

　委任命令が授権法に反してはならないことは，法律の優位原則からの当然の

帰結である。

この点で，注目されるのが，最判平成 25・1・11 民集 67 巻 1 号 1 頁である。薬事法施行規則が一般用医薬品について一部を除き対面販売を義務づけ郵便等販売を禁止したことが，薬事法による委任の範囲を逸脱していないかが争われた事案において，最高裁は，郵便等販売の禁止が憲法が保障する職業活動の自由を制約するものであることを指摘した上で，「これらの事情の下で……委任の範囲を逸脱したものではないというためには，立法過程における議論をもしんしゃくした上で，新薬事法 36 条の 5 及び 36 条の 6 を始めとする新薬事法中の諸規定を見て，そこから，郵便等販売を規制する内容の省令の制定を委任する授権の趣旨が，上記規制の範囲や程度等に応じて明確に読み取れることを要するものというべきである」（傍点著者）と述べている。憲法上の権利を制約する法規範のように，国会による立法が強く求められる場合の委任立法は，限定的に解釈されなければならないという趣旨を読み取ることができる。

(c) **委任命令の手続的統制**　　委任命令が適切に制定されるためには，委任命令制定過程を手続的にどのように統制するかが重要である。この点は，立法の委任が認められると，憲法は国会に適切に立法権を行使させるために定めた組織的・手続的統制を潜脱してしまうことになるのだから，なおさらである。

個々の授権法が審議会等への諮問を義務づけている例がある他，委任命令は 2005（平成 17）年の行政手続法改正によって導入された意見公募手続（パブリック・コメント）の対象になっている（行手 2 条 8 号イ・第 6 章）。

(4) 国会単独立法の原則と立法の手続

「唯一の立法機関」（41 条）は国会単独立法の原則という意味を含んでおり，法律は国会の議決のみで成立する。95 条はこの原則の例外である。

ただし，両議院の可決で法律が成立するといっても，それは法律の効力が発生すること（施行）を直ちには意味しない。むしろ，「成文の法令が一般的に国民に対し現実にその拘束力を発動する（施行せられる）ためには，その法令の内容が一般国民の知りうべき状態に置かれることが前提要件とせられるのであって，このことは，近代民主国家における法治主義の要請からいって，まさにかくあるべきことといわなければならない」と考えられていて（最大判昭和

32・12・28刑集11巻14号3461頁)，法律の施行のためには公布（公表して一般に人が知りうる状態におくこと）が必要である。法律は，原則として，公布の日から起算して20日を経過した日から施行されることとなっている（法適用2条）。

なお，国会単独立法の原則との関連でいう「立法」の意義は，法律という名称の法規範という意味に形式的に理解すべきであろう。すなわち，実質的意味の法律に該当しない規範を国会が「法律」として制定する場合も，国会が単独で制定できると解すべきである。明治憲法5条の「立法」を実質的意味に理解する学説も，明治憲法37条「凡テ法律ハ帝国議会ノ協賛ヲ経ルヲ要ス」の「法律」については形式的意味で理解していた。

ここで，国会における法律の制定プロセスを簡単にみておこう。

(a) 法律案の発議・提出 議員は一定の条件の下で法律案を発議できる（国会56条）。また，国会の各委員会も法律案を提出できる（国会50条の2）。内閣も国会に法律案を提出できる（内5条）。

(i) 議員による法律案の発議 明治憲法38条は「両議院ハ……各々法律案ヲ提出スルコトヲ得」と定め，議院法29条は議員による議案の発議に20人以上の他の議員の賛成を条件としていた。

日本国憲法は国会単独立法の原則をとっているから，国会自らが法律案を発案できなければならない。国会法は当初は「すべて議員は，議案を発議することができる」と定めていた。しかし，議員が発議する法案には，財源への配慮もなく選挙のためだけに議員の地元や業界に利益を誘導しようとする「お土産法案」が多いという批判があり，1955（昭和30）年に改正され，一定数の賛成議員を発議の条件とするようになった。議員が議案を発議するには，衆議院においては20人以上，参議院においては10人以上の他の議員の賛成が必要であり，さらに，予算を伴う法律案の発議には，衆議院においては50人以上，参議院においては20人以上の賛成が必要とされている（国会56条1項）。

(ii) 内閣による法律案の提出 明治憲法は政府が法律案を提出できることを明記していたが（明憲38条），日本国憲法は72条で「内閣総理大臣は，内閣を代表して議案を国会に提出」（傍点付加）すると定めていて，「議案」に法律案を含むか否かは明らかではない。これに対して，内閣法5条は内閣の法律案提出権を明示している。

　憲法が内閣の法案提出権を認めているか，あるいは，認めていないにしても否定はしておらず法律で付与することが許されるかは，国会が唯一の立法機関であるということと，議院内閣制が採用されていることとを，憲法解釈においてそれぞれどの程度重視するか，という問題である。

　この点，多くの学説は，内閣法5条が憲法違反であるとは考えていない。内閣も法律案を提出できるというだけで，国会が自ら法律案を発案することが妨げられるわけではないからである。また，内閣は議院の多数派によって組織されるのだから，内閣として提出できなくても，議員として提出することは可能であり，形式上の問題にすぎないということもある。

　なお，明治憲法下では，政府提出法案に優先審議（議院26条2項）などの特典が認められ，また，政府は政府提出法案をいつでも一方的に修正・撤回できる権限をもっていた（議院30条）。これに対して，国会法は，政府提出法案の特別扱いを認めておらず，また，内閣は一方的に議案を修正・撤回することはできない（国会59条）。この点について，内閣が国会の審議過程に関わる権限が制度として定められていないことが，法案提出以前の与党審査とその結果としての党議拘束という慣行の原因であり，国会の審議を低調なものにしているとして，国会活性化のためにこそ内閣提出法案に優越を与えるべきである等の改革案が提案されることがある。強すぎる優越は国会単独立法の原則に反することも考えられるだろうが，内閣提出法案に優越を与えたり，国会の審議過程に内閣が関わることが，直ちに国会単独立法原則に反するわけではないだろう。

　(b)　法律案の審議　　法律案が発議・提出されると，議長は，原則として，それを適当の委員会に付託する（国会56条2項）。委員会とは，対象分野ごとに組織された議院内部の合議体であり，議員から選ばれた委員によって構成される。委員会では，まず法律案の発議者・提出者による趣旨説明が行われ（衆規44条，参規39条），それを受けて質疑，討論が行われた後，採決に付されるのが例である。途中で公聴会や参考人質疑などが行われることもある。委員会で採決された法案は本会議へと移される。本会議とは，各院の議員全員によって構成される会議である。本会議では，委員会の委員長が審査の経過と結果を報告した後（国会53条），質疑，討論，採決が行われる。本会議における質疑・討論は省略されることが多い。

　このような現在の審議プロセスは，帝国議会から大きく変更されたところである。明治憲法下での法律案審理の正式なプロセスは三読会制といい（議院27条），3つの「読会」と呼ばれる段階に分けられた，本会議における審議によって行われていた。第1読会では，議案朗読（「読会」と呼ばれる由縁である。朗読は印刷技術が未発達の時代に始められたものであり，印刷技術が発達すると省略されるようになった）・趣旨説明が行われ，質疑の後，第2読会を開くかどうかの採決が行われる。第2読会では，逐条審議による原案の確定を行う。この段階で議案を精査するために委員会が設けられることが多い。第3読会では，第2読会の原案全体を改めて審議して，それを院議として確定するかどうかを決定する。

　三読会制と比べると，現在の審議プロセスの特徴は，原則として議案がまず委員会に付託されるところにある。そして，委員会には，「議院の会議に付するを要しない」と決定して議案を廃案にすることも認められている（国会56条3項・4項）。これらは原則であって例外も定められているが，実際には議案の生殺与奪は委員会が握っているといえ，結果，国会における実質的な審議は委員会で行われるようになっている（委員会中心主義）。逆に，本会議は形骸化・儀式化している。委員会中心主義の利点は，同時に複数の委員会が活動できるため審議の能率性向上を期待でき，また，各議員は所属する委員会の対象分野に関する知識・経験を蓄積することによって専門性を養うことができるというところにある。反面，法律が全体として一貫していないこととなる危険性や，また，議員が対象分野の省庁や特殊利益と癒着し，国全体の利益の観点に立った立法が行われないおそれが指摘されている。

　(c)　**法律の成立**　　一方の議院が法律案を可決すると，他方の議院にそれを送付する。後議の議院が法律案を修正したときは，先議の議院に修正案を回付する。両議院が同一の法律案を可決したときにはじめて法律が成立する。

　両議院の議決が一致しない場合には，衆議院の優越が認められている。衆議院で可決した法律案を参議院が否決または修正した場合に，衆議院が出席議員の3分の2以上の多数で再び可決すれば，法律として成立する。参議院が，衆議院の可決した法律案を受け取った後，国会休会中の期間を除いて60日以内に，議決しないときは，衆議院は，参議院がその法律案を否決したものとみな

すことができる。また，両院協議会を開くこともできる（59条）。

　法律が成立すると，最後の議決を行った議院の議長は内閣を経由して天皇に奏上し（国会65条1項），天皇が公布する（7条1号）。国会法66条は，公布が奏上の日から30日以内に行われることを義務づけている。法律は，原則として，公布の日から起算して20日を経過した日から施行されることとなっている（法適用2条）。

　なお，法令公布の方法については，明治憲法下では公文式（明治19年勅令第1号。後の公式令）が官報によって行うことを定めていたが，日本国憲法の施行に伴って公式令は廃止され，その後は公布の方法について一般的な定めを欠いたままの状態が続いている。実際には，公式令廃止以前と同様に，公布は官報への掲載によって行われている。前掲最大判昭和32・12・28は，「公式令廃止後も法令の公布は官報によるとの不文律が存在しているとまでは云いえない」としたが，「特に国家がこれに代わる他の適当な方法をもって法令の公布を行うものであることが明らかな場合でない限りは，法令の公布は従前通り，官報をもってせられるものと解するのが相当」であるとしている。

　公布に際して，主任の国務大臣が署名し内閣総理大臣が連署することになっているが（74条），この署名は，法律を執行する責任を表示するためであると理解されている。

② 財政統制権

　憲法83条は「国の財政を処理する権限は，国会の議決に基いて，これを行使しなければならない」と定めている。財政とは，国家が必要な財を取得し，管理し，使用する作用をいう。つまり，国家の活動を経済的な側面から捉えるということである。憲法83条は国会が国家の活動を経済的に統制できるようにしている（財政議会主義）。

　明治憲法も，租税法律主義を採用し（明憲62条1項），帝国議会に国債発行等への協賛権（同条3項）や予算協賛権（明憲64条）を与えていたが，同時に，議会による財政統制には大きな例外も定められていた（⇒p.46の(d)）。

(1)　租税の賦課に対する国会の統制（租税法律主義）

84 条は，「あらたに租税を課し，又は現行の租税を変更するには，法律又は法律の定める条件によることを必要とする」と定める。これを租税法律主義という。この原理は，国民の側からみれば，法律で定められていなければ納税の義務を負わないということである。30 条はこの観点から規定している。

租税を法律で定めなければならない理由は，大きく，①恣意的な課税から国民を保護することと，②納税義務を事前に一般的ルールとして定めることによって経済生活の予測可能性を与えることという点に求められている。

租税法律主義はこのような理由に基づくものであるから，租税を定める法律は予測可能性を担保できるように明確でなければならず（課税要件明確主義），法律で定められている限り租税行政庁には徴税の義務があり徴収しない自由はなく（合法性の原則），不利益な遡及効を租税法律に定めることは認められない（遡及立法の禁止）と解されている。

また，84 条は「あらたに租税を課し，又は現行の租税を変更するには」としているが，判例は，「租税を創設し，改廃するのはもとより，納税義務者，課税標準，徴税の手続はすべて……法律に基いて定められなければならない」としている（最大判昭和 30・3・23 民集 9 巻 3 号 336 頁）。

(a)　「租税」の範囲

「租税」であれば法律または法律の定める条件によって定められなければならないが，「租税」とは何を指していると解釈すべきであろうか。明治憲法 62 条 1 項が租税法律主義を定めつつ 2 項で「但シ報償ニ属スル行政上ノ手数料及其ノ他ノ収納金ハ前項ノ限ニ在ラス」と限定していたのに対して日本国憲法 84 条にはそのような限定がないため，84 条の「租税」には手数料や負担金も含まれるとして「租税」を広義に解する説も有力である。

実際，財政法 3 条は「租税を除く外，国が国権に基いて収納する課徴金及び法律上又は事実上国の独占に属する事業における専売価格若しくは事業料金については，すべて法律又は国会の議決に基いて定めなければならない」と定めて，狭義の租税以外についても「法律又は国会の議決」に基づかなければならないものを定めている。ただ，同条施行以前に「財政法第 3 条の特例に関する法律」（昭和 23 年法律第 27 号）が制定されて，「政府は，現在の経済緊急事態の存続する間に限り，財政法第 3 条に規定する価格，料金等は，法律の定め又は

国会の議決を経なくても，これを決定し，又は改定することができる」ことと
なっている。

　最高裁は，旭川市国民健康保険条例違憲訴訟〈判例 5-1〉で「国又は地方公
共団体が，課税権に基づき，その経費に充てるための資金を調達する目的をも
って，特別の給付に対する反対給付としてでなく，一定の要件に該当するすべ
ての者に対して課する金銭給付は，その形式のいかんにかかわらず，憲法 84
条に規定する租税に当たるというべきである。」とした。「特別の給付に対する
反対給付」として課されるものは租税に含まれないとしているから，手数料な
どには 84 条は妥当しないということになる。ただし，租税法律主義の背景に
は「国民に対して義務を課し又は権利を制限するには法律の根拠を要するとい
う法原則」があるのだから，「国，地方公共団体等が賦課徴収する租税以外の
公課であっても，その性質に応じて，法律又は法律の範囲内で制定された条例
によって適正な規律がされるべき」としている。

〈判例 5-1〉最大判平成 18・3・1 民集 60 巻 2 号 587 頁

〈旭川市国民健康保険条例違憲訴訟〉

【事実】国民健康保険は強制保険の 1 つであり，市町村等を保険者，その市町
村内に住む者を被保険者として，被保険者の疾病等に対して給付を行い，その
費用は国の負担金等のほか保険料または保険税によって賄われている。

　当時の国民健康保険法 81 条（以下，「法」）は「この章に規定するもののほ
か，賦課額，料率，賦課期日，納期，減額賦課その他保険料の賦課及び徴収等
に関する事項は，政令で定める基準に従つて条例又は規約で定める」としてお
り，旭川市（Y）では旭川市国民健康保険条例が当該事項を定めていた。それ
によれば，保険料を算定するには賦課総額を決める必要があるが，賦課総額に
ついて条例 8 条は「第 1 号に掲げる額〔＝保険事業の運営に必要な各種費用の
合算額〕の見込額から第 2 号に掲げる額〔＝保険料を除く収入の合算額〕の見
込額を控除した額を基準として算定した額とする」と定めていただけであった。

　X は，1994（平成 6）年に Y が保険者である国民健康保険の被保険者の資格
を取得し，保険料の賦課処分を受けた。X は賦課処分の取消し等を求めて訴
えを提起し，国民健康保険の保険料を条例で具体的に定めていないのは憲法
84 条に違反するという主張などを行った。第一審は，本件条例が 84 条等に違
反するとして，賦課処分を取り消した。第二審は，条例の憲法違反を認めず，
第一審判決を取り消し，X の請求を棄却した。

【判旨】上告棄却。「国又は地方公共団体が，課税権に基づき，その経費に充てるための資金を調達する目的をもって，特別の給付に対する反対給付としてでなく，一定の要件に該当するすべての者に対して課する金銭給付は，その形式のいかんにかかわらず，憲法84条に規定する租税に当たるというべきである。

　市町村が行う国民健康保険の保険料は，これと異なり，被保険者において保険給付を受け得ることに対する反対給付として徴収されるものである。前記のとおり，被上告人市における国民健康保険事業に要する経費の約3分の2は公的資金によって賄われているが，これによって，保険料と保険給付を受け得る地位とのけん連性が断ち切られるものではない。また，国民健康保険が強制加入とされ，保険料が強制徴収されるのは，保険給付を受ける被保険者をなるべく保険事故を生ずべき者の全部とし，保険事故により生ずる個人の経済的損害を加入者相互において分担すべきであるとする社会保険としての国民健康保険の目的及び性質に由来するものというべきである。

　したがって，上記保険料に憲法84条の規定が直接に適用されることはないというべきである（国民健康保険税は，前記のとおり目的税であって，上記の反対給付として徴収されるものであるが，形式が税である以上は，憲法84条の規定が適用されることとなる。）。

　もっとも，憲法84条は，課税要件及び租税の賦課徴収の手続が法律で明確に定められるべきことを規定するものであり，直接的には，租税について法律による規律の在り方を定めるものであるが，同条は，国民に対して義務を課し又は権利を制限するには法律の根拠を要するという法原則を租税について厳格化した形で明文化したものというべきである。したがって，国，地方公共団体等が賦課徴収する租税以外の公課であっても，その性質に応じて，法律又は法律の範囲内で制定された条例によって適正な規律がされるべきものと解すべきであり，憲法84条に規定する租税ではないという理由だけから，そのすべてが当然に同条に現れた上記のような法原則のらち外にあると判断することは相当ではない。そして，租税以外の公課であっても，賦課徴収の強制の度合い等の点において租税に類似する性質を有するものについては，憲法84条の趣旨が及ぶと解すべきであるが，その場合であっても，租税以外の公課は，租税とその性質が共通する点や異なる点があり，また，賦課徴収の目的に応じて多種多様であるから，賦課要件が法律又は条例にどの程度明確に定められるべきかなどその規律の在り方については，当該公課の性質，賦課徴収の目的，その強制の度合い等を総合考慮して判断すべきものである。

　市町村が行う国民健康保険は，保険料を徴収する方式のものであっても，強制加入とされ，保険料が強制徴収され，賦課徴収の強制の度合いにおいては租

税に類似する性質を有するものであるから，これについても憲法84条の趣旨
が及ぶと解すべきであるが，他方において，保険料の使途は，国民健康保険事
業に要する費用に限定されているのであって，法81条の委任に基づき条例に
おいて賦課要件がどの程度明確に定められるべきかは，賦課徴収の強制の度合
いのほか，社会保険としての国民健康保険の目的，特質等をも総合考慮して判
断する必要がある。」

　本件条例は，算定基準に従って賦課総額を確定することを市長に委任したも
のと解されるが，「国民健康保険の保険料は，国民健康保険事業に要する費用
に充てるために徴収されるものであるから（法76条本文），当該年度の費用か
ら収入（保険料を除く。）を控除したその不足額の合理的な見込額を基礎とし
て賦課総額を算定し，これを世帯主に応分に負担させることは，相互扶助の精
神に基づく国民健康保険における保険料徴収の趣旨及び目的に沿うものであり，
本件条例もこれを当然の前提としているものと解される。そして，本件条例8
条各号は，この費用及び収入の見込額の対象となるものの詳細を明確に規定し
ている。

　また，本件条例8条は，賦課総額を，同条1号に掲げる額の見込額から同条
2号に掲げる額の見込額を控除した額そのものとはしないで，この額を『基準
として算定した額』と定めている。これは，前記の保険料徴収の趣旨及び目的
に照らすと，徴収不能が見込まれる保険料相当額についても，保険料収入によ
って賄えるようにするために，賦課総額の算定に当たって，上記の費用と収入
の見込額の差額を保険料の収納率の見込みである予定収納率で割り戻すことを
意味するものと解される。そうすると，同条の上記の定めをもって不明確であ
るということはできない。

　このように，本件条例は，保険料率算定の基礎となる賦課総額の算定基準を
明確に規定した上で，その算定に必要な上記の費用及び収入の各見込額並びに
予定収納率の推計に関する専門的及び技術的な細目にかかわる事項を，被上告
人市長の合理的な選択にゆだねたものであり，また，上記見込額等の推計につ
いては，国民健康保険事業特別会計の予算及び決算の審議を通じて議会による
民主的統制が及ぶものということができる。

　そうすると，本件条例が，8条において保険料率算定の基礎となる賦課総額
の算定基準を定めた上で，12条3項において，被上告人市長に対し，同基準
に基づいて保険料率を決定し，決定した保険料率を告示の方式により公示する
ことを委任したことをもって，法81条に違反するということはできず，また，
これが憲法84条の趣旨に反するということもできない。

　また，賦課総額の算定基準及び賦課総額に基づく保険料率の算定方法は，本

件条例によって賦課期日までに明らかにされているのであって，この算定基準
にのっとって収支均衡を図る観点から決定される賦課総額に基づいて算定され
る保険料率についてはし意的な判断が加わる余地はなく，これが賦課期日後に
決定されたとしても法的安定が害されるものではない。したがって，被上告人
市長が本件条例 12 条 3 項の規定に基づき平成 6 年度から同 8 年度までの各年
度の保険料率をそれぞれ各年度の賦課期日後に告示したことは，憲法 84 条の
趣旨に反するものとはいえない。」

(b)　**条例に基づく課税**　　⇒ p. 389 の(ii)参照。

(2)　**国費の支出に関する国会の統制**

憲法 85 条は「国費を支出……するには，国会の議決に基くことを必要とす
る」と定める。国会の議決は，予算の議決として行われている。財政法 14 条
は，「歳入歳出は，すべて，これを予算に編入しなければならない」と定めて
いる。

(a)　**会計年度**　　予算は，会計年度ごとに作成され，議決される（86 条）。
つまり，予算は，国会が国の財政を定期的に監督しようとするものである。会
計年度は，そのための時間的単位であり，「毎年 4 月 1 日に始まり，翌年 3 月
31 日に終る」（財 11 条）1 年間である。そこで，会計年度の開始までに国会が
予算を議決できるように，常会が 1 月中に召集されることとなっている（国会
2 条）。

予算が会計年度が始まるまでに成立しない場合に備えて明治憲法は前年度の
予算を執行できる施行予算の制度を設けていたが（明憲 71 条），この制度は日
本国憲法には存在しない。予算が成立しない場合は，内閣は会計年度のうちの
一定期間に係る予算を国会に提出し国会の議決を求めるしかない。これを暫定
予算という（財 30 条）。

予算は会計年度を単位とするが，国の事業の中には一会計年度で終わらない
ものがあり，そのような事業への支出にも会計年度ごとの国会の議決を要求す
ると，先行きが不安定になってそもそも事業を始められなくなるおそれがある。
そこで，財政法 14 条の 2 は，例外として継続費という制度を設け，会計年度
を越えて国会が支出を議決することを認めている。継続費は，もともと明治憲

187

法が採用していた制度であるが（明憲 68 条），日本国憲法はそのような規定を
おいていなかった。日本国憲法下で復活させることには，継続費制度が明治憲
法下で議会による財政統制を弱める原因となったという反対論もあったが，
1952（昭和 27）年の財政法改正で導入された。現行の継続費制度は，「工事，
製造その他の事業で，その完成に数年度を要するもの」であって期間も 5 年以
内のものと限定しており，しかも，継続費成立後の会計年度において国会が重
ねて審議することも禁じていない。

(b)　**予算の効力**　　予算のうち租税収入部分については，規範としての拘束
力はなく，歳入の見込みを示す程度の意味しかもたない。現行制度は永久税主
義を前提としていて，租税法規がいったん定められれば，それに従って徴収す
ることができるからである。予算が成立していない場合や，予算が成立してい
ても例えば好景気で税法どおりに徴収すると予算以上に税収が得られそうな場
合でも，税を徴収できるし，また，しなければならない。逆に，不況のため予
算で見積もられた税収を得られそうにない場合でも，租税法規で定められた以
上に徴収することは許されない。

予算に歳入が計上される理由は，国会が歳入を議決すること自体に意味があ
るのではなく，歳出の判断において歳入との対比を可能にする（財 12 条参照）
など，国の財政状況に関する概観可能性を与えるところに求められる。

なお，永久税主義は，日本では，明治憲法 63 条が明文で採用したものであ
る。日本国憲法 84 条は一年税主義を排除していないと解されているが，引き
続き永久税主義に拠っている。一年税主義の方がより議会の権限が強化される
とも指摘されるが，永久税主義の方が国民の予測可能性は高まるともいえ，現
在では一年税主義は比較法的にも例外的である。

予算が規範としての強い効力を持つのは，予算の歳出部分である。歳出予算
は，執行機関にその会計年度内に定められた額を支出する権能を付与する。し
かも，予算で認められた目的以外に利用することは禁止される（財 32 条）。予
算の移用・流用についても制限が課されている（財 33 条）。ただし，予算は支
出する権限を与える趣旨であって，予算の全額を使用する義務を生じさせるわ
けではない。

年度開始前にこのように決定してしまうと，年度途中で予想外の事態が生じ

たときに対応することができない。そこで，87条1項は，「予見し難い予算の不足に充てるため，国会の議決に基いて予備費を設け，内閣の責任でこれを支出することができる」と定めて，予備費の制度を設けている。予備費は予算に計上され（財24条），国会で議決される。予備費の支出について事後に国会の承諾を得なければならない（87条2項）のは，予備費の議決が具体的な支出の議決ではないからである。ただ，事後的に国会の承諾を得られない場合も，支出の法的効果に影響はなく，内閣の政治責任が問われるにとどまると解されている。

　さらに，予備費でも対応できないときは，内閣には，予算の追加・修正のための予算を国会に提出することが認められている。これを補正予算という（財29条）。

　予算がなければ支出ができないという原則は，法律を執行するために必要な費用についても，妥当する。ただし，このような法律と予算の不一致は避けるべきであろう。内閣は法律を誠実に執行することを職務とするのだから，予算作成時に法律の執行に必要な費用については計上する義務があると考えられる。他方，国会が法律の執行に必要な予算を議決しないことについては，明治憲法67条のような規定がない以上，憲法上許容されていると解されるが，国会は，立法も予算の議決も自らの権限であるのだから，矛盾しないように行使することが求められよう。

　また，予算がなければ支出できないといっても，予算は必要条件であって，予算があればそれだけで支出できるわけではない。たとえある事業について予算が認められた場合であっても，その事業を執行するのに法律が必要な場合は，別途法律が定められていなければならない。

　(c)　**国会の予算修正権**　　予算は内閣が作成し（73条5号・86条），まず衆議院に提出する（60条1項）。衆議院が予算を可決したときは，参議院に送付する。参議院が同じく可決すれば，予算が成立する。衆参両院が一致して同一の予算を議決しない場合には，衆議院の強い優越が認められている。

　では，国会は内閣の予算を修正して議決することができるだろうか。

　この点，明治憲法67条は「憲法上ノ大権ニ基ツケル既定ノ歳出及法律ノ結果ニ由リ又ハ法律上政府ノ義務ニ属スル歳出ハ政府ノ同意ナクシテ帝国議会之

ヲ廃除シ又ハ削減スルコトヲ得ス」として，政府の同意なく議会が既定費・法律費・義務費を廃除・削減というマイナス修正を行うことは認めていなかった。また，プラスの修正一般についても，議院自らは行わず，政府に修正案を提出させるという慣行があった。議院に予算の提出権がないことから，増額修正はできないと解釈されていた。

　日本国憲法は明治憲法67条のような規定はない。そこで，財政議会主義の原則から，国会が無制限に予算を修正できるという見解もある。これに対しては，予算の作成権が内閣にのみ認められていることから，国会の修正権に限界はあるという見解もある。政府見解は，「国会の予算修正は内閣の予算提案権を損わない範囲内において可能と考えられる」としている（1977〔昭和52〕年2月23日衆議院予算委員会）。

　なお，国会法57条の2は，予算修正動議の提出について衆議院においては議員50人以上，参議院においては議員20人以上の賛成を必要とするという手続的な制約を課している。

(3)　債務負担に対する国会の統制

　憲法85条は，「国が債務を負担する」場合についても，国会の議決に基づくことを要求している。国会の議決は，予算あるいは法律によって行われている（財15条1項）。

　財政法4条1項は「国の歳出は，公債又は借入金以外の歳入を以て，その財源としなければならない」と定めて，国家の財政が，公債などの借金に頼らずに，租税収入によって運営されることを原則として掲げている。

　ただし，財政法4条1項ただし書は，「公共事業費，出資金及び貸付金の財源については，国会の議決を経た金額の範囲内で，公債を発行し又は借入金をなすこと」を例外として認めている。これを建設公債の原則という。道路建設のような公共事業費等の支出は，その支出によって幾年にもわたる社会的利益を期待できる資本的支出であるのだから，支出の年の1年分の租税ですべて負担するよりも，国債を発行して長期間の租税によって負担することが合理的であるという考え方に基づいている。財政法4条1項ただし書に基づいて債務を負担する場合は，予算総則に「公債又は借入金の限度額」および「公共事業費

の範囲」を記載して（財22条1号・2号），予算として国会の議決を受けなければならない。また，償還計画を国会に提出することも求められている（財4条2項）。

このように国の債務負担には財政法4条により内容的限定が課されているが，しかし，現在ではこのような原則は守られていない。1975（昭和50）年以降はほぼ毎年のように公債特例法が定められ，財政法4条第1項ただし書の規定により発行する公債のほか，予算をもって国会の議決を経た金額の範囲内で，公債を発行することが許可されている。これがいわゆる赤字公債である。

結果として，財政法4条によって，赤字公債を発行するためには予算だけではなくて法律の制定も必要になっている。このことは，いわゆるねじれ国会の場合に，内閣を困難な状況に追い込むことがある。現時点での財政赤字額は異常であるとしても，国家財政に景気調整機能も期待される現在では，各会計年度の税収の範囲に財政活動を限定すると不都合が生じうるが，憲法は法律の制定については予算と異なり衆議院の単純な優越を認めていないので，内閣は参議院の支持も得なければならない。この点，毎会計年度ごとに特例法を制定してきたことが問題を大きくしていたが，2012年に，2012年度から2015年度まで一括して認める特例法が定められた。その後も，2016年度から2020年度，2021年度から2025年度というようにまとめて定められている。

(4) 公金支出の禁止

憲法は国の支出に国会の議決を要求する手続的統制を課しているが，加えて，一定の内容の支出については国会の承認を求めるまでもなくそもそも禁止している。すなわち，89条は「公金その他の公の財産は，宗教上の組織若しくは団体の使用，便益若しくは維持のため，又は公の支配に属しない慈善，教育若しくは博愛の事業に対し，これを支出し，又はその利用に供してはならない」と定めている。

89条前段部分の「宗教上の組織若しくは団体の使用，便益若しくは維持のため」の支出禁止は，政教分離（20条）を国家支出の面から規定するものである（⇒クエスト憲法II p. 180 の(4)）。

89条後段部分は，「公の支配に属しない慈善，教育若しくは博愛の事業」へ

の公金支出等を禁止している。この規定は，解釈によっては，例えば私立学校への補助金支出が憲法違反であるという帰結を導くであろうが，多くの者にとっては，なぜそれが禁止されなければならないのか疑問を感じるであろう。このように 89 条後段はその立法趣旨が明白ではないことから，立法趣旨をどのように考えるか，公金支出等が禁止される事業の範囲をどのように画するか，様々な解釈が試みられている。

　89 条の制約を緩やかに解する考え方としては，89 条の主要な目的を公費濫用防止と捉える考え方がある。すなわち，「慈善，教育若しくは博愛の事業」という目的は，それへの補助金支出を容易に正当化しやすいので，公費が濫用される危険がある。そこで 89 条は財政的な監督という意味で「公の支配」を求めた，という解釈である。この解釈に近い裁判例として，東京高判平成 2・1・29 高民集 43 巻 1 号 1 頁がある。それによると，後段の趣旨は「公の支配に属しない教育事業に公の財産が支出又は利用された場合には，教育の事業はそれを営む者の教育についての信念，主義，思想の実現であるから，教育の名の下に，公教育の趣旨，目的に合致しない教育活動に公の財産が支出されたり，利用されたりする虞れがあり，ひいては公の財産が濫費される可能性があることに基づく」のであるから，「公の支配」は「国又は地方公共団体等の公の権力が当該教育事業の運営，存立に影響を及ぼすことにより，右事業が公の利益に沿わない場合にはこれを是正しうる途が確保され，公の財産が濫費されることを防止しうることをもって足り」，「必ずしも，当該事業の人事，予算等に公権力が直接的に関与することを要するものではない」。このような理由づけで，民間の幼児教室に土地建物を無償利用させ，補助金を支出することも，憲法違反ではないと判断した。

　また，89 条後段を前段と一体として把握しようとする考え方も有力に主張されている。89 条前段も後段も政教分離を目的とする規定であり，「慈善，教育若しくは博愛の事業」への公金支出等の禁止は，それが宗教上の組織・団体への支援の脱法手段となりがちであることから規定されたものであり，したがって国が援助する事業が宗教活動の隠れ蓑になっていないことをきちんとコントロールできていれば公の事業に属する事業と解すべきであると主張されている（高橋 208 頁）。

⑸　決　　算

　会計年度が終了すると，実際の収入支出について決算が行われる。歳入歳出決算は財務大臣に作成義務があるが（財 38 条），憲法は，「会計検査院がこれを検査し，内閣は，次の年度に，その検査報告とともに，これを国会に提出」することを求めている（90 条）。

　国会に提出された決算についても議決がなされるが，承認されなかったとしても，すでに行われた支出が無効になるというような効果はない。決算は，予算が正確に執行されたか，そもそもの予算が適切であったか等について審査し，内閣の政治責任を追及し，将来の予算にその経験を活かすためのものである。

⑹　国会への財政報告

　内閣は，国会および国民に対し，定期に，少なくとも毎年 1 回，国の財政状況について報告しなければならない（91 条）。

３　条約締結承認権

　憲法は外交関係の処理を内閣の事務に割り当てている（73 条 2 号）。伝統的に外交は君主の権限であった。また，外交においては一体行動・迅速さ・秘密保持などが必要であることを考慮すれば，議会に外交活動は不向きであるとも考えられる。

　しかし，行政府による議会権限の簒奪を防ぎ，また，外交の民主的統制という観点から，条約の締結に議会の関与を要求する国が現在では多くなっている。明治憲法 13 条が条約締結を天皇の大権事項としていたのはむしろ例外的であった。日本国憲法は，73 条 3 号で，条約の締結について，「事前に，時宜によつては事後に」国会の承認を要求している。現在では，グローバル化によって条約が規律する事項が拡大しており，国会の条約締結承認権の重要性はより高まっている。なお，条約の国会承認については衆議院に強い優越が与えられている（61 条）。

　国会による承認は「事前に，時宜によつては事後に」であって，「事前又は事後に」ではないのだから，可能な限り事前承認を経なければならない。

　なお，締結された条約を天皇が公布すると（7 条 1 号），それによって一般に

国内法としての効力をもつと考えられている。これは多数の国が採用している方式で，議会が条約を国内法に変型するために個別に新たな立法を行う必要がある方式（イギリスなど）とは異なる。ただし，条約が直ちに国内法としての効力をもつといっても，国内裁判所によって直接に適用されるのは自動執行力のある条約に限られると解されている。

(1) 国会の承認を必要とする条約の範囲

国会の承認が必要とされる「条約」とは，「○○条約」という名称が用いられている場合に限られず，「協定」「協約」「議定書」「宣言」「憲章」等の名称が用いられている場合を含む。ただし，文書による国家間の合意であればすべて国会の承認が必要であるとも考えられていない。条約には早急な実施が必要なものもあるが国会の承認手続には時間がかかり，また，条約には専門的・技術的なものもあることから，すべての条約について国会の承認を要求することは現実的ではないためである。

砂川事件（最大判昭和 34・12・16 刑集 13 巻 13 号 3225 頁 ⟨判例 4-1⟩）では，「日本国とアメリカ合衆国との間の安全保障条約第 3 条に基く行政協定」が国会の承認を得ていないことが争点の 1 つとなったが，最高裁は，次のように述べた。「行政協定自体につき国会の承認を経べきものであるとの議論もあったが，政府は，行政協定の根拠規定を含む安全保障条約が国会の承認を経ている以上，これと別に特に行政協定につき国会の承認を経る必要はないといい，国会においては，参議院本会議において，昭和 27 年 3 月 25 日に行政協定が憲法73 条による条約であるから，同条の規定によって国会の承認を経べきものである旨の決議案が否決され，また，衆議院本会議において，同年同月 26 日に行政協定は安全保障条約 3 条により政府に委任された米軍の配備規律の範囲を越え，その内容は憲法 73 条による国会の承認を経べきものである旨の決議案が否決されたのである。しからば，以上の事実に徴し，米軍の配備を規律する条件を規定した行政協定は，既に国会の承認を経た安全保障条約 3 条の委任の範囲内のものであると認められ，これにつき特に国会の承認を経なかったからといって，違憲無効であるとは認められない」。

政府解釈としては，1974（昭和 49）年 2 月 20 日に衆議院外務委員会におい

て当時の大平正芳外務大臣が，国会の承認を必要とする条約として，①「いわゆる法律事項を含む国際約束」（すなわち，当該国際約束の締結によって，新たな立法措置の必要があるか，あるいは既存の国内法の維持の必要がある場合），②「いわゆる財政事項を含む国際約束」，③「わが国と相手国との間あるいは国家間一般の基本的な関係を法的に規定するという意味において政治的に重要な国際約束であって，それゆえに，発効のために批准が要件とされているもの」という３つのカテゴリーを挙げ，逆に，「すでに国会の承認を経た条約や国内法あるいは国会の議決を経た予算の範囲内で実施し得る国際約束」については，73条２号にいう外交関係の処理の一環として行政府限りで締結しうるものである，と答弁している。

(2)　国会が事後承認を拒否した場合の条約の効力

　国会が事前の承認を拒否した場合は，内閣は条約を締結するための手続をそれ以上進めることができないこととなり，したがって条約は不成立となる。

　国会が事後の承認を拒否した場合は，すでに条約は締結されているのであるが，国会の承認を得られなかったことが条約の無効原因となるかが問題となる。この点，「条約法に関するウィーン条約」46条は１項で「いずれの国も，条約に拘束されることについての同意が条約を締結する権能に関する国内法の規定に違反して表明されたという事実を，当該同意を無効にする根拠として援用することができない。ただし，違反が明白でありかつ基本的な重要性を有する国内法の規則に係るものである場合は，この限りでない」とし，２項で「違反は，条約の締結に関し通常の慣行に従いかつ誠実に行動するいずれの国にとつても客観的に明らかであるような場合には，明白であるとされる」としている。議会の不承認が１項ただし書に該当するかどうかは確定していないが，条約の締結に議会の承認を必要としている国が現在では多数であることを考えれば，肯定すべきかと思われる。

　なお，国会が条約を修正して承認することができるかが議論されることがあるが，国会が修正したということは，提案された条約については拒否したということになるだろう。修正を新条約についての事前承認とみなして，提案されたとおりに新条約が結ばれれば国会承認を必要としないと解釈すべきかどうか

については肯定否定両説がある。なお，これまで国会が条約承認を否決した事例も，修正して承認した事例もない。

4 行政統制権

ここでは，国政調査権，質問権，内閣総理大臣指名権，について説明する。行政統制権という項目を立法権等と並列的に立ててこれらについてのみ説明するのは，便宜的なものである。本来なら，国会による行政統制を考える場合には，当然に，立法権等も視野に入れなければならない。また，国政調査権をここで取り上げるのは，その主たる目的が行政統制にあると考えられるからであるが，国政調査権は行政統制以外の場面にも及ぶ。それから，国政調査権や質問権は国会の権限ではなく議院の権限であって，両議院の一致がなくとも各議院が単独で行使できることにも注意しておいてほしい。

(1) 国政調査権

62 条は，「両議院は，各々国政に関する調査を行ひ，これに関して，証人の出頭及び証言並びに記録の提出を要求することができる」としている。国政調査権は，国会の権限ではなく議院の権限である。実際には，委員会が付託されて行使することが多い。

明治憲法は議院の調査権についての定めをおいておらず，議院法が定めていたが，その内容はむしろそれを厳しく制約するものであった。議院が「審査ノ為ニ政府ニ向テ必要ナル報告又ハ文書」を求めることは認められていたが，政府は「秘密ニ渉ルモノ」については拒絶することが許されていた（議院74条）。さらに，「各議院ハ審査ノ為ニ人民ヲ召喚シ及議員ヲ派出スルコトヲ得ス」（議院73条），「各議院ハ国務大臣及政府委員ノ外他ノ官庁及地方議会ニ向テ照会往復スルコトヲ得ス」（議院75条）といった制約が課されていた。

これに対して，62条は，議院が証人の出頭・証言，記録の提出を求める権限があることを明示している。

現行法は，刑事司法手続を通じた処罰によってこの権限に強制力を与えている。すなわち，「議院における証人の宣誓及び証言等に関する法律」（議院証言法）は，「各議院から，議案その他の審査又は国政に関する調査のため，証人

として出頭及び証言又は書類の提出……を求められたときは，この法律に別段
の定めのある場合を除いて，何人でも，これに応じなければならない」と定め
（議院証言1条），不出頭，書類不提出，宣誓拒絶，証言拒絶，偽証に刑事罰を
科している。

(a)　国政調査権の限界　　国政調査権の行使は，資料を収集するだけではな
く，その過程で調査対象への評価や批判がなされることがあり，調査対象の行
動に影響を及ぼさないではおかない。それゆえ，権力分立を保ち，国民の人権
を保護するために，国政調査権を限界づける必要がある。

　この問題に関して，戦後の早い時期に参議院法務委員会と最高裁判所との間
で衝突が起きている（浦和事件）。衝突のきっかけは，夫が賭博に走り家庭を顧
みないことに悲観した母親（浦和充子）が3人の子供を殺し自分も自殺しよう
としたが死にきれず自首したという刑事事件であった。母親に対して，浦和地
裁（1948〔昭和23〕年7月2日）は，懲役3年執行猶予3年という判決を下し実
刑を回避した。かねてより裁判官が封建的思想などから刑事事件の不当な処理
を行っているのではないかという観点で調査を行っていた参議院法務委員会
（司法委員会）は，この事件を取り上げ，被告人や担当検事などを証人として調
査した。そして，事実認定が不当であり量刑が軽すぎ，検察官や裁判官に封建
的思想が残存し，基本的人権の尊重に欠けているのではないかという内容の報
告書を議長に提出した。

　これに対して，最高裁は，裁判官会議全員一致の議決に基づいて，参議院議
長に対して申入書を提出し，「憲法第62条に定める議院の国政に関する調査権
は，国会又は各議院が憲法上与えられている立法権，予算審議権等の適法な権
限を行使するにあたりその必要な資料を集取するための補充的権限に他ならな
い」とし，法務委員会の調査は司法権の独立を脅かす行動であると批判した。

　この批判に対して参議院の法務委員会は声明を発表し，「国会は国権の最高
機関であって，国の唯一の立法機関であることは，憲法の明定するところであ
る。従って，憲法第62条の国会の国政調査権は，単に立法準備のためのみな
らず国政の一部門たる司法の運営に関し，調査批判する等，国政全般に亘って
調査できる独立の権能である。」と述べた。

　ここで示された最高裁の見解，参議院の見解が，それぞれ，補助的権能説，

独立権能説として，学説上発展・整理されることになる。すなわち，補助的権能説とは，国政調査権は，議院に与えられた他の権限を実効的に行使するための手段として与えられた権能であると理解し，独立権能説は，国政調査権は，国会が国権の最高機関であるということに基づき，国権を統轄するための手段として認められた権能であると説いている。

学説上は，浦和事件では最高裁の立場を支持する意見が多数となり，また，諸外国で同様の解釈がとられていることなどを理由として，補助的権能説が通説的地位を占めている。

ただ，国政調査権の限界を考える場合には，浦和事件で問題になったのは司法権との関係での限界であったということに注意しなければならない。独立権能説に立ったとしても，司法権の独立を否定するものでない以上，浦和事件での国政調査権の行使を必ず支持することにはならないように思われる。また，補助的権能説に立っても，行政権との関係であれば，国会が行政を統制するのはその本来的役割であるのだから，国政調査権は積極的に行使されなければならないと考えられるだろう。独立権能説も，権力分立や人権保障を否定するのでない限り，それらの原理による国政調査権の制約を認めるだろうし，補助的権能説も，国会の権限が広い以上，国政調査権の範囲も広く認められるはずである。国政調査権の限界を考える場合には，両説の違いにそれほど大きな比重をおくべきではなく，具体的な場面に即して，いかなる原理との衝突が問題になっているのかを考慮して検討していくことが必要である。

(b) **行政府に対する国政調査権の限界** 国会は行政府を強力に監視・統制すべき立場にあるのだから，行政府との関係においては，国政調査権は広く認められなければならない。行政監視こそ，国政調査権が国会に与えられた主たる目的である。

ただし，公益にかかわる秘密などについて国政調査権を制限しなければならない場合がありうる。この点，国会法や議院証言法がその調整を行っており，例えば，職務上の秘密を理由に証言等が拒否された場合については，まず議院はその理由の疎明を求めることができ，さらに，議院がその理由を受諾できないときは，内閣が「その証言又は書類の提出が国家の重大な利益に悪影響を及ぼす」旨の声明を出さない限り証言等を強制できることになっている（議院証

言 5 条）。

　なお，国政調査権は，議会の他の権能と同様に，議院や委員会の多数決によって行使されるから，実際には，議会多数派が内閣を形成する議院内閣制の下で，国政調査権による行政監視を期待することには限界がある。そこで，1997（平成 9）年に衆議院規則が改正され衆議院に予備的調査制度が設けられた（衆規 56 条の 2・56 条の 3）。すなわち，衆議院の委員会は衆議院事務局の調査局長または法制局長に対して委員会審査または調査のために必要な調査（予備的調査）を行いその結果を記載した報告書を提出するよう命じることができるが，40 人以上の議員についても，委員会が予備的調査の命令を発するよう議長に要請することができることとした。ただ，予備的調査制度には刑事罰のような強制力は付与されていない。

　(c)　**司法府に対する国政調査権の限界**　　国会は，司法に対しても立法権や予算に関する権限を有しており，したがって，補助的権能説に立ったとしても，それらの権限を行使するため国政調査権を行使することは認められる。

　ただ，行政府と異なり，司法府については，国会に対してもその独立性が強く確保されなければならない。司法権の行使に重大な影響を与えるような国政調査権の行使は，たとえ事実上の影響であっても，許されないという考え方が有力である。議院が過去の裁判事件を調査することや，現に裁判所で審理されている事件と同一の事件を並行調査することが，直ちに司法権の侵害となるとは考えられていないが，裁判所の具体的な訴訟指揮を調査し批判することや，個別の裁判の内容の当否を批判するような調査などは，許されないという主張が有力である。

　なお，検察については，組織としては行政府に属するが，司法権の適切な行使の前提としてその独立性が要請されるから，司法府に準じて考えなければならない。

　(d)　**人権と国政調査権の限界**　　国政調査権の行使が調査対象者等の人権を侵害してはならないことは，いうまでもない。

　出頭要求等を拒否できる「正当の理由」（議院証言 7 条 1 項）には，国政調査権の行使が人権を侵害するという理由も含まれると解釈すべきだろう。他にも，議長等の許可を得れば証人は弁護士を補佐人として選任できる（議院証言 1 条

の4）など，議院証言法は証人の人権について一定の配慮を行っている。

(2)　質　問　権

63条は「内閣総理大臣その他の国務大臣は……答弁又は説明のため出席を求められたときは，出席しなければならない」と定めるが，議院の側から言い直せば，議院は国務大臣を呼び出して質問できるということである。明治憲法54条が「国務大臣及政府委員ハ何時タリトモ各議院ニ出席シ及発言スルコトヲ得」として国務大臣等の出席・発言権のみ規定していたが，現行憲法は議院の質問権も明記した。なお，明治憲法下では，議院法第10章が質問制度を設けていた。

63条を受けて，国会法第8章が質問制度を定めている。それによれば，質問をしたい議員は，まず，簡明な主意書を作り議長に提出する。そして，議長は，その質問を承認したときには，主意書を内閣に転送する。内閣は質問主意書を受け取ってから7日以内に答弁しなければならない。答弁も文書によってなされることが多い。なお，緊急を要するときは，議院の議決により口頭で質問することもできる。

このように国会法の質問制度は，文書による質問・答弁を原則として制度がつくられ運用がなされている。これは議院法の質問制度から引き継がれた点である。文書による運用に対しては，憲法63条が国務大臣の出席義務を課したこと，国会の議論を活性化すべきことを考えるならば，適切とはいえないという批判がなされている（大石眞『議会法』〔有斐閣，2001年〕114頁）。

なお，会期のはじめごとに，政府演説（内閣総理大臣の施政方針演説・所信表明演説など）とそれに対する各会派の代表質問が行われているが，代表質問はここで説明している質問とは異なり，国会用語では質疑として位置づけられている。質問が議題に関係なく行うことができるのに対して，質疑は議題について疑義を質す行為をいう。

(3)　内閣総理大臣の指名権

国会は内閣総理大臣を指名する権限をもつ（67条1項）。指名は他の案件に先立って行われる。衆議院議長は内閣を経由して天皇に指名を奏上し（国会65

条2項），天皇が内閣総理大臣を任命する（6条1項）。

　指名の議決をする方法は，各院の議院規則が定めている。通例は各院の本会議で記名投票が行われ，投票の過半数を得た者があったときは，その者について指名の議決があったものとされる。過半数の投票を得た者がないときは，投票の最多数を得た者2人について決選投票を行い，それでも同票であるときはくじ引きによって決められる（衆規18条，参規20条）。

　指名の議決には，衆議院に強い優越が与えられている（67条2項）。また，衆議院は内閣不信任議決権をもつ（69条）。参議院が首相問責決議を行ったり，また，各院が個別の大臣について問責決議を行ったりすることがあるが，それらには法的効果はなく，その効果は政治的なものに限られると考えられている。

5 司法統制権

　国会の立法権や財政統制権は裁判所に対しても及ぶ。ただ，その行使が司法の独立を侵すことができないことはいうまでもない。

　特に裁判所に対する権限として，憲法は，国会に，裁判官の罷免に関する弾劾裁判所を設置する権限を与えている（64条）。弾劾裁判所の裁判員は議員の中から選挙される（国会125条）。罷免の訴追も，国会が設置し，議員によって組織される裁判官訴追委員会によって行われる（国会126条）。p. 313 の(b)を参照。

6 憲法改正発議権

　国会は，憲法改正を発議し，国民に提案することができる。発議には，各議院の総議員の3分の2以上という非常に厳格な要件が課されている（96条）。p. 30 の(a)を参照。

第2節　選　挙

　第1節でみたように，国会には多様で強力な権限が与えられているが，それらの権限が適切に行使されるためには，どのような仕組みを設けておけばよいのだろうか。以下の節ではその仕組みについて検討するが，本節では，そのう

ち，選挙について説明する。

1 選挙の基本原則

　憲法は，選挙に関する定めの多くを国会自身に委ねているが（「議員の定数」
〔43 条 2 項〕，「議員及びその選挙人の資格」〔44 条〕，「選挙区，投票の方法その他両議
院の議員の選挙に関する事項」〔47 条〕），国会がそれらを法律で定めるにあたって
の憲法上の制約は当然に存在する。選挙が正当であるためには満たさなければ
ならない普遍的原則があると考えられており，それらの原則は日本国憲法でも
保障されていると考えられている。

(1)　普 通 選 挙

　普通選挙とは，狭義では，財力（納税額や財産など）を選挙人であるための要
件としない選挙を指す。例えば，1925（大正 14）年に日本ではじめて普通選挙
制が採用されたというときは，この意味である。また，広義では，普通選挙と
は，財力の他，人種・信条・性別などを要件とせず，一定年齢（選挙成年）以
上の国民すべてを選挙人とする選挙を指す。普通選挙の反対は，制限選挙であ
る。

　日本国憲法は 15 条 3 項・44 条で広義の普通選挙を保障している。⇒クエス
ト憲法Ⅱ p. 402(1)

(2)　平 等 選 挙

　平等選挙とは，選挙人の間で選挙権の平等が保障されている選挙を指す。一
人 1 票の原則ともいう。平等選挙に反する例としては，複数選挙（選挙人の一
部にのみ複数の投票権が与えられる）や，等級選挙（納税額等によって選挙人を等級
に分け，個々の等級ごとに，各等級の選挙人数に比例しない割合で配分された議員数の
選挙が行われる）が挙げられる。

　現在の選挙は，地域によって選挙区に区分し実施される。地域による選挙区
分け自体は平等選挙の違反ではないが，各選挙区の選挙人の数と議員定数との
比が選挙区によって違う場合には，平等選挙原則違反として捉えることができ
る。最高裁も，「憲法 14 条 1 項に定める法の下の平等は，選挙権に関しては，

国民はすべて政治的価値において平等であるべきであるとする徹底した平等化を志向するものであり，右 15 条 1 項等の各規定の文言上は単に選挙人資格における差別の禁止が定められているにすぎないけれども，単にそれだけにとどまらず，選挙権の内容，すなわち各選挙人の投票の価値の平等もまた，憲法の要求するところである」ことを認めている（最大判昭和 51・4・14 民集 30 巻 3 号 223 頁）。⇒クエスト憲法Ⅱ p. 109 の第 4 節

⑶　直 接 選 挙

　直接選挙とは，選挙人が議員を選挙する選挙をいう。これに対して，選挙人は中間選挙人を選挙するだけで，中間選挙人が議員を選挙する場合は，間接選挙という。現在では，議会──二院制の場合は，少なくともその下院──の議員が直接選挙によって選出されることは，選挙の基本原則であるといえる。

　憲法は直接選挙を明記していないが，衆議院の選挙が直接選挙でなければならないことは当然であると考えられている。また，43 条 1 項の「選挙された議員」という文言から直接選挙の原則を導く解釈も有力である。この有力な解釈に従えば，衆議院だけでなく，参議院の選挙も直接選挙でなければならないことになる。これに対しては，参議院の独自性という観点から，参議院に間接選挙制を導入する可能性を解釈によって閉ざすべきではないという考え方もある。

　比例代表選挙において当選者の決定に名簿作成などで政党が関与することと，直接選挙原則との関係については，p. 92 の⒜参照。

⑷　秘 密 投 票

　秘密投票制とは，誰に投票したかを第三者が知りえないことが保障された上で選挙人が投票できる制度をいう。秘密投票制の反対は，公開投票制である。

　15 条 4 項が，秘密投票を保障している。秘密投票の保障を確保するため，公職選挙法は様々な方策を定めており，例えば，選挙人の氏名を投票用紙に記載してはならず（46 条 4 項。無記名投票），他事が記載された投票は無効である（68 条）。⇒クエスト憲法Ⅱ p. 406⑶

(5) 自 由 選 挙

自由選挙という言葉は，選挙のいかなる点で自由でなければならないと考えるかによって，①投票するか棄権するかが自由な選挙（任意投票制），②選挙運動の自由が保障されている選挙など，いくつかの異なる意味で用いられる。

②の意味の自由選挙については，選挙運動の自由は21条の表現の自由の中に含まれると解されている（⇒クエスト憲法Ⅱ p.408 **3**）。①の意味についても，15条1項が選挙権を権利と位置づけているところ権利は行使しないことも許されると考えられること，同条4項が「選挙人は，その選択に関し公的にも私的にも責任を問はれない」としているのは棄権という選択にも及ぶと解釈できることを根拠に，憲法は強制投票制を否定しているという解釈が有力である（⇒クエスト憲法Ⅱ p.401(2)）。

2 選挙制度の諸類型

1でみたような憲法上の諸制約の下で，具体的にいかなる選挙制度を創設するかに関する判断を，憲法は国会自身に委ねている。選挙制度の定め方は，国民の投票行動や候補者・政党の活動に影響を与え，国会のあり方にかかわり，また，議院内閣制の場合は内閣のあり方にかかわるから，その影響は非常に大きい。

それゆえ，各国がその選挙制度を工夫して定めており，2つとして同じものはないといってよいほどである。分類方法も様々である。各選挙区から選出される議員数という点からみれば，各選挙区から1人の議員のみを選出する小選挙区制もあれば，各選挙区から2人以上の議員を選出する大選挙区制もある。選挙人が投票できる票数という点からみれば，1票だけを投票する単記式もあれば，2票以上を投票する連記式もある。連記式の中にも，その選挙区から選出される議員数と同数の票を投票する完全連記式もあれば，選出議員数よりは少ない数の票を投票する制限連記式もある。連記式には，1人の候補者に複数の票を投じる累積投票が認められているものもある。また，投票用紙への記入の方法についても，自書式，チェックを入れるマーク式のほか，投票機械のレバーを操作して穴を空ける方式など，様々な方法が試みられている。

そして，これら選挙制度の諸要素やその組み合わせがどのような影響を与え

るかについて，詳細な研究が続けられている。

　また，そもそも，選挙制度がどのような影響を与えるのが望ましいのかについても議論が続いている。選挙にかかる費用の大小，腐敗の生じやすさなど，様々な評価基準が提示されている。特に重視されている評価基準は，代表の正確性と統治の安定性であるが，この2つだけでも相互に対立しうるものである。

　ここでは，いかなる選挙制度が望ましいかについて，その議論の一端を簡単に紹介しておきたい。

(1)　多数代表制

　統治の安定性を重視する論者の中には，議会に安定した多数派が存在し，議院内閣制の場合はその多数派が政府を構成し，それを批判する野党との間で政権交代の可能性がある，二大政党制が望ましい，という考え方がある。

　このような観点に立つと，各選挙区から多数派のみが議員として選出される選挙制度が候補の1つとなる。このような選挙制度を多数代表制という。小選挙区制や，完全連記式で累積投票を認めない大選挙区制が，多数代表制を実現すると考えられている。

　多数代表制の下では，各選挙区の多数派から議員が選出されるから，小政党は議席を獲得することが難しく，逆に，大政党は得票率に比して多くの議席を獲得することができる。また，有権者にとっては，たとえ小政党を支持していてもその小政党に投票するのでは自らの投票が死票になるだけなので，議席を獲得する見込みのある大政党に投票するように誘因が働く。さらに，小政党の側も，支持者に見放されないようにするためには，議席を獲得できるように他政党との合同を検討することになるだろう。このようにして多数代表制の下では，二大政党化が進むと考えられている。

　しかし，逆にいえば，多数代表制においては，多数派以外への投票は議席に結び付かずすべて死票になり，選挙人の実質的な選択の範囲は狭くなるということである。代表の正確性を重視する論者からは，強く否定されることとなる。

(2)　比例代表制

　代表の正確性を重視する論者の中には，各政党の得票率と議席獲得率が一致

していることが望ましいという考え方がある。このような考え方から考案された議席確定方式は，比例代表制と呼ばれている。

　比例代表制には様々な方式がある。選挙人が何に対して投票するかで区別すれば，候補者に対して投票する単記移譲式と，政党があらかじめ作成した名簿に対して投票する名簿式に分けられる。単記移譲式では，当選に必要な得票数を超える票は選挙人の指定に従って他の候補者へ順次移譲される。名簿式には，政党があらかじめ確定していた順位に従って当選者が決められる拘束名簿式と，選挙人の投票によって順位の変更を認める非拘束名簿式がある。また，各政党の獲得議席数の計算方法で区別すれば，最大剰余法と最大平均法に分けられる。最大剰余法は，1 議席を獲得するのに必要な得票数（当選基数）を計算した上で，まず各政党に当選基数の得票ごとに 1 議席を配分し，次に，それでは配分できなかった余りの議席を，各政党の得票数から当選基数と獲得議席数の積を引いた余りが大きい順番で与えていくという方法である。最大平均法は，各政党の得票数を順に大きくなる定数（例えば，ドント式であれば自然数）で割っていき，その商が大きい順に 1 議席を割り当てるという方法である。

　比例代表制は，代表の正確性を実現できる制度である。また，小政党も議席を獲得できる可能性があるため，無理に他政党に合流しようとはしないであろう。有権者は，自らの選好に素直に投票しても，死票になることをそれほど気にしなくてもよい。

　しかし，その結果，比例代表制は議会の小党分立と結び付きやすく，議院内閣制の場合は，連立内閣となり易いと指摘されている。そして，この点が，統治の安定を重視する論者から批判されるところである。小党分立状況では議会の合意を成立させる安定的基盤が存在しない。また，選挙の時点では議会でどのような合意が成立するかが分からないから，有権者が選挙の際に現実の政策を——議院内閣制の場合は内閣を組織する政党の組み合わせを——選択することができない。

③ 日本の選挙制度

(1) 衆議院の選挙制度

日本国憲法の下での衆議院議員選挙については，1947（昭和 22）年から 1994

（平成6）年まで，いわゆる中選挙区制が採用されていた。中選挙区制は，各選挙区から2人以上の議員を選出する制度であるから，分類としては大選挙区制に該当する。この制度が中選挙区制と呼ばれた理由は，日本では都道府県を単位とするときに大選挙区と呼んだからである。都道府県をさらに分割して選挙区とし，各選挙区の議員定数は2～6（多くは3～5）であった。

　日本の中選挙区制の特徴は，大選挙区制でありながら単記式であったことである。したがって，多数代表制ではなく，少数派にも議席獲得の可能性があった。この点から少数代表制と呼ばれることもある。ただ，比例代表制が意図的に少数派にも議席が与えられるように計算された制度であるのに比べて，中選挙区制で少数派が議席を獲得できるとしても，どの程度の議席を得られるかは多分に制度外の要因に依存していた。

　中選挙区制の欠点としては，選挙において政党が政策をめぐって競争することを妨げていたと指摘されている。つまり，大選挙区であるので，政党が議席の過半数を得ようとすれば，多くの選挙区で複数の候補者を立てなければならない。しかし，単記式であるから，同じ選挙区に立候補した同一政党の候補者は有権者の同じ1票を目指してお互いに争わなければならないことになる。このことが政党全体としての政策を形成することを困難にし，あるいは，政党としての政策形成ができた場合でも政策以外の点を争点として選挙を戦わせることになってしまっていた。自民党の派閥政治や金権政治の原因もそこにあると指摘されている。また，野党の側も，多くの候補者を立てると共倒れになる危険があることから，候補者の数を絞り，そもそも議席の過半数を獲得するのに必要な数の候補者を立てず，自ら「万年野党」であることを選択していた。

　このような点が批判されて，1994年に中選挙区制は廃止され，小選挙区比例代表並立制が採用された。その後の定数削減を経て，現在の制度は，465名の議員総数のうち，289名が小選挙区から，176名が全国を11の選挙区に分けた比例代表から選ばれる制度である。比例代表は拘束名簿式であり，各政党への議席配分は最大平均法の1つであるドント式で計算される。

　並立制というのは，小選挙区制と比例代表制とが相互に独立しているという趣旨である。各政党の最終的な獲得議席は小選挙区と比例代表との合計で決まる。これに対して，各政党の議席数は比例代表によって決まり，小選挙区は各

政党の中で誰が当選するかにかかわる制度は，併用制と呼ばれることがある。ただし，現行の制度では，小選挙区と比例代表との重複立候補が認められており（小選挙区で当選すれば，比例代表の名簿から除かれる），また，政党が重複立候補者を比例名簿の同一順位とすることも認められていて，同一順位者の間では小選挙区の惜敗率（当該小選挙区の当選者の得票数に対するその落選者の得票数の割合）によって当選者が決定されるので，小選挙区と比例代表とが全く無関係というわけではない。

(2)　参議院の選挙制度

　参議院議員選挙は，当初は，各都道府県をそれぞれ1つの選挙区とする選挙と全都道府県を1区域とする選挙（全国区と呼ばれた）の2つから成り，いずれも単記式の制度であった。

　全国区は1982（昭和57）年に廃止され，代わりに全国を1つの選挙区とする比例代表制が導入された。比例代表制は導入当初は拘束名簿式であったが，2000（平成12）年に非拘束式に改められている。現在の比例代表選挙部分では，有権者は政党に投票するか名簿に登載された候補者個人に投票するかを選ぶことができ，議席は政党の得票とその名簿登載者の得票を集計してドント式により各政党に配分される。各政党内では，候補者個人に投票された票数の順番に当選者が決定される。比例代表選挙の現在の定数は100である。

　各都道府県選挙区は長く維持されていたが，その間の人口異動により投票価値の不平等が甚だしくなり，都道府県選挙区間の議員定数の再配分によっては不平等の是正にも限界があることが明らかになり，最高裁判決を受けて，2015（平成27）年に鳥取県と島根県，徳島県と高知県が合区された。現在の合計定数は148である。

　現在では，衆議院も参議院も選挙区制と比例代表制の並立であり，また，参議院の選挙区選挙では定数2（半数改選なので1回の選挙では定数1）で実質的な小選挙区となっているところが45選挙区中に32もあり，よく似た選挙制度になっているといえよう。

第3節　国会の運営

1 二 院 制

　42条は「国会は，衆議院及び参議院の両議院でこれを構成する」と定めて，二院制を採用している。二院制は，二院間の抑制・均衡によって国会がその権限をよりよく行使することを期待するものである。

(1)　各院の独自性

　二院制が抑制・均衡という機能を果たすためには，二院の行動に違いがあることが前提である。そのために，二院は同時に召集・開会・閉会されるが（同時活動の原則），各院は独立に議事を開き議決する（独立活動の原則）。

　これまで二院制を採用した国では，貴族制をとる国家において，民選の議院の他に，貴族を代表する議院をおく場合（貴族院型。かつてのイギリスや明治憲法がその例である），連邦制をとる国家において，連邦を代表する議院の他に，州などの地方政府を代表する議院をおく場合（連邦型。アメリカ合衆国など）が多かった。このように各院の組織原理が異なる場合には，各院の行動に違いがあるのは当然であった。また，二院制をとる必要があることも明らかである。

　これに対して日本国憲法の場合は，「両議院は，全国民を代表する選挙された議員でこれを組織する」（43条1項）と定められていて，二院の組織原理が同一である。そのため，各議院がそれぞれに特色ある行動をすることを当然には期待できない。二院の行動が同一であれば，議院相互の抑制均衡は機能しない。そもそも，貴族制も連邦制もとっていない国家で，同じ国民を代表するのになぜ2つの議院が必要なのかという疑問も提起しうる。これについては，一院制では議会多数派の独断専制となる危険があること，2回の審理によってより慎重な判断が期待できること，国民を代表する場が複数あることでより忠実に民意を反映できること，一院で選挙が行われている場合の緊急事態に他院が対処できること（憲法54条2項・3項は参議院の緊急集会を認めている），などが挙げられているが，どの理由も説得的ではないとする参議院不要論も長く主張さ

れてきたところである。憲法は，両議院の議員の兼職を禁止し（48条），任期を異とし（45条・46条），各議院に自律権が与える（55条・56条・58条）ことによって各院が同質にならないように工夫しているが，それで十分かはなお検討の余地があろう。

　日本国憲法の枠内で各院が独自性をもつためになしうる工夫の1つは，二院の選挙方法を異ならせることである。しかし，実際には，p. 206の**3**でみたように，非常に似通ったものとなっている。

　衆参同日選挙について，二院制の趣旨を没却し（42条違反），国民が各議院にふさわしい人物を選べる状況にないために選挙権を侵害し（15条1項・3項違反），憲法が衆議院解散中の緊急事態については参議院の緊急集会によってあたることとしている趣旨と矛盾している（54条違反）として，参議院通常選挙と同日に行われた衆議院選挙の合憲性が争われたことがあるが，裁判所は，その主張を退けている（名古屋高判昭和62・3・25行集38巻2＝3号275頁）。

　独立活動原則の例外として，国会法44条は，両議院の常任委員会が合同して審査会を開くことを認めている。いわゆる党首討論は，衆参の国家基本政策委員会の合同審査会として開かれている。

(2)　二院間対立の解決

　二院制は各院の独自性を前提とする。しかし，逆に二院の行動の違いが大きくなりすぎると，二院の対立を解決することが難しくなる。憲法は，この対立が起きたときは，両院協議会の設置と衆議院の優越によって解決しようとしている。

　両院協議会は，各議院において選挙された各々10人の委員によって構成され（国会89条），非公開審議の下（国会97条），出席協議委員の3分の2以上の多数で議決されたとき成案を得ることができる（国会92条）。協議案は修正できず（国会93条2項），各院がそのまま議決すれば，国会の議決となる。

　衆議院の優越について，二院のうち衆議院に優越が認められたのは，衆議院の任期を参議院の任期より短くし，また，任期途中の解散の制度を設け，衆議院議員がより頻繁に選挙にさらされるようにし，他方で，参議院については1回の選挙では半数ずつの改選にとどめたことに対応している。つまり，衆議院

は，現在の国民により近い存在であるために，参議院に対する優越が認められている。衆議院のみが内閣不信任議決権をもち（69条），予算の先議権が認められるのも（60条1項），同様の理由による。衆議院は，いわゆる下院に該当する。

二院の対立のうち，予算の議決，条約締結の承認，内閣総理大臣の指名に関しては，憲法は二院の対立を解決する強い必要性を認めており，必ず決着する方法を定めている。すなわち，衆議院と参議院が異なった議決をした場合は，両院協議会の開催を義務づけ，それでも一致しないときは，衆議院の議決を国会の議決とすることにしている。また，参議院が議決をしない場合も，一定期間を経過すると自動的に衆議院の議決が国会の議決となることにしている（60条2項・61条・67条2項，国会85条・86条）。これに対して，法律案の議決については，憲法は対立を解決する必要性をそこまでは認めておらず，必ず決着する方法を定めていない。二院が異なった議決をした場合も，両院協議会の開催は任意的であり，衆議院の議決が優越するためにも出席議員の3分の2以上の多数での再可決が必要である。参議院が議決をしない場合についても，衆議院が一定期間後に参議院が否決したものとみなすことができるだけである（59条，国会84条）。

立法に関する二院対立のこのような解決方法については，不十分であるという批判が強い。現在の国家を新たな立法なしで運営することは不可能であり，衆議院で3分の2以上を占める安定した多数派が形成されることを常に期待できるわけではない以上，国家の運営が停滞する危険があるからである。また，逆にいえば，国家が安定して運営されるためには，衆議院の多数派と参議院の多数派が同一であることが必要であるということであり，したがって，例えば衆参の選挙制度を大きく異ならせることは適切ではないということとなる。衆議院の強い優越を認めず，参議院に実質的な法律拒否権を与えたことが，むしろ参議院が独自性をもつことの妨げとなっているという指摘がなされている。

2 議院の自律

憲法は，議院の内部事項については議院自身が自由に決定することを認めている（議院自律権）。すなわち，議員の資格に関する争訟については議院が裁判

211

し（55 条），議長その他の役員は議院が選任し（58 条 1 項），会議その他の手続および内部の規律に関する規則は議院が定め（同条 2 項前段），院内の秩序を乱した議員は議院が懲罰することとしている（同項後段）。会期前に逮捕された議員を議院は会期中に釈放させることができるのも（50 条。国会法 33 条は会期中に議員を逮捕する条件として議院の許諾を挙げている），同様の観点から理解できるだろう。

　また，法律で，国会の財政的自律が図られ（国会 32 条，財 17 条～21 条），議院の内部警察権も議長が行使することとなっているのも（国会第 14 章），議院の自律的運営を保障するためである。

　法律の違憲審査権をもつ裁判所すら，議院の自律に委ねられた内部事項に関しては，原則として介入してはならないという見解が有力である（◁判例 5-2▷）。

◁**判例 5-2**▷　最大判昭和 37・3・7 民集 16 巻 3 号 445 頁

【事案】市町村警察から都道府県警察に変更する警察法改正については国会で与野党が激しく対立したが，新警察法は，1954（昭和 29）年 6 月 8 日に法律第 162 号として公布された。大阪府議会は，新警察法に従い，警察費の支出を含む 1954（昭和 29）年度の追加予算を可決した。

　大阪府の住民 X は，府知事に対して，警察費の支出の禁止を求める住民訴訟を提起した。警察法改正案は衆議院を通過した後，6 月 3 日に衆議院が会期延長を議決し，7 日に参議院が改正案を議決したとされているが，X によれば，3 日の会期延長の議決は，衆議院議長が議場に入れないままドアの隙間から 2 本の指を出し「二日間延長」と叫んだのを，議場内の 20～30 人の与党議員が拍手したにすぎない。この「議決」は衆議院規則が定める議事手続に全く適合しておらず無効であり，この議決がなければ国会は 3 日に閉会したはずである。したがって，（野党欠席のまま行われた）再度の会期延長の議決，7 日の参議院の改正案の議決は無効，新警察法も無効である。このように X は主張した。

　第一審は，地方自治法（当時）の解釈として，住民訴訟において提起しうる違法性の範囲を狭く解釈し，請求を棄却した（実質的には却下）。第二審も同様の理由で控訴を棄却。

【判旨】上告棄却。地方自治法の解釈としては，原審とは異なり，住民訴訟で提起しうる違法性の範囲を広く認めた。その上で記録に基づき上告理由を検討して，次のように述べる。新警察法は「両院において議決を経たものとされ適法な手続によって公布されている以上，裁判所は両院の自主性を尊重すべく同法制定の議事手続に関する所論のような事実を審理してその有効無効を判断す

べきでない。従って所論のような理由によって同法を無効とすることはできない。」

(1)　議員の資格争訟の裁判

55条は，各議院に「各々その議員の資格に関する争訟を裁判する」権限を与えている。この点，明治憲法下では，貴族院令（明治22年勅令第11号）9条が「貴族院ハ其ノ議員ノ資格及選挙ニ関ル争訟ヲ判決ス」とし，議院法78条が「衆議院ニ於テ議員ノ資格ニ付異議ヲ生シタルトキハ特ニ委員ヲ設ケ時日ヲ期シ之ヲ審査セシメ其ノ報告ヲ待テ之ヲ議決スヘシ」としていたところであるが，日本国憲法は，旧衆議院と同じく，「議員の資格」についてのみの裁判権を議院に与えたものである（以上，傍点著者）。この議院の裁判権は，裁判所の司法権独占という原則（76条）に対して憲法が定めた例外であり，議院の裁判に不服があるとしても裁判所に出訴することはできないと解されている。逆に，選挙に関する争訟は，原則に戻って，裁判所の権限に属することになる。公職選挙法の選挙訴訟や当選訴訟において裁判所が選挙や当選を無効と判断して議員の議席を失わせることができるが，それは55条とは無関係である。

55条の「資格」については，44条がその具体的な定めを法律に委任していると解されており，公職選挙法10条・11条・11条の2や国会法108条・109条等が定めているところである。ただ，いずれも客観的に明白な要件であり，それゆえ実際に憲法55条の裁判が行われることはあまり考えられない（前例はない）。

(2)　役員の選任

58条1項は，「両議院は，各々その議長その他の役員を選任する」と定めている。これは，明治憲法下で，議院法3条が「衆議院ノ議長副議長ハ其ノ院ニ於テ各々三名ノ候補者ヲ選挙セシメ其ノ中ヨリ之ヲ勅任スヘシ」とし，また，貴族院令11条が「議長副議長ハ議員中ヨリ七箇年ノ任期ヲ以テ勅任セラルヘシ」として，天皇に任命権があったことを，否定する意味をもつ。

(3) 議院規則の制定

58条2項前段は，両議院は，「各々その会議その他の手続及び内部の規律に関する規則」を定めることができるとしている。

実際には，議院の「会議その他の手続及び内部の規律」に関しては，国会法という法律によって定められている部分が大きい。

この点，明治憲法51条は，「両議院ハ此ノ憲法及議院法ニ掲クルモノ、外内部ノ整理ニ必要ナル諸規則ヲ定ムルコトヲ得」と規定し，議院規則の他に議院法を予定し，しかも議院規則に対して議院法が優位することを明定していた。日本国憲法下で国会法が定められたのも，この明治憲法下での伝統に従ったものと考えられる。初期には，優劣関係についても，国会法が規則に優位するという解釈が有力であった。

しかし，そもそも明治憲法が議院法の優位を定めていたのは，公選の衆議院を貴族院によって抑制しようとしたところにあったことが指摘されている。それに対して，日本国憲法が議院に規則制定権を認めた趣旨は，行政府・司法府からの独立を確保することに加え，二院制の前提として各議院相互の間でも独立を保障することにあると解すべきだろう。このように考えれば，議院法優位という明治憲法の制度を引き継ぐべきではない。法律であれば，その改廃には両議院の可決が必要であり，しかも，議決には衆議院の優越が認められている。また，内閣が法律案を提出することも許されている。実際に，参議院が新しく「調査会」という制度を設けようとしたところ衆議院が国会法の改正に反対してなかなか実現しなかったという例もある。

学説では，現在では，58条2項前段が掲げる事項は議院規則によってのみ規律されるべき専属管轄事項であって，本来は法律によって規律することはできないという見解が有力になっている。このような考えに立つと，現行の国会法におけるこれらの事項に関する定めは，紳士協定程度のものとして受けとめるべきであって，衆議院の優越は認められず，また，法的な拘束力はないと主張されている（小嶋406頁）。

(4) 懲 罰

58条2項後段は，両議院に，「院内の秩序をみだした議員を懲罰する」権限

を与えている。

「院内」とは議事堂内という意味ではなく，組織体としての議院を指すと解されているから，議事堂外で議員として活動している間も対象になりうると理解されている。

国会法122条は，懲罰の種類を，公開議場における戒告，公開議場における陳謝，一定期間の登院停止，除名と定めている。除名には，憲法上，出席議員の3分の2以上の多数による議決が必要とされている。

議院が有するのは，議員が「院内の秩序をみだした」ことに対する懲罰権であるので，それに該当しない場合は，たとえ犯罪行為であったとしても，58条に基づき議院が懲罰することはできない。なお，議員が院外で犯罪行為を行ったことが明らかになった場合に議院が特定の議員に対して「議員辞職勧告決議」を行うことがあるが，この決議によって辞職を強制することはできない（実際にこの決議を理由に議員が辞職した例はない）。

3 会 期 制

国会は，一定の限られた期間（「会期」と呼ばれる）しか活動することができないこととなっている。これを会期制という。日本国憲法は52条と53条で国会の召集について定め，また，会期を前提とした規定（50条）があることから，会期制を採用していると理解されている。

会期制は，会期独立の原則と結び付くことによって，国会の活動に対する強い制約となっている。

(1)　国会の召集権・会期期間決定権

会期によって国会の活動が限定されうるのだとして，では，誰がその限定を行うことができるのだろうか。

この点，明治憲法は，天皇に帝国議会の召集権，会期の期間決定権（停会・会期の延長の決定を含む），衆議院の解散権を委ね（明憲7条・42条），ただ，①毎年1回は3か月間を会期として召集しなければならないこと（明憲42条。延長はありうる），②衆議院解散の場合は解散から5か月以内に議会を召集すべきこと（明憲45条）という条件を課していただけであった。

　これに対して，日本国憲法は，天皇の召集権を内閣に引き継ぎ，①②と同様の制約を維持しながら，国会議員の自律的な決定権も導入している。

　すなわち，憲法は，国会の召集を内閣の助言と承認に基づく天皇の国事行為であるとし（7条2号），①毎年1回は召集されなければならず（52条。毎年1回必ず開催される国会を常会という。会期は原則 150 日になった〔国会 10 条〕），②衆議院解散の場合には総選挙の日（解散の日から 40 日以内でなければならない）から 30 日以内に召集されなければならない（54条。特別会という。議院内閣制を採用し選挙後の新国会が新首相を選ぶこととしたため，明治憲法と比べると，解散から特別会召集までの期間が短縮された）という制約を課した上で，それ以外については内閣に召集決定権を与えている（53条前段。臨時会という）。その上で，いずれかの議院の総議員の4分の1以上の要求があれば内閣は臨時会の召集を決定しなければならないとしている（53条後段）。なお，常会・特別会について，憲法が定める条件の下で召集日などを具体的に誰が決定できるのかを憲法は明示していないが，内閣にあると一般に解されている。また，議員が臨時会の召集を要求した場合に，具体的な召集日を指定して要求しても，内閣は必ずしも従っていないのが実例である。この点，2017（平成 29）年 6 月 22 日に臨時会召集の要求があったのに，安倍内閣が 9 月 28 日になってようやく召集し，しかも，その会期の冒頭で衆議院を解散したという事案について，憲法 53 条後段の要求があった場合，内閣は合理的期間内に召集する「法的義務」があるとした裁判例がある（那覇地判令 2・6・10 判時 2473 号 93 頁。不召集・不当な遅延は，「少数派の国会議員の意見を国会に反映させるという趣旨が没却されるおそれ」があり，「議院内閣制の下における国会と内閣との均衡・抑制関係ないし協働関係が損なわれるおそれ」があるという評価を示したが，要求した個々の国会議員に対する国賠法上の義務は否定した）。

　会期の期間については憲法上の定めはないが，国会自らが国会法によって定めている。それによれば，常会は会期を 150 日間とし，1 回の延長が可能である。特別会・臨時会は「両議院一致の議決」で会期を決め（通例は召集当日に決定される），2 回の延長が可能である。常会も含めて会期の延長は「両議院一致の議決」で決められる。「両議院一致の議決」は，「両議院の議決が一致しないとき，又は参議院が議決しないときは，衆議院の議決したところによる」とさ

れ，衆議院の非常に強い優越が認められている（国会10条～13条）。

　なお，明治憲法下では，天皇が15日を上限として議会の活動能力を一定期間停止させる停会という制度があったが（明憲7条，議院33条），日本国憲法では廃止されている。

　また，国会の会期中に国の行事などのため国会が自ら活動を休止することは，休会と呼ばれている。休会期間は会期日数には含まれるが，衆議院の優越が発効する条件である期間計算には含まれない（59条4項など）。ただ，第4回国会以降は，制度上は休会が想定されていた場合であっても休会の手続がとられておらず，事実上活動を停止しているだけである。これは自然休会と呼ばれている。

　会期はその期間の満了によって，延長されない限り，終了する。これを閉会という。衆議院が解散されたとき（54条），および，議員の任期が満限に達するとき（国会10条）も，それによって閉会となり会期は終了する。

　衆議院の解散権の所在・要件については，p.242の(3)参照。

(2)　会期の種類

　上記のように会期には常会・特別会・臨時会という区別がある。なお，この区別にかかわらず，1947（昭和22）年5月20日に召集された特別会を第1回国会として以下順番に第○回国会というように呼ぶのが通例である。

　常会の重要な目的は，予算（会計年度ごとに作成しなければならない）を審議することにある（財27条参照）。会計年度は4月開始だから（財11条），それに間に合うよう常会は1月中に召集することが常例とされている（国会2条）。

　特別会は，その召集とともに内閣が総辞職することとなっており（70条），その主要な目的は，新しい内閣総理大臣の指名である。なお，衆議院任期満了による総選挙または参議院の通常選挙が行われたときは，新しい議員の任期が始まる日から30日以内の臨時会の召集を国会法が義務づけている（2条の3）。衆議院任期満了後の臨時会で，召集により内閣が総辞職し（70条），新しい内閣総理大臣が指名されることは，特別会と同様である。

　なお，会期には含まれないが，憲法は参議院の緊急集会の制度を定めている。すなわち，衆議院の解散後新たに特別会が招集されるまでの間に緊急の必要が

生じたときは，内閣は参議院の緊急集会の開催を求めることができる（54 条 2 項）。緊急集会は内閣の判断に基づき開かれ，内閣が提出した案件を審議するのが原則であり，参議院議員による議案の発議は内閣提出案件に関連のあるものに限られている（国会 101 条）。緊急集会で採られた措置は，緊急の必要に基づく臨時的・暫定的なものであるから，特別会が召集されてから 10 日以内に衆議院が同意しなければ，その効力は失われる（54 条 3 項）。

(3)　会期不継続の原則

　会期制の採用は，国会の活動能力を時間的に限定するという意味をもつ。しかし，それに加えて，現行法は，会期不継続の原則という大きな制約を課している。

　国会法 68 条は「会期中に議決に至らなかつた案件は，後会に継続しない」と定めており，これを案件の不継続という。さらに，案件だけでなく議決も会期を超えて継続しないと考えられており，両者あわせて会期不継続の原則と呼ばれている。例えば，ある法案を衆議院が審議していて議決に至らないまま会期が終了した場合は，その法案を通すためには，次の会期で再び法案の発議・提出からやり直さなければならない（案件の不継続）。また，ある会期で衆議院が法律案を可決し参議院に送付したが参議院では可決にまで至らなかったという場合は，次の会期では衆議院の議決もなかったものとして取り扱われることになる（議決の不継続）。

　この原則には例外が認められており，ある案件の審査を閉会中でも常任委員会または特別委員会が行うように議院の議決で特に付託した場合には，その案件は後会に継続する（国会 68 条ただし書）。ただ，この例外によって継続するのは議案であって議決ではないと解されている。

　会期不継続の原則は明治憲法下でも採用されていたが（議院 35 条），会期制から必然的に導かれる原則ではないと考えられている。また，日本国憲法上の根拠があるわけでもないというのが一般的な解釈であり，したがって，会期不継続原則の現在の根拠は国会法に求められることになる。

　しかし，会期不継続の原則には批判が強い。この原則に従えば，会期中に両院で議決に至らない限り廃案になり，もう一度最初からやり直さなければなら

ないから，政府が議案を通そうとする場合には，無理矢理にでも会期中に議決に持ち込もうとすることになる（いわゆる強行採決）。他方で，議案に反対する野党側は，もともと数の上では劣勢で議決によって否決することは難しいから，審議を引き延ばして会期切れによる廃案を目指すことになりやすい。いずれにせよ充実した国会審議を妨げているというのである。

　そこで，会期不継続の原則を廃止し，選挙から選挙までの間（立法期あるいは選挙期と呼ばれる）は案件・議決が継続するという制度に変更すべきであるという提案もなされている。

⑷　一事不再議の原則

　一事不再議とは，すでに議決された問題と同一の問題を同一会期中には再び審議しないことをいう。明治憲法は39条で「両議院ノ一ニ於テ否決シタル法律案ハ同会期中ニ於テ再ヒ提出スルコトヲ得ス」と定めていた。日本国憲法にはこれに相当する規定がなく，国会法や議院規則にも存在しないが，しかし，審議の効率性などの理由から当然に認められる原則であると理解されている。

④　定足数・会議の公開

　憲法は各議院の総議員の3分の1をそれぞれが議事を開き議決を行うための定足数とし（56条1項），また，会議を公開させることとしている（57条）。公開は，国民に情報を提供し，また，国民の監視によって国会の権限行使が適切に行われることを担保しようとするものである。

　しかし，これらの規定は，本会議についての制約であると理解されている。現在では，国会における審議の実質は本会議ではなくて委員会が担っているから，56条・57条とも実質的な意味は非常に乏しくなっている。委員会については，国会法は，議事・議決の定足数は委員の半数とし（49条），また，原則非公開と定めている（52条）。ただし，公開に関しては，実際上の取扱いとして，報道関係者や議員の紹介がある者の傍聴は許されており，また，本会議・委員会審議のインターネットによる中継も行われている。

　なお，コロナ禍でオンライン出席の可否が議論されたが，現在のところ認められていない。オンライン出席の合憲性については議論がある。

第4節　国会議員の特権

1 歳費特権

49条は，「両議院の議員は，法律の定めるところにより，国庫から相当額の歳費を受ける」と定めている。

中世の身分制議会においては，議員の報酬や経費は議員の選出母体が負担していた。その背景には，議員は選出母体の代理人であるという考え方があったが，近代議会はこの考え方を否定して，議員を国民の代表であると位置づけた。ただし，直ちに，国が代わりに議員に報酬を支給するようになったわけではなかった。歳費が支給されるようになったのは，財産が議員の資格要件であった時代が終わり，議員資格が拡大されて，無報酬であることは財産をもたない者が議員になることへの障碍であると考えられるようになってからである。また，議員は実際にはどこかに経済的な支援を求めざるをえないが，支援を受ければ支援者の強い影響を受けざるをえず，その弊害が大きいことも理由であった。当初は議員活動にかかる経費の負担という位置づけであったが，現在では，職務の対価としての性格を強めつつある。

なお，「歳費」とあるが，月割で支給されている（「国会議員の歳費，旅費及び手当等に関する法律」）。また，49条は歳費以外の支給を禁止する趣旨とは理解されておらず，実際に，歳費の他に，期末手当，文書通信交通滞在費，退職金等が支給されている。

2 不逮捕特権

50条は「両議院の議員は，法律の定める場合を除いては，国会の会期中逮捕されず，会期前に逮捕された議員は，その議院の要求があれば，会期中これを釈放しなければならない」と定めている。

なぜ議員に不逮捕特権が認められるかといえば，①政府が反対派議員の活動を妨害するために逮捕するというような，不当な逮捕から議員を保護するという理由や，②議員逮捕によって得られる利益（罪証隠滅や逃亡防止など）よりも，

議員が国会の審議に参加することがより重要でありうるという理由，などが考えられる。①②は両立しないわけではないので，ともに理由と考えることもできる。

「国会の会期中」であるので，国会の休会中は不逮捕特権が認められるが，閉会中は認められない。ただし，参議院の緊急集会は，国会の閉会中に開催されるものであるが，憲法が不逮捕特権を認めた趣旨を考慮すれば，緊急集会中も参議院議員には特権が認められると解すべきである（国会 100 条参照）。

「逮捕」されないとあるが，上述の不逮捕特権の趣旨を考慮すれば，刑事訴訟法上の「逮捕」に限定される必要はないと考えられている。確定判決の執行として行われる場合を除いて，行政上のものを含めて，公権力による身体的拘束一般を指すと解されている。逆に，起訴はそれだけでは身体的拘束を伴わないから，起訴されない特権があるわけではないと解されている。

明治憲法では 53 条が議員の不逮捕特権を規定し，同時にその例外も「現行犯罪又ハ内乱外患ニ関ル罪」の場合と「院ノ許諾」がある場合と定めていた。これに対して，日本国憲法 50 条は不逮捕特権の例外の定めを法律に委ねており，国会法 33 条が「院外における現行犯罪の場合」と「その院の許諾」がある場合と定めている。「内乱外患ニ関ル罪」についても不逮捕特権が及ぶこととなった。院内における現行犯罪については，議院自らの自律に委ねるという趣旨であり，議院警察権によって議長の指揮の下で逮捕されることはある（国会 114 条，衆規 210 条，参規 219 条）。現行犯罪が不逮捕特権の例外とされるのは，犯罪の嫌疑が明白で不当な逮捕がなされる可能性が小さいと考えられたからである。

逮捕許諾請求は内閣から議院に提出されることとなっている（国会 34 条）。議院がどのような基準で逮捕の許諾を与えるべきかについては，不逮捕特権が認められる理由を①と考える場合には，真に逮捕の必要性があるかどうか・不当な逮捕ではないかを基準として判断すべきあろうし，②と考える場合には，当該国会議員が院の活動にとって必要かどうか，によって判断すべきということになろう。

議院が逮捕許諾を与える場合に条件や期限をつけることができるかについては争いがあるが，東京地決昭和 29・3・6 判時 22 号 3 頁は否定している。すな

わち，50条の趣旨は「議員に犯罪の嫌疑がある場合においても苟も犯罪捜査権或は司法権の行使を誤り又はこれを濫用して国会議員の職務の遂行を不当に阻止妨害することのないよう……各議院自らに所属議員に対する逮捕の適法性及び必要性を判断する権能」を与えることにあるのだから，「議員に対しては一般の犯罪被疑者を逮捕する場合よりも特に国政審議の重要性の考慮からより高度の必要性を要求することもあり得る」としても，「苟も右の観点において適法にして且必要な逮捕と認める限り無条件にこれを許諾しなければならない」としている。

　なお，50条後段の，会期前に逮捕された議員に関する規定は，明治憲法に定めがなく争われていたところを明文で解決したものである。

3　免 責 特 権

　51条は，「両議院の議員は，議院で行つた演説，討論又は表決について，院外で責任を問はれない」と規定している。

　免責特権は，議会の審議が王権によって妨害された経験から，議員の自由な職務遂行を確保するために，イギリスで発達した制度である。

　このような免責特権の趣旨に沿うように，免責される議員の行為の範囲については，51条の文言から拡張して解釈されている。すなわち，条文上は「議院で行つた」とあるが，本会議に加えて委員会における議員の活動も含まれ，また，議事堂外であっても地方公聴会のように議員としての活動と認められれば含まれると解されている。また，「演説，討論又は表決」についても，議員の職務活動に付随する行為を含むと解されている。第二次国会乱闘事件で，東京高判昭和44・12・17高刑集22巻6号924頁は，「憲法第51条所定の国会議員の免責特権の対象たる行為とは，同法条の設けられた精神にかんがみるときは，必ずしも同規定に明文のある演説，討論又は表決だけに限定すべきではないが，少なくとも議員がその職務上行なった言論活動に附随して一体不可分的に行なわれた行為の範囲内のものでなければならないと解すべき」としている。

　院外の「責任」の意味については，一般の国民であれば負うところの刑事上・民事上の責任が含まれることには争いがない。加えて，議員が公務員を兼職している場合に公務員として懲戒されることや，議員が弁護士である場合に

弁護士法によって弁護士会から懲戒されることも免責されるという解釈が有力である。他方，議員がその所属する政党・組合・会社などから制裁を加えられ除名されることは，51条の関知するところではないと解されている。なお，選挙民が議員の責任を追及するリコール制を設けることが免責特権に違反しないかについては，代表原理をどのように理解するか，免責特権を代表制原理との関係でどのように位置づけるかに関係して，議論がある（⇒p. 83の第2節）。

　免責特権は，「院外で」責任を問われないという保障であって，院内での責任追及を免除する趣旨ではなく，議院の懲罰権（58条2項）の対象になりうる（国会119条・120条参照）。

　地方議会議員にも免責特権が認められるかについて，最高裁は，「憲法上，国権の最高機関たる国会について，広範な議院自律権を認め，ことに，議院〔原文ママ〕の発言について，憲法51条に，いわゆる免責特権を与えているからといって，その理をそのまま直ちに地方議会にあてはめ，地方議会についても，国会と同様の議会自治・議会自律の原則を認め，さらに，地方議会議員の発言についても，いわゆる免責特権を憲法上保障しているものと解すべき根拠はない」と述べたことがある（最大判昭和42・5・24刑集21巻4号505頁）。

　議員の免責特権が認められると，議員の演説によって名誉やプライバシーを傷つけられた者など議員の活動による被害を受ける者が現れた場合であっても，議員から救済を得ることができなくなる。そこで，被害者救済の必要性が指摘され，国家賠償法によって国の責任を認める可能性が模索されたが，最高裁は，非常に狭い範囲に限定した（◀ 判例 5-3 ▶）。

◀ 判例 5-3 ▶ **最判平成9・9・9民集51巻8号3850頁**
【事実】衆議院社会労働委員会において，国会議員 Y_1 は，A病院院長Bが5名の女性患者に対して破廉恥な行為をした，Bは薬物を常用するなど通常の精神状態ではないのではないか，現行の行政の中でこのような医師はチェックできないのではないか，などという発言をした。この発言は，同日の議題であった医療法の一部を改正する法律案の審議に際し，患者の人権を擁護する見地から問題のある病院に対する所管行政庁の十分な監督を求める趣旨のものであった。
　この発言の後にBが自殺した。Bの妻Xは，Y_1 の発言によってBの名誉が毀損されBが自殺に追い込まれたとして，Y_1 に対しては民法709条・710条

に基づく損害賠償を，Y₂（国）に対しては国会賠償法1条に基づく損害賠償を求めた。第一審，第二審ともにXの請求を棄却。

【判旨】 Y₁に対する請求については，職務上行った行為について公務員は個人的な責任を負わないという，国家賠償法の解釈から請求を棄却した。

Y₂に対する請求については，国家賠償法1条の違法性を公務員が「個別の国民に対して負担する職務上の法的義務」に違背したときと狭く解釈する先例に従った上で，次のように述べ，本件については，国の賠償責任を否定した。

「国会議員は，立法に関しては，原則として，国民全体に対する関係で政治的責任を負うにとどまり，個別の国民の権利に対応した関係での法的義務を負うものではなく，国会議員の立法行為そのものは，立法の内容が憲法の一義的な文言に違反しているにもかかわらず国会があえて当該立法行為を行うというごとき，容易に想定し難いような例外的な場合でない限り，国家賠償法上の違法の評価は受けないというべきであるが（最判昭和60・11・21民集39巻7号1512頁），この理は，独り立法行為のみならず，条約締結の承認，財政の監督に関する議決など，多数決原理により統一的な国家意思を形成する行為一般に妥当するものである。

これに対して，国会議員が，立法，条約締結の承認，財政の監督等の審議や国政に関する調査の過程で行う質疑，演説，討論等（以下「質疑等」という。）は，多数決原理により国家意思を形成する行為そのものではなく，国家意思の形成に向けられた行為である。」

「しかしながら，質疑等は，多数決原理による統一的な国家意思の形成に密接に関連し，これに影響を及ぼすべきものであり，国民の間に存する多元的な意見及び諸々の利益を反映させるべく，あらゆる面から質疑等を尽くすことも国会議員の職務ないし使命に属するものであるから，質疑等においてどのような問題を取り上げ，どのような形でこれを行うかは，国会議員の政治的判断を含む広範な裁量にゆだねられている事柄とみるべきであって，たとえ質疑等によって結果的に個別の国民の権利等が侵害されることになったとしても，直ちに当該国会議員がその職務上の法的義務に違背したとはいえないと解すべきである。憲法51条は，『両議院の議員は，議院で行った演説，討論又は表決について，院外で責任を問はれない。』と規定し，国会議員の発言，表決につきその法的責任を免除しているが，このことも，一面では国会議員の職務行為についての広い裁量の必要性を裏付けているということができる。もっとも，国会議員に右のような広範な裁量が認められるのは，その職権の行使を十全ならしめるという要請に基づくものであるから，職務とは無関係に個別の国民の権利を侵害することを目的とするような行為が許されないことはもちろんであり，

また，あえて虚偽の事実を摘示して個別の国民の名誉を毀損するような行為は，国会議員の裁量に属する正当な職務行為とはいえないというべきである。

　以上によれば，国会議員が国会で行った質疑等において，個別の国民の名誉や信用を低下させる発言があったとしても，これによって当然に国家賠償法1条1項の規定にいう違法な行為があったものとして国の損害賠償責任が生ずるものではなく，右責任が肯定されるためには，当該国会議員が，その職務とはかかわりなく違法又は不当な目的をもって事実を摘示し，あるいは，虚偽であることを知りながらあえてその事実を摘示するなど，国会議員がその付与された権限の趣旨に明らかに背いてこれを行使したものと認め得るような特別の事情があることを必要とすると解するのが相当である。」

練習問題

1　現在，国は自動車ナンバー自動読み取りシステム（Nシステム）の端末を道路の要所に設置していて，その設置地点を自動車が通過すると，自動車前面が撮影され，ナンバープレートが自動的に読み取られるようになっている。これにより，逃走車両の発見・追尾に有用であることが期待されるが，他方で，車前面が撮影される際に車搭乗者の容貌も一緒に撮影され肖像権を侵害しているのではないか，車による移動についての情報を国が知ることになりプライバシー権（自己情報コントロール権）を侵害することにならないか，自由な移動を萎縮させることにならないか，などの問題点が指摘されている。これらの問題点については，撮影画像から車両ナンバーの情報が抽出された後は消去される，通過車両データも一定期間が経過すれば消去されるなどの対応がなされている。

　　このNシステムについては，その設置や管理を特に定めた法律はない（一定期間後のデータ消去なども法律で定められているわけではない）。この点を，憲法上どのように評価すべきであろうか（東京高判平成21・1・29訟月55巻12号3411頁『平成21年度重要判例解説』10頁［小泉良幸］参照）。

2　衆議院には機関承認と呼ばれる慣行がある。衆議院規則に定められているわけではないが，議員が議案を提出するには，所属する会派の承認印があることが求められている。会派とは，複数の議員が院内で統一して行動しようと集合して組織する院内団体である。通常は，会派は所属政党ごとに形成されている。議院の運営は会派を単位をとして決められることが多く，会派間協議で重要な決定がなされたり，委員会委員の選任や質問時間などは会派別に所属人数に比例して割り当てられたりしている。機関承認も，会派を単位とする議事運営の一例である。

　　所属会派の承認がなければ議員が議案を提出できないという，このような慣行を，

憲法上はどのように評価すべきであろうか。

　また，衆議院議員 X は A 法案を衆議院事務局に提出したところ，一定数の賛成議員という条件は満たしていたが（国会 56 条），所属会派の承認印を欠いていたとする。事務局は機関承認が院内で確立した習律であると考えて，A 法案を受理法律案として扱わず，結局，A 法案は国会の審議手続に付されることのないまま，衆議院は解散されてしまったとする。X が法律案の不受理を違法であるとして国会賠償法に基づく損害賠償請求を提起した場合，裁判所はどのように判断するべきであろうか（最判平成 11・9・17 訟月 46 巻 6 号 2992 頁参照）。

第**6**章

内 閣

第5章と同様に，内閣に関しても，憲法は内閣にどのような権限を与えているのか，そして，その権限が適切に行使されるよう憲法は内閣をどのように組織し運営を工夫しているのかに注意しながら検討を進めていくこととする。

第1節では，内閣にいかなる権限が与えられているのかを検討する。

第2節〜第4節において，憲法が内閣の組織・運営をどのように規定しているのかを検討する。内閣の組織・運営を，議会との関係において（第2節），その内部において（第3節），行政各部との関係において（第4節），見ていくこととする。日本国憲法は，内閣と議会との関係について，議院内閣制を採用している。そして，議院内閣制が十分に機能するように，内閣内部において内閣総理大臣のリーダーシップを強化して内閣が一体として活動できるようにし，また，内閣が行政各部全体を統制できるようにしている。

第1節　内閣の権限

　内閣にはどのような権限が与えられているのか。条文を確認すると，憲法には，概括的な規定と，それに比べるとある程度は具体的な規定とがある。前者には，65条（内閣に「行政権」が属する）・73条柱書（内閣が「他の一般行政事務」を行う）があり，また，これらと密接にかかわる規定として73条1号「法律を誠実に執行し，国務を総理すること」がある。ここでは，最初に，これらの

概括的な規定について検討し（**1**），その後で，個別的な規定を1つずつみていくことにしよう（**2**）。結論からいえば，概括的な規定に関する解釈は，内閣の役割を明らかにするという意味が強い。概括的な規定のみから具体的な権限を導くことには一般に慎重である。

1 行 政 権

(1)　行政権の意義

憲法65条は「行政権は，内閣に属する」と定めている。「行政権」の意義については，控除説が通説であるが，法律執行説・執政説も有力である。

(a)　控除説　　控除説は，行政権を，すべての国家作用から立法作用と司法作用を除いた残りの作用であると解釈する。その理由としては，①包括的な君主の支配権から，議会が立法権を，裁判所が司法権を分離させていったという歴史的経緯に合致していること，②行政権の内容は多様であり，そのすべてに共通する性質を積極的に定義することは困難であり，消極的な定義で満足せざるをえないこと，が挙げられている。

(b)　法律執行説　　法律執行説は，行政を法律の執行と解釈する。この解釈は，41条の立法権に関する新しい形式説（⇒p. 168の(b)）と連動している。すなわち，国民主権原理から，憲法の下での始原的法定立は国会によって行われなければならないという帰結を導き，そして，そのような帰結を憲法の解釈によって生み出すためには，41条の立法は「法律」という名称の法規範を制定することと形式的に理解し，65条の行政はその「法律」を執行することと理解しなければならないと説いている（高橋402頁）。

(c)　執政説　　執政説は，次のように説く。内閣は，行政各部を指揮して法律を執行させるが，それにとどまらず，国政全体について配慮し，必要があれば国会を召集し法律案を提出するなどの対応を行って，国家の総合的な政策のあり方について調整を行うべき立場にある。このような内閣に期待される役割を考えると，控除説は消極的な定義にとどまり内閣の役割を明らかにできておらず，また，法律執行説は内閣に期待される能動性・積極性を示すことができていないという点で，適切ではない。

憲法の英訳を見ると，内閣に属する「行政権」（65条）や内閣が国会に対し

その行使について責任を負う「行政権」(66条3項) は "executive power" であるのに対して、「行政各部」(72条) は "administrative branches" であり、「法律を誠実に執行し」(73条1号) は "Administer the law faithfully" である。この executive power と administer の区別は、執政と法律の執行 (狭義の行政)との区別を表現していると考えられる。内閣に帰属する「行政権」(65条) は、法律の執行にとどまらない、より高次の作用として理解すべきである。

　(d)　**各説の問題関心**　　以上のように行政権に関しては様々な学説が唱えられているが、注意すべきは、それぞれの学説の問題関心が異なっているのではないかということだと思われる。もし異なっているとすれば、それぞれの問題関心を正しく理解しなければ、各説の意義も見誤ることになるだろう。

　法律執行説は、控除説を批判して、もし65条を控除説によって理解すると、立法作用・司法作用を除いた「全ての国家作用」という、非常に広くしかも輪郭もはっきりしない権限を内閣に与えることになってしまう、という。法律執行説がこのように批判するのは、逆にいえば、その関心が、「行政権」の意義を問うことによって内閣の権限の内容を明らかにしようとするところにあることを示している。そして、法律執行説は、その問いに対して行政は法律の執行であると答えることによって、65条だけから直接に何らの権限も引き出すことはできないこと、内閣の権限は法律によって授権された権限でなければならないことを主張しようとするものであると理解することができる。

　他方、翻って考えるならば、内閣の権限の内容を明らかにするという観点から控除説を理解しようとすれば不適切な答えが導かれるということは、控除説の関心がそこにはないことを示唆している。では、控除説の関心はどこにあるか。控除説は国会と裁判所が担当している国家作用以外をすべて包括しようとするものであるが、なぜそのような包括作業が必要かといえば、それらがバラバラになることを阻止しようとするからと推測できるのではないだろうか。つまり、控除説の関心は、権限の所在にあると思われる。つまり、内閣から独立した行政機関を認めず、立法作用と司法作用以外をすべて内閣の下におくことに控除説の問題関心があり、内閣の下におかれた権限の内容がどのようなものであるかはとりあえずの関心の外にあると理解すべきであろう。明治憲法が各国務大臣の単独輔弼の制度を採用し、しかも、輔弼に大きな例外が認められて

いたことがどのような問題を引き起こしたかを考慮すれば（⇒p. 46 の(e)），日本国憲法の下で内閣に権限を集中させよう（そして，その内閣を国会にコントロールさせよう）という意図はよく分かるところである。天皇から内閣へ積み残しなく権限移動させることがまず大切であって，その積み荷の内容を明確化しておくことはとりあえずの考慮の外にあったのではないだろうか。

これに対して，執政説は，執政と狭義の行政との違いを強調することからうかがわれるように，その問題関心は，内閣と行政各部との違いを明らかにしようとするところにあると考えられる。控除説や法律執行説への批判も，この違いが明らかにできていないことに求められている。執政説は，内閣が政治機関であるという位置づけをはっきりさせ，政治機関である内閣が官僚組織である行政各部を指揮監督すべき立場にあることを明確化しようとするものである。

(e) **65 条から導かれる内閣の権限**　　各説の違いを問題関心の違いとして理解すれば，それらは相互に排他的であると必ずしも考えなければならないわけではなくなる。各説の関心はそれぞれ重要であると考えられるから，すべて理解しておくことが必要であろう。

なお，立憲主義の観点からは憲法が内閣にどのような権限を与えているのかを明らかにしておくことがまずは重要であると思われるので，65 条がその点でどのような意味をもつかについてだけ各説の意義を再確認しておきたい。

この点で，法律執行説が 65 条から直接に何らかの権限を導き出すことを認めず，法律の授権がなければならないとすることは明らかである。これに対して，控除説や執政説によって解釈すれば，65 条から何らかの権限を引き出すことが論理としては可能である。実際に，内閣の衆議院解散権の根拠として 65 条が挙げられたこともある。さらに，行政権の内容を積極的に定義する執政説は，内閣に独占されていて国会によっても制約できない執政作用があるという解釈へとさらに展開される可能性もないわけではない。ただ，両説の問題関心が権限の内容と異なることは上述のとおりであり，これまでのところ，いずれの説からも法律の根拠がないのに 65 条から内閣の具体的な権限を導くという議論はなされていないようである。つまり，いずれの学説によっても，内閣の権限の内容を具体的に考える場合に 65 条を単独で用いることはあまりない。

⑵　法律を誠実に執行し，国務を総理すること

次に，73条1号「法律を誠実に執行し，国務を総理すること」については，内閣にどのような権限を与えていると解されるだろうか。

「国務の総理」における「国務」の意義については，①行政事務と理解する考え方と，②行政事務の他に立法や司法も含むという考え方とがある。①によれば，「国務の総理」とは内閣が行政各部を指揮監督すること（72条）を言い換えたにすぎないということになり，②によれば，内閣が国政全般について配慮し，必要であれば法律案を提出するなどの対応を行うべき立場にあることを示しているということになる。

「国務の総理」を②のように解釈することは，当初は少数であったが，執政説の問題提起を受けて近年は浸透しつつあるところである。執政説によれば，「国務の総理」という文言は65条の「行政権」の特徴を象徴的に示している。これに対して，法律執行説からは，国務の総理を②のように読むことには同意しつつも，だからこそ65条の「行政権」を執政権と読む必要はないという反論がなされている。

①の解釈は，73条1号から内閣の具体的な権限を新たに導くものではない。この点では，②の解釈も慎重である（65条に関する執政説と同様）。

また，73条柱書「他の一般行政事務」については，内閣の事務が，73条に列挙された事務（多くは明治憲法において天皇の大権事項とされていたものである）に限られるわけではないことを注意するためであったと理解されている。ただ，73条柱書のみを根拠として，列挙外の具体的な権限が導かれているわけでもない。

2 憲法が個別的に列挙する内閣の権限

次に，憲法が，内閣の権限として，より具体的・個別的に定めているところを見ていこう。

⑴　外交関係を処理すること，条約を締結すること

73条2号・3号。p.193の 3 を参照。

(2)　官吏に関する事務を掌理すること

　73 条 4 号。明治憲法において天皇の任官大権とされていたところ（明憲 10 条）を，内閣の権能とするとともに，その基準を法律事項とした。法律事項とした背景には，特別権力関係論的理解からの転換がある（⇒ p. 173 の(iv)）。

　「官吏」に，国会の職員や裁判所の職員（内閣は裁判官の指名・任命権をもつ。6 条 2 項・79 条 1 項・80 条）を含むか。本号は内閣と行政各部との関係を取り扱う規定の 1 つと位置づけられるべきであり，消極に解すべきだろう。

　「掌理」に任免権を含むか。任免権を含むと解釈しても，全ての公務員について内閣が実際に行使することが求められているわけでも，また，行使しようと思えばできることが保障されているわけでもなく，内閣がその政策を実現でき，法律が誠実に執行されるための人事制度が構築されることが求められていると解すべきだろう。国会が法律で基準を定める場合も，そのような公務員制度を定めるものでなければならない。

　この点で，2008（平成 20）年に国家公務員制度改革基本法が成立し，そこでは，「議院内閣制の下，国家公務員がその役割を適切に果たすこと」（同法 2 条 1 号）が基本理念の 1 つとされ，政府に対して「縦割り行政の弊害を排除するため，内閣の人事管理機能を強化」（同法 5 条 2 項）することが求められた。これを受けた国家公務員法等の改正が紆余曲折を経たうえで 2014（平成 26）年に成立し，また，内閣官房に内閣人事局が設置された（内 20 条）。このような改正も上記の観点から検討される必要があるだろう（上田健介『首相権限と憲法』〔成文堂，2013 年〕第 2 編第 2 章参照）。

(3)　予算を作成して国会に提出すること

　73 条 5 号。財政法が定めるところによれば，各省大臣等が「見積に関する書類」を作成し内閣に提出し（財 17 条。いわゆる概算要求），財務大臣が「見積」を検討し必要な調整を行って「概算」を作成し閣議で決定し（財 18 条。いわゆる概算閣議），そして，財務大臣が歳入予定明細書・予定経費要求書等に基づいて「予算」を作成し閣議で決定することとなっている（財 21 条。いわゆる提出閣議）。

　実際の予算編成過程においては，財務省（旧・大蔵省）が非常に強い力を有

している。各省からの概算要求の前に，財務省が概算要求基準（シーリング）を定めて各省に通知するということが行われているし，また，概算の作成では，財務省による査定で決まる部分が大きい。

予算編成過程における内閣機能の強化という観点から，2001（平成13）年に，内閣府に「予算編成の基本方針」の調査審議を事務の1つとする経済財政諮問会議が設置されている。いわゆる小泉改革においては，この会議が活発に活動したことが知られている。

(4)　政令を制定すること

73条6号。行政機関が制定する法規範の形式を命令（81条・98条）といい，政令とは，内閣が制定する命令の形式である。政令は，命令の中で最も強い形式的効力をもつ。

憲法はどのような政令の制定を内閣に認めているのだろうか。命令を，法律との関係で分類すれば，執行命令（法律を執行するために制定されるもの），委任命令（法律の委任に基づいて制定されるもの），独立命令（法律と無関係に制定されるもの），代行命令（法律と同等の形式的効力をもつもの）に分けることができる。

執行命令については，73条6号本文が内閣にその制定を認めていることは明らかである。

委任命令についても，一定の条件の下で認められると解されている（⇒p.175の(3)）。

独立命令は，明治憲法では認められていた（明憲9条）。日本国憲法でも，73条6号の「この憲法及び法律の規定を実施するために」を「この憲法の規定を実施するために」も含んでいると解釈すれば，独立命令が認められているということになる。しかし，原則は，国会が唯一の立法機関であるということでなければならない。法律で規律すべき事項を政令で定めることは，この原則に正面から反することであり許されない。学説は，73条6号の「憲法及び法律」は一体として読まれなければならないとして，独立命令を許容する根拠が憲法にあることを否定している。

なお，明治憲法では，法律を変更する効力をもつ代行命令も条件付きで認められていた（明憲8条）。法律の優位の原則に対するそのような例外を日本国憲

法において認める余地はない。

(5)　大赦，特赦，減刑，刑の執行の免除および復権を決定すること

73条7号。明治憲法16条は「天皇ハ大赦特赦減刑及復権ヲ命ス」としていたところ，日本国憲法は「大赦，特赦，減刑，刑の執行の免除及び復権を決定すること」を内閣の事務とし，その「認証」のみを天皇の国事行為とした（7条6号）。

明治憲法下で恩赦令（大正元年勅令第23号）が定めていたところは，日本国憲法では恩赦法が定めている。それによれば，恩赦には，政令で罪や刑の種類を定めて行う包括恩赦と，特定の者に対して行う個別的恩赦とがある。個別的恩赦については，政治的な濫用を防止するため，中央更生保護審査会の申出があった者に対して行うこととなっている。

(6)　天皇の国事行為についての助言と承認

p. 109 の**2**を参照。

(7)　国会に対する諸権限

(a)　国会の召集権，参議院の緊急集会の開催を求める権限　　p. 215 の**3**を参照。

(b)　衆議院の解散権　　p. 242 の(3)を参照。

(c)　議案・予算の提出権　　議案の中には法律案も含まれると解されている（⇒ p. 179 の(ii)）。

(d)　議院への出席・発言権　　内閣総理大臣その他の国務大臣は，何時でも議案について発言するため議院に出席することができる（63条）。

明治憲法54条は政府委員についても出席・発言権を認めていたところ，日本国憲法63条はそれを削除している。

ただし，かつては国会法で政府委員の制度が設けられ，内閣が議長の承認を得て各省の政務次官や局長・審議官クラスの官僚を任命し，国会の審議に参加させていた。

しかし，政府委員制度は国会で本来行われるべき政治家間の議論を妨げてい

るとして，1999（平成 11）年に廃止された。現在は，国務大臣の他には，内閣官房副長官，副大臣および大臣政務官（通例では，内閣官房副長官 3 名のうち 1 名が官僚から選ばれる以外は，議員から選ばれる）のみ出席権が認められ，また，内閣が，両議院の議長の承認を条件に，人事院総裁，内閣法制局長官，公正取引委員会委員長，原子力規制委員会委員長および公害等調整委員会委員長が政府特別補佐人として出席させることができるだけになっている（国会 69 条）。ただ，国会の委員会が，行政に関する細目的または技術的事項について審査または調査を行う場合に必要があると認めるときは，政府参考人の出席を求めることができることとなっており（衆規 45 条の 3，参規 42 条の 3），官僚が政府参考人として出席することはある。

(8)　裁判官の任命権

内閣は最高裁判所長官の指名権（6 条 2 項）をもち，また，その他の裁判官の任命権をもつ（79 条・80 条）。下級裁判所裁判官の任命については，最高裁判所の指名した者の名簿によって行わなければならない（80 条）。p. 288 の(a)，p. 291 の(a)を参照。

第 2 節　政府・議会間関係

第 1 節で検討したように内閣には幅広い権限が与えられているが，それらが適切に行使されるように，憲法は内閣の組織や運営をどのように規定しているだろうか。この点で，まず考えなければならないのは議会との関係である。

1 大統領制と議院内閣制

民主主義国家において政府を組織する場合に，議会とどのように関係づけるかについて，ごく大雑把に考えれば，政府を議会から独立させて国民が直接に組織する類型と，政府を議会の統制下に組織する類型とが考えられるだろう。前者が大統領制であり，後者が議院内閣制である。大統領制とは，政府と議会とが厳格に分離されている体制であり，議院内閣制とは，政府と議会とが一応分離されているが，政府が議会に対して連帯責任を負う体制である。以下で，

それぞれがどのような特徴をもっているのか，どのような利点があるのか，もう少し詳しくみていこう。

(1)　大 統 領 制

大統領制の典型例はアメリカである。アメリカでは立法権は議会に，行政権は大統領に帰属するが，大統領と議会とはそれぞれ別の選挙において国民によって選ばれる（正確には，国民は州ごとに選挙人を選び選挙人が大統領を選ぶという間接選挙であるが，実質的には国民の直接選挙として機能している）。議会は大統領を任期途中に辞職させることはできないし（この点も正確にいえば，議会は大統領を弾劾できるが，弾劾できる場合は狭く限定されており，例えば政策の不支持は弾劾理由にならない），大統領も議会を解散することはできない。議員職と政府の役職との兼職も禁じられている。

このように議会と政府とを厳格に分離するのはなぜか。それは，分離によって議会と政府が相互に抑制しあい，その結果，それぞれが適切に権限を行使するであろうと考えるからである。

したがって，厳格な分離といっても，それは議会と政府とを組織として厳格に分離するという趣旨であって，それぞれの権限行使まで厳格に分離されているわけではないことに注意しておきたい。アメリカの場合でいえば，大統領は立法拒否権をもつし，大統領が下級でない公務員を任命する場合には上院の助言と承認が必要である。むしろ，組織は分離するが権限行使は独占させないことが，相互の抑制・均衡を生み出し，全体としてよりよい権力行使を担保するだろうと考えられている。

(2)　議院内閣制

議院内閣制の典型例はイギリスである。イギリスの議院内閣制は，議会が国王に対してその地位を高めていく過程の中で，18世紀以降の政治実践の積み重ねによって慣行として成立したものである。

内閣の始まりは，国王が助言を求めるために大臣として登用した議会有力者たちの非公式な集まりである。高まる議会の地位を背景に国王は彼らの助言を聞かざるをえなかったが，他方で，彼らは国王の臣下であることに変わりはな

く国王の信任を得ている限りでその立場を維持しうる存在であった。また，議会との関係では，内閣は，国王の支持を得て国王の解散権と官職授与権を利用し自らの議会への影響力を強化することができたが，しかし，議会の支持を失ってしまえば自らの政治的根拠を失うこととなり自発的に辞職せざるをえなかった。このような初期の議院内閣制は，内閣が国王と議会の双方に責任を負いつつ，両者の間で均衡をとりながら統治の要としての役割を果たしたということから，二元主義型議院内閣制と呼ばれることがある。

　その後，選挙法改正などを通じてその国民的基礎を強化した議会（特に下院）はさらにその地位を高め，他方で，国王の権力は次第に形式化・名目化していく。国王は下院選挙で過半数を獲得した政党の党首を首相に任命せざるをえなくなり，また，国王の大臣罷免権も実質的には行使できなくなる。内閣は下院の信任のみをその存立の基礎とするようになり，下院が内閣を不信任した場合には，首相は国王に進言して議会解散権を行使するよう促すか，あるいは辞職しなければならなくなる。この段階では，内閣が実質的に責任を負っているのは議会のみであるということから，一元主義型議院内閣制と呼ばれる。

　現在では，議院内閣制という類型を立てる場合は，政府と議会との関係を，議会による政府支配を目指して規律するものという理解に基づくことが多い。

(a)　責任と均衡

ただし，議院内閣制が議会による政府支配であるといっても，2つの点に注意が必要である。

　第1点は，あくまで政府と議会とは別の組織であるということである。大統領制の分離に対して，議院内閣制は政府と議会との融合であるといわれることがあるが，それでも政府と議会との分立を前提としているということである。この点で，政府と議会との分立を前提としない制度として議会統治制という類型が立てられることがある。

　議院内閣制を議会統治制から区別する点として，政府が議会解散権をもつことを挙げる見解がある。この見解は，議院内閣制の本質を政府と議会との均衡にあると捉えているということから，均衡本質説と呼ばれることがある。

　これに対して，議会解散権を議院内閣制の要件として数えない見解もあり，その見解は議院内閣制の本質を政府の議会に対する責任であると捉えているとして，責任本質説と呼ばれている。ただ，責任本質説も，議院内閣制における

政府と議会との分立を否定するわけではなく，議院内閣制と議会統治制との区別を認めており，例えば，議院内閣制では内閣が辞職の自由を有していることが，議会統治制との違いであるという説明がなされている。

このように，議院内閣制は，政府と議会との責任と均衡という二側面から理解しておく必要がある。すなわち，第1に，議院内閣制は，内閣に議会に対する責任を課すことによって，国民→議会→内閣→行政活動という責任追求の連鎖をつくり出し，政府の活動を民主主義的にコントロールしようとするものである。第2に，議院内閣制は，議会と政府が完全に一体化するわけではなく一応分立していることによって，両者間に民意への競争を生み出すものである。すなわち，内閣が議会解散権をもつ場合には，議会が内閣不信任決議権をもつこととあいまって，双方が他方のイニシアティブによって国民の審判に付される可能性に常にさらされていることとなり，したがって，議会も内閣も，いつ選挙があっても国民の支持を得られるように行動するであろうということが期待されている。これに対して，議会統治制の場合は，議会と政府との対立が体制の原理として否定されているので，逆に，政府＝議会の政治的指導者が議会（すなわち国民）の名によって独裁を行う危険があると指摘されている。

(b) **政府による議会支配** 議院内閣制が議会による政府支配であるというとき，注意すべき第2点は，実際の運用においては，政府による議会支配になりうるということである。

議院内閣制の下で，政府が自らの地位を安定させようと思えば，議会の多数派を集団として組織することが必要である。つまり，政党が組織されることとなる。これに成功すれば，議会多数党の党首が首相に就任し，与党を通じて議会を支配できることとなる。

このような政党政治を前提とするならば，民主主義における政府・議会間関係のモデルの1つとして議院内閣制を位置づけることの意味も，捉え直しておく必要がある。すなわち，国民→議会→内閣→行政活動という責任追求の連鎖による民主的コントロールという点は，実際には，国民は選挙で内閣を直接に選択することとなる。また，議会と政府とが民意をめぐって競争するという点は，政府と議会多数派とが政党で結ばれることによって起こりにくくなる。民意への競争は，与党と野党との間，あるいは，与党内部での政党執行部と平議

員，または，主流派と非主流派との間，連立政権の場合の与党間関係などとして捉え直す必要がある。

> ### Column 6-1　国民内閣制
>
> 　議院内閣制が政府による議会支配として運用されることを積極的に肯定する立場を鮮明にしたのが，高橋和之教授の国民内閣制論である（高橋和之『国民内閣制の理念と運用』〔有斐閣，1994年〕，同『現代立憲主義の制度構想』〔有斐閣，2006年〕）。
>
> 　国民内閣制論は，民主的政治過程の重要な課題として，多様な国民意思から国民の過半数が支持する1つの政治プログラムを創出・選択することを挙げる（1つの政治プログラムであるのは，最終的に実行できるものは1つしかありえないから）。そのためには，政党が多数の政治プログラムを調整し妥協させながら2つに収斂させていく二党制が望ましく，また，選挙制度としては，小選挙区制が選挙人に多数派形成思考を要求するという点を積極的に評価すべきである。そして，このようにして国民が政治プログラムとその担い手（内閣）を選ぶことによって，議院内閣制は内閣を中心に運用されることとなる。内閣はその政治プログラムに基づいて統治を行い，官僚機構を統制すべきであり，他方，議会では，野党が内閣の政策の問題点を指摘し代替政策を国民に提示することによって，政権交代の脅威をつくり出し内閣をコントロールすべきである。内閣・議会それぞれの役割は，アクションとコントロールとして図式化される。
>
> 　国民内閣制論は，様々な議論を喚起した。論争は多くの重要な論点を提起したが，根本的な争点は，民主主義において国民が政治プログラムを直接に選択するということの意義をどのように評価すべきか，であろう。究極的には，民主主義とは何かという問題であり，論者やトピックを変えつつ議論は続いている（国民内閣制論と異なる民主主義像を提示する代表的な論者の著書として，高見勝利『現代日本の議会政と憲法』〔岩波書店，2008年〕）。

2 半大統領制

　近年では，大統領制・議院内閣制という2つの類型に加えて，それら双方の特徴をあわせもつ形態として，半大統領制という類型も立てられるようになってきた。第5共和制のフランスがその代表例であるが，冷戦後の旧共産圏諸国に採用している例が多い。

　大統領と首相の両方がおかれれば，半大統領制と分類されるわけではない。君主を推戴しない国では国家元首として大統領がおかれることが多いが，その

大統領が実質的にも政府の長である場合には，大統領制に分類される。他方，大統領職は設けられたが単に名目的な存在であって政府の実質的な長は別に議会によって選ばれる場合には，議院内閣制に分類される（この場合の大統領の選出は，国民による選挙ではないことが多い）。これに対して，大統領と首相がともにおかれていて，かつ，両者がともに実質的な行政権者である場合が，半大統領制として分類されている。半大統領制は，二元主義型議院内閣制をモデルとして，君主を大統領によって置き換えた体制として理解することも可能である。

③ 大統領制と議院内閣制の優劣

大統領制と議院内閣制のいずれが優れた制度であるかについては，長く議論が続いている。

例えば，大統領制に対しては次のような強い批判論がある。議会と行政府との厳格な分離は，両者の対立が激しくなったとき，議院内閣制における内閣不信任・議会解散のような決着をつけるための制度的手当がなく，政治が停滞しやすい。実際，大統領制を長期間にわたって安定して維持できているのはアメリカがほとんど唯一の例であり，アメリカの影響を受けて大統領制を採用したラテン・アメリカの国々の多くは，政治停滞が軍事クーデターを招くなどしており，失敗であった。

他方で，議院内閣制についても，議会に安定した多数派が存在しない場合には，政権の基盤が弱く不安定であり，逆に，議会に安定した多数派が存在する場合には，事実上の独裁であり民主主義が不足するという指摘がある。

ただ，ある体制がどのように機能するかは，選挙制度，政党分布，政党の集権度，政府が立法過程に関与できる程度など，多様な要素によって決まる部分が大きいといわざるをえない。どのような体制が，いかなる条件の下で，どのような帰結を生むのかについて，より詳細な研究・分析が続けられているところである。

④ 日本の政府・議会間関係

⑴　明治憲法下の政府・議会間関係

明治憲法は，政府・議会間関係について具体的な規定をおいておらず，天皇

が統治権を総覧するとした上で，「国務各大臣ハ天皇ヲ輔弼シ其ノ責ニ任ス」
（55条）と規定するのみであった。ここで「責ニ任ス」とは，誰に対するいか
なる責任かが明記されていないが，国務大臣の地位が議会の信任によって左右
されるという趣旨で書き込まれたのでないことは明らかであった。

　実際に憲法が施行された当初は，議会勢力とは無関係に内閣が組織された
（超然主義）。だが，明治憲法の下でも議会は立法や予算・課税について同意権
をもっていたことから（明憲5条・62条・64条），内閣が議会を無視して国政を
運営することは不可能であり，次第に，議会政党に基盤を求めるようになる。
大正デモクラシーの時期においては，二大政党制的慣行も成立した。しかし，
そのような慣行も5・15事件をきっかけに停止し，そして，再び復活すること
はなかった（⇒p. 46 の(e)，p. 49 の(a)，p. 50 の(2)）。

(2)　日本国憲法下の政府・議会間関係

　日本国憲法は，明治憲法では定着できなかった議院内閣制を明文で規定しよ
うとしたものである。すなわち，内閣が行政権者であり（65条），国会が内閣
の首長である内閣総理大臣を国会議員の中から指名し（67条），内閣総理大臣
が国務大臣を任命・罷免する。国務大臣の過半数は国会議員の中から選ばれな
ければならない（68条）。内閣は国会に対して連帯責任を負い（66条3項），衆
議院が不信任の決議案を可決するか，信任の決議案を否決したときは，内閣は，
衆議院の解散か総辞職かのいずれかを選択しなければならない（69条）。内閣
が解散を選択した場合も，総選挙後に国会の召集があったときに，内閣は総辞
職をしなければならない（70条）。

　ここで，66条3項が，内閣が国会に対して責任を負うと規定していること
に注意しておこう。議院内閣制において内閣が議会に責任を負うというときの
「責任」の意義は，内閣の存立が議会の信任に依存するということである。し
かし，憲法がこの意味での内閣の責任を定めているのは，衆議院に対してのみ
である（69条）。参議院でも内閣総理大臣に対する問責決議が提出されること
があるが，それが可決されたとしても69条のような効果はないと解されてい
る。その理由としては，内閣は参議院に対して解散という対抗手段をもってい
ないこと，また，内閣の存立基盤の複数化はその不安定化につながることが挙

241

げられている。したがって，66条3項にいう「責任」を，その地位が議会の信任に依存するという狭い意味だけで捉えることはできない。監視され批判に答えるという，説明責任も含めた広い意味で用いられていると考えられる。

(3)　内閣の衆議院解散権

　日本国憲法が定める政府・議会間関係の理解にかかわって争われた点として，憲法はいかなる場合に内閣が衆議院を解散することを認めているかという問題がある。憲法は，69条が「衆議院で不信任の決議案を可決し，又は信任の決議案を否決したとき」に解散がありうることを前提としている他は，いかなる場合に内閣が衆議院を解散できるのかを明示していない。

　学説では，69条が挙げる場合でなくても内閣は衆議院を解散することができるという69条非限定説が多数であるが，69条が挙げる場合に限定されるという限定説も有力に主張された。

　非限定説は内閣の自由な衆議院解散権の根拠をどこに求めるかによってさらに分けられるが，代表的なものとして，7条説と制度説がある。7条説は，7条が天皇の衆議院解散に内閣の助言と承認を求めていることが，内閣が実質的に衆議院解散権をもつことの根拠であると説く。「内閣の助言と承認」に実質的決定権が含まれているからこそ，天皇が衆議院の解散という高度に政治的な行為を行っても，「国政に関する権能を有しない」（4条）といえることになる。また，制度説は，議院内閣制や権力分立制の趣旨から内閣の解散権を導く見解である。議会と内閣の均衡，議会の専制防止という観点から考えると，内閣が自由な解散権をもつ方がより良いという，帰結の有用性から解散権を正当化する見解と理解できる。

　これに対して，69条限定説は，7条説・制度説をそれぞれ次のように批判する。7条説は，まず，憲法の条文構造に合致していない。内閣の助言と承認は天皇の国事行為すべてに要求されており（3条），国事行為の実質的決定権が憲法上明記されている場合（6条など）も助言と承認が必要とされているのだから，助言と承認から実質的決定権を読みとる解釈は適切ではない。また，7条説はかつての大臣助言制の枠組みで7条を理解しようとするものであり，新憲法による天皇制の断絶を反映していない。他方，制度説は，政府の自由な解散

242

権を否定する政治体制も合理的な政治体制としてありえることを最初から否定してしまっている。1 つの議院内閣制モデルを最初から前提して憲法解釈を行ってはならないのであって，問われるべきは，そもそも憲法が採用したのが自由な解散権を認める議院内閣制なのか，そうでないのかである。69 条限定説は，このように他説を批判した上で，政府の解散権がどのような場合に認められるかという問題はいわば法の欠缺であるとし，憲法が明示していない権限を解釈によって政府に付与すべきではないと説く（7 条解釈については，p. 109 の(a)を参照）。

　69 条限定説による批判内容は多くの学説の同意を得たが，69 条の解釈としては非限定説が多数である。実務でも 69 条非限定説はすでに定着しているといえる。

　1948（昭和 23）年 12 月 23 日に第二次吉田茂内閣が日本国憲法下ではじめて衆議院を解散した際には，野党が不信任決議案を提出し，それを与野党一致で可決した上で，内閣が解散権を行使するという，69 条にあわせた手続が踏まれた（「なれあい解散」と呼ばれる）。背景には，昭電疑獄事件で芦田均内閣が倒れたため議会少数派でありながら政権を獲得した吉田内閣が早期の解散・総選挙を実行して議会での基盤強化を望んでいたのに対して，疑獄事件によって国民の支持を失い選挙の劣勢を予想する野党は解散時期の引き延ばしを図りたかったということがある。そこで，野党は 69 条限定説を持ち出して吉田内閣を牽制し，これに対して吉田内閣は 7 条説を持ち出して対抗した。結局，当時の総司令部民政局が 69 条限定説を支持したこともあり，上のような手続を踏むという妥協が成立したといわれている。しかし，2 回目の 1952（昭和 27）年 8 月 28 日の解散は，前回の総選挙で衆議院の過半数を獲得した第三次吉田内閣が衆議院の不信任決議がなされないまま行っており（「抜き打ち解散」と呼ばれる），それ以降の解散も内閣が解散を行うのは 69 条の場合以外であることがむしろ通常である。

　なお，天皇の解散詔書は，1948 年の最初の解散の際には，「衆議院において，内閣不信任の決議案を可決した。よつて内閣の助言と承認により，日本国憲法第 69 条及び第 7 条により，衆議院を解散する。」という文言になっていたが，2 回目以降は，内閣不信任決議案が可決された場合の解散であっても，「日本

国憲法第7条により，衆議院を解散する。」という文言が用いられている。

裁判例としては，いわゆる統治行為論を用いて，解散権の所在に関する憲法解釈は裁判所の審査権の外にあるとしたものがある。すなわち，1952年の抜き打ち解散の際に，野党・改進党の「前」衆議院議員の苫米地義三が解散は無効であると主張して「解散」から任期満了までの歳費の支払を求める訴訟を提起したが，最高裁（苫米地事件・最大判昭和 35・6・8 民集 14 巻 7 号 1206 頁 〔判例 7-3〕）は，「直接国家統治の基本に関する高度に政治性のある国家行為のごときはたとえそれが法律上の争訟となり，これに対する有効無効の判断が法律上可能である場合であっても，かかる国家行為は裁判所の審査権の外にあり，その判断は主権者たる国民に対して政治的責任を負うところの政府，国会等の政治部門の判断に委され，最終的には国民の政治判断に委ねられているものと解すべきである」という一般論を述べた上で，衆議院の解散は，「極めて政治性の高い国家統治の基本に関する行為」であって，その法律上の有効無効を審査することは裁判所の審査権の外にあるとした。それゆえに，「政府の見解を否定して，本件解散を憲法上無効なものとすることはできない」として，上告を棄却し，訴えを棄却した原審判決を維持した。

第3節　内閣の内部的組織・運営

1 内閣の組織

　内閣とは国務大臣で組織される合議体を指すが，内閣がその権限を適切に行使できるようにするためには，合議体はどのように組織されるべきだろうか。

　明治憲法は内閣に関する規定をおいていなかった。そして，内閣の一体性を確保する制度的裏付けを欠いていたことが，政治を不安定化させる要因の1つであった。それに対し，日本国憲法は，内閣を憲法上の制度として位置づけたこと，そして，内閣総理大臣に強いリーダーシップを認めることによって内閣の一体性を確保しようとしているところにその特徴がある。

(1)　明治憲法における内閣の位置づけ

　明治憲法は，天皇が「国ノ元首ニシテ統治権ヲ総攬」（明憲4条）するという
体制の下で，「国務各大臣ハ天皇ヲ輔弼シ其ノ責ニ任ス」（明憲55条）と定めて
いただけであった。つまり，憲法上は，各国務大臣それぞれが単独で天皇を輔
弼し責任を負うということになっていた（単独輔弼原則）。

　ただし，明治憲法は内閣制度を定めていなかったが否定していたわけではな
く，内閣については，内閣官制（明治22年勅令第135号）という勅令が定めて
いた。そして，内閣官制は，「内閣総理大臣ハ各大臣ノ首班トシテ機務ヲ奏宣
シ旨ヲ承ケテ行政各部ノ統一ヲ保持ス」（2条），「内閣総理大臣ハ須要ト認ムル
トキハ行政各部ノ処分又ハ命令ヲ中止セシメ勅裁ヲ待ツコトヲ得」（3条）と規
定し，内閣総理大臣による行政各部の統一を予定していたと考えられる。

　しかし，統一といっても多義的であって，政策を決定し行政各部に指示を与
えるという積極的な意味で理解することもできるし，行政各部間で矛盾衝突が
起きたときにそれを調整するという消極的な意味で理解することもできる。そ
して，各国務大臣の単独輔弼という明治憲法上の原則からすれば，消極的な理
解の方がむしろ憲法適合的であったともいいうる。内閣官制3条が認めていた
のも，積極的な命令権ではなく，消極的な中止権であった。そもそも天皇が
「統治権ヲ総攬」する体制の下では，正面から内閣総理大臣のリーダーシップ
を法制度として規定すれば，その整合性が問われざるをえなかっただろう。

　したがって，明治憲法の下で内閣総理大臣が国務大臣に対してリーダーシッ
プを発揮し内閣の一体性を確保して国政を主導できるかは，制度の裏付けを欠
く以上，専ら事実上の問題であった。実際には，例えば，天皇が国務大臣を任
命するにあたっては新たな内閣総理大臣予定者にその他の国務大臣を選び上奏
するように命じるという慣行が成立したが，そのような内閣総理大臣による国
務大臣の選出はあくまで慣行であったことに留意する必要がある。

　逆に，法制度としては，内閣の一体性を妨げる定めがおかれていた。すなわ
ち，内閣官制7条は「事ノ軍機軍令ニ係リ奏上スルモノハ天皇ノ旨ニ依リ之ヲ
内閣ニ下付セラルルノ件ヲ除ク外陸軍大臣海軍大臣ヨリ内閣総理大臣ニ報告ス
ヘシ」としていわゆる帷幄上奏を定めていた。また，明治憲法制定以前から陸
軍大臣と海軍大臣は現役の大中将が務める慣行が続いていたが，1900（明治

33) 年に制度化されることとなった（1913〔大正 2〕年〜1936〔昭和 11〕年まで廃止）。

(2) 日本国憲法における内閣の位置づけ

このように，明治憲法下では，内閣が不安定な基礎の上におかれていた。このことへの反省から，日本国憲法は，内閣に憲法上の位置づけを与えるとともに，内閣の一体性を確保するための仕組みを設けた。

すなわち，まず，内閣に関する第 5 章を設け，内閣に行政権が属することを明示し（65 条），国会に対する責任も内閣が連帯して負うとした（66 条 3 項）。

そして，合議体が一体として行動するためにはリーダーが必要であるが，憲法は内閣総理大臣を内閣の首長であると位置づけ（66 条 1 項），その他の国務大臣の任命権・罷免権を付与することによって（68 条），内閣総理大臣のリーダーシップを保障しようとしている。75 条が「国務大臣は，その在任中，内閣総理大臣の同意がなければ，訴追されない」と定めているのも，この文脈で理解できる。

なお，75 条がいう「訴追」に関しては，起訴だけではなくて逮捕・勾引・勾留のような身体的拘束も含むかが論じられている。昭電疑獄事件で芦田均内閣の栗栖赳夫大臣（経済安定本部総務長官）が内閣総理大臣の同意なしに逮捕されたことについて，東京高判昭和 34・12・26 判時 213 号 46 頁は，「憲法第 75 条の『訴追』には，逮捕，勾引，勾留のような身体の拘束の意味を含むものとは，解し得ない」と述べている。しかし，75 条の趣旨が内閣としての活動が困難になることを防止しようとする点にあるとすると，逮捕等の身体的拘束も内閣の活動を妨げるものである以上は，内閣総理大臣の同意を要すると解すべきという学説も有力である。

また，内閣総理大臣の訴追については，75 条の「国務大臣」に内閣総理大臣を含むと解釈すべきか争いがある。ただ，否定する学説は，内閣総理大臣の自由な活動が他の国務大臣よりも保護されるべきであることを否定するわけではなく，むしろ，75 条の趣旨から内閣総理大臣は在任中に訴追されないと説くものである。「国務大臣」に内閣総理大臣が含まれると解しても，内閣総理大臣が自らの訴追に同意しながら職にとどまることはまず考えられないから，

その意味ではあまり違いはないであろう。

　ここで，内閣の成立と総辞職について簡単にみておく。

　(a)　内閣の成立　　内閣総理大臣は，国会が国会議員の中から指名する（詳しくは，p. 200 の(3)を参照）。

　国会の指名がなされると，衆議院議長が内閣（71 条により前内閣が職務を続行する）を経由して天皇に奏上し（国会 65 条 2 項），天皇が内閣総理大臣を任命する（6 条 1 項）。任命を受けた内閣総理大臣は，国務大臣を任命し（68 条 1 項），天皇が内閣の助言と承認によりそれを認証する（7 条 5 号）。実際には，内閣総理大臣予定者は任命前に閣僚の人選を済ませておくことが多く，内閣総理大臣の任命式とその他の国務大臣の認証式は連続して行われている。

　なお，国務大臣の数は原則として 14 人以内に限られているが，特別に必要がある場合にはさらに 3 名まで増員することができる（内 2 条）。国務大臣の過半数は国会議員の中から選ばれなければならない（68 条 1 項）。

　(b)　内閣の総辞職　　憲法は，内閣が総辞職しなければならない場合として，①衆議院が内閣不信任の決議案を可決し，または信任の決議案を否決した場合に，10 日以内に衆議院が解散されないとき，②内閣総理大臣が欠けたとき，③衆議院議員総選挙の後に初めて国会の召集があったときを挙げている（69 条・70 条）。これらが辞職事由であるのは，内閣が，国会（衆議院）によって信任されている限りで，かつ，内閣総理大臣によって率いられている限りで，正統であるからである。参議院議員通常選挙の後に，内閣が総辞職し改めて内閣総理大臣を任命する必要はない。また，議院による国務大臣の不信任・問責決議には，強制的に辞職させる効果はなく，政治的な問題にとどまる。

　なお，内閣総理大臣が自発的に辞職することは，憲法に規定はないが，当然にできる。内閣総理大臣が辞職すれば，内閣も総辞職しなければならないことも当然である。

　内閣は，総辞職後も，新しい内閣総理大臣が任命されるまでは引き続きその職務を行うこととなっているが（71 条。内閣総理大臣が欠けたために総辞職した場合は，内閣総理大臣があらかじめ指定していた国務大臣が，内閣総理大臣の職務を行う〔内 9 条〕），正統性を失った内閣が長く職務を行うことは適切ではないから，国会は他のすべての案件に先立って新しい内閣総理大臣を指名しなければならず

(67条1項)，総選挙が行われた場合は速やかに国会が召集されなければならない（54条，国会2条の3）。

　なお，通常，内閣は内閣総理大臣の名前によって○○内閣というように呼ばれるが，同一人が何度も国会の指名を受けて内閣総理大臣を務めたときは，指名回数に応じて第△次○○内閣というように呼称される。これに対して，内閣総理大臣が部分的に国務大臣を入れ替えることは内閣改造と呼ばれるが，その場合は，改造の回数によって第△次○○内閣第□改造内閣というように呼称される。なお，内閣改造は，憲法上は内閣総理大臣が国務大臣に自発的辞任を促し新たな国務大臣を任命すること（68条）にすぎないから，たとえ内閣総理大臣以外のすべての国務大臣を入れ替える場合であっても，国会が関与することはない。

(3)　文民条項

　66条2項は，「内閣総理大臣その他の国務大臣は，文民でなければならない」と定めている。憲法の当初案にはなく，むしろ，9条が戦力不保持を定めている以上この種の規定は不要であると考えられていたところ，衆議院での芦田修正に敏感に反応した極東委員会が強く要請して貴族院で追加修正されたものである（⇒p. 130 の **1**，p. 135 の(a)）。

　「文民」とは civilian の訳として貴族院の審議で生み出された造語である。civilian とは現役の軍人ではない者をいう。66条2項の文民の意義についても同様に理解することも主張されたが，憲法制定直後は，軍が解体されたところであったので，その解釈では66条2項は無意味な規定になってしまうという難点があった。そこで，職業軍人の経歴を有しない者という解釈が提示された（職業軍人とされたのは，徴兵制の下で強制的に軍務についた経歴をもつ者は文民に含めてよい，という趣旨）。この解釈に対しては，それでは排除される者が多すぎるとして，職業軍人の経歴をもっていたとしても軍国主義思想を強くもつ者でなければ文民に含まれるという議論がなされたりした。

　自衛隊が組織されて以降は，解釈の前提が変わっている。現役の自衛官は文民に含まれないという点では一致がある。自衛官であった経歴をもつ者も含まれないかについては議論がある。実際には，旧軍の経歴や自衛官の経歴をもつ

国務大臣（防衛庁長官・防衛大臣も）の例もある。

② 内閣の運営

　内閣がその職権をどのようにして行使するかについては，憲法に規定がない。内閣法が「閣議による」と定めているが（内 4 条 1 項），では閣議をどのように運営するかについては，内閣法も詳細な定めをしていない。内閣の自主的慣行に委ねられている部分が大きい。

　慣行によれば，閣議は，まず，毎週火曜日と金曜日に総理官邸の閣議室で午前 10 時から（国会開会中は，国会議事堂内の閣議室で午前 9 時から）開催される。このように毎週決まった時間に開催される閣議を定例閣議という。加えて，必要な場合には首相が閣議を開催することもでき，また，各大臣は案件を内閣総理大臣に提出して，閣議を求めることができる（内 4 条）。これを臨時閣議という。さらに，閣議を開く時間的余裕がない場合や，全員が集まることができない場合，軽微な事案の場合などには，内閣参事官が閣議書を持って各大臣をまわり署名を集めることで，閣議があったものとして扱われることがある。これを持ち回り閣議という。

　内閣総理大臣が閣議を主宰する（内 4 条 2 項）。1999（平成 11）年の内閣法改正は，内閣総理大臣が閣議をリードする地位にあることを明らかにするために，内閣総理大臣が閣議で「内閣の重要政策に関する基本的な方針その他の案件を発議することができる」ことを明記した。

　閣議の意思決定形式としては，閣議決定と閣議了解とが区別されている。閣議決定とは，本来的に内閣として意思決定すべき事項に関して意思決定することであり，閣議了解とは，本来は各主任の大臣が決定できる事項であるが重要な案件であるため内閣として意思決定をしておくものである。なお，主要な審議会の答申が閣議で報告されるような場合は，閣議報告と呼ばれる。

　閣議の意思決定方法は，憲法や内閣法に規定があるわけではないが，全員一致が慣例とされている。明治憲法下では国務大臣の単独輔弼・単独責任が原則であったため内閣として意思決定し連帯責任を負うためには全員一致が必要であると考えられていたところ，その理解が日本国憲法においても引き継がれたものと考えられる。しかし，全員一致ルールは各構成員に拒否権を与えるに等

しく，合議体としての意思決定を困難にするものである。内閣総理大臣はいざ
となれば反対する国務大臣を罷免できるが，実際には政治的なハードルが高い。
日本国憲法は内閣単位の活動を期待しているわけであるから，全員一致ルール
は不適切である。なお，時に全員一致ルールの根拠として憲法が内閣の連帯責
任を定めていること（66条3項）が挙げられることもあるが，連帯責任規定は
明治憲法の単独輔弼原則を否定し内閣の一体性を明らかにする趣旨と理解すべ
きであるから，その規定から各国務大臣に拒否権を与えるに等しい全員一致ル
ールを導き出すのは背理であろう。むしろ，憲法が連帯責任を定めた以上，た
とえ閣議の意思決定が多数決でなされたとしても，さらには内閣総理大臣の専
断であったとしても，決定された以上は連帯責任を負うことを義務づけられて
いると考えるべきであろう。

　閣議は非公開である。正式な議事録も作成されることなく，内閣官房長官が
閣議後の記者会見で閣議の概要を公表するだけであったが，2014（平成26）年
4月から閣議・閣僚懇談会の議事の記録を作成，閣議後概ね3週間後に首相官
邸HPで公表することとなった（2014〔平成26〕年3月28日閣議決定）。

第4節　内閣と行政各部

　内閣がその権限すべてを実際に行使することは不可能である。憲法は行政各
部を予定している。内閣と行政各部との関係をどのように定めるべきであろう
か。

　明治憲法下の行政組織は分権的であった。それに対して，日本国憲法は内閣
がすべての行政活動をコントロールできるようにしている。**1**で行政各部に対
する内閣の指揮監督権を扱う。**2**では，内閣からある程度独立した行政組織を
設けることが許されるのか，という問題を扱う。

1 内閣による行政各部の指揮監督

　明治憲法は「国務各大臣ハ天皇ヲ輔弼シ其ノ責ニ任ス」（明憲55条）と定め
ていたが，いかなる範囲で輔弼を行うのかは明らかにしていなかった。実際に
は輔弼は広い範囲に及んだが，重要な事項でも及ばないと考えられたものもあ

った。皇室自律主義から天皇の皇室大権については輔弼の範囲外とされ，また，統帥大権（明憲11条）と栄典大権（明憲15条）についても範囲外と考えるのが一般的であった。さらに，「天皇ノ諮詢ニ応ヘ重要ノ国務ヲ審議」（明憲56条）する機関として枢密院が設けられていた。

中でも重要であるのが，統帥権の独立である。その発想は，実際の作戦行動には迅速性・機密性・専門性が必要であることから，作戦用兵を一般の政務とは異なる指揮の下におこうとすることにあり，明治憲法制定以前から慣行として成立していたものである。憲法に書き込まれたわけではなかったが，憲法制定以降も認められることとなった。元来は，政治的党派性を除去して軍の中立性を保持するという意味ももっていたものであったが，実際は，逆に，軍部の独走を許すことになってしまった。また，憲法上の明確な根拠があるわけではなかったことも，逆に，統帥事項の拡大的主張を許容することになってしまった（⇒p.47の(ii)）。

明治憲法の下では，前節でみたように内閣の存立基盤は不安定なものであったが，加えて，上記のように内閣がそもそも関与できない国家の活動領域が認められていたのである。これに対して，日本国憲法65条は「行政権は内閣に属する」と定めており，この規定からは，行政権を内閣に集中させようとする意図を読みとることができるだろう。行政権の意義に関して，通説である控除説はすべての国家作用から立法権と司法権を除いた作用であると理解していたところである。内閣への権限集中によって，議会による責任追及も明確になる。

ただ，行政活動は多様かつ大量であり，内閣がそれらをすべて自ら行うことは不可能である。そこで，憲法は，行政各部を予定し，内閣がそれらを指揮監督することとしている（72条）。この規定を受けて，内閣の「統轄」の下に内閣府や省といった行政機関が設置され，それぞれの行政機関がその所掌する行政事務を遂行することとなっている。

また，73条4号は「官吏に関する事務を掌理すること」を，また，5号は「予算を作成」することを内閣の事務として挙げている。これら人事権と予算作成権は，内閣が行政各部をコントロールするための重要な手段である。

(1)　内閣の補助機関

内閣による指揮監督といっても，行政の複雑化・専門化という状況を考えると，有名無実化することが危惧される。そこで，内閣の事務を補助するための機関が設けられている。

20世紀末の行政改革以降，内閣機能強化の一環として内閣補助機関の充実が図られてきた。特に，内閣官房について，企画・立案機能が明記されたこと，権限・組織・人員が拡充されたことが注目される。例えば，2014年には，公務員の幹部職員人事に関して候補者名簿作成権・任命協議権など一定の権限を有することとなり，内閣人事局が設置されている。

(2)　行政事務の分担管理

内閣が効率的に行政各部を指揮監督するため，各大臣が分担して管理する方法が採用されている。すなわち，内閣総理大臣は，国務大臣の中から各省大臣を任命し，任命された大臣はその分野の主任の大臣として行政事務を分担管理する（内3条，行組5条）。内閣総理大臣自らも，内閣府の長として，内閣府が行政各部として所掌する事務を分担管理する主任の大臣であり（内閣府6条），また，各省大臣を兼任することも認められている（行組5条3項ただし書）。内閣府の外局の長で国務大臣をもって充てることになっているもの（現在は，国家公安委員長のみ。警6条1項）も国務大臣の中から任命される。なお，国務大臣全員がいずれかの主任の大臣にならなければならないわけではない（内3条2項）。行政事務を分担管理する任が特に与えられていない大臣は，無任所大臣と呼ばれている。

行政各部に対する政治主導を強化するために，2001年から内閣府および各省に副大臣・大臣政務官をおくことができるようになっている。副大臣・大臣政務官の任免は，それがおかれる機関の長である大臣の申出により内閣が行う。国会議員の中から選ばれるのが通例である。

(3)　内閣総理大臣による行政各部の指揮監督

72条は「内閣総理大臣は，内閣を代表して議案を国会に提出し，一般国務及び外交関係について国会に報告し，並びに行政各部を指揮監督する」と定め

ているが，この規定について，「内閣総理大臣は……行政各部を指揮監督する」という読み方と，「内閣総理大臣は，内閣を代表して……行政各部を指揮監督する」という読み方とが対立している。

　行政事務の分担管理は，内閣による指揮監督を効率的に行うためであるが，行き過ぎれば，内閣の統一性を損なう危険をもつ。内閣の統一性を確保するために憲法がとった方針は内閣総理大臣の地位の強化であるのだから，72条も前者のように読んで，内閣総理大臣が単独で行政各部を指揮監督できると解釈することもできる。

　他方で，行政権の主体はあくまで内閣であって内閣総理大臣ではないのだから，72条を後者のように読むことも十分に可能である。

　つまり，内閣総理大臣の指揮監督権をどのように解釈するのかという問題は，内閣総理大臣のリーダーシップと内閣が合議体であるということとの緊張関係をどのように解決するのかという問題である。

　この点，内閣法6条は「内閣総理大臣は，閣議にかけて決定した方針に基いて，行政各部を指揮監督する」と定めている。もしこの規定を内閣総理大臣の指揮監督に内閣としての意思決定が必要であるという趣旨に解釈するならば，内閣総理大臣の指揮監督権の意義は非常に小さいものになりうる。それぞれの行政各部には国務大臣が各省の長として各省大臣に任命されており，各省大臣はそれぞれが担当する省に対する指揮監督権をもっているから，各大臣の分担管理が内閣総理大臣の意思に反していない場合に内閣総理大臣が指揮監督権を行使する必要はない。内閣総理大臣の指揮監督権行使が実質的な意味をもつのは，内閣総理大臣と各国務大臣との間で対立がある場合である。しかし，閣議の意思決定方法は全員一致によるという現在の慣行を前提とすると，その場合に，内閣総理大臣の指揮監督が「閣議にかけて決定した方針」に基づかなければならないとすることは，内閣総理大臣の指揮監督に各省大臣が拒否権をもっているに等しいこととなってしまい，内閣総理大臣の指揮監督権自体は意味がなくなってしまう。憲法上は内閣総理大臣に国務大臣の罷免権があるが（68条2項），実際の行使は困難である。

　最高裁は，ロッキード事件丸紅ルート判決◆判例 6-1▶で，指揮監督権の行使には閣議にかけて決定した方針が必要であるとしたが，それが存在しない場

合でも，「流動的で多様な行政需要に遅滞なく対応するため，内閣総理大臣は，少なくとも，内閣の明示の意思に反しない限り，行政各部に対し，随時，その所掌事務について一定の方向で処理するよう指導，助言等の指示を与える権限を有する」と述べている。

> **判例 6-1** 最大判平成7・2・22刑集49巻2号1頁
> 〈ロッキード事件丸紅ルート判決〉

【事実】本件は，ロッキード社による旅客機の売り込みにかかわる一連の疑惑のうち，丸紅が現職の田中角栄内閣総理大臣（X_2）に対して行った工作に関するものである。

丸紅はロッキードのL1011型機の全日空への売り込み活動を行っていた。1972（昭和47）年に，丸紅社長X_1らは，ロッキード社長Aらと共謀の上，現職首相X_2に対して，①運輸大臣Bが全日空に対してL1011型機の選定購入を勧奨するように，Bに働き掛けること，および，②X_2自らが直接に全日空に対してL1011型機を選定購入するように働き掛けることを請託し，売り込みが成功した場合は報酬として5億円を供与することを約束した。その後，全日空がL1011型機の購入を決定したことから，約束に従って，X_1らはX_2に5億円を交付した。

X_1，X_2らが贈収賄罪などで起訴された（なお，ロッキードのAらに関しては，アメリカ在住のため，国際司法共助としてアメリカの司法機関に嘱託して証人尋問が行われたが，その際に刑事免責が付与されていた）。第一審は有罪を認定し，第二審も控訴を棄却した。なお，上告審継続中にX_2が死亡し，X_2については公訴棄却の決定が為された。

【判旨】上告棄却。

賄賂罪が成立するためには，賄賂の収受が職務に関して行われたことが必要であるが，この点につき，最高裁は，一般論として，「賄賂罪は，公務員の職務の公正とこれに対する社会一般の信頼を保護法益とするものであるから，賄賂と対価関係に立つ行為は，法令上公務員の一般的職務権限に属する行為であれば足り，公務員が具体的事情の下においてその行為を適法に行うことができたかどうかは，問うところではない。けだし，公務員が右のような行為の対価として金品を収受することは，それ自体，職務の公正に対する社会一般の信頼を害するからである。」とする。

そして，請託された行為のうち①につき職務権限に属する行為であるといえるためには，ⓐ運輸大臣が全日空にL1011型機の購入を勧奨する行為が運輸大臣の職務権限に属すること，ⓑ内閣総理大臣が運輸大臣に同勧奨をするよう

に働きかける行為が内閣総理大臣の職務権限に属することが必要であるが，最高裁は，ⓐについて肯定した上で，ⓑに関しても次のように述べて肯定し，①の職務権限該当性を認めた。

「内閣総理大臣は，憲法上，行政権を行使する内閣の首長として（66 条），国務大臣の任免権（68 条），内閣を代表して行政各部を指揮監督する職務権限（72 条）を有するなど，内閣を統率し，行政各部を統轄調整する地位にあるものである。そして，内閣法は，閣議は内閣総理大臣が主宰するものと定め（4条），内閣総理大臣は，閣議にかけて決定した方針に基づいて行政各部を指揮監督し（6 条），行政各部の処分又は命令を中止させることができるものとしている（8 条）。このように，内閣総理大臣が行政各部に対し指揮監督権を行使するためには，閣議にかけて決定した方針が存在することを要するが，閣議にかけて決定した方針が存在しない場合においても，内閣総理大臣の右のような地位及び権限に照らすと，流動的で多様な行政需要に遅滞なく対応するため，内閣総理大臣は，少なくとも，内閣の明示の意思に反しない限り，行政各部に対し，随時，その所掌事務について一定の方向で処理するよう指導，助言等の指示を与える権限を有するものと解するのが相当である。したがって，内閣総理大臣の運輸大臣に対する前記働き掛けは，一般的には，内閣総理大臣の指示として，その職務権限に属することは否定できない。」

なお，②の職務権限該当性に関しては，最高裁は判断しなかった。

本判決には，複数の補足意見・意見が付されているが，内閣総理大臣の指揮監督権に関して重要なものとしては，園部逸夫ら 4 裁判官の補足意見が「内閣総理大臣は，憲法 72 条に基づき，行政各部を指揮監督する権限を有するところ，この権限の行使方法は，内閣法 6 条の定めるところに限定されるものではない」とし，内閣法 6 条は，「指揮監督権限の行使に強制的な法的効果を伴わせるため」であると論じている。また，可部恒雄ら 3 裁判官の補足意見は「内閣総理大臣の行政各部に対する指揮監督権限の行使は，『閣議にかけて決定した方針に基づいて』しなければならないが，その場合に必要とされる閣議決定は，指揮監督権限の行使の対象となる事項につき，逐一，個別的，具体的に決定されていることを要せず，一般的，基本的な大枠が決定されていれば足り，内閣総理大臣は，その大枠の方針を逸脱しない限り，右権限を行使することができる」と述べている。

2 独立行政委員会

行政機関の中には，法律によってその職権行使の独立性が認められているも

のがある。例えば，内閣府に外局として設置されている公正取引委員会がそう
である（内閣府 64 条，独禁 27 条）。独占禁止法は公取委が内閣総理大臣の「所
轄」に属すと規定するが（独禁 27 条 2 項），法律が「所轄」という言葉を用いる
ときには，独立性の強い関係を意味していることが多い。実際，公取委の委員
長・委員は，独立してその職権を行うことが認められていて（独禁 28 条），内
閣総理大臣は委員長・委員の任命権をもつが両院の同意が必要であり（独禁 29
条），委員長・委員は任命されれば 5 年という長期の任期が与えられ，内閣総
理大臣もその間は政策判断によって彼らを罷免することはできない（独禁 31 条）。

　このような行政機関は独立行政委員会と呼ばれている。公取委の他にも，同
じく内閣府の外局として設置されている国家公安委員会，厚生労働省の外局と
して設置されている中央労働委員会等があり，程度の差はあるが職権行使の独
立性が認められている。また，内閣府や各省とは別に，内閣の所轄の下におか
れた機関であり，強い独立性が保障されたものとして，人事院がある（国公 3
条）。これらは，事務の専門性などから客観的・中立的な権限行使が要請され
るために，合議制の機関とし，内閣からも一定程度の独立性が認められたもの
である。

　しかし，内閣に行政権を集中させたと考えられる憲法の下で，このような行
政機関の設置が許されるのだろうか。

　結論としては許容される場合があると考えるのが現在では多数になっている
が，その正当化理由は様々である。

　初期には，行政委員会は一定程度の独立性を認められているといっても，完
全に内閣から独立しているわけではなく，なおその活動は内閣に属していると
いえるので憲法違反ではないという正当化が提示されたことがあった。例えば
公取委であれば，内閣の人事権が全く否定されているわけではないし，また，
その予算については内閣に作成権があるのだから，65 条に違反しているわけ
ではないと論じられた。しかし，このような理由づけに対しては，強い批判が
なされている。すなわち，この議論を認めると，内閣は裁判所について人事権
（6 条 2 項・79 条・80 条）も予算の作成権ももっているのだから（ただし，財 20 条
2 項），裁判所も内閣に属していることになってしまう。また，逆にこの程度の
関連性で内閣に属すことを認めてしまうと，国会が内閣の指揮監督権を一律に

256

弱めたとしても憲法違反にならないことになってしまう。

　そこで，現在では，行政委員会が内閣に属していないことや指揮監督下にないことを正面から認めた上で，しかし例外として許容されるという正当化が有力になっている。第1に，文言上の理由として，65条は41条のように「内閣は，国の唯一の行政機関である」とは書かれておらず，また，76条のように「すべて行政権は，内閣に属する」とも規定されていない。65条が単に「行政権は，内閣に属する」と定めているのは，内閣に帰属しない行政権の可能性を認めているからと解釈する余地がある。第2に，実質的な理由として，65条が行政権を内閣に集中させる趣旨は，66条の対国会責任を通じて行政活動に対する民主主義的コントロールを及ぼそうとするところにあると考えられる。65条の趣旨がこの点にあるとすれば，ある行政機関に内閣の指揮監督が及ばなくても，国会が直接にコントロールできる場合や，民主主義的コントロールになじまない場合（その業務が特に専門性や中立性を必要とするような場合）には，そのような行政機関の独立性を許容しても65条の趣旨に反するわけではないと考えられる。したがって，独立行政委員会の合憲性は，その所掌事務が独立して行使される必要性（作用の中立性・非政治性），独立の程度，国会による民主的コントロールの程度等を，総合考慮して決めるべきであると主張されている。

練 習 問 題

1　内閣の衆議院解散権は69条によって限定されないというのが通説・実務であるが，その他に憲法上の制約はないのだろうか。2005（平成17）年8月8日に参議院本会議での郵政民営化法案の否決を受けて，小泉内閣は同日に衆議院を解散した。参議院での法案否決後直ちに衆議院を解散することについて，どのような問題点があるだろうか。

2　以下のような憲法解釈論がなされたとき，それをどのように評価すべきであろうか。

　「憲法74条は，すべての法律・政令について，主任の国務大臣が署名し，内閣総理大臣が連署することを要求している。国会単独立法の原則を考えるならば，この署名は法律の制定責任とは考えられず，執行責任を示すものと解釈されなければならない。そして，署名の順番を考慮に入れるなら，憲法は，法律執行の一次的な責

任を主任の国務大臣に負わせ，内閣総理大臣の責任は二次的なものにとどめたと解される。したがって，各国務大臣による行政事務の分担管理を制限し，内閣総理大臣による行政事務の統制を強化するならば，場合によっては憲法違反になりうる。」

第 7 章

裁判所と司法権

　本章では，裁判所と司法権について扱う。まず，第 1 節では，裁判所の「法原理部門」としての位置づけを確認した上で，その前提となる司法権をどう定義するかという問題を考える。事件・争訟性を中核とする理解がなぜとられなければならないのか，そのことは何を意味するのかが，最も重要な問題である。司法権の範囲ないし限界，および帰属についてもここで扱う。第 2 節では裁判所の構成について検討する。裁判員制度については，本書ではここで扱う。第 3 節で扱う裁判所の活動方法のうちの最大の問題は，裁判の公開である。日本国憲法の公開要求は非常に強いものであり，プライバシーなど他の憲法的な価値との間で強度の軋轢を生じている。どのような解釈論的な対応が可能であるのだろうか。第 4 節では，裁判所の権能，特に規則制定権について扱う。第 5 節では，司法権の独立について扱う。司法権が独立しているためには，司法府の独立と裁判官の職権行使の独立の両方が必要である。なお，いわゆる憲法訴訟論上の論点については，章を改めて，次章で取り扱う。

第 1 節　裁判所の性格と地位

1 裁判所の性格と地位

(1)　政治部門に対する「法原理」機関としての裁判所

憲法は，「すべて司法権は，最高裁判所及び法律の定めるところにより設置

259

する下級裁判所に属する」（76条1項）と定め，「すべて裁判官は，その良心に従ひ独立してその職権を行ひ，この憲法及び法律にのみ拘束される」（同条3項）と規定する。裁判所は，司法権を担当し，他の機関から独立してその権能を行使する機関であり，「法の支配」の主要な担い手であることになる。

このような裁判所について，「法原理部門」としての位置づけがなされることがある。「法原理部門」とは，「政治部門」と対になった概念である。「政治部門」である国会や内閣には，国民の政治的統合を図りつつ国民の意思実現のため能動的・積極的に活動することが期待される。これに対して，裁判所に期待されることは，そこにもちこまれる紛争を契機に受動的に，法の客観的意味を探り，それを適用することによってその紛争を解決し，もって法秩序・原理の維持・貫徹を図ることである。この意味で裁判所のもつ，非「政治」的・非「権力」的性質が，「法原理」的であるとされるのである（佐藤623頁）。

法原理部門としての裁判所の活動は，顕著に個人主義的・自由主義的な志向を有する。司法制度改革審議会意見書（2001〔平成13〕年）が，法の支配の理念について述べる言葉を借りるならば，それは，「ただ一人の声であっても，真摯に語られる正義の言葉には，真剣に耳が傾けられなければならず，そのことは，我々国民一人ひとりにとって，かけがえのない人生を懸命に生きる一個の人間としての尊厳と誇りに関わる問題であるという，憲法の最も基礎的原理である個人の尊重原理に直接つらなるものである」。

裁判所の法原理部門としての性格は，以下において，司法権の観念について検討することによって，より鮮明になるであろう。なお，裁判所の活動には，一般世論がストレートに作用することが忌避されるが，上述の司法制度改革審議会意見書は，「国民の司法参加」を提言し，これを具体化する「裁判員の参加する刑事裁判に関する法律」が，2009（平成21）年5月21日より全面的に施行され，裁判員による裁判が始まった。裁判員制度が，一般世論をストレートに裁判に反映させようとするものでないことはいうまでもないが，裁判員制度については，後ほど詳しく検討する（次節を参照）。

(2)　裁判所による合憲性の統制

憲法は，「最高裁判所は，一切の法律，命令，規則又は処分が憲法に適合す

るかしないかを決定する権限を有する終審裁判所である」（81 条）と規定し，「法の支配」を徹底する。この点については，次節で詳しく検討する。

2 司法権の観念

(1) 司法権の意義

司法権についても，立法権および行政権の場合と同様に，形式的意味の司法権と実質的意味の司法権を区別でき，形式的な意味での司法権とは，裁判所に属する国家作用ということになる（もっとも，形式的意味での立法が，国会に属する国家作用ということではなく，法律という形式を指しているのであれば，厳密には同様ではない）。したがって，ここでは，76 条 1 項にいう「司法権」の実質的意味が問われなければならない。

判例は，「司法権が発動するためには具体的な争訟事件が提起されることを必要とする」（警察予備隊違憲訴訟・最大判昭和 27・10・8 民集 6 巻 9 号 783 頁◁ 判例 8-1 ▷）と解しつつ，「裁判所は，日本国憲法に特別の定のある場合を除いて一切の法律上の争訟を裁判する権限を有するものである」（教育勅語合憲確認訴訟・最判昭和 28・11・17 行集 4 巻 11 号 2760 頁）と判示している。ここにいう，「法律上の争訟」とは，裁判所法 3 条 1 項に，「裁判所は，日本国憲法に特別の定のある場合を除いて一切の法律上の争訟を裁判し，その他法律において特に定める権限を有する」とあるもののことである。判例が続けて述べるところによれば，それは，「当事者間の具体的な権利義務ないし法律関係の存否に関する紛争であつて，且つそれが法律の適用によつて終局的に解決し得べきものであることを要する」（前掲教育勅語合憲確認訴訟）。あるいは，「法令を適用することによつて解決し得べき権利義務に関する当事者間の紛争」（村議会予算議決無効確認訴訟・最判昭和 29・2・11 民集 8 巻 2 号 419 頁，技術士国家試験合否訴訟・最判昭和 41・2・8 民集 20 巻 2 号 196 頁，「板まんだら」事件・最判昭和 56・4・7 民集 35 巻 3 号 443 頁）のことである。

このような理解は，裁判所法制定時の立法者の理解に通底するものであるとともに（裁判所法制定時の立法者〔1947（昭和 22）年第 92 回帝国議会〕の構成は，制憲議会〔1946（昭和 21）年第 90 回帝国議会〕と同じである），伝統的な学説においても一般的な見解であり，司法権は，「法律上の争訟を裁判する国家作用」で

あるとか，「具体的な争訟について，法を適用し，宣言することによって，これを裁定する国家の作用」などとされた。学説は，「(具体的) 事件・争訟性」あるいは「具体的事件性」などの語を用いるのに対し，判例は，裁判所法に従って「法律上の争訟」の語を用いるが，基本的にその内容は同じと理解してよい（若干の異論については，p. 267 の(b)を参照）。以下ではこの両者を互換的に用いる。

(2) 歴史的概念構成と理論的概念構成

しかし，伝統的な学説においては，なぜこのような理解がとられなければならないかということは必ずしも明らかではなかった。というのは，伝統的な学説は，司法権について，歴史的概念構成を採用し，理論的概念構成の可能性を否定する立場を共有していたからである。行政訴訟について，大陸型の司法制度では行政裁判所制度が採用され，司法裁判所は民刑事の裁判のみを行うのに対し，英米型の司法制度では行政訴訟も司法裁判所が裁判するのであるが，伝統的な学説に拠れば，これらのいずれか一方が理論的に優位するものとして司法権概念を規定することはできないのである（宮沢俊義『憲法と裁判』〔有斐閣，1967 年〕27 頁）。このような立場の延長線上には，司法権概念が，抽象的違憲審査権を含むという見解すら示されたことがある（芦部信喜 = 小嶋和司 = 田口精一『憲法の基礎知識』〔有斐閣，1966 年〕183 頁［小嶋］。この問題については次章を参照）。

だが，司法権概念が，先験的に構成できないという意味で，理論的に構成できないのは当然であるとしても，また，各国の実定憲法における司法権概念が各々の法文化の中で歴史的に形成され相互に異なっているとしても，それらのことから当然に，各々の実定憲法における司法権概念について，各々の実定憲法の基本原理や歴史的背景に遡って考察し，憲法秩序全体の意味連関の中で理解するという作業の意義が否定されることにはならないはずである。それどころか，この意味での理論的構成を否定するということは，およそ法解釈学の存在意義を否定することにすらなりかねないように思われる（以上について，土井真一「法の支配と司法権」佐藤幸治ほか編『憲法五十年の展望Ⅱ　自由と秩序』〔有斐閣，1998 年〕85 頁参照）。

(3)　具体的事件・争訟性の要件の存在理由

　今日の代表的な学説は，以上のような意味での理論的構成を行うべく，司法権について，法律上の争訟を対象とするという点のみならず，その行為形式にも着目して，「公平な第三者（裁判官）が，適正な手続を基盤に，関係当事者の立証と法的推論に基づく弁論とに依拠して決定するという，純理性の特に強く求められる特殊な参加と決定過程」（佐藤 632 頁～633 頁）とみることによって，立法権・行政権と区別しようとしている。そうだとすれば，「具体的紛争の当事者がそれぞれ自己の権利・義務をめぐって理を尽して真剣に争うということを前提に，公平な裁判所がそれに依拠して行う法原理的決定に当事者が拘束されるという構造」（佐藤 633 頁）が，原則として求められるはずである。

　そして，この構造を通じての法秩序の形成が，政治部門を通じての法秩序の形成と並立しているということが重要である。後者については，国民が，その代表者を選挙することによって立法過程に参与し，国会によって一般的・抽象的な法規範が定立され，それが内閣によって誠実に執行されるという過程を通じて，法秩序が形成され，前者については，国民は，自らの権利義務について，適正な手続的保障を得ながら，自らそのあり方を決定し，また，決定されていく。このことから，裁判所は，先例拘束性法理の下で，現実の具体的紛争を基盤にして，その紛争の解決に必要な限度で判断を積み重ねていくという経験的手法をとることになり，法秩序の形成は，個別的・具体的になされることになる。これら 2 つの法秩序の形成の手法は，いずれもそれぞれ長所・短所をもちつつ，日本国憲法の下のおける法秩序の形成にとって，車の両輪というべき位置にあるものであって，それぞれに固有の正統性を有する。具体的事件・争訟性の要件は，司法権が，その固有の正統性を失わないためのものなのである。近時，上にみた歴史的概念構成とはまた別に，具体的事件・争訟性を司法権の定義から外し，「適法な提訴を待って，法律の解釈・適用に関する争いを，適切な手続の下に，終局的に裁定する作用」（高橋 433 頁）として司法作用を定義する立場が現れているが，この立場の当否は，上にみた，司法権の固有の正統性の維持の可否という観点から検証されるべきであろう。

> **Column 7-1**　**合衆国憲法と合衆国最高裁判例における事件・争訟性**
> 　合衆国憲法 3 条 2 節 1 項は，「司法権は，この憲法，合衆国の法律及びその

権限に基づいて締結され，また将来締結される条約のもとで生じる普通法及び衡平法上のすべての事件（cases）……及び合衆国が当事者である争訟（controversies）……に及ぶ」と定め，司法権を，その及ぶ事件・争訟（cases or controversies）によって，規定している。

　合衆国最高裁判所は，事件・争訟があるというためには，伝統的に，①対決性，②争われている法的権利に利害関係をもつ当事者，③現実の司法判断適合の争訟の存在，④裁判所が終局的で拘束力のある判断を下すことができること，を要求してきた。その後，最高裁は，必ずしも，事件・争訟性という用語を用いず，司法判断適合性（justiciability）について語る傾向があるとされ，そこには，勧告的意見禁止，政治的問題，当事者適格，成熟性，ムートネス等の諸法理が包摂されているといわれる。

　合衆国憲法についてのこのような理解は，わが国での司法権論・憲法訴訟論に対して，大きな影響を与えている。合衆国憲法の司法権についての解釈が，論理的に当然に日本国憲法の司法権の解釈として妥当するわけではない。しかし，両憲法が，民主主義を基本とする体制において，裁判所が付随的違憲審査制を通じて憲法保障を担当するという点で基本的な特徴を共有しているとの理解が，このような影響の背景にはある。なぜ，アメリカでは，事件・争訟性を要求する理解が一貫してとられているのかということについては，上に引用した文言上の根拠があることが挙げられることがある。それはもちろん重要であるが，それだけが理由なのではないからこそ，司法権をめぐるアメリカでの議論を，日本国憲法の解釈に際して参看する意味があると考えられているはずである。ただ，以上のことを述べた上で，実際には，事件・争訟性について，アメリカではかなり柔軟な理解（例えば宣言的判決による救済の認容）が行われていることも知っておく必要があることを指摘しておこう。

(4)　具体的事件・争訟性の要件の効果

(a)　要件の帰結

（ⅰ）　総　説　　判例の「法律上の争訟」要件は，①「当事者間の具体的な権利義務または法律関係の存否（刑罰権の存否を含む）に関する紛争」であって，②「法律の適用により終局的に解決しうべきもの」，というように2つの構成要素からなっている（同旨，前掲教育勅語合憲確認訴訟。「」内の文言は，最高裁判所事務総局総務局編『裁判所法逐条解説〔上〕』〔法曹会，1968年〕22頁による）。具体的事件・争訟性の要件の直接の効果は，その要件が満たされれば司法権が行使

されるということである。これは，憲法上の司法権の要件なのであるから，それを備えるものについて，司法権の行使が妨げられることは，憲法上許されない。また，歴史的には，明治憲法下では行政裁判制度がとられていたのであるから，行政事件であっても具体的事件・争訟性を備えていれば司法権が行使されるようになったということは，後でみるように，司法権の範囲の拡大という積極的意味をもっている。もっとも，実際にはまず，要件の帰結としては，要件が満たされずに司法権が行使されない消極的な場合が目につくことになりがちではある。この場合は，司法権の範囲に入らないということになる。司法権の範囲ないし限界（限界という場合，厳密にいえば，本来司法作用内に入るべきところ，何らかの理由で司法権の行使が制約されるものを指すはずである。ただし，この辺りの用語法は，学説により一定せず，また，厳密に分類するのは難しい）の問題は後述する（⇒ p. 271 の **3**，p. 273 の **4**）が，ここでは若干の例を示す。

(ii)　**法律の適用により終局的に解決しえないもの**　　上にみた 2 つの要件は，もちろん，密接に関連しているが，区別して理解できる場合があり，②のみが欠ける場合があるとされる。そのような場合，一見，具体的事件・争訟があるようにみえるが，実際にはそのような争いが存在するとは認められないことになる。判例には，基地の撤去や損害賠償を請求している事件について，「求めるところは国民の一人として日本国政府に防衛政策の転換を迫る点にあることを看取するに難くない」として訴えを却下したもの（小牧訴訟・名古屋高判昭和 50・7・16 判時 791 号 71 頁）や，国家試験の不合格を合格に変更することや損害賠償を請求している事件について，「学問または技術上の知識，能力，意見等の優劣，当否の判断」はできないとして訴えを却下したものがある（前掲技術士国家試験合否訴訟）。ただ，この点についてどう判断するべきかは微妙なところがあって，前掲「板まんだら」事件では，不当利得返還請求事件について，宗教上の価値・教義に関する判断が必要であることを理由に，訴えが却下されているが，請求棄却にすべしとの寺田裁判官の意見が付されているし，損害賠償請求が問題になった郵便貯金目減り訴訟（最判昭和 57・7・15 訟月 29 巻 2 号 188 頁）では，学説上は政府の経済政策を争うものとして却下にすべきであったと示唆する見解が示されているものの（佐藤 635 頁注 17），最高裁は，請求棄却の扱いをしている（⇒ p. 277 の(ウ)）。

(iii)　行政権の主体と具体的事件・争訟性の要件　　上の類型とは別に，近年，行政権の主体が，具体的事件・争訟性の要件にいう権利義務の主体ないしは法律関係の一方当事者になりうるのかということが問題となる事案が登場した。最高裁は，地方公共団体が行政権の主体として国民に対して行政上の義務の履行を求める訴訟は，法規の適用の適正ないし一般公益の保護を目的とするものであるとして①を否定し，法律上の争訟ではないと判断した（ 判例 7-1 ）。

> **◀ 判例 7-1 ▶** 最判平成 14・7・9 民集 56 巻 6 号 1134 頁
>
> 〈宝塚パチンコ店建築中止命令事件〉
>
> 【事案】宝塚市（X）は，宝塚市パチンコ店等，ゲームセンターおよびラブホテルの建築等の規制に関する条例（昭和 58 年条例第 19 号）を定め，パチンコ店の建築に市長の同意を要することとし，同意なしに建築行為をする者には市長が中止・原状回復措置を命ずることができるものとした（命令違反に対する罰則はなし）。Y は，パチンコ店の建築のために同意申請を行ったが，不同意となり，異議申立ても棄却されたが，建築工事を開始した。そこで，同市長は工事中止命令を出したが，Y はこれを無視したので，X は Y を被告として，工事を続行してはならない旨の裁判を求めた（仮処分申請については認容決定があった）。
>
> 【判旨】破棄自判（訴え却下）。「国又は地方公共団体が提起した訴訟であって，**財産権の主体**として自己の財産上の権利利益の保護救済を求めるような場合には，法律上の争訟に当たるというべきであるが，国又は地方公共団体が専ら**行政権の主体として国民に対して行政上の義務の履行を求める訴訟**は，法規の適用の適正ないし一般公益の保護を目的とするものであって，自己の権利利益の保護救済を目的とするものということはできないから，法律上の争訟として当然に裁判所の審判の対象となるものではなく，法律に特別の規定がある場合に限り，提起することが許されるものと解される。そして，行政代執行法は，行政上の義務の履行確保に関しては，別に法律で定めるものを除いては，同法の定めるところによるものと規定して（1 条），同法が行政上の義務の履行に関する一般法であることを明らかにした上で，その具体的な方法としては，同法 2 条の規定による代執行のみを認めている。また，行政事件訴訟法その他の法律にも，一般に国又は地方公共団体が国民に対して行政上の義務の履行を求める訴訟を提起することを認める特別の規定は存在しない。したがって，国又は地方公共団体が専ら行政権の主体として国民に対して行政上の義務の履行を求める訴訟は，裁判所法 3 条 1 項にいう法律上の争訟に当たらず，これを認める特別の規定もないから，不適法というべきである。

　本件訴えは，地方公共団体である上告人が本件条例8条に基づく行政上の義務の履行を求めて提起したものであり，原審が確定したところによると，当該義務が上告人の財産的権利に由来するものであるという事情も認められないから，法律上の争訟に当たらず，不適法というほかはない。」（太字著者）

　この訴訟の第一審，第二審では，法律と条例の関係は問題になっていたが，法律上の争訟については問題になっておらず，最高裁の判断は意外なものであった。ただし，那覇市自衛隊基地情報公開事件（最判平成13・7・13訟月48巻8号2014頁）では，市長の部分公開決定に対する国の取消請求が，国の，「本件建物の所有者として有する固有の利益が侵害される」ことを理由に，法律上の争訟にあたる（ただし，条例の解釈として原告適格を否定）とされており，宝塚パチンコ店建築中止命令事件 ＜判例 7-1＞ と同種の法律上の争訟観がうかがわれる。本判決については，学説上は，①中止命令をたんなる行政指導であると解するのでない限り，この中止命令をYが取消訴訟で争えば「法律上の争訟」に該当するはずであるのに，逆の場合はなぜ同じ「法律関係」が「法律上の争訟」にならないのか，②判決の理屈によれば，刑事訴訟も「法律上の争訟」でなくなるのではないか，③行政代執行法を条例で改正できない以上，地方公共団体は，実効的な法執行手段を奪われたままになってしまうのか，④英米法ではむしろ本件事案のような場合には裁判所を用いて法執行を行う司法的執行こそが原則であって，なぜ同じ考え方がわが国では採用できないのか（ただし，アメリカ法では，本件のような場合，法律に，提訴可能性が規定されていることが通例であって，法律に規定がない場合どう考えるか，行政代執行法のような規定がある場合にどう考えるべきかということは必ずしも明らかではない）等々，批判的見解が多い。なお，その後，最判平成21・7・10判時2058号53頁は，地方公共団体が，公害防止協定に基づき，事業者に対して，産業廃棄物の処分の差止めを求めた事案について訴えを不適法としていない（これに対して，福岡高那覇支判平成30・12・5判時2420号53頁は ＜判例 7-1＞ を先例として，普天間飛行場代替施設建設事業に係る岩礁破砕等行為の差止請求等に係る訴えについて，不適法として却下している〔上告取下げにより確定〕）。

　(b)　具体的事件・争訟性の含意　　①すでに述べたように，具体的事件・争訟性の要件は，憲法上の司法権の発動要件なのであるから，それを備えるもの

について，司法権の行使が妨げられることは，憲法上許されない。裁判所法 3 条が，「一切の」法律上の争訟を裁判する権限を裁判所に付与しているのも，同じ趣旨である。このことは，裁判を受ける権利を保障する憲法 32 条によって，個人の憲法上の権利としても保障されている。

この観点から特に問題とされるべきは，実定訴訟制度，特に行政事件訴訟法の規定するところが，以上の憲法上の要求を満たすものとなっているかである。

2004（平成 16）年改正により，抗告訴訟として新たに義務付け訴訟，差止訴訟について規定（行訴 3 条 6 項・7 項）がされるとともに，それぞれについて仮の救済の定め（行訴 37 条の 5）がおかれ，さらに公法上の当事者訴訟の活用を促すべく，確認訴訟を例示する規定（行訴 4 条）が挿入された。原告適格についても解釈規定（行訴 9 条 2 項）がおかれた。在外日本国民選挙権訴訟（最大判平成 17・9・14 民集 59 巻 7 号 2087 頁 ＜ 判例 8-3 ＞，クエスト憲法 II ＜ 判例 11-1 ＞）ではさっそく公法上の当事者訴訟の確認訴訟で，原告の請求が認容されたところである。従来の公法判例での確認訴訟の扱い（例えば，勤評長野事件・最判昭和 47・11・30 民集 26 巻 9 号 1746 頁）が，私法判例のそれ（敷金返還請求権確認事件・最判平成 11・1・21 民集 53 巻 1 号 1 頁，子の死亡後の親子関係確認事件・最大判昭和 45・7・15 民集 24 巻 7 号 861 頁）と一貫するものであったかはかなり疑問であり，再検討が必要である。

また，上にみた確認訴訟の活用論との関係については調整が必要であるが，従来，処分性の要件などが厳格に捉えられることによって，本来，可能であるべきはずの抗告訴訟が許容されていなかったのではないかという視点からの再検討も必要である。近時，最高裁判例は，この点についての従来の考え方からの離脱をうかがわせ（病院開設勧告事件・最判平成 17・7・15 民集 59 巻 6 号 1661 頁），長年にわたる判例を変更（高円寺土地区画整理事業事件・最大判昭和 41・2・23 民集 20 巻 2 号 271 頁→浜松土地区画整理事業事件・最大判平成 20・9・10 民集 62 巻 8 号 2029 頁）するなど，注目すべき展開をみせている。

具体的事件・争訟性の要件を司法権理解の中心に据えることに対しては批判もあるが，具体的事件・争訟性の要件を司法権理解の中心に据えることは，決して，実定訴訟制度のありようをそのまま肯定するということではない。現行日本法の訴訟ルールが，訴訟として認めるものの範囲が不当に狭いということ

から，上の司法権理解の批判に飛びつく前に，実定訴訟制度が，憲法の措定している姿に合致しているかどうかが，まず，真剣に問題にされるべきである。

②他方，具体的事件・争訟性の要件を，憲法上の司法権の発動要件と理解することは，それを備えないものについて，法律によって，裁判所の権限行使を認めることについて，どのような含意を伴うであろうか。いわゆる「客観訴訟」や非訟事件についての裁判権がこのような権限にあたり，「その他法律において特に定める権限」（裁3条1項）として認められているものと理解されている。

憲法によって，国会，内閣，裁判所に認められている権限は，すべて確定的なものではなく，それぞれ，憲法上直接与えられていてそれを奪えば違憲になるもの，憲法上法律によって与えることはできるが与えなくても違憲ではないもの，憲法上法律によっても与えては違憲になるもの，という段階的な構造をなしていると考えられるのであって（独立行政委員会に関する議論などを参照），このような授権が直ちに許されないことにはならないが，憲法上の限界があると解される。第1に，付与される作用は裁判による法原理的決定の形態になじみやすいものでなければならず，第2に，その決定には終局性が保障されなければならない（佐藤649頁参照）。客観訴訟であることを理由に違憲審査を排除することも許されない（沖縄代理署名訴訟・最大判平成8・8・28民集50巻7号1952頁では後述の統治行為論の適用〔⇒p.279の(v)〕も問題になるが，違憲審査が行われることは当然の前提になっている）。このような条件と無関係に，裁判所の権限を拡大することは，法原理機関としての裁判所に対する過剰な期待であって，結局その正統性の基盤を掘り崩すことになる危険があることに十分な注意が必要である。なお，第2の条件との関係で，内閣総理大臣の異議の制度が問題となるが後述する（⇒p.285の(4)）。

また，客観訴訟については，具体的にどのようなものを客観訴訟とするのかについて，注意する必要があろう。本来は，主観訴訟として観念しうるものが，伝統的に客観訴訟として論じられてきている可能性がある。機関訴訟について，特に地方公共団体との国との係争である場合，本来的に司法権の範囲に入らないものと考えてよいのだろうか（大阪府国民健康保険審査会事件・最判昭和49・5・30民集28巻4号594頁，前掲沖縄代理署名訴訟。地方自治法上の国地方係争処理委員

会は，どう位置づけられるべきか）。

　民衆訴訟についても，議員定数不均衡訴訟の場合，本来主観訴訟として観念できるとの指摘が古くからあるところである（最大判昭和 51・4・14 民集 30 巻 3 号 223 頁の個別意見参照）。

(5)　司法権と「救済」

　司法権が，事件を「解決」することを使命とする以上，どのような実体的権利の存否を，どのような手続で確定するかということと並んで，どのような救済を与えるかということが同様の重要性をもつ。アメリカ法では「実体法」「手続法」と並んで「救済法」（remedies）という独自の法領域がある。

　わが国の裁判所による司法権の行使は，実定法律に密着しすぎているとの批判もあるが，必ずしもそうではない側面もある。高田事件（最大判昭和 47・12・20 刑集 26 巻 10 号 631 頁）は，迅速な裁判を受ける権利の実現のために，免訴という裁判形式を，刑事訴訟法の定める要件には合致しないのに，非常救済手段として認めたものである。また，前掲議員定数不均衡訴訟も，本来は公職選挙法に違反する選挙の効力を争うことが予定されている公職選挙法 204 条の訴訟において，公職選挙法自体が憲法に違反するという瑕疵を争うことを認め，公職選挙法の明文の規定に反して，事情判決の法理の適用を認めている（すでにみたようにこの点についてはそもそも主観訴訟として把握するべきではないかとの指摘があることには留意が必要である）。

　さらに，この文脈に関連する最高裁判例として，憲法 29 条から直接に補償請求権が発生する可能性に言及した河川附近地制限令事件（最大判昭和 43・11・27 刑集 22 巻 12 号 1402 頁），郵便法の規定を憲法 17 条違反とした郵便法違憲判決（最大判平成 14・9・11 民集 56 巻 7 号 1439 頁クエスト憲法 II 〈判例 12-1〉），公法上の当事者訴訟として，在外投票を部分的にしか認めていなかった公職選挙法の規定について，遅くとも判決後最初に行われる衆議院議員総選挙または参議院議員通常選挙に際しては，当事者が，選挙権を行使できる地位にあることの確認を認めた前掲在外日本国民選挙権訴訟（〈判例 8-3〉，クエスト憲法 II〈判例 11-1〉）を挙げることができる。

3 司法権の範囲

　比較憲法的にみると，司法権の範囲については，まず大きく行政型と司法型とに分かれる。行政事件の裁判を行政の作用とみて行政機関の系統に属する行政裁判所に行わせるのが行政型であり，行政事件も含めて司法裁判所に行わせるのが司法型である。大陸法系に属するフランスやドイツでは伝統的に行政型の制度が採用され（ただし，ドイツの現在の連邦行政裁判所は行政ではなく司法裁判所である），明治憲法も行政型であった。英米法系の伝統では，司法型を採用することが，「法の支配」の理念の中核の1つである。

　日本国憲法の司法権については，司法型とする理解が通説である。合衆国憲法思想の影響下で制定された憲法であり，81条では「処分」が違憲審査の対象とされていること，行政裁判所に関する規定が一切存在しないこと，76条2項後段が行政機関による終審裁判を禁止していることなどがその理由である。裁判所法3条1項もこのような理解を前提にするものである。

　ただ，問題は，「行政事件訴訟」については，民事訴訟法が全面的に適用されるのではなく，行政事件訴訟法が適用されている点である。行政事件訴訟には，抗告訴訟，当事者訴訟，民衆訴訟，機関訴訟がある（行訴2条）。

　もっとも典型的な行政事件訴訟である取消訴訟を例に説明するならば，取消訴訟は，抗告訴訟の1つである。抗告訴訟は，「行政庁の公権力の行使に関する不服の訴訟」（行訴3条1項）と定義され，（処分の）取消訴訟はそのうち，行政庁の処分その他公権力の行使にあたる行為の取消しを求める訴訟である（同条2項。裁決の取消訴訟については3項参照）。

　取消訴訟についてはまず，出訴期間の定めがあり，処分または裁決があったことを知った日から6か月しか提訴できない（ただし正当な理由がある場合はこの制限は適用されない。行訴14条1項。なお，2004〔平成16〕年改正前は，このような例外はなく，また，出訴期間は3か月であった）。また，取消訴訟には排他的な管轄が認められると解されている。つまり，行政事件訴訟法の定めがある結果，処分庁自体によるなど，行政による取消しがない限り，取消訴訟以外の方法では，裁判所といえども，処分の効力を否定できないとされるのである。行政法学で，行政行為には公定力があり，行政行為は仮に違法であっても，取消権限

271

のある者によって取り消されるまでは，何人（私人，裁判所，行政庁）もその効力を否定することはできないという説明がなされることがあるが，公定力の制度的根拠は，このような，取消訴訟の排他的管轄に存するということができる。

　このような行政事件訴訟法のあり方については，違憲論もある。少なくとも，いかなる理由で，どのような範囲で，行政事件訴訟については，民事訴訟の原則からの乖離が認められるかということの正当化が，常に憲法上求められていると考えるべきであろう。行政事件訴訟法の改正では，従来抗告訴訟として取消訴訟の他に明示されていた無効等確認訴訟，不作為の違法確認訴訟に加えて，差止訴訟と義務付け訴訟についての規定がおかれるに至ったが，このことも，この文脈で理解されるべきである。これらの抗告訴訟は，理論的には認められるが行政事件訴訟法上は明示的に言及されていない無名抗告訴訟とされつつも，実際の裁判ではほとんど認められてこなかった。また，抗告訴訟と比べると，民事訴訟との差異は少ない当事者訴訟についても，従来十分活用されていなかったとの理解の下に，活用を促すべく，その一例として確認訴訟の存在を明示する改正が行われた（行訴 4 条）が，これについても同様の文脈で理解されるべきである。

　以上との関連で，触れておかなければならないのが，空港供用の差止めの問題である。大阪国際空港公害訴訟で，最高裁は，民事訴訟での差止請求を，事理の当然として，不可避的に航空行政権の行使の取消変更ないしその発動を求める請求を包含することとなるものとして不適法とした（大阪空港訴訟・最大判昭和 56・12・16 民集 35 巻 10 号 1369 頁）。防衛庁長官（当時）に委ねられた自衛隊機の運航に関する権限について同様の論理を適用したものとして第一次厚木基地騒音公害訴訟（最判平成 5・2・25 民集 47 巻 2 号 643 頁）がある。

　しかし，民事上の請求として差止請求が不適法であるとする説明は説得的とは思われないし，仮にそうだとしても，行政訴訟の方法によりどのような請求が可能であるかを明らかにしないままに，民事上の請求は不適当だとすることは，極めて問題である。本判決当時は，抗告訴訟としての差止訴訟については，行政事件訴訟法に具体的な規定はおかれていなかった。

　その後，行政事件訴訟法で，抗告訴訟として差止めの訴え（行訴 3 条 7 項）が定められた。最高裁判所は，「重大な損害を生ずるおそれ」（行訴 37 条の 4 第

1 項）があると認め，差止めの訴えによる救済の可能性があることを明らかに
したが，防衛大臣の裁量の範囲内であるとして，請求を棄却した（第四次厚木
基地騒音公害訴訟に関する最判平成 28・12・8 民集 70 巻 8 号 1833 頁）。

　なお，道路の供用の差止めに関して，国道 43 号線訴訟（最判平成 7・7・7 民
集 49 巻 7 号 2599 頁）は，民事請求の適法性を前提に判断しており，また，日本
原演習場訴訟（最判昭和 62・5・28 訟月 34 巻 1 号 87 頁）は，自衛隊の射撃訓練お
よび訓練場への立入禁止措置を抗告訴訟の対象にならないとしている。

4　司法権の限界

(1)　総　　説
　本来は司法作用に含まれるものであっても，なんらかの理由で司法裁判所に
よる司法権の行使が制約される場合がある。厳密にいえば，これが，司法権の
「限界」である。このような限界には，国際法上のものと，憲法上のものとが
ある。

(2)　国際法上の限界
　これは，例えば，外交使節の治外法権のような，確立された国際法規や条約
その他の合意による限界である。なお，外国国家については，一律に裁判権免
除を認めるのが旧い判例（中華民国事件・大決昭和 3・12・28 民集 7 巻 1128 頁）で
あったが，パキスタン・イスラム共和国事件（最判平成 18・7・21 民集 60 巻 6 号
2542 頁）では，判例は，立場を改め，外国国家の非主権的行為については，免
除を認めないとした。外国国家の主権的行為については，裁判権免除が認めら
れている（横田基地事件・最判平成 14・4・12 民集 56 巻 4 号 729 頁）。パキスタン・
イスラム共和国事件を受けて「外国等に対する我が国の民事裁判権に関する法
律」が制定された。この法律は，国際法上の限界の存在を前提に，それについ
て国内法律で定めたものということになろう。

(3)　憲法上の限界
(a)　憲法明文上の限界　　国会の各議院の行う議員の資格争訟の裁判（55
条）および弾劾裁判所による裁判官の弾劾裁判（64 条）は，この種の限界が明

文で定められている場合である。恩赦の法的性格が司法作用であると理解する場合は，内閣による恩赦の決定 (73 条 7 号) も，明文上の限界となる。

　(b)　**憲法上含意的に導かれる限界**　　以上の他に，端的に憲法の明文によって規定されてはいなくても，憲法解釈の結果認められるべき限界として，多種多様なものがある。従来，憲法上含意的に導かれる限界とされてきたものについて，以下検討するが，その一部は，以上に述べた厳密な意味で「限界」に該当するというべきなのか，そもそも司法作用に属するということができないというべきなのか，微妙なところがある。「司法権の範囲ないし限界」という表現が用いられることがあるのは，このような微妙さのためである。

　(i)　プログラム規定　　いわゆるプログラム規定説を採用する場合，当該規定は司法権の限界を意味するとされる。もっとも，憲法の規定について，直接の法的効力をもたず，立法府の判断に委ねられているものがプログラム規定であるのだとすれば，そこにはそもそも裁判所の適用すべき規範が欠けているのであって，「限界」というよりは「範囲」の問題であるというべきであろう。なお，プログラム規定説は，主として 25 条をめぐって主張された立場であるが，今日の学説上はその主張者をみないし，最高裁判例も少なくとも生存権の法的権利性は否定していない (⇒クエスト憲法 II p. 362 の(2))。

　(ii)　団体の内部的事項にかかわる限界

　(ア)　「部分社会論」とその問題性　　憲法は，結社の自由 (21 条 1 項。宗教的結社については 20 条 1 項前段の信教の自由とともに同条 1 項後段・3 項および 89 条の政教分離原則がある) を保障し，学問の自由 (23 条) の保障には大学の自治が含まれるとされている。そうだとすれば，政党をはじめとする各種の結社，宗教団体，国公私立の大学の内部的事項に関しては，原則として，司法裁判権は及ばないものと解すべきであろう。

　この問題は，判例上，当初，地方公共団体の議会の自律権をめぐって問題となり，そこからいわゆる「部分社会論」と呼ばれる考え方が展開されるに至った。まず，米内山事件 (最大決昭和 28・1・16 民集 7 巻 1 号 12 頁) では，県議会議員の除名処分の執行停止決定後に述べられた内閣総理大臣の異議が不適法とされたが，田中耕太郎裁判官は少数意見において，法秩序の多元性を根拠に，除名を含めて懲罰の問題は議会が終局的に決めるべきであるとした。

　この考え方は，判例に大きな影響を与え，続いて最高裁は，地方議会の議員の除名処分は，司法裁判所の権限内の事項としつつ（板橋区議会事件・最大判昭和35・3・9民集14巻3号355頁），出席停止については「自律的な法規範をもつ社会ないしは団体に在っては，当該規範の実現を内部規律の問題として自治的措置に任せ，必ずしも，裁判にまつを適当としない」（最大判昭和35・10・19民集14巻12号2633頁）として，司法裁判権の対象にならないとした。

　さらに，最高裁は，富山大学における単位認定が争われた事件で次のように判示した（ 判例 7-2 ）。

判例 7-2　最判昭和52・3・15民集31巻2号234頁

〈富山大学単位不認定等違法確認訴訟〉

【事案】富山大学経済学の学生であったXらは，同学部長のYが，同学部のA教授について授業担当停止の措置をしているにもかかわらず，Yの指示に反してその授業に出席し，同教授が実施しうた試験を受けて合格判定を得た。YはXらの単位に関して何も決定しなかったので，Xはこのことの違法確認を求め出訴。第一審は訴えを却下したが，第二審が一部控訴棄却，一部差戻しとしたので，Xらが上告した。

【判旨】上告棄却。「裁判所は，憲法に特別の定めがある場合を除いて，一切の法律上の争訟を裁判する権限を有するのであるが（裁判所法3条1項），ここにいう一切の法律上の争訟とはあらゆる法律上の係争を意味するものではない。すなわち，ひと口に法律上の係争といっても，その範囲は広汎であり，その中には事柄の特質上裁判所の司法審査の対象外におくのを適当とするものもあるのであって，例えば，一般市民社会の中にあってこれとは別個に自律的な法規範を有する特殊な部分社会における法律上の係争のごときは，それが一般市民法秩序と直接の関係を有しない内部的な問題にとどまる限り，その自主的，自律的な解決に委ねるのを適当とし，裁判所の司法審査の対象にはならないものと解するのが，相当である（最大判昭和35・10・19民集14巻12号2633頁参照）。そして，大学は，国公立であると私立であるとを問わず，学生の教育と学術の研究とを目的とする教育研究施設であって，その設置目的を達成するために必要な諸事項については，法令に格別の規定がない場合でも，学則等によりこれを規定し，実施することのできる自律的，包括的な権能を有し，一般市民社会とは異なる特殊な部分社会を形成しているのであるから，このような特殊な部分社会である大学における法律上の係争のすべてが当然に裁判所の司法審査の対象になるものではなく，一般市民法秩序と直接の関係を有しない内部

> 的な問題は右司法審査の対象から除かれるべきものであることは，叙上説示の
> 点に照らし，明らかというべきである」。

　最高裁は，以上のように述べて，「単位授与（認定）行為は，他にそれが一
般市民法秩序と直接の関係を有するものであることを肯認するに足りる特段の
事情のない限り，純然たる大学内部の問題として大学の自主的，自律的な判断
に委ねられるべきものであつて，裁判所の司法審査の対象にはならないもの」
とした。また，同時に，専攻科修了の認定，不認定に関する争いは司法審査の
対象になるものとの判断が下された（富山大学事件・最判昭和 52・3・15 民集 31
巻 2 号 280 頁）。富山大学単位不認定等違法確認訴訟 ◁判例 7-2▷ では明示的に，
「部分社会」の語を用いて，田中耕太郎裁判官の法秩序の多元性論が，多数意
見として採用されるに至った。

　しかし，このような「部分社会」論の考え方には，正当なものも含まれてい
るものの，問題があるとの批判が学説上は強かった。法秩序は多元であるとい
うが，なぜ，法でありながら，全体社会である国家の裁判所が司法権を行使で
きないのかが，憲法に基づく形で説明されていないというのである。「部分社
会」論が説く内容は，上にみた結社の自由，信教の自由，学問の自由さらには
地方自治の本旨など，憲法上の概念によって説明されなければならないのでは
ないか。

　そうしたところ，岩沼市議会出席停止事件・最大判令和 2・11・25 民集 74
巻 8 号 2229 頁は，上述の先例を変更し，出席停止について，司法審査の対象
になるとした。判決は，地方議会の議員に対する懲罰の種類と手続が地方自治
法等に法定されており，出席停止の取消しを求める訴えについて，「その性質
上，法令の適用によって終局的に解決し得るものというべきである」とした上
で，地方議会の自律的権能に言及しつつ，議員の責務にも触れ，「出席停止の
懲罰の性質や議員活動に対する制約の程度に照らすと，これが議員の権利行使
の一時的制限にすぎないものとして，その適否が専ら議会の自主的，自律的な
解決に委ねられるべきであるということはできない」としたのである。

　この判例変更の影響がどこまで及ぶのかは，今後を見定める必要があるが，
判例の基本的な方向性としては，上述の批判を容れ，各論的に説明をしていく

という趣旨のものとして理解でき，正当なものと受け止めるべきであろう。

　以下，以上のような趣旨を踏まえつつ，簡単に各論的な検討を行うこととする。

　(ｲ)　政　党　　まず，政党については，結社の自由の問題であるとともに，議会制民主主義下における政党の役割について配慮する必要がある（⇒ p. 90 の第 3 節）。日本共産党袴田事件（最判昭和 63・12・20 判時 1307 号 113 頁）は，政党による除名について，家屋の明け渡し請求の前提となる場合には司法審査が及ぶとしたが，その範囲を，手続が公序良俗に反するようなものであるか，という点に限定した。日本新党事件（最判平成 7・5・25 民集 49 巻 5 号 1279 頁）では，拘束名簿式比例代表制の下での繰上当選の直前になされた除名であって，その除名がなければ繰上当選していたという事案であっても，公職選挙法に従って政党の代表者から除名届けが提出されている場合には，除名の適法性について，裁判所は判断するべきでないとした。後者の判断は，公職選挙法が定める結社の自由の尊重を貫徹したものということもできるかもしれないが，他方で，選挙のシステムの一部に政党が組み込まれている場合に，公序良俗に反するような除名手続（そうであったと第一審であり原審たる東京高判平成 6・11・29 判時 1513 号 60 頁は認定している）を認めていいのかという問題がある。

　(ｳ)　宗教団体　　次に，宗教団体については，信教の自由の問題であるとともに，政教分離原則の問題でもある。また，そもそも合理的な判断を容れないところに宗教的判断の特質があることから，多数の事案が存在している。判例は，銀閣寺事件（最判昭和 44・7・10 民集 23 巻 8 号 1423 頁）で，住職のような宗教上の地位それ自体を確認の対象とすることは認められないとしたが，宗教上の地位についてであっても，寺院の使用権や宗教法人の役員の地位といった法律上の地位の前提問題としてであれば，宗教上の教義の解釈にわたるものでない限り審判権は及ぶとした（種徳寺事件・最判昭和 55・1・11 民集 34 巻 1 号 1 頁，本門寺事件・最判昭和 55・4・10 判時 973 号 85 頁）。しかし，本尊が偽物だったなどとして，寄付金の返還が求められた「板まんだら」事件（最判昭和 56・4・7 民集 35 巻 3 号 443 頁）では，信仰の対象の価値または宗教上の教義に関する判断が訴訟の帰すうを左右する必要不可欠のものと認められ，訴訟の争点および当事者の主張立証もこの判断に関するものがその核心となっていると認められ

るとして，訴訟はその実質において法令の適用による終局的な解決の不可能なものであって，裁判所法 3 条にいう法律上の争訟にあたらない，とされた。そして，宗派の中で，そもそも管長が正統な地位を有するものであるかどうかが争われていた事案にかかわる蓮華寺事件（最判平成元・9・8 民集 43 巻 8 号 889 頁）でも，同様の論理により，宗教法人の側からの明け渡し請求・罷免されたとされる住職の側からの地位確認請求についての双方を訴えを却下する判断が示された（日蓮正宗管長地位不存在確認事件・最判平成 5・9・7 民集 47 巻 7 号 4667 頁，日蓮正宗末寺事件〔白蓮院事件・最判平成 5・7・20 判時 1503 号 3 頁，妙真寺事件・最判平成 5・9・10 判時 1503 号 3 頁，小田原教会事件・最判平成 5・11・25 判時 1503 号 3 頁等〕も同旨）。

　　(エ)　大　学　　大学については，富山大学単位不認定等違法確認訴訟 ◀ 判例 7-2 ▶ について説明したとおりであるが，学問の自由・大学の自治の観点から理解されるべきである。したがって，大学以外の学校について，当然に大学と同じ自治が認められるべきものではない。また，大学についてであっても，上述の専攻科修了認定のほか，学生の退学処分のような場合に，司法審査が及ぶことはいうまでもない（昭和女子大学事件・最判昭和 49・7・19 民集 28 巻 5 号 790 頁はそのような一例である）。私立大学に関する最近の判例として，教授会への出席および教育諸活動の中止を命じた業務命令の無効を確認するとともに，損害賠償請求を認容した鈴鹿国際大学事件（最判平成 19・7・13 判時 1982 号 152 頁）がある。

　　(オ)　地方議会　　地方議会については，上述のとおりであるが，地方議会は結社ではないので，地方自治の本旨に適うという条件の下で，国会がどのような地方議会制度を構築していると解されるかによって判断されるべきものである。なお，判例は，町議会議員辞職勧告決議が名誉毀損であるとして提起された損害賠償請求訴訟については，法律上の争訟にあたるとしている（最判平成 6・6・21 判時 1502 号 96 頁）が，その後，名張市市議会議員厳重注意処分公表名誉毀損損害賠償請求訴訟・最判平成 31・2・14 民集 73 巻 2 号 123 頁において，「普通地方公共団体の議会の議員に対する懲罰その他の措置が当該議員の私法上の権利利益を侵害することを理由とする国家賠償請求の当否を判断するに当たっては，当該措置が議会の内部規律の問題にとどまる限り，議会の自律

的な判断を尊重し，これを前提として請求の当否を判断すべき」ことが明らかにされている。なお，判例は，県議会での発言取消命令（配布用の議事録に記載されなくなる効果がある）については，司法審査の対象外としている（最判平成30・4・26 判時 2377 号 10 頁）。

(iii)　他の機関の自律権にかかわる限界　　国会・内閣など，他の機関の自律権が司法権の限界となる場合がある（国会については本書第 5 章を，内閣については本書第 6 章を参照）。

(iv)　裁　量　　裁量が認められる場合には，裁量の範囲内にある事項については司法審査は及ばない。ただし，裁量の範囲を逸脱した場合および裁量の濫用が認められる場合は違法の問題を生じ，司法審査の対象となる（行訴 30 条参照）。

(v)　統治行為

(ア)　伝統的な理解　　伝統的な学説によれば，統治行為とは，「高度の政治性を有する行為であつて，それについて法的判断は可能であつても，その高度の政治性という性質上，裁判所の司法審査から除外されるものをいう」（佐藤功『日本国憲法概説〔全訂第 5 版〕』〔学陽書房，1996 年〕475 頁）。しかし，司法裁判所に，違憲審査権を与えた以上，その判断が，高度の政治性をもちうることは当然のことではないか。法的判断が難しいということであればともかく，法的判断は可能であっても，司法審査から除外されるということがなぜ正当化できるのか。このような疑問を貫けば，統治行為の否定説に至る。これに対して，肯定説の理由づけは三権分立下の司法権の本質に内在する制約であるとする内在的制約説と裁判所の政策的な自制であるとする自制説とに分かれるとされる。しかし，内在的制約説では，上述の否定説の疑問に答えることが難しく，三権分立の原理をそこまで確定的な解釈論上の結論を正当化することのできる概念と捉えることが妥当とは思われないし，自制説ではなぜ憲法上与えられている権限の自制が許されるのか，権限は同時に義務である場合もあるのではないのか，との疑問に答えなければならない。このような事情から，肯定説は自制説と内在的制約説の折衷説に依拠していると考えられているところである。

もともと，統治行為という概念は，フランス法に由来する。フランスは，上述の「行政型」の司法権理解を採用するので，行政事件は行政機関である行政

裁判所が担当する。行政機関である以上，高度の政治判断は裁判所ではなく大臣が行うべきだという論理である。これは日本国憲法とは無縁の理解である。

　(イ)　整理と検討　　では，司法型の国家では統治行為を観念する必要はないのかというと，必ずしもそうではない。アメリカ合衆国の憲法判例には政治問題の法理が存在し，①憲法上他部門の判断に委ねられている事項，②法的な判断の基準が存在しない事項，③裁判所が政治の繁み（political thicket）に巻き込まれてしまう事項については，裁判所は判断しないと考えられている。

　もっとも，このうち①については，わざわざ統治行為ないしは政治問題の法理なる概念を立てて論じるまでもないことであるし，②についてはわが国の伝統的な統治行為論は，法的な判断は可能であることを前提にしているため，この観点から統治行為論を正当化するとすれば，従来とは異なる理解を前提にする必要が出てくる。③については，たしかに合衆国最高裁判所にはそのような裁判例があるが，事案は州の内乱に関するものが1つあるだけであり，否定説は，そのような場合を過大視することは不適当だと主張する。

　わが国では，学説上，「高度の政治性」を有する「統治行為」であるとされうる事項は，最も広くとった場合で，「①国家全体の運命にかかわる重要事項（国家の承認，条約の締結その他の外交活動や国家の安全保障にかかわるもの），②政治部門の組織・運営に関する基本事項（意思決定手続，議員の懲罰など），③政治部門の相互関係（衆議院の解散など），④政治部門の政治的・裁量的判断に委ねられた事項」だと整理されている（佐藤 695 頁）。

　(ウ)　判例をどう理解するか　　しかし，すでにみたところからも明らかなように，このうち②と④は，独自に司法権の限界の問題として観念すべき事項であって，統治行為として論じる意味に乏しい。したがって，ここで検討する必要があるのは①と③である。判例では，砂川事件（最大判昭和 34・12・16 刑集 13 巻 13 号 3225 頁 ◀ 判例 4-1 ▶）が①に，苫米地事件 ◀ 判例 7-3 ▶ が③にかかわるということが，一応，できる。

◀ 判例 7-3 ▶　最大判昭和 35・6・8 民集 14 巻 7 号 1206 頁　　　〈苫米地事件〉
【事案】1952（昭和 27）年 8 月 28 日行われた衆議院の解散は憲法に違反し無効であるとの主張に基づき，当時衆議院議員であった X は同解散によっては衆議院議員たる身分を失わないとして，同年 9 月分から X の衆議院議員の任期

が満了した 1953（昭和 28）年 1 月分迄の X の衆議院議員としての歳費合計 28 万 5 千円の支払を求めて訴えを提起した。第一審は，憲法 69 条以外の場合には解散はできないとする X の主張を退け，いかなる時に解散するかは内閣の政治的裁量に完全に委ねられているとしたが，天皇の国事行為に対しては，内閣の助言と承認がそれぞれ必要なところ，本件では助言がなかったとして，請求を認容した。しかし，第二審が，衆議院の解散に関する上奏のときに全閣僚の意見の一致と署名がなく，解散詔書が発布されても，その後これが持回り閣議の方法により追完され，かつ解散詔書の伝達に関し閣議で全員が可決したときは，内閣の助言と承認があったものと解してよいとして，請求を棄却したので，X が上告。

【判旨】上告棄却。「現実に行われた衆議院の解散が，その依拠する憲法の条章について適用を誤つたが故に，法律上無効であるかどうか，これを行うにつき憲法上必要とせられる内閣の助言と承認に瑕疵があつたが故に無効であるかどうかのごときことは裁判所の審査権に服しないものと解すべきである。」

「わが憲法の三権分立の制度の下においても，司法権の行使についておのずからある限度の制約は免れないのであつて，あらゆる国家行為が無制限に司法審査の対象となるものと即断すべきでない。直接国家統治の基本に関する高度に政治性のある国家行為のごときはたとえそれが法律上の争訟となり，これに対する有効無効の判断が法律上可能である場合であつても，かかる国家行為は裁判所の審査権の外にあり，その判断は主権者たる国民に対して政治的責任を負うところの政府，国会等の政治部門の判断に委され，最終的には国民の政治判断に委ねられているものと解すべきである。この司法権に対する制約は，結局，三権分立の原理に由来し，当該国家行為の高度の政治性，裁判所の司法機関としての性格，裁判に必然的に随伴する手続上の制約等にかんがみ，特定の明文による規定はないけれども，司法権の憲法上の本質に内在する制約と理解すべきものである。」

「本件の解散が憲法 7 条に依拠して行われたことは本件において争いのないところであり，政府の見解は，憲法 7 条によって，——すなわち憲法 69 条に該当する場合でなくとも，——憲法上有効に衆議院の解散を行い得るものであり，本件解散は右憲法 7 条に依拠し，かつ，内閣の助言と承認により適法に行われたものであるとするにあることはあきらかであって，裁判所としては，この政府の見解を否定して，本件解散を憲法上無効なものとすることはできないのである」。

判例は統治行為という言葉こそ用いていないが，苫米地事件 **判例 7-3** の

論理は，わが国での伝統的な統治行為論を適用したものと受け止められている。また，砂川事件 ◁ 判例 4-1 ▷ の論理は，「一見極めて明白に違憲無効であると認められない限りは，裁判所の司法審査権の範囲外」というものであり，伝統的な統治行為論からは，一種の修正付きの統治行為論と受け止められているようである。苫米地事件は，③の類型に属するが，判決は，内在的制約論によって，統治行為論を正当化している。したがって，判例の立場は，③について統治行為論を認める，ということになるが，これを受け入れることは以下にみるように，理論的には困難であろう。

　というのは，内在的制約説に，上述の疑問があるからである。苫米地事件の論理を受け入れるということは，7条解散が現に行われた以上，解散権の行使が69条の場合に限定されるかということを解釈論上議論することはおよそ意味をもたない，という命題を受け入れることである。本書は69条限定説の立場はとらないが，そのような立場の選択の問題とは別に，憲法解釈学説として，苫米地事件の立場を受け入れることはできない。どういう場合に，執行府が，議会下院を解散できるかということは，一国の立憲的な秩序の基本的構造の1つである。それが，執行府の決定にすべて委ねられるというような議論を認めることは，解釈学説の自己否定である。なお，附加して指摘するならば，③に関する事件で無条件に統治行為論を肯定し，①に関する事件で条件付きで統治行為論を採用しているのであるとすれば，そのバランス感覚は倒錯しているといわざるをえないし，また，定数是正訴訟は統治行為論によっていない。

　苫米地事件については，むしろその結論は，争点を②と④の領域に腑分けした上で，実体的な解釈の問題として，受け入れることが検討されるべきであろう。内閣による助言と承認は，それぞれ別個に必要とは思われないし，閣議決定のあり方は，内閣の自律的判断に委ねられるべきものであろう。解散は69条以外の場合にも可能であろうし，いかなる場合に解散が可能かについて，憲法上条件がないとまで考える必要はないのかもしれないが，その判断は，内閣の裁量に委ねられていよう。この裁量は，行政裁量に対比していうならば執行裁量とでもいうべきものであって，現実に司法審査が可能でありうるような裁量とは考えられない。なお，近時，国会の臨時会の召集の要求（53条）の拒否を巡って国家賠償請求訴訟が提起され，国側は統治行為論を援用しているが，

下級審ではこの点の主帳は退けられている（那覇地判令和2・6・10判時2473号93頁など）。

　これに対して，①にかかわる砂川事件をどう理解するかについて考えるためには，統治行為論を全面的に否定するのか，この部分に限って限定的に肯定するのかということが，より直接的に問題にならざるをえない。

　その前提として，砂川事件がいわんとするところがなんであるのかを正確に理解することが必要である。しかし，砂川事件が修正統治行為論とでもいうべきものだと受け止められているということはすでに述べたとおりであるが，それがそれでも統治行為論であるのか（藤田・入江裁判官の補足意見は「統治行為」という用語を用いている），実際には裁量論（島裁判官の補足意見は「裁量の範囲」か否かを問題にする）であるのかを判断することはなかなか難しい。

　加えて，砂川事件について重要であるのは，判決が，「一見極めて明白に違憲無効」かどうかを問題にする言い回しを用いているものの，実際には合憲判断を明言している点である。つまり，砂川事件の修正統治行為論は，おそらく当時の政治状況での最高裁判所の1つの政治的意思を反映した，傍論なのである。

　以上の分析を前提にすれば，砂川事件の存在にもかかわらず，統治行為論は全面的に否定されるべきである，あるいは，砂川事件は先例として統治行為論を採用したものではない，あるいは，砂川事件が述べているのは結局は裁量論であると主張することは十分合理的である。

　しかし他方，③の領域と異なって，①の領域については，たしかに，すべてが司法裁判所の判断に委ねられるべきで，「政治」に残される部分はないと言い切れるのか，なお躊躇するところが残るのも事実である。そのような部分はない（上のアメリカの場合でいえば③はわが国では考える必要がない）と言い切れれば，統治行為論の全面否定説に立つべきことになるのであるが。

　　(エ)　砂川事件を本来的統治行為論とする理解の可能性　　この点で注目されるのは，統治行為論の基本的発想を，「裁判所としてその問題について判断するには十分な情報に接しえずもしくは自信をもって依拠すべき判断基準が欠けており，したがってまた違憲判決の結果に明確な見通しをつけ難いような場合には違憲判決を避ける」というものであると解した上で，そうだとすれば，「『一見極めて明白に』違憲な場合にはそもそも『統治行為』の範疇外であると

みることができる」として，むしろ砂川事件自体は合憲判決と受け止めつつ，その論理を正統な統治行為論であると評価し直そうとする立場である（佐藤698 頁）。このような理解に立つ場合，刑罰を科すあるいは人格権に基づく差止請求を退けるといったような，基本的人権の重大な制限にかかわる場合は，「統治行為」の法理を用いることは許されないことになる（佐藤 700 頁）。

(vi)　事情判決　　行政事件訴訟法 31 条に定めがあり，また，すでにみたように，法律の明文の規定に反して議員定数是正訴訟にはその法理が適用された。これも，極めて例外的な場合にしか認められてはならないが，司法権の限界というべきである。

5　司法権の帰属

(1)　総　　説

「すべて司法権は，最高裁判所及び法律の定めるところにより設置する下級裁判所に属する」（76 条 1 項）。

(2)　特別裁判所の禁止

「特別裁判所は，これを設置することができない」（76 条 2 項前段）。ここにいう「特別裁判所」とは，一般的に司法権を行う通常裁判所の系列に属する裁判所ではない裁判所のことである。そのような系列に属する限り，現行の家庭裁判所のような特別の管轄をもつ裁判所であっても，ここにいう「特別裁判所」には該当しない（児童福祉法違反事件・最大判昭和 31・5・30 刑集 10 巻 5 号 756 頁）。2005（平成 17）年に設置された知的財産高等裁判所は，「我が国の経済社会における知的財産の活用の進展に伴い，知的財産の保護に関し司法の果たすべき役割がより重要となることにかんがみ，知的財産に関する事件についての裁判の一層の充実及び迅速化を図るため」（知財高裁 1 条），東京高等裁判所に設置された特別の支部であり，一定の司法行政事務について，独自の権限が与えられているが，もちろん，「特別裁判所」ではない。明治憲法下での行政裁判所は，ここにいう「特別裁判所」に該当するが，通常裁判所の系列に属する限り，日本国憲法下で「行政裁判所」を設置することは可能である。弾劾裁判所は，憲法自身が定める例外である（64 条）。

⑶　行政機関による終審裁判の禁止

「行政機関は，終審として裁判を行ふことができない」（76条2項後段）。これは，逆に言えば，「行政機関が前審として審判することを妨げない」（裁3条2項）ということである。このような行政機関による「裁判」は，「司法」そのものではない。このような審判を行う行政機関を「行政裁判所」というとすれば，それは⑵で論じた「行政裁判所」とは異なる。

このような「審判」を行う権限を有する行政機関の典型は，独立行政委員会である公正取引委員会であった。

平成25年改正前の「私的独占の禁止及び公正取引の確保に関する法律」（独占禁止法）は，「公正取引委員会の認定した事実は，これを立証する実質的な証拠があるときには，裁判所を拘束する」（独禁旧80条1項），「前項に規定する実質的な証拠の有無は，裁判所がこれを判断するものとする」（同条2項）と定めた。このような「実質的証拠ルール」の他の例として，電波法99条，「鉱業等に係る土地利用の調整手続等に関する法律」52条がある。また，国家公務員法3条は，「法律により，人事院が処置する権限を与えられている部門においては，人事院の決定及び処分は，人事院によつてのみ審査される」（同条3項）と定めつつ，「前項の規定は，法律問題につき裁判所に出訴する権利に影響を及ぼすものではない」（同条4項）と定める。

これらの規定の背後には，司法権の内容として，証拠に基づく事実の認定とこれに対する法の適用とを区分した上で，後者をその中心的内容と理解するアメリカ的な発想が存在するものと考えられる。英米法では，素人である陪審員の判断が裁判所を拘束しうるのである。もっとも，わが国では実質的証拠ルールの例は少なく，「実質的な証拠の有無は，裁判所がこれを判断する」ことが強調され，また，国家公務員法の規定については，事実認定の問題も，違法・適法の判断の前提として法律問題に含まれると解されており，上に述べたような意味でのアメリカ的発想へのアレルギーは強いというべきところであろう。

⑷　内閣総理大臣の異議の制度

行政事件訴訟法27条は，裁判所が行う行政処分の執行停止（行訴25条2項）に対し，やむをえない場合には内閣総理大臣は異議を述べることができ，裁判

所はそれに拘束されるものとする。この制度は，元来は占領下での公職追放を裁判所が仮処分で排除したことが機縁となって，行政事件訴訟特例法（昭和23年法律第81号）に採用されたもので，行政事件訴訟法に引き継がれ，現行法に至っている。改正前の行政事件訴訟法下での事件のほとんどは，集団示威行進不許可処分に対する執行停止決定に際してなされてきたものであり（国会周辺デモ事件・東京地決昭和42・6・9行集18巻5＝6号737頁など），最近は適用例をみない。現行行政事件訴訟法に，仮の義務づけと仮の差止めの訴えが規定されたため，それらにも準用されている（行訴37条の5第4項）。

　内閣総理大臣の異議の制度は，伝統的には，行政事件に関する仮の救済権限が，行政作用であることを理由に正当化されてきた。下級審判決にもそのような説明をするものがある（東京地判昭和44・9・26行集20巻8＝9号1141頁）。しかし，処分の取消しが司法権の行使で，執行停止が行政作用だというのは控えめにいっても難解な説明であるし，司法権の行使のための不可欠の権限を端的に行政作用だと説明することは問題である。さらに，仮にそれが行政作用であるとしても，一旦裁判所に行使させると決めた以上は，その判断の終局性を認めるべきであって，内閣総理大臣が裁判所の判断を恣意的に左右できるような形態での授権は，裁判所の法原理部門としてのあり方を傷つけるものである。ただ，仮の救済権限は，司法権にとって重要な権限であると同時に，仮の救済を認めることが，本案についての認容判決と同じ効果をもつことがあることは否定できない。仮の義務づけや仮の差止めが本格的に活用されるようになると，あるいは，内閣の命運にかかわるような非常事態の法理の適用を認めざるをえないような事態が頻出するということになるであろうか。

(5)　裁判員制度（陪審制・参審制）

　司法権の帰属の問題としては，陪審員，参審員あるいは裁判員制度という形態による国民の司法参加の問題を論じなければならない。この問題について，伝統的にわが国で念頭におかれてきたのは陪審制である。

　裁判員制度については，後述する（⇒p. 293 の(b)）。

第2節　裁判所の構成

1 裁判所の種類と裁判所間の関係

(1)　裁判所の種類

　司法権を行使するのは，「最高裁判所」および「法律の定めるところにより設置する下級裁判所」である（76条1項）。「最高裁判所」は，単一の裁判所であって，憲法によって直接設置が要請される裁判所である。最高裁判所は，憲法問題について判断する「終審裁判所である」（81条）。これ以外については，「最高裁判所」および「下級裁判所」の種類，機構，管轄および審級制度について，憲法が直接規定しているところはなく，法律に委ねられているものと解される。現行法上の裁判所の種類として，高等裁判所，地方裁判所，家庭裁判所および簡易裁判所（裁2条1項）がある。すでに述べたように，「知財高裁」は東京高裁の特別な支部である。

(2)　裁判所間の関係

　裁判所間には上下の階級があり，審級関係にある。審級関係とは，下級審の裁判に不服の訴訟当事者が上級審に不服申立をした場合に，上級審は，理由ありと認めるときは，下級審の裁判を取消しまたは変更する裁判ができるという関係である。「上級審の裁判所の裁判における判断は，その事件について下級審の裁判所を拘束する」（裁4条）。いずれの裁判所も直接，独立して司法権を行使するものであることはいうまでもない。

　わが国では，審級制度として原則として三審制がとられているが，すでにみたように憲法81条による制約以外は憲法上の制約はなく，具体的にどう定めるかは法律に委ねられている（刑事応急措置法事件・最大判昭和23・3・10刑集2巻3号175頁）。したがって，明治憲法下の事件をどの裁判所に引き継ごうと（前掲刑事応急措置法事件），裁判所法16条3号および旧民事訴訟法393条（現311条1項）が簡易裁判所を第一審とする民事事件の上告審を高等裁判所としても（最大判昭和29・10・13民集8巻10号1846頁），事実審査を第二審限りとす

ることも（前掲刑事応急措置法事件および最判昭和 35・12・8 刑集 14 巻 13 号 1818 頁），第一審の無罪判決を破棄自判により有罪とした第二審判決に対し上訴によって事実誤認等を争う途が閉ざされているとしても（最判昭和 41・1・28 判時 434 号 2 頁），憲法には違反しない。即決裁判手続において事実誤認を理由とする控訴を制限する刑事訴訟法 403 条の 2 第 1 項も，憲法 32 条に違反するものではない（最判平成 21・7・14 刑集 63 巻 6 号 623 頁）。

　さらに，民事訴訟法 337 条が，法令解釈の統一を図ることを目的として，高等裁判所の決定および命令のうち一定のものに対し，同裁判に最高裁判所の判例と相反する判断がある場合その他の法令の解釈に関する重要な事項が含まれる場合に，高等裁判所の許可決定により，最高裁判所に特に抗告をする許可抗告制度を定めることも（最決平成 10・7・13 判時 1651 号 54 頁），判決に影響を及ぼすことが明らかな法令の違反があることを理由として最高裁判所に上告をすることを許容しない民事訴訟法 312 条および 318 条（上告受理の制度）も，憲法に違反しない（最判平成 13・2・13 判時 1745 号 94 頁）。これらの規定は，最高裁判所の負担軽減のため新しい民事訴訟法に設けられたものである。なお，この結果，民事に関しては，最高裁の判例に違反することが，必ずしも上告理由とはならなくなっていることに注意する必要がある（刑事訴訟法 405 条については従前と同様である）。憲法判例の拘束力を認めるのであれば，憲法判例違反の主張は，憲法違反の主張に含まれると考える必要があろう。

2　裁判所の構成

(1)　最高裁判所の構成

(a)　最高裁判所の構成　　最高裁判所は，「その長たる裁判官及び法律の定める員数のその他の裁判官」（79 条 1 項）で構成される。最高裁判所の長たる裁判官とは，最高裁判所長官のことであり，その他の裁判官は最高裁判所判事のことである（裁 5 条 1 項）。最高裁判所判事の員数は，現在 14 名とされている（同条 3 項）。

　最高裁判所の長たる裁判官は，内閣の指名に基づいて，天皇が任命し（6 条 2 項），その他の裁判官は，内閣が任命し（79 条 1 項），天皇が認証する（裁 39 条 3 項）。法律上，最高裁判所の裁判官は，「識見の高い，法律の素養のある年

齢 40 年以上の者」の中からこれを任命し，そのうち少なくとも 10 人は，所定の期間の法律専門職の経歴を有するものでなければならない（裁 41 条）。裁判官は，一般の公務員より欠格事由が広い（裁 46 条）。なお，1948（昭和 23）年改正前の裁判所法では，最高裁判所判事の任命は，裁判官任命諮問委員会の諮問を経なければならないとされていたが，内閣を拘束するならば違憲である。ちなみに，最高裁判所判事の前職は，現在（尾島明判事の就任時である 2022〔令和 4〕年 7 月 5 日時点），裁判官 6 名，弁護士 3 名，検察官 2 名，行政官 2 名，大学教授 2 名である。弁護士登録もあった山口判事を学者とすると，近時固定していた弁護士枠が 1 名減ったことになる。岡村判事は，一応行政官とカウントした。最大 3 名だった女性判事は現在 2 名となる。

(b)　**国民審査**　　最高裁判所の裁判官は，弾劾裁判の対象になるほか，特に国民審査に服する。すなわち，「最高裁判所の裁判官の任命は，その任命後初めて行はれる衆議院議員総選挙の際国民の審査に付し，その後 10 年を経過した後初めて行はれる衆議院議員総選挙の際更に審査に付し，その後も同様とする」（79 条 2 項）。その場合，「投票者の多数が裁判官の罷免を可とするときは，その裁判官は，罷免される」（同条 3 項）。

　「審査に関する事項は，法律でこれを定める」（同条 4 項）とされ，この規定を受けて，最高裁判所裁判官国民審査法が定められている。同法では，「罷免を可とする裁判官については，投票用紙の当該裁判官に対する記載欄に自ら×の記号を記載し，罷免を可としない裁判官については，投票用紙の当該裁判官に対する記載欄に何等の記載をしないで」投票することになっており（裁審 15 条 1 項），「×の記号以外の事項を記載したもの」は無効である（裁審 22 条 1 項 2 号）そして，「罷免を可とする投票の数が罷免を可としない投票の数より多い裁判官は，罷免を可とされたものとする」（裁審 32 条本文）。

　この方式については，棄権を認めないことになってしまう点や，何も記入していないと，罷免を可としないことになってしまう点に批判があるが，判例は，「国民審査の制度はその実質において所謂解職の制度」と理解した上で，「罷免する方がいいか悪いかわからない者は，積極的に『罷免を可とする』という意思を持たないこと勿論だから，かかる者の投票に対し『罷免を可とするものではない』との効果を発生せしめることは，何等意思に反する効果を発生せしめ

るものではない」としている（最高裁判所裁判官国民審査法事件・最大判昭和 27・
2・20 民集 6 巻 2 号 122 頁）。解職制度との理解は正当であろうが，だからといっ
て，現行法の採用する方法が唯一のものではなく，無記入を棄権とする制度も
可能であることには留意する必要があろう。

　国民審査の制度は，1945 年のミズーリ州憲法をモデルにしているといわれ
るが，この制度で罷免された裁判官はおらず，制度としての実効性を欠いてい
るとの評価もありうるところである。また，最高裁判所の裁判官の構成に民意
を反映させるこの制度は，司法権の独立との関係で，緊張関係をはらんだもの
であることも否定できない。しかし，国民審査は，最高裁判所が違憲審査権を
行使する終審裁判所としての地位にあることにかんがみ，「司法審査と民主主
義」との間の微妙なバランスを図るものとして採用されたのであり，一定の積
極的評価を与えられるべきものであろう。

　最高裁判所の裁判官には定年制があり（79 条 5 項），その年齢は現在 70 歳と
定められている（裁 50 条）。

　(c)　**大法廷と小法廷**　　最高裁判所は，大法廷または小法廷で審理および裁
判をすることになっている（裁 9 条 1 項）。大法廷は，全員の裁判官の，小法廷
は，最高裁判所の定める員数の裁判官の合議体である。ただし，小法廷の裁判
官の員数は 3 人以上でなければならない（同条 2 項）。現在，小法廷の員数は 5
名である（最事規 2 条 1 項）。各合議体の裁判官のうち，1 人を裁判長とする
（裁 9 条 3 項）。ただし，最高裁判所長官が出席する場合は，長官が裁判長とな
る（最事規 3 条ただし書）。

　事件を大法廷または小法廷のいずれで取り扱うかについては，最高裁判所の
定めるところによるが，次の場合は，小法廷では裁判することができないとさ
れる（裁 10 条）。

　①当事者の主張に基いて，法律，命令，規則または処分が憲法に適合するか
しないかを判断するとき（意見が前に大法廷でした，その法律，命令，規則または処
分が憲法に適合するとの裁判と同じであるときを除く。裁 10 条 1 号），②①の場合を
除いて，法律，命令，規則または処分が憲法に適合しないと認めるとき（同条
2 号），③憲法その他の法令の解釈適用について，意見が前に最高裁判所のした
裁判に反するとき（同条 3 号）。最高裁判所裁判事務処理規則によれば，さらに，

小法廷の裁判官の意見が二説に分れ，その説が各々同数の場合（最事規9条2項2号），大法廷で裁判することを相当と認めた場合（同項3号）も，大法廷で審理，裁判する。事件はまず小法廷で審理するので，これらの場合，小法廷の裁判長は，大法廷の裁判長にその旨を通知しなければならない（最事規9条1項・2項）。

(d) **司法行政権**　最高裁判所の司法行政事務は，裁判官会議の議によるものとし，最高裁判所長官が総括する（裁12条1項）。裁判官会議は，全員の裁判官でこれを組織し，最高裁判所長官が議長となる（同条2項）。

(2) **下級裁判所の構成**

(a) **裁判官**　すでに述べたように，下級裁判所には，高等裁判所，地方裁判所，家庭裁判所および簡易裁判所の4種がある。

下級裁判所の裁判官は，「最高裁判所の指名した者の名簿によつて，内閣でこれを任命する。その裁判官は任期を十年とし，再任されることができる。但し，法律の定める年齢に達した時には退官する」（80条1項）。裁判所法によれば，高等裁判所長官，判事，判事補，簡易裁判所判事であり，このいずれかに「任命」される。下級裁判所の裁判官の職は，最高裁判所がこれを補する（裁47条）。下級裁判所の裁判官に任命されるためには，一定の法的素養（裁42条～45条）が必要であり，欠格事由については最高裁判所裁判官の場合と同様，一般の公務員より広いものが定められている（裁46条）。なお，判事補の職権の特例等に関する法律により，任官5年目以降など，判事補も判事の職務を行いうる場合がある（いわゆる特例判事補）。また，判事補（特例判事補以外）について，地方裁判所における審理に判事補の参与を認める規則によって，判事（特例判事補を含む）が行う審理に参与することが認められているが，これは合議制を認めたものではない（参与判事補事件・最判昭和54・6・13刑集33巻4号348頁）。

任命のための名簿作成は，最高裁判所が，裁判官会議によって行う。名簿の作成は，1名プラス方式（任命を求める裁判官の数に1名プラスして名簿を提出するが，内閣は，そのうち，最高裁判所の希望する者を任命する）で行われているとされてきた。名簿作成については，最高裁判所の裁量が認められるが，思想・信条

を理由とすることや，裁量の逸脱・濫用は許されない。判事補任官拒否訴訟（大阪高判平成 15・10・10 訟月 50 巻 5 号 1482 頁）は，「司法修習生の修習を終えた者の中からこれを任命する」（裁 43 条）とされる判事補の任命のための名簿作成につき，思想・信条を理由として指名されなかったとして損害賠償が請求された事案について，人格的資質から，裁判官として適任ではないと判断したのであり，任官拒否は，思想・信条や過去の活動等を理由としたものではなく，最高裁判所において，判事補の指名につき，裁量権を逸脱または濫用したものであると認めることはできないとしている（上告審たる最決平成 17・6・7 判例集未登載は上告棄却，上告申立不受理を決定した）。本件については，判事補指名拒否処分取消等請求事件訴訟も提起されたが，抗告訴訟としては不適法であるとして，訴えが却下されている（最判平成 7・12・15 判例集未登載）。

　司法制度改革の一環として，下級裁判所裁判官指名諮問委員会が最高裁判所におかれた（下級裁判所裁判官指名諮問委員会規則 1 条）。委員会の職務は，最高裁判所の諮問に応じて，高等裁判所長官，判事および判事補として任命されるべき者を裁判所法 40 条 1 項の規定により指名することの適否その他同項の規定による指名に関する事項を審議すること（同規則 2 条 1 号），前号の規定により指名の適否について諮問に付した者に関する情報を収集すること（同条 2 号），1 号の審議の結果に基づき，最高裁判所に意見を述べること（同条 3 号）である。最高裁判所は，下級裁判所裁判官として任命されるべき者として指名されることの希望を申し出た者については，当該者を指名することの適否を委員会に諮問しなければならず（同規則 3 条 1 項），最高裁判所は，委員会に対して，指名候補者を指名することの適否の意見を述べないものとされている（同条 3 項）。委員会の意見は，最高裁判所を拘束しないが，委員会が指名することは適当である旨の意見を述べた指名候補者を指名しなかったとき，あるいは，委員会が指名することは適当ではない旨の意見を述べた指名候補者を指名したときなどには，委員会に理由を通知しなくてはならない（同規則 4 条）。下級裁判所裁判官指名諮問委員会の地域委員会が各高等裁判所の所在地におかれている（同規則 12 条 2 項）。また，裁判官の人事評価について，本人への開示と不服がある場合の手続も定められた（裁判官の人事評価に関する規則 4 条・5 条）。判事補の指名を行わない場合も含め，本人への理由開示が行われているようである。

　内閣は，指名された者の任命を拒否できるか。肯定説と否定説とがあるが，憲法が任命と指名を別々に確定している以上最高裁判所の指名権を無にするような恣意的なものでない限り，任命拒否も可能であると解すべきである。高等裁判所の長官の任免は，天皇が認証する（裁40条2項）。下級裁判所裁判官の定年は，高等裁判所長官，判事，判事補は65歳，簡易裁判所判事は70歳である（裁50条）。

　再任の性格については，裁判官の特定の団体との関係が再任拒否事由として扱われたのではないかとして問題になった事例があり，学説上も激しく争われた。新任と全く同様であり最高裁判所の自由裁量的判断によるとするA説，法的には新任と同様のものであるが，特段の事情がない限り再任が原則であるとするB説，再任制度は裁判官の「身分継続の原則」を前提にしており，憲法78条所定の事由に該当しないことを確認する行為であるとするC説，がある。再任制度が，司法府の地位を強化すると同時に，独善に陥ることを避けようとするものであることは，憲法の文言からも制定経過からも明らかであり，「身分継続の原則」を前提とすることは妥当ではない。ただ，一部に弁護士任官の例が出ているとはいえ，現在実態としてなお強固に存在しているいわゆるキャリア・システムを前提にした場合に，下級裁判所の裁判官の地位の安定を図ることが，司法権の独立ないしは裁判官の身分保障の観点から，立法論として望ましいことは否定できず，C説の懸念は理解できないわけではない。上にみた，下級裁判所裁判官指名諮問委員会の制度は，このような懸念に対応しようとするものであろう。

(b) 裁判員

（i）制度の概要　　地方裁判所は，次に掲げる事件については，「裁判員の参加する合議体」で取り扱うことになる（裁判員2条1項）。①死刑または無期の懲役もしくは禁錮にあたる罪に係る事件（同項1号），②①を除いて，裁判所法26条2項2号に掲げる事件（地方裁判所が3人合議で取り扱う事件）であって，故意の犯罪行為により被害者を死亡させた罪に係るものである（裁判員2条1項2号）。ただし，「被告人の言動，被告人がその構成員である団体の主張若しくは当該団体の他の構成員の言動又は現に裁判員候補者若しくは裁判員に対する加害若しくはその告知が行われたことその他の事情により，裁判員候補

者，裁判員若しくは裁判員であった者若しくはその親族若しくはこれに準ずる者の生命，身体若しくは財産に危害が加えられるおそれ又はこれらの者の生活の平穏が著しく侵害されるおそれがあり，そのため裁判員候補者又は裁判員が畏怖し，裁判員候補者の出頭を確保することが困難な状況にあり又は裁判員の職務の遂行ができずこれに代わる裁判員の選任も困難であると認めるときは，検察官，被告人若しくは弁護人の請求により又は職権で，これを裁判官の合議体で取り扱う決定をしなければならない」（裁判員3条1項）。合議体の裁判官の員数は3人，裁判員の員数は6人とし，裁判官のうち1人を裁判長とする。ただし，簡単な事件は，裁判官1人，裁判員4人とすることもできる（裁判員2条2項）。

　裁判員は，独立してその職権を行う（裁判員8条）。事実の認定，法令の適用，刑の量定については裁判官と裁判員の合議により判断し（裁判員6条1項1号〜3号），法令の解釈，訴訟手続その他に関しては，構成裁判官の合議による（同条2項1号〜3号）。

　裁判員は，衆議院議員の選挙権を有する者の中から，選任される（裁判員13条）。欠格事由（裁判員14条），就職禁止事由（裁判員15条），辞退事由（裁判員16条）について，さらに裁判員候補者予定者名簿の調製（裁判員21条），裁判員候補者名簿の調製（裁判員23条），裁判員候補者の呼出し（裁判員27条），選任（裁判員30条〜38条）について，詳細な規定がある。裁判員候補者には出頭義務があり（裁判員29条1項），裁判員についても同様である（裁判員52条）。

　裁判員が関与する場合，評決については，「構成裁判官〔合議体を構成する裁判官のこと。以下同じ〕及び裁判員の双方の意見を含む合議体の員数の過半数の意見」による（裁判員67条1項）。そして，「刑の量定について意見が分かれ，その説が各々，構成裁判官及び裁判員の双方の意見を含む合議体の員数の過半数の意見にならないときは，その合議体の判断は，構成裁判官及び裁判員の双方の意見を含む合議体の員数の過半数の意見になるまで，被告人に最も不利な意見の数を順次利益な意見の数に加え，その中で最も利益な意見による」（同条2項）。

　(ii)　裁判員制度違憲論　　裁判員制度については違憲論と合憲論がある。違憲論は様々な理由を挙げるが，①憲法には国民の司法参加に関する規定は全く

おかれておらず，それは国民の司法参加を禁止する趣旨であること，②憲法が下級裁判所の裁判官について任免の手続や身分保障に関する詳細な規定（80条）を設けている以上，下級裁判所は専らこのような下級裁判所の裁判官によってのみ構成されることが予定されているとみるべきであること，③法令の解釈のみならず，事実の認定，法令の適用，刑の量定についての判断もすべて司法作用の一環であってその全過程が裁判官によって遂行されなければならないこと，④構成裁判官の過半数の意見と異なる判決を裁判所が行うことが，裁判官の独立を侵害すること，⑤被告人に裁判員裁判を辞退する権利を認めないことが違憲であること，⑥裁判員の負担が「意に反する苦役」（18条）にあたること，が主要な論拠であろう（なお，この他に，思想・良心の自由〔19条〕および表現の自由〔21条〕との関係でも議論がありうるところであるが，それらについては，裁判員制度自体の合憲性にかかわるものではなく，それぞれの権利についての論述を参照されたい）。

　(iii)　合憲判決　　これに対し，最大判平成 23・11・16 刑集 65 巻 8 号 1285頁は合憲との立場を採った。

　判決は，①について，「明文の規定が置かれていないことが，直ちに国民の司法参加の禁止を意味するものではない」としつつ，「欧米諸国においては……18 世紀から 20 世紀前半にかけて，民主主義の発展に伴い，国民が直接司法に参加することにより裁判の国民的基盤を強化し，その正統性を確保しようとする流れが広がり，憲法制定当時の 20 世紀半ばには，欧米の民主主義国家の多くにおいて陪審制か参審制が採用されていた。我が国でも，大日本帝国憲法（以下「旧憲法」という。）の下，大正 12 年に陪審法が制定され，昭和 3 年から 480 件余りの刑事事件について陪審裁判が実施され，戦時下の昭和 18 年に停止された状況にあった」こと，「旧憲法では，24 条において『日本臣民ハ法律ニ定メタル裁判官ノ裁判ヲ受クルノ権ヲ奪ハル、コトナシ』と規定されていたが，憲法では，32 条において『何人も，裁判所において裁判を受ける権利を奪はれない。』と規定され，憲法 37 条 1 項においては『すべて刑事事件においては，被告人は，公平な裁判所の迅速な公開裁判を受ける権利を有する。』と規定されており，『裁判官による裁判』から『裁判所における裁判』へと表現が改められた」こと，「憲法は，『第 6 章　司法』において，最高裁判所と異

なり，下級裁判所については，裁判官のみで構成される旨を明示した規定を置いていない」こと，「憲法制定議会においても，米国型の陪審制導入について問われた憲法改正担当の国務大臣から，『陪審問題の点については，憲法に特別の規定はないが，民主政治の趣旨に則り，必要な規定は法律で定められ，現在の制度を完備することは憲法の毫も嫌っているところではない。』旨の見解が示され，この点について特に異論が示されることなく，憲法が可決成立するに至っている」こと，「憲法と同時に施行された裁判所法が，3条3項において『この法律の規定は，刑事について，別に法律で陪審の制度を設けることを妨げない。』と規定している」ことなどから，「憲法の制定に際しては，我が国において停止中とはいえ現に陪審制が存在していたことや，刑事裁判に関する諸規定が主に米国の刑事司法を念頭において検討されたこと等から，議論が陪審制を中心として行われているが，以上のような憲法制定過程を見ても，ヨーロッパの国々で行われていた参審制を排除する趣旨は認められない」とした。

　②についても，判決は，「裁判官と国民とで構成する裁判体が，それゆえ直ちに憲法上の『裁判所』に当たらないということはできない」とし「問題は，裁判員制度の下で裁判官と国民とにより構成される裁判体が，刑事裁判に関する様々な憲法上の要請に適合した『裁判所』といい得るものであるか否かにある」とした上で（したがって以下は③についての応答にもなるが），憲法31条・32条・37条1項・76条1項・80条1項に違反しないとした。

　判決は，④については，「憲法が一般的に国民の司法参加を許容しており，裁判員法が憲法に適合するようにこれを法制化したものである以上，裁判員法が規定する評決制度の下で，裁判官が時に自らの意見と異なる結論に従わざるを得ない場合があるとしても，それは憲法に適合する法律に拘束される結果であるから，同項違反との評価を受ける余地はな」いとした。

　⑥については，判決は，裁判員制度を，「国民主権の理念に沿って司法の国民的基盤の強化を図るものである」とした上で，「裁判員の職務等は，司法権の行使に対する国民の参加という点で参政権と同様の権限を国民に付与するものであり，これを『苦役』ということは必ずしも適切ではない」とし，辞退に関し柔軟な制度が設けられていること等から，「裁判員の職務等は，憲法18条後段が禁ずる「苦役」に当たらないことは明らか」とした。

　判決が，従前の刑事裁判について，「法曹のみによって実現される高度の専門性は，時に国民の理解を困難にし，その感覚から乖離したものにもなりかねない側面を持つ」とした上で，「裁判員制度は，司法の国民的基盤の強化を目的とするもの」との理解を示し，「その目的を十全に達成するには相当の期間を必要とすることはいうまでもないが，その過程もまた，国民に根ざした司法を実現する上で，大きな意義を有する」としていることには注目してよい。

　(iv)　検察審査会制度の改正　　従来，公訴提起の判断権については，付審判請求（刑訴 262 条〜269 条参照）の場合を除いて，検察官が独占する起訴便宜主義が採用されており（刑訴 248 条），検察官の判断について，検察審査会による審査が行われることがありうるものの，その審査会の判断は拘束的なものではなかった。検察審査会は，衆議院議員の選挙権を有する者の中からくじで選定した，11 人の検察審査員で組織される（検審 4 条）。

　しかし，裁判員制度の施行にあわせ，検察審査会法が改正され（「刑事訴訟法等の一部を改正する法律」〔平成 16 年法律第 62 号〕），一定の場合には，検察審査会の判断が拘束的なものとなった。すなわち，検察審査会が起訴相当の議決（8 人以上の多数による〔検審 39 条の 5 第 2 項〕。検審 39 条の 5 第 1 項 1 号）を示したにもかかわらず，検察官が公訴を提起しない処分をした場合には，再審査を行わなければならない（検審 41 条の 2 第 1 項）。一定の期間を徒過すると，公訴を提起しない処分があったとみなされる（検審 41 条の 2 第 2 項）。そして，再度起訴議決が示された（やはり 8 人以上の多数による。検審 41 条の 6 第 1 項）場合には，当該議決には拘束力があり，裁判所によって指定された弁護士が公訴を提起することになる（検審 41 条の 9・41 条の 10）。

　今次の制度改正は，受動的機関である裁判所の権限の発動の契機を大きく変更するものである。

第 3 節　裁判所の活動方法

1 総　　説

　裁判所の活動方法の最大の特徴は，提訴を待って司法権を行使するという，

その受動性にある。裁判所の具体的な活動方法については，法律と裁判所規則の定めるところによるが，憲法は特に，裁判の公開について定める。

2 裁判の公開の意義

「裁判の対審及び判決は，公開法廷でこれを行ふ」(82条1項)。ただし，対審については例外が認められ（判決については例外が定められていない），「裁判所が，裁判官の全員一致で，公の秩序又は善良の風俗を害する虞があると決した場合には，対審は，公開しないでこれを行ふことができる」(同条2項)。しかし，これにもさらに例外があり，「但し，政治犯罪，出版に関する犯罪又はこの憲法第三章で保障する国民の権利が問題となつてゐる事件の対審は，常にこれを公開しなければならない」(同項ただし書)。

「対審」とは，訴訟当事者が，裁判官の面前で，口頭でそれぞれの主張を闘わせることをいい，民事訴訟における「口頭弁論」および刑事訴訟における「公判手続」がそれにあたる。したがって，裁判手続の核心部分以外の部分は，その限りにおいて，「対審」として公開の対象になることはない。「対審」構造は，当事者が訴訟の開始・継続および終了を支配し，提起される争点，提出される証拠および展開される主張をもほぼ支配することを主な特色とする。

民事訴訟については，従来，実務上，いわゆる「弁論兼和解」での審理が，準備手続として行われることがあったが，現在の民事訴訟法では，弁論準備手続が法定されている（民訴168条以下）。弁論準備手続は非公開で行うことができる（民訴169条1項・2項）。なお，民事訴訟法は，文書提出命令に関し，文書提出義務を判断するために，裁判所は，文書の所持者にその提示をさせることができるが，「この場合においては，何人も，その提示された文書の開示を求めることができない」(民訴223条6項後段)として，一種のイン・カメラ審理（裁判官のみによる審理）を認めている（同様の規定は，特許法105条2項におかれ，実用新案法〔30条〕，意匠法〔41条〕，商標法〔39条〕によってそれぞれ準用され，また，不正競争防止法〔7条2項〕，著作権法〔114条の3第2項〕，独占禁止法〔80条2項〕にもおかれている）。これも，対審以外の一種の準備手続についての非公開と解すべきであろう。なお，後述するように，現在，対審の一部について，法律上非公開が認められる場合が定められるに至っている。

　刑事訴訟については，旧刑事訴訟法 323 条の準備手続（最大決昭和 23・11・8 刑集 2 巻 12 号 1498 頁）も，再審を開始すべきか否かを決定する手続（最大決昭和 42・7・5 刑集 21 巻 6 号 764 頁）も，対審に該当しないとされている。裁判員制度の施行に先立ち，公判前整理手続の制度が導入され（刑訴 316 条の 2 以下），先行して施行された。

　「判決」とは，裁判所の行う判断のうち，訴訟当事者の申立ての本質にかかわる判断をいう。評議は非公開である（裁 75 条）。ただし，最高裁判所の場合，裁判書には各裁判官の意見が表示される（裁 11 条）。

　「公開」については，訴訟関係人（当事者あるいは弁護人等）に対する当事者公開と，国民一般に対する一般公開とが観念できるが，82 条 1 項は一般公開に関するものである。具体的には，一般の傍聴を許すことを意味する。これについて，裁判の公開が制度として保障されているにとどまり，傍聴をすることを要求する権利が保障されているわけではないとするのが後述のとおり判例（レペタ訴訟・最大判平成元・3・8 民集 43 巻 2 号 89 頁　判例 7-5 ）であるが，表現の自由が積極的情報収集権を保障していると考えるのであれば，積極的情報収集権は抽象的権利であるとしても，82 条 1 項がそれを憲法レベルですでに具体的に保障しているとみるべきである（佐藤 309 頁）。

　裁判の公開は，裁判の公正を確保する趣旨であるが，民刑事の裁判を通じて憲法上公開を定め，非公開事由を相当限定的に定めているという点で，日本国憲法のあり方は，比較憲法的にみて，かなり異例なものである。ところが，現実には，プライバシーや知的財産などの営業秘密にかかわる訴訟あるいは情報公開請求訴訟など，公開裁判という活動方法が，かえって権利の救済にとって桎梏となるような事案が存在する。このため，その対応をめぐって，判例・学説の見解が分かれており，また近年，新たな立法的対応が展開しているところである。

3　公開を要する「裁判」の意義

　上に述べた意味で強すぎるともいうことができる憲法の裁判の公開に関する要求と，権利の救済の実状とを調和させるために，判例は，公開法廷での対審と判決が必要になる「裁判」の範囲を限定するという手法をとってきた。民事

訴訟や刑事訴訟は，82 条 1 項にいう「裁判」に含まれるが，非訟事件手続や家事審判手続は，そこに含まれないというのである。

　もともと判例は，82 条が「対審」と「判決」の公開を要求している以上，「対審」および「判決」の手続によらない裁判は，公開する必要がない，という立場をとっていた（金銭債務臨時調停法事件（旧）・最大決昭和 31・10・31 民集 10 巻 10 号 1355 頁）。しかし，この立場を徹底すれば，民事訴訟や刑事訴訟であっても，対審構造を破壊してしまえば，公開の必要もなくなることになってしまう。ほどなく，判例は立場を変更して，そもそも，純然たる訴訟事件については，公開の対審と判決によることが憲法上の要求であると述べるに至った（◇ 判例 7-4 ）。

> ◇ **判例 7-4** ▷ **最大決昭和 35・7・6 民集 14 巻 9 号 1657 頁**
> 〈金銭債務臨時調停法事件〉
> **【事案】** 賃貸人 X による賃借人 Y に対する家屋の明け渡し請求訴訟であるが，第一審は，戦時民事特別法（昭和 17 年法律第 63 号）・借地借家調停法（大正 11 年法律第 41 号）に基づき，本件を調停に付したが，不調に終わったため，金銭債務臨時調停法（昭和 7 年法律第 26 号）に基づき，調停に代えて，家屋の一部明け渡しを命じる強制調停決定を行った。抗告，再抗告とも棄却され，Y が特別抗告。
> **【決定要旨】** 破棄差戻し。「性質上純然たる訴訟事件につき，当事者の意思いかんに拘わらず終局的に，事実を確定し当事者の主張する権利義務の存否を確定するような裁判が，憲法所定の例外の場合を除き，公開の法廷における対審及び判決によつてなされないとするならば，それは憲法 82 条に違反すると共に，同 32 条が基本的人権として裁判請求権を認めた趣旨をも没却するものといわねばならない」。
> 　「金銭債務臨時調停法 7 条の調停に代わる裁判は，これに対し即時抗告の途が認められていたにせよ，その裁判が確定した上は，確定判決と同一の効力をもつこととなるのであつて，結局当事者の意思いかんに拘わらず終局的になされる裁判といわざるを得ず，そしてその裁判は，公開の法廷における対審及び判決によつてなされるものではないのである」。
> 　「同条の調停に代わる裁判は，単に既存の債務関係について，利息，期限等を形成的に変更することに関するもの，即ち性質上非訟事件に関するものに限られ，純然たる訴訟事件につき，事実を確定し当事者の主張する権利義務の存否を確定する裁判のごときは，これに包含されていないものと解するを相当と

‖ する」。　　　　　　　　　　　　　　　　　　　　　　　　　　　　　　　　‖

　このような判例の考え方によれば，「事実を確定し当事者の主張する権利義務の存否を確定する」のではない「性質上非訟事件」であったり，終局的な裁判でなければ，公開の法廷における対審および判決によらなくてもよいことになる。その後，判例は，夫婦の同居その他の夫婦間の協力扶助に関する処分の審判（当時の家審 9 条 1 項乙類 1 号。現在の家事別表第二第 1 項）について，「夫婦同居の義務等の実体的権利義務自体を確定する趣旨のものではなく，これら実体的権利義務の存することを前提として，例えば夫婦の同居についていえば，その同居の時期，場所，態様等について具体的内容を定める処分であり，また必要に応じてこれに基づき給付を命ずる処分である」として，「民法は同居の時期，場所，態様について一定の基準を規定していないのであるから，家庭裁判所が後見的立場から，合目的の見地に立つて，裁量権を行使してその具体的内容を形成することが必要であり，かかる裁判こそは，本質的に非訟事件の裁判であつて，公開の法廷における対審及び判決によつて為すことを要しない」と判示した（最大決昭和 40・6・30 民集 19 巻 4 号 1089 頁）。婚姻費用分担（最大決昭和 40・6・30 民集 19 巻 4 号 1114 頁），遺産分割審判（最大決昭和 41・3・2 民集 20 巻 3 号 360 頁）についても同様であり，さらに，親権者の変更の審判（最決昭和 46・7・8 家月 24 巻 2 号 105 頁），寄与分を定める処分にかかる審判（最決昭和 60・7・4 家月 38 巻 3 号 65 頁）については，審判が権利義務を確定するか否かを問題にしなくなっている。

　しかし，訴訟か非訟かで問題を解決しようとする判例の立場には，①その区別が明確を欠くのではないか，②具体的な権利義務の形成を離れて権利義務自体の存否を考えられないような場合についてまで非訟であるとする説明には無理があるのではないか，③その他にも具体的な非訟と訴訟の区分に問題があるのではないか，④審判で権利義務の内容を決めても，訴訟でその権利義務の存否を覆せるのでは，審判の意義がないのではないか，などの批判がある。

　③に関して，上記のほかに問題になるものに，過料の裁判がある。判例は，過料を科す作用はその実質において一種の行政処分の性質を有し，裁判所がこれを科す場合でも，公開法廷における対審と判決による必要がないとする（非

訟事件手続法事件・最大決昭和 41・12・27 民集 20 巻 10 号 2279 頁）。しかし，仮に
そうだとしても，過料に科された者がこれを違法として抗争する場合には，
「法律上の争訟」として公開法廷での対審によるべきである（入江裁判官の反対
意見）。

　同様の問題は裁判官の分限処分についてもある。裁判官に対する戒告処分に
つき，判例は，その実質は，裁判官に対する行政処分であるとして，前掲非訴
事件手続法事件を先例とし非公開審理を肯定している（寺西判事補事件・最大決
平成 10・12・1 民集 52 巻 9 号 1761 頁）。しかしながら，裁判官についても他の公
務員と同様不利益処分に対して司法救済のみちを開いておくべきとする尾崎裁
判官の反対意見がある。

　このほか判例は，破産宣告（最大決昭和 45・6・24 民集 24 巻 6 号 610 頁），競売
開始決定に対する異議手続（最決昭和 42・12・15 民集 21 巻 10 号 2602 頁），借地
条件の変更（最決昭和 45・5・19 民集 24 巻 5 号 377 頁），株式買取価格の決定（最
決昭和 48・3・1 民集 27 巻 2 号 161 頁），不動産引渡命令（最決昭和 63・10・6 判時
1298 号 118 頁）についても，非訟であって訴訟ではないとの論理で非公開を正
当化している。

　しかし，以上の例のすべてが本来訴訟であるといえるかどうかはともかくと
しても，判例の枠組みでは，非公開との取扱いを正当化するために，本来訴訟
たるべきものが，便宜的に非訟として扱われているのではないかとの疑念が払
拭できない。おそらく，このような考え方の前提に，訴訟であるということに
なれば，公開を停止することは困難であるとの判断があったのであろう。しか
し，この前提の立法上の取扱いが，近年変化しつつある。その点について次に
検討する。

　なお，非訟事件手続法（平成 23 年法律第 51 号）および家事事件手続法（平成
23 年法律第 52 号）の制定に伴い，非訟事件についても，一般的に手続保障が強
化される（例えば家事 41 条・42 条・47 条・63 条など）とともに，いわゆる相手方
のある事件（家事事件については家事調停をすることができる事件。家事審判法の乙
類事件であったもので，家事事件手続法の別表第二に載っているもの）について手続
保障が強化（家事 67 条〜69 条・71 条など）されている。非公開は維持されてい
る（非訟 30 条，家事 33 条）が，非訟事件について，手続的保障強化の流れがあ

ることには留意が必要である。

4 公開の停止

　上にみたとおり，「裁判官の全員一致で，公の秩序又は善良の風俗を害する虞があると決した場合には，対審は，公開しないでこれを行ふことができる」（82 条 2 項）のであるが，この憲法上の規定に関連した法律上の規定が，近年相次いで設けられた。

　人事訴訟法 22 条 1 項は，人事訴訟における当事者等または証人が，「当該人事訴訟の目的である身分関係の形成又は存否の確認の基礎となる事項であって自己の私生活上の重大な秘密に係るものについて尋問を受ける場合においては，裁判所は，裁判官の全員一致により，その当事者等又は証人が公開の法廷で当該事項について陳述をすることにより社会生活を営むのに著しい支障を生ずることが明らかであることから当該事項について十分な陳述をすることができず，かつ，当該陳述を欠くことにより他の証拠のみによっては当該身分関係の形成又は存否の確認のための適正な裁判をすることができないと認めるときは，決定で，当該事項の尋問を公開しないで行うことができる」と定める。

　さらに，特許法にも当事者尋問等の公開停止（105 条の 7）についての定めがおかれ，この規定は，実用新案法（30 条）によって準用され，また，不正競争防止法にも同趣旨の規定がおかれている（13 条）。

　これらの規定は，訴訟事件について，正面から，公開の停止を定めるものが含まれている。全面的な違憲説もありうるが，学説上，そのような主張はみられない。では，その合憲性についてどう考えるべきか。まず，「公の秩序又は善良の風俗」の意義が問題となる。A 説は，その意義を上のような場合をすべて取り込みうる広汎なものと解する。しかし，対審を公開するかどうかに関する公序良俗は，民法 90 条にいうものと同趣旨であるとしても，目的を異にし，より厳密に解すべきとする立場（B 説）が，憲法学説としては伝統的である。公共の安全を害するおそれがあるとか，わいせつのような場合が，B 説の念頭におかれている。その上で，B 説は，82 条の実体要件をいわば例示とみて，同様の重みをもって非公開事由たりうるものが，82 条に読み込みうると考える立場と（B_1 説），82 条自体を相対化し，32 条の裁判を受ける権利の保障

の問題として，非公開審理を肯定できる場合があると説く立場（B₂説）とに分かれる。A説は憲法解釈としてはいかにも融通無碍で，これまでの解釈伝統を重んじるとすれば，とることができない。B₂説は，具体的な妥当性の確保には適しているのかもしれないが，82条全体を相対化すると，その手続要件までもが相対化されてしまわないか。B₁説にも，公序良俗の意味を限定しつつ，結局例示であるとの論理が難解であるとの批判はありえよう。ここでは，後世の目からみて必ずしも賢明とはいいがたい憲法の規定の解釈について，どこで無理をするのが適当かという観点から3説を比較する必要があろう。

　なお，公開の停止が認められない（常に公開しなければならない）場合として，挙げられている「政治犯罪，出版に関する犯罪又はこの憲法第三章で保障する国民の権利が問題となつてゐる事件の対審」（82条2項ただし書）のうち，第3の「この憲法第三章で保障する国民の権利が問題となつてゐる事件」の意義については，「政治犯罪，出版に関する犯罪」との対比から，刑事事件に関するものと解される。「問題となつてゐる」については，特定の「国民の権利」を制限する実体的法律に違反し，その制限が当該「国民の権利」の保障との関係で問題となる場合を指すものと解すべきである。

　公開の停止の可否については，どうしても公開の停止が必要かどうかが，厳格に問われなければならない。「推認」によって，事件が処理できるのであれば，そうすべきであろうし，すでにみたイン・カメラ審理のほか，アメリカ法でみられるヴォーン・インデックス（問題の文書に記載されている項目の索引に詳細な説明を付して公開すべきでないことを説明するもの）の活用なども検討されるべきである。なお，推認の手法を肯定する裁判例（外務省スパイ事件・東京地判昭和43・10・18下刑集10巻10号1014頁）もあるが，刑事裁判では推認だけでは無罪にするほかなかろう（反戦自衛官事件・新潟地判昭和50・2・22判時769号19頁はそのような判断の一例といいうる）。

⑤　公開の制限

　上にみたとおり，裁判を公開するとは，一般の傍聴を許すことであるが，法廷の傍聴席には限りがあることから，制約を受けることがある（裁判傍聴規1条1号）。

　特に問題となるのが，法廷の秩序維持のため等の取材の自由の制限である。刑事訴訟規則 215 条本文は，「公判廷における写真の撮影，録音又は放送は，裁判所の許可を得なければ，これをすることができない」とするが，新聞記者が公判開廷中に裁判所の許可なく，裁判所の命令に反して裁判官席のある壇上から被告人の写真撮影を行った事案において，判例は，「公判廷における審判の秩序」維持と「被告人その他訴訟関係人の正当な利益」保護を理由に，同条を合憲とした（北海タイムス事件・最大決昭和 33・2・17 刑集 12 巻 2 号 253 頁）。民事訴訟規則 77 条は，「速記」も制限している。しかし，法廷でのメモについては，判例は，以下にみるように，裁判の公開が制度として保障されているにとどまり，傍聴をすることを要求する権利が保障されているわけではないとしつつも，メモの一律の禁止には合理性がないと判断するに至っている（ 判例 7-5 ）。

> ◇ 判例 7-5 ◇ **最大判平成元・3・8 民集 43 巻 2 号 89 頁**　　　　〈レペタ訴訟〉
>
> **【事案】** アメリカ・ワシントン州の弁護士である X は，所得税法違反被告事件の公判を傍聴するに際し，メモを取る許可を求めたが許されなかったため，国家賠償請求訴訟を起こした。第一審，第二審とも請求を棄却したので，X が上告。
>
> **【判旨】** 上告棄却。「筆記行為は，一般的には人の生活活動の一つであり，生活のさまざまな場面において行われ，極めて広い範囲に及んでいるから，そのすべてが憲法の保障する自由に関係するものということはできないが，さまざまな意見，知識，情報に接し，これを摂取することを補助するものとしてなされる限り，筆記行為の自由は，憲法 21 条 1 項の規定の精神に照らして尊重されるべきであるといわなければならない。
>
> 　裁判の公開が制度として保障されていることに伴い，傍聴人は法廷における裁判を見聞することができるのであるから，傍聴人が法廷においてメモを取ることは，その見聞する裁判を認識，記憶するためになされるものである限り，尊重に値し，故なく妨げられてはならないものというべきである。」
>
> 　「傍聴人のメモを取る行為が公正かつ円滑な訴訟の運営を妨げるに至ることは，通常はあり得ないのであって，特段の事情のない限り，これを傍聴人の自由に任せるべきであり，それが憲法 21 条 1 項の規定の精神に合致するものということができる」。

　最高裁は，このように述べつつ，実質的には過失を否定して，原告の損害賠償請求を退けたが，「裁判所としては，今日においては，傍聴人のメモに関し

配慮を欠くに至っていることを率直に認め，今後は，傍聴人のメモを取る行為に対し配慮をすることが要請されることを認めなければならない」と述べ，本大法廷判決の言渡しにあわせて，司法行政上の措置として，原則として法廷でのメモを解禁する措置をとった。

　なお，刑事訴訟において，証人尋問の際に，証人が被告人から見られていることによって圧迫を受け精神の平穏が著しく害される場合があることから，その負担を軽減するために，そのようなおそれがあって相当と認められるときには，裁判所が，被告人と証人との間で，一方からまたは相互に相手の状態を認識することができないようにするための措置をとり，同様に，傍聴人と証人との間でも，相互に相手の状態を認識することができないようにするための措置をとることができ（いわゆる「遮へい措置」。刑訴 157 条の 5），また，いわゆる性犯罪の被害者等の証人尋問について，裁判官および訴訟関係人の在席する場所において証言を求められることによって証人が受ける精神的圧迫を回避するために，同一構内の別の場所に証人を在席させ，映像と音声の送受信により相手の状態を相互に認識しながら通話することができる方法によって尋問することができる（いわゆる「ビデオリンク方式」。刑訴 157 条の 6 第 1 項。その後，同条 2 項で同一構内以外にも拡充されている）。これらの措置について，判例は，「審理が公開されていることに変わりはない」として，82 条 1 項・37 条 1 項に違反しないとしている（最判平成 17・4・14 刑集 59 巻 3 号 259 頁）。さらに，刑事訴訟では，被害者等を保護するために，一定の場合に，被害者を特定する事項を，公開の法廷では明らかにしない措置がとれることになっている（刑訴 290 条の 2。その後，刑訴 290 条の 3 で証人の氏名等の秘匿に拡大されている）。これについても，判例は，裁判を非公開で行うものではないとの理解を示している（最決平成 20・3・5 判タ 1266 号 149 頁）。さらに，民事訴訟においても，遮へい措置（民訴 203 条の 3），ビデオリンク方式（民訴 204 条 2 号）が導入されている。

　現在，「法廷内カメラ取材の標準的な運用基準」（1991〔平成 3〕年）により，撮影が認められるのは，「裁判官全員の着席後開廷宣告前の間の 2 分以内」に限られており，撮影位置・撮影対象も制限されているため，法廷の模様の報道にはイラストが多用される。重大事件の被告人の法廷での姿のうち，手錠，腰縄により身体の拘束を受けている状態を表現したイラスト画を公表した行為に

ついて不法行為法上違法であるとしつつ，その他のイラスト画については，社会生活上受忍すべき限度を超えて被告人の人格的利益を侵害するものとはいえないとしたものとして，「和歌山カレー事件」被告人肖像権訴訟（最判平成 17・11・10 民集 59 巻 9 号 2428 頁）がある。

　なお，最高裁判所は，「その指定する他の場所で下級裁判所に法廷を開かせることができる」（裁 69 条 2 項）が，ハンセン病を理由として開廷場所が療養所内に指定されたことについて，最高裁判所の「ハンセン病を理由とする開廷場所指定の調査に関する有識者委員会」は，「掲示等によって形式的には公開されていたといえたとしても，それは最低限度の公開であって，公開原則については他の一般市民の裁判の場合と同程度に実質的に公開されていたといえるのかが問題である。ハンセン病療養所は，それ自体が激しい隔離・差別の場であり，その内部での法廷も一般社会から隔絶された隔離・差別の場であったと言わざるを得ない。傍聴も在園者，家族そして職員にとどまるものであったと思われる。そもそも，療養所自体一般の人々の近づきがたい，許可なくして入りえない場所であるから，その中に設けられた法廷は，さらに近づきがたいものであった」として，「憲法 37 条，82 条 1 項の要請する公開原則を満たしていたかどうか，違憲の疑いは，なおぬぐいきれない」とした。しかし，最高裁判所事務総局の報告書は，違憲性を認めず，最高裁判所裁判官会議の談話（2016〔平成 28〕年 4 月 25 日）も，指定の定型的な運用が，手続的に不相当で，裁判所法に違反するものであったことについて謝罪するにとどまった。

6　訴訟記録の公開

　刑事訴訟の記録については，「何人も，被告事件の終結後，訴訟記録を閲覧することができる」（刑訴 53 条 1 項）。ただし，「訴訟記録の保存又は裁判所若しくは検察庁の事務に支障のあるときは，この限りでない」（同項ただし書）し，「弁論の公開を禁止した事件の訴訟記録又は一般の閲覧に適しないものとしてその閲覧が禁止された訴訟記録は，前項の規定にかかわらず，訴訟関係人又は閲覧につき正当な理由があつて特に訴訟記録の保管者の許可を受けた者でなければ，これを閲覧することができない」（同条 2 項）。しかし，「日本国憲法第 82 条第 2 項但書に掲げる事件については，閲覧を禁止することはできない」

（同条 3 項）。具体的な閲覧制限事由は，刑事確定訴訟記録法 4 条 2 項 1 号〜6 号に掲げられている。なお，事件終結前であっても，被害者等による公判記録の閲覧および謄写（犯罪被害保護 3 条），同種余罪の被害者等による公判記録の閲覧および謄写（同法 4 条）が認められる場合がある。

　民事訴訟については，「何人も，裁判所書記官に対し，訴訟記録の閲覧を請求することができる」（民訴 91 条 1 項）。ただし，「公開を禁止した口頭弁論に係る訴訟記録については，当事者及び利害関係を疎明した第三者に限り，前項の規定による請求をすることができ」（同条 2 項），「訴訟記録の閲覧，謄写及び複製の請求は，訴訟記録の保存又は裁判所の執務に支障があるときは，することができない」（同条 5 項）。当事者および利害関係を疎明した第三者は，「訴訟記録の謄写，その正本，謄本若しくは抄本の交付又は訴訟に関する事項の証明書の交付」（同条 3 項）および「録音テープ又はビデオテープ」の「複製」（同条 4 項）を請求することができる。ただしこれについては，「私生活についての重大な秘密が記載され，又は記録されており，かつ，第三者が秘密記載部分の閲覧等を行うことにより，その当事者が社会生活を営むのに著しい支障を生ずるおそれがあること」あるいは「営業秘密」であるとの疎明があった場合は，当事者にしか認められないことになる（民訴 92 条 1 項）。

　裁判の公開は，訴訟記録の公開を要請するか。肯定説と，判決文が自由に閲読できる状態におかれていれば足りるとする説があるが，刑事確定訴訟記録閲覧請求訴訟（最決平成 2・2・16 判時 1340 号 145 頁）は，21 条・82 条は，「刑事確定訴訟記録の閲覧を権利として要求できることまでを認めたものではない」としている。憲法から当然に訴訟記録の公開が具体的に可能であるとまではいえないとしても，上にみたような法律について，憲法上の積極的情報収集権の具体化としてみるとすれば，非開示事由が広汎に過ぎないか。一般的にいえば，会議が公開であれば，その記録は公開されるべきものであり，会議が非公開だったからといって，その記録が当然に非公開にされるべきものではないと考えることができるはずである（両議院の記録に関する 57 条 2 項参照）。また，非弁活動が弁護士法違反で有罪となった事件に関する記録の開示を拒否した下級審判決（東京地判昭和 61・2・26 行集 37 巻 1 = 2 号 245 頁）にみられるような，刑事訴訟法 53 条 3 項の規定の軽視があってはならない。

第 4 節　裁判所の権能

1 最高裁判所の権能

(1)　裁 判 権

　最高裁判所は，審級上最高かつ最終の機関であって，「上告」および「訴訟法において特に定める抗告」についての裁判権を有する（裁 7 条）。

(2)　違憲審査権

　「最高裁判所は，一切の法律，命令，規則又は処分が憲法に適合するかしないかを決定する権限を有する終審裁判所である」（81 条）。詳細は次章で論ずる。

(3)　規則制定権

　(a)　総　　説　「最高裁判所は，訴訟に関する手続，弁護士，裁判所の内部規律及び司法事務処理に関する事項について，規則を定める権限を有する」（77 条 1 項）。この規定は，裁判所の専門性の尊重と裁判所の独立性への配慮から認められたものであり，下にみるように，少なくとも部分的には 41 条の例外をなすものであると解すべきであろう。

　(b)　規則制定権の範囲　①訴訟に関する手続，②弁護士，③裁判所の内部規律，④司法事務処理に関する事項のほか，法律による委任があれば，司法権に関する他の事項にも及びうると解されている。ただし，①については，裁判所の機構や管轄権などを含みうるが，国家権力機構の根幹にかかわるもの，さらには 31 条との関係で刑事手続の基本原理・構造についても法律事項であると一般に解されているが，法律の規定がない限り，規則で定めるのも可能であるとの指摘がある。②は，弁護士が訴訟に関係する場に関する事項を意味し，弁護士の資格要件などは法律事項であると解されている（佐藤 662 頁）。

　(c)　規則事項と法律との関係　規則事項について，規則専管事項とみるか，法律との共管事項とみるか。一般には，41 条から法律との共管事項と考えられているが，77 条がわざわざ設けられている趣旨からして，少なくとも裁判

所の自律権に直接にかかわる③④については原則として規則の専管事項と考えるべきだとの理解も有力である（佐藤 662 頁）。

　しかし，判例は，法律により刑事に関する訴訟手続を規定することは憲法 77 条に反しないとし（最判昭和 30・4・22 刑集 9 巻 5 号 911 頁），③についても，規則の専管事項であるとの真野裁判官の少数意見を押し切って，裁判官分限法を適用し，刑事訴訟規則施行規則の規定を見落とした第 2 小法廷の 4 名の裁判官に過料 1 万円を科している（最大決昭和 25・6・24 裁時 61 号 6 頁）。

(d)　**規則と法律の効力関係**　　一般には法律が優位すると考えられている。しかし，(c)で規則専管事項を認めるのであれば，それについては規則しか効力をもちえないことになるものの，そこまでは考えないとしても，刑事手続の基本原理・構造など国民の権利・義務に直接かかわる事項については，法律が優位し，その他は前法・後法の問題であると解すべきであろう（佐藤 663 頁）。裁判所法 10 条 1 号の括弧書（「意見が前に大法廷でした，その法律，命令，規則又は処分が憲法に適合するとの裁判と同じであるときを除く。」）は，1948（昭和 23）年 12 月の改正で挿入されたものであるが，最高裁判所裁判事務処理規則が，同年 4 月の改正で 9 条 4 項（現 5 項）に同じ規定を追加したことを受けてのものであった。最高裁判所が，単純な法律優位説に拠っていないといわれる所以である。

(4)　**下級裁判所裁判官の指名権**

　上述のとおり。

(5)　**司法行政権**

　裁判所法 80 条は，「司法行政の監督権」について定め，「最高裁判所は，最高裁判所の職員並びに下級裁判所及びその職員を監督する」（同条 1 号）と定める。「最高裁判所が司法行政事務を行うのは，裁判官会議の議によるものとし，最高裁判所長官が，これを総括する」（裁 12 条 1 項）。この司法行政権について，憲法に明文はないが，最高裁判所の憲法上の地位から，当然最高裁判所に付与されるべきものであると解される。監督権が，「裁判官の裁判権に影響を及ぼし，又はこれを制限することはない」（裁 81 条）のはいうまでもないことである（本章第 5 節を参照）。

2 下級裁判所の権能

　高等裁判所，地方裁判所，家庭裁判所および簡易裁判所は，それぞれ裁判所法の定める裁判権を有する（裁 16 条・24 条・31 条の 3 第 1 項・33 条）。

　各下級裁判所は，以上の裁判権に加え，それぞれ司法行政事務を行うほか，法律で定められた権限を行使する（裁 17 条・20 条・25 条・29 条・31 条の 3 第 2 項・31 条の 5〔29 条準用〕・34 条・80 条など）。

第 5 節　司法権の独立

1 司法権独立の意義

(1)　司法権の独立の意義と司法府の独立

　法原理機関としての裁判所が，その職責を果たすためには，司法権の独立が必要である。そのためには，全体としての裁判所が政治部門から独立しているという司法府の独立と，裁判官の職権行使の独立とが必要である。

　上にみた，最高裁判所の規則制定権，下級裁判所裁判官の指名権，司法行政権などは，司法府の独立への憲法上の配慮を示すものである。法律上の配慮の例として，財政法が裁判所の予算について，いわゆる二重予算制（「内閣は……裁判所……の歳出見積を減額した場合においては……裁判所……の送付に係る歳出見積について，その詳細を歳入歳出予算に附記するとともに，国会が……裁判所……に係る歳出額を修正する場合における必要な財源についても明記しなければならない」。財 19 条）を採用していることを挙げることができる。

(2)　裁判官の職権行使の独立

　「すべて裁判官は，その良心に従ひ独立してその職権を行ひ，この憲法及び法律にのみ拘束される」（76 条 3 項）。

　ここにいう「良心」の意味について，判例は，「凡て裁判官は法（有効な）の範囲内において，自ら是なりと信ずる処に従って裁判をすれば，それで憲法のいう良心に従った裁判といえる」（最大判昭和 23・12・15 刑集 2 巻 13 号 1783

頁），あるいは，「有形無形の外部の圧迫乃至誘惑に屈しない……の意味である」（最大判昭和 23・11・17 刑集 2 巻 12 号 1565 頁）という。

　学説上，19 条の良心と同じく裁判官の主観的良心とする立場（A 説）と，19 条とは異なり裁判官の客観的良心ないし裁判官の職業倫理とする立場（B 説）とがあるが，近代司法において，裁判官の主観的良心が裁判の基準たりえないことは自明であって，その意味で B 説を正当とすべきである。いかに困難な事件であっても，裁判官は唯一の正しい解釈を目指すという建前を放棄することは許されない。たしかに，B 説を徹底すると，「良心に従ひ」は，「独立してその職権を行ひ，この憲法及び法律にのみ拘束される」に吸収されることになりうるのではあるが，「明治憲法下の経験に照らし，また，憲法の具体化という重大な任務を託されていることも考慮し，裁判官に対して特に明確な職業的自覚を求めたもの」（佐藤 666 頁）ということであろう。判例の説くところは必ずしも明瞭ではないが，このような文脈で理解すべきものであろう。

(3)　裁判官の職権行使の独立の確保

　裁判官の職権行使の独立が脅かされる場合として，まず，裁判所の外部からの圧力による場合がある。国政調査権の行使による場合については，国政調査権の箇所を参照されたい。裁判所外部からの裁判批判は，一般的には表現の自由の問題であって，自由に行われるべきものである。

　裁判官の職権行使の独立は，裁判所の内部からも脅かされる場合がある。司法行政権についてはすでに述べたが，具体的事例として，1953（昭和 28）年，騒乱事件の公判廷において，被告人らの，朝鮮戦争の勝利に拍手し犠牲者に黙祷したいという希望を裁判長が認めたことが問題となったいわゆる吹田黙祷事件がある。最高裁は，「法廷の威信について」と題した通達を発し，これを間接的に批判したが，個別事件の訴訟指揮について，具体的に言及することは問題であったというべきであろう。また，1969（昭和 44）年，長沼訴訟第一審（札幌地判昭和 48・9・7 訟月 19 巻 9 号 1 頁）の審理にあたっている裁判官に対し，所属する地方裁判所長が，私信を送って，事件の処理について一定の方向を示唆したことが問題となった平賀書簡事件もあった。

　なお，裁判員制度との関係についてはすでに述べた（⇒ p. 293 の(b)）。

２ 裁判官の身分保障

(1) 総　　説

「裁判官は，裁判により，心身の故障のために職務を執ることができないと決定された場合を除いては，公の弾劾によらなければ罷免されない。裁判官の懲戒処分は，行政機関がこれを行ふことはできない」(78条)。最高裁判所の裁判官は，「すべて定期に相当額の報酬を受ける。この報酬は，在任中，これを減額することができない」(79条6項)。下級裁判所の裁判官についても同様である（80条2項)。これらの保障は，裁判官の職権行使の独立の実効性を確保するためのものである。

(2) 身分の保障

(a) **罷免される場合の限定**　　裁判官の罷免は，上にみたように，①「裁判により，心身の故障のために職務を執ることができないと決定された場合」と②「公の弾劾」による場合の2つに限られる。ただし，最高裁判所裁判官については，国民審査による罷免の可能性がある（79条2項～4項)。

①については，一時的な故障は含まれないとみるべきであり，裁判官分限法も，「回復の困難な」故障（裁限1条）の場合について定めている。

②については，裁判の内部評価にわたるものであってはならないと解すべきであり，裁判官弾劾法も，「職務上の義務に著しく違反し，又は職務を甚だしく怠つたとき」と「その他職務の内外を問わず，裁判官としての威信を著しく失うべき非行があつたとき」とに限定している（裁弾2条)。

なお，裁判所法は，すでにみたように，裁判官の欠格事由を定めており，裁判官の任命後に後発的にこの種の事由が発生した場合の取扱いについて，当然に失職するとの論理もありえないわけではないが，憲法が裁判官の罷免の可能性を限定的に捉えていることにかんがみ，そのように考えるべきではない。実際にも，刑事裁判で有罪が確定した場合であっても，改めて，弾劾裁判による罷免の手続がとられている（裁判官児童買春事件・裁判官弾劾裁判平成 13・11・28 裁判官弾劾裁判所ウェブサイト)。

(b)　弾劾裁判所

(i)　弾劾裁判所の設置　　「公の弾劾」を行うのは，弾劾裁判所である。「国会は，罷免の訴追を受けた裁判官を裁判するため，両議院の議員で組織する弾劾裁判所を設ける」(64条1項)。本条は，国民の公務員の選定・罷免権 (15条1項) を受け，裁判の公正と司法に対する国民の信頼を確保しようとするものであり，特別裁判所の禁止 (76条2項前段) に対する憲法自身が定める例外である。弾劾裁判所は，国会が設置するが，設置された弾劾裁判所は，それ自体，国会から独立した独自の機関であって，国会の閉会中も活動することができる。

(ii)　弾劾の構成と活動　　「弾劾に関する事項は，法律でこれを定める」(64条2項)。弾劾裁判所は，各議院においてその議員の中から選挙された各7人の裁判員で組織するものとされている (国会125条1項，裁弾16条1項)。弾劾裁判所に訴追を行う者についてまで，両議院の議員であることを憲法は要求していないが，その任にあたる機関として訴追委員会が組織されており，各議院においてその議員の中から選挙された各10人の訴追委員で組織するものとされている (国会126条1項，裁弾5条1項)。弾劾裁判所が罷免の裁判をするには，審理に関与した裁判員の3分の2以上の多数の意見による (裁弾31条2項ただし書)。弾劾裁判所の対審および裁判の宣告は，公開の法廷でこれを行う (裁弾26条)。

(iii)　弾劾の具体例　　弾劾裁判所に訴追がなされた例は10例あり，このうち罷免の裁判がなされた例はこれまでに7例である (帯広簡裁判事事件・裁判官弾劾裁判昭和31・4・6判時74号3頁など。罷免の裁判がされた直近のものとして裁判官弾劾裁判平成25・4・10裁判官弾劾裁判所ウェブサイト)。なお，訴追のなされたうちの1例は，次述(c)の懲戒の最後にも登場する高等裁判所の判事に対するもので，現在，弾劾裁判所で審理中である。罷免の裁判により，弁護士資格等も失われる (弁護7条2号) が，上のうち4例については資格回復の裁判 (裁弾38条) がなされている。ただし，実際に弁護士として活動するためには，弁護士としての登録が必要である (弁護8条)。

(c)　懲　戒

(i)　行政機関による懲戒の禁止　　78条後段は，「行政機関」による懲戒を禁止するが，だからといって，国会による懲戒を肯定する趣旨とは考えられな

い。裁判官の懲戒は，裁判所によってのみ行いうると考えるべきである。

　(ii)　裁判による懲戒　「裁判官は，職務上の義務に違反し，若しくは職務を怠り，又は品位を辱める行状があつたときは，別に法律で定めるところにより裁判によつて懲戒される」（裁49条）。

　裁判官は，在任中，以下の行為をすることができない。①「国会若しくは地方公共団体の議会の議員となり，又は積極的に政治運動をすること」，②「最高裁判所の許可のある場合を除いて，報酬のある他の職務に従事すること」，③「商業を営み，その他金銭上の利益を目的とする業務を行うこと」（裁52条1号～3号）。懲戒のための裁判の手続については，裁判官分限法が定める。裁判官の懲戒には罷免は含まれないと解されており，「裁判官の懲戒は，戒告又は1万円以下の過料とする」（裁限2条）。

　地方裁判所の判事補が，組織犯罪対策法等の制定に反対する集会において，パネルディスカッションの始まる直前，数分間にわたり，会場の一般参加者席から，所属・身分を明らかにした上で，「当初，この集会において，盗聴法と令状主義というテーマのシンポジウムにパネリストとして参加する予定であったが，事前に所長から集会に参加すれば懲戒処分もあり得るとの警告を受けたことから，パネリストとしての参加は取りやめた。自分としては，仮に法案に反対の立場で発言しても，裁判所法に定める積極的な政治運動に当たるとは考えないが，パネリストとしての発言は辞退する。」との趣旨の発言をした事案について，寺西判事補事件（最大決平成10・12・1民集52巻9号1761頁）は，判事補の行為は，集会の参加者に対し，本件法案が裁判官の立場からみて令状主義に照らして問題のあるものであり，その廃案を求めることは正当であるという意見を伝えることによって，集会の目的である法案を廃案に追い込む運動を支援し，これを推進する役割を果たし，もって積極的に政治運動をして，裁判官の職務上の義務に違反した，として，高等裁判所が行った戒告を支持し，抗告を棄却した。この決定には，裁判所法52条1号に違反することが当然には同法49条の懲戒事由にはならないとする園部裁判官の反対意見，判事補の行為は「積極的に政治運動をすること」にあたらないとする尾崎裁判官，河合裁判官，遠藤裁判官，元原裁判官の反対意見が付されている。大法廷は，「特定の法案を廃案に追い込むことを目的とする団体の党派的運動を積極的に支援す

るような行動」であったことを，特に問題としており，この点の評価が結論を分けたものと思われる。なお，裁判の公開との関係については上述した（⇒ p. 299 の **3**）。

　その後，高等裁判所判事が，妻の他人に対するストーカー行為について，地検の次席検事から事実関係の確認と示談を促す趣旨で情報提供を受け，妻の弁護士に対し，妻の側に立って，捜査機関の有する証拠や立論の疑問点，問題点を取り出し，強制捜査や公訴の提起がされないようにする端緒を見い出すために記載されたとみられるものを多く含む書面を交付した事案に関し，最大決平成 13・3・30 判時 1760 号 68 頁は，実質的に弁護活動にあたる行為をしたとして，裁判所法 49 条違反を認め，判事を戒告した。この決定には，妻との関係での上の程度の行為は懲戒事由にあたらないとする金谷裁判官の反対意見（奥田裁判官同調）および福田裁判官の反対意見がある。

　上述の弾劾の具体例の箇所で弾劾裁判に至っているとした事案は，次の様なものである。まず，高等裁判所の判事が，Twitter に，犬の返還請求訴訟の判決に関する記事にリンクを貼りつつ，「え？　あなた？　この犬を捨てたんでしょ？　3 か月も放置しておきながら……裁判の結果は……」などと投稿した事案について，岡口判事事件 I・最大決平成 30・10・17 民集 72 巻 5 号 890 頁は，戒告処分を下した。決定は，裁判所法 49 条にいう「品位を辱める行状」とは，「職務上の行為であると，純然たる私的行為であるとを間わず，およそ裁判官に対する国民の信頼を損ね，又は裁判の公正を疑わせるような言動をいう」とした上で，①投稿した者が「裁判官の職にあることが広く知られている状況の下で」行われ，②「担当外の民事訴訟事件に関し，その内容を十分に検討した形跡を示さず，表面的な情報のみを掲げて，私人である当該訴訟の原告が訴えを提起したことが不当であるとする一方的な評価を不特定多数の閲覧者に公然と伝え」るものであり，③「原告が訴訟を提起したことを揶揄するものともとれるその表現振りとあいまって」，同人の感情を傷つけるものであったことを理由とした。

　次いで，同じ高裁判事について，岡口判事事件 II・最大決令和 2・8・26 判時 2472 号 15 頁は，再び戒告とした。この事案は，上述の最初の事件に先立って，同判事が，特定の性犯罪事件についての判決を閲覧することができる裁判

所ウェブサイトへのリンクと共に,「首を絞められて苦しむ女性の姿に性的興奮を覚える性癖を持った男」,「そんな男に, 無惨にも殺されてしまった 17 歳の女性」と記載した投稿をしたことに関わる (この判決は後に掲載が誤ってなされたとして削除された)。同判事は, その後, Facebook 上で, 上記刑事事件の遺族について, 同判事を非難するよう東京高裁事務局等から洗脳されている旨の投稿を行った。決定は, これについて,「根拠を示すことなく」,「あたかも本件遺族が自ら判断をする能力がなく, 東京高裁事務局等の思惑どおりに不合理な非難を続けている人物であるかのような印象を与える侮辱的なもの」であり, 同判事が,「犯罪被害者やその遺族の心情を理解し, 配慮することのできない裁判官ではないかとの疑念を広く抱かせるに足りる」として,「投稿から数日後には本件投稿を削除し, 本件投稿の表現が不適切であったことを認めている」としても, 戒告が相当であると判断している。

(3)　報酬の保障

　上にみた裁判官の報酬の保障も, 身分保障の一環をなすものである。

　なお,「裁判官の報酬等に関する法律の一部を改正する法律」(平成 14 年法律第 113 号) は裁判官の報酬を減額するものであったが, 民間企業の給与水準の低下の状況等に関する客観的な調査結果に基いて, 人事院勧告を受けて行われる国家公務員全体の給与引下げに伴い, 法律によって一律に全裁判官の報酬についてこれと同程度の引下げを行うという趣旨のものであった。このような場合であっても報酬の減額は違憲であるとの立場もあるが, 憲法がそこまで要求していると解するのは困難である。なお, 法改正に先立って, 最高裁判所は, 裁判官会議において, このような法改正が, 違憲でないことを確認している。

(4)　法律によるその他の保障

　「裁判官は, 公の弾劾又は国民の審査に関する法律による場合及び別に法律で定めるところにより心身の故障のために職務を執ることができないと裁判された場合を除いては, その意思に反して, 免官, 転官, 転所, 職務の停止又は報酬の減額をされることはない」(裁 48 条)。これは, 憲法上の身分保障の趣旨を転官, 転所, 職務の停止に拡大して法律上保障したものである。

練 習 問 題

1　現行法上の訴訟のうち，どのようなものが客観訴訟として，説明されているだろうか。それらのうち，主観訴訟としての説明が可能なものは，どの程度あるだろうか。

2　合衆国憲法では，最高裁判所を含む連邦裁判官は，大統領が，上院の助言と承認を得て，任命することになっている。このため，最高裁判所の裁判官になろうとする者については，かなり立ち入った議論が，上院で行われ，候補者本人からの意見聴取も相当詳細に行われることが通例となっている。そして，時には，最高裁判官の人事が，重大な政治問題と化し，大統領の指名が上院で退けられることもある。特に近年，その傾向が強い。日本国憲法の下で，同様の仕組みを法律で構築することは可能であろうか。もし不可能であると考える場合，どのような工夫をすれば，類似の仕組みを構築することが可能になるであろうか。

3　宝塚パチンコ店建築中止命令事件〈 **判例 7-1** 〉に対する学説からの批判に対する反論として，もし同事件で法律上の争訟性を認めるとすれば，①国が納税義務者に対し税務職員への帳簿書類の提出を求める訴訟，あるいは，②国が転任命令を受けた公務員に対し転任先で勤務することを求める訴訟などが認められることになるのではないかと述べるものがある（最高裁判所判例解説民事篇平成 14 年度〔下〕540 頁〔福井章代〕）。この反論は正当か。

第 **8** 章

憲 法 訴 訟

第 1 節　憲法訴訟の意義と性格
第 2 節　憲法訴訟の方法と対象
第 3 節　憲法判断の方法とその効果

　わが国の現行法の下では，憲法訴訟という訴訟類型があるわけではない。憲法問題は，通常の民事（行政事件を含む）・刑事の訴訟の中で争われることになる。つまり，前章でみた，司法権を裁判所が行使する際に，付随的に，違憲審査が行われることになり，そのような訴訟が，憲法訴訟と呼ばれるわけである。

　本章では，このようなわが国の付随的違憲審査制の性格について，抽象的違憲審査制と対比しながら確認した上で（第 1 節），通常の民事・刑事の訴訟手続の問題に尽くされない憲法訴訟に特有の問題について，考察する。第 2 節では，憲法訴訟の方法と対象として，憲法訴訟の当事者適格と対象の問題を取り扱う。第 3 節では，憲法判断の方法とその効果として，憲法判断回避の準則，合憲限定解釈，違憲審査の方法と法令違憲と適用違憲，違憲審査の基準と方法および違憲判決の効力論について取り扱う。

　憲法訴訟論については，すでに古典的な教科書のスタイルが確立しているといってもよい一方で，その技術偏重性が難じられたり，判例との距離が埋まらなかったり，新たに準拠枠組みを提唱する学説が主張されたりという状況にある。しかし，司法制度改革の影響を受けた最高裁判例の新展開の中で，基本に立ち返った付随的違憲審査制の真価が問われるのは，まさにこれからというべき状況にある。本章の記述は，本書の性格上，そのための第一歩にしかすぎないが，立ち返るべき基本について考察するものである。

第1節　憲法訴訟の意義と性格

1 憲法保障（合憲性の統制）の諸類型と憲法訴訟 ──────

(1)　付随的違憲審査と抽象的違憲審査

憲法保障の一端については，第1章ですでにみた。

本節では，わが国の裁判所，すなわち司法裁判所が憲法保障の役割を果たす場合（司法裁判所型）について，具体的に検討することになるが，比較憲法的にみた場合，「裁判所」による憲法保障は，このような司法裁判所によるもののみではなく，特別の裁判所，典型的にはドイツにみられるような憲法裁判所を設置して行われる場合（憲法裁判所型）もある。

この両型の，理念型としての相違は明らかである。司法裁判所型の憲法保障の場合，第一義的に追求されているのは，具体的な事件の解決であって，裁判所による憲法判断は，あくまでもそのために必要な限度でなされるにすぎず（付随的違憲審査制），その判断は判決理由中に示される。これに対して，憲法裁判所型の場合，憲法秩序の維持そのものが目的であり，具体的事件とはかかわりなく憲法判断が行われ（抽象的違憲審査制），その判断は判決主文で示される。

ただ，理念型としての相違が，現実に機能している制度にそのまま反映しているか否かについては注意が必要である。ドイツでは，憲法訴願制度（基本権を侵害されたとして憲法裁判所に提訴できる制度。基本法93条1項4a号）があり，具体的な権利の救済に仕えているし，具体的規範統制（裁判所が，決定に際してある法律の効力が問題となっている場合に，その法律が違憲であると考えるときは，手続を中止し，連邦憲法裁判所の決定を求めるものとするもの。基本法100条）についても，すでに，憲法裁判所以外の裁判所が合憲限定解釈を通じて付随的違憲審査権を行使していると述べる方が実態に即していると指摘されている。他方，アメリカにあっては，表現の自由や自己決定権のような基本的権利が問題になる場合に，原告適格や違憲性を主張する適格性が相当柔軟に認められ，法律の施行があらかじめ差し止められるということがしばしばみられる。

しかし，両者には，なおその基本的発想・法秩序観の点で無視できない相違

が残されており，この相違は具体的な解釈論上の帰結に結び付きうるものであ
ることは看過されてはならない。

(2)　わが国における裁判的統制の型

(a)　わが国における裁判的統制の型　　日本国憲法は，特別の「憲法裁判
所」を設けておらず，「司法権」を行使する裁判所の頂点に位置する「最高裁
判所」について，「一切の法律，命令，規則又は処分が憲法に適合するかしな
いかを決定する権限を有する終審裁判所である」(81 条) と定める。したがっ
て，日本国憲法が，裁判所型，それも司法裁判所型の憲法保障について規定し
ていることについては，争いはないといってよい。最高裁も，81 条について，
「米国憲法の解釈として樹立せられた違憲審査権を，明文をもって規定した」
(裁判所法施行法等違憲訴訟・最大判昭和 23・7・7 刑集 2 巻 8 号 801 頁) ものと理解
している。問題は，日本国憲法が，司法裁判所型の憲法保障にとどまるのか
(A 説)，これに加えて最高裁判所に憲法裁判所としての権限を与えている，あ
るいは与えることを許容しているのか (B 説) である。最高裁は，A 説をとる
(判例 8-1)。

> **判例 8-1**　**最大判昭和 27・10・8 民集 6 巻 9 号 783 頁**
> 〈警察予備隊違憲訴訟〉
> **【事案】** X（鈴木茂三郎衆議院議員・日本社会党委員長）は，1951（昭和 26）年 4
> 月 1 日以降 Y がなした警察予備隊の設置ならびに維持に関する一切の行為が
> 無効であることを確認を求めて，最高裁判所に出訴。
> **【判旨】** 訴え却下。「諸外国の制度を見るに，司法裁判所に違憲審査権を行使せ
> しめるもの以外に，司法裁判所にこの権限を行使せしめないでそのために特別
> の機関を設け，具体的争訟事件と関係なく法律命令等の合憲性に関しての一般
> 的抽象的な宣言をなし，それ等を破棄し以てその効力を失はしめる権限を行わ
> しめるものがないではない。しかしながらわが裁判所が現行の制度上与えられ
> ているのは司法権を行う権限であり，そして司法権が発動するためには具体的
> な争訟事件が提起されることを必要とする。我が裁判所は具体的な争訟事件が
> 提起されないのに将来を予想して憲法及びその他の法律命令等の解釈に対し存
> 在する疑義論争に関し抽象的な判断を下すごとき権限を行い得るものではない。
> けだし最高裁判所は法律命令等に関し違憲審査権を有するが，この権限は司法
> 権の範囲内において行使されるものであり，この点においては最高裁判所と下

級裁判所との間に異るところはないのである（憲法76条1項参照）。原告は憲法81条を以て主張の根拠とするが，同条は最高裁判所が憲法に関する事件について終審的性格を有することを規定したものであり，従つて最高裁判所が固有の権限として抽象的な意味の違憲審査権を有すること並びにそれがこの種の事件について排他的すなわち第一審にして終審としての裁判権を有するものと推論することを得ない。」

「要するにわが現行の制度の下においては，特定の者の具体的な法律関係につき紛争の存する場合においてのみ裁判所にその判断を求めることができるのであり，裁判所がかような具体的事件を離れて抽象的に法律命令等の合憲性を判断する権限を有するとの見解には，憲法上及び法令上何等の根拠も存しない。」

　この判決文そのものについては，「現行の制度の下においては」および「法令上何等の根拠も存しない」という文言を，理由を限定する強い意味の込められたものと読めば，B説のうち，最高裁判所の憲法裁判所としての抽象的違憲審査権の行使に手続法の制定が必要であるとする立場（B₁説）だとの理解が成立する余地がないわけではない（手続法の制定を不要とするB₂説だという理解は成り立ちえない）。しかし，「米国憲法の解釈として樹立せられた違憲審査権」であるということを，正面から受け止める限り，そのような理解は困難である，抽象的違憲審査制の採用は許されないとする立場が学説上も支配的である（A₁説）。なお，学説の中には，司法裁判所型であるとしても，そもそも司法権の範囲自体が，抽象的違憲審査を許容するほどに流動的であるとするものもある（A₂説）。たしかに既述の客観訴訟のように具体的事件が存在しないところに法律によって司法権の行使を認めうる場合があることを否定する必要はないが，A₂説は，いわばこのような行使を法律がありさえすれば無限定に認める立場をとっているものであり，妥当ではない。

　(b)　**裁判的統制の基盤**　伝統的に，学説は，わが国における違憲審査権の行使を，消極的なものと捉え，その活性化を主張してきた。その時に念頭におかれているのは，主として，アメリカとドイツの状況であったと思われる。学説の一部には，B説の根強い主張とともに，わが国にもドイツ型の憲法裁判所を導入すべきだという立場がある。

Column 8-1　**最高裁判所改革論**

違憲審査の活性化を考えるときに避けて通れないのが，最高裁の負担の問題である。合衆国最高裁判所は，連邦国家の連邦の最高裁判所であって，通常の民刑事の裁判のほとんどは，各州の裁判所で争われている。また，合衆国最高裁判所は，全面的な裁量上訴制度を採用しており，当事者が権利として上訴をすることはできないことになっている（9人の最高裁判事のうち，4人が賛成したときに，裁量上訴を受理する令状が出されることになっている）。アメリカで最高裁判所が年間に下す判決の数は，100件に満たず，処理事件数が民刑事の訴訟事件だけで年間5000件を超えている我が最高裁判所とは比較にならない（もっとも，データベースで1年間の最高裁の判決・決定を検索すると，ヒットするのは200件程度なので，公刊されている判決数というレベルでは，年間200件程度なのかもしれない）。伝統的に裁判官の地位が高く，法曹人口の点でもわが国とは比較にならないレベルの充実がみられることにも留意が必要であろう。

他方，ドイツの連邦憲法裁判所は，憲法問題に特化した専門裁判所である（そこでも事件数が多すぎて，負担の軽減のための改革が度々行われているようであるが）。そこで，ドイツ的な方向を目指す改革論としては，憲法改正によって憲法裁判所を設置するべきだという議論があるわけである。英米法を知的バックグラウンドとする伊藤正己元最高裁判事が，退官後に，この立場を明らかにして，衝撃を与えたことがあった。ちなみに，読売新聞社の憲法改正案は，この立場をとる。

なお，付随的違憲審査制を維持する前提での，最高裁判所の負担軽減のための方策としては，古くは，いわゆる中二階案が法案として提出されたことがある（1957〔昭和32〕年。しかしこれは廃案となった）。これは，形式的には最高裁判所の中に，実質的には下級裁判所に相当する「最高裁判所小法廷」を設置しようとするものであった。戦前の大審院が果たしていた機能を，「最高裁判所小法廷」が果たすことが期待されていたのであろう。

また，近年の改革としては，民事訴訟法の改正により，上告を，憲法違反があることを理由とするほかは，民事訴訟法312条2項に該当する事由がある場合に限定するとともに，決定による上告棄却（民訴317条2項）および上告受理の制度（民訴318条）を導入したものがある。もっとも，最高裁判所の負担の軽減として，高い効果を上げているとは評価されていない。

81条が，「終審」としての違憲審査権の行使主体として最高裁判所を挙げていることが，わが国では，憲法違反が理由となる限り，すべての事件が，何らかの意味で必ず最高裁判所まで争えなければならないとする気風が支配的であるように思われる。この理解を維持したまま，最高裁判所の実効的な負担軽減

は，なかなか難しいのかもしれない。

しかし，抽象的違憲審査の導入が，果たして，違憲審査の活性化を主張する論者の求めるものをもたらすのか否かは明らかではない（このような接ぎ木的な考え方に対しては，懐疑的な見方も多い）。その因果関係を証明することは容易ではないが，司法制度改革の進展と並行して，むしろ，近年のわが国の違憲審査は活性化の兆しを示し始めているといってもよいのではないかという状況もある（特に在外日本国民選挙権訴訟・最大判平成 17・9・14 民集 59 巻 7 号 2087 頁 ⟨ 判例 8-3 ⟩，クエスト憲法 II ⟨ 判例 11-1 ⟩ と国籍法違憲判決・最大判平成 20・6・4 民集 62 巻 6 号 1367 頁クエスト憲法 II ⟨ 判例 3-3 ⟩。その後も，非嫡出子相続分違憲決定・最大決平成 25・9・4 民集 67 巻 6 号 1320 頁，再婚禁止期間事件・最大判平成 27・12・16 民集 69 巻 8 号 2427 頁クエスト憲法 II ⟨ 判例 3-1 ⟩ が続く）。付随的違憲審査制が依拠している法秩序形成観は，裁判所を政治部門と異なる法原理部門と捉えることによって，違憲審査に独自の正当性を付与しているのであって，その強みの徹底が，さしあたり追求されるべきではなかろうか。なおそのためには，最高裁判所の負担を軽減する努力についてさらなる工夫も検討する必要があろう。

2 憲法訴訟の基本的枠組み──付随的違憲審査制の属性

上で，わが国の裁判所の違憲審査権の行使が消極的であることに対して，伝統的に学説が批判的であることに言及した。しかしそもそも，付随的違憲審査制の下で，違憲審査権の行使は当然に積極的であるべきものであろうか。この点，「米国憲法の解釈として樹立せられた違憲審査権」について，次のような「憲法判断回避の準則」が広く受け入れられていることに注意が必要である（なお，以下で述べられているすべてが，今日学説上説かれる「憲法判断回避の準則」に厳密に対応しているわけではないが，その点については後に検討することにして，ここでは基本的発想について述べる）。

すなわち，裁判所は①友誼的・非対決的な訴訟手続においては立法の合憲性の判断をしない，②憲法問題を決定する必要が生ずる前にまえもって取り上げることをしない，③憲法原則を，それが適用されるべき明確な事実が要求する

範囲を超えて定式化しない，④憲法問題が記録によって適切に提出されている
としても，その事件を処理することのできる他の理由がある場合には憲法問題
について判断しない，⑤法律の施行によって侵害を受けたことを立証しない者
の申立てに基づいて，その法律の効力について判断することはしない，⑥法律
の利益を利用した者の依頼で，その法律の合憲性について判断するようなこと
はしない，⑦法律の合憲性について重大な疑いが提起されたとしても，その問
題を回避できるような法律解釈が可能であるか否かをまず確認すべきである，
というのである。以上は，ブランダイス判事が，Ashwander v. TVA, 297 U.
S. 288（1936）の補足意見で示したものである。

　このような発想は，司法権が，事件・争訟を契機に法の解釈適用を通じてそ
の解決を図るということを内実とするものであるという本来の性質のほか，憲
法判断は経験的素材にも基づき十分熟慮されたものであることが望ましいこと，
また民主主義体制の下にあっては，違憲審査権はできるだけ自己抑制的に行使
されるべきことなどを根拠としている。そして，「憲法判断回避の準則」は
（厳密にいえば⑦を別として）手続的な問題に関するものであるが，実体的な問題
についても，同様の自己抑制的な主張がなされる。議会が制定した法律は合憲
と推定されるべきであるとか，明白に違憲な場合にのみ違憲と判断されるべき
であるといったようにである。

　以上のような，自己抑制的議論は，司法消極主義と呼ばれ，司法積極主義と
対置される。そこには，法理的な限界の問題と政策的な配慮の問題とが，混在
しているように思われるが，いずれにせよ，一定程度正当なものが含まれてい
ることは間違いなく，少なくとも，手続的にも実体的にも全面的な司法積極主
義を原則と捉えることは，付随的違憲審査制の基本的枠組みの理解として正当
なものとはいえないであろう。しかしまた，全面的な消極主義では違憲審査制
の存在意義はかなり希薄なものとなる。そしてそれは，手続面で積極主義，実
体面で消極主義をとった場合についてもいえるだろう（最高裁判所が次々憲法判
断を下すがそのすべてが合憲判断であるという状況を想定されたい。わざわざ想定しな
くても少なくとも最近までの最高裁の現状はそうであったというべきかもしれないが）。
このように考えるとすれば，手続面では消極主義，実体面では積極主義をとる
選択，換言すれば，「裁判所がいわば自己の守備範囲（自己が活動すべき土俵）

を限定しつつも，その中では立憲民主制の維持保全を原理面において積極的に支えていこうとする行き方」(佐藤678頁)が，司法裁判所型の下で基本的に妥当するアプローチということになるであろう。ただ，このように考える場合であっても，「守備範囲の限定」が，付随的違憲審査制から帰結される適切な範囲にとどまっているのか，司法裁判所型の下での裁判所に求められる役割からの逃避になっているのかについては，後述のように少なくともわが国の従来の判例法理は，後者ではないかとの疑念があり，十分検討されなければならない。

第2節　憲法訴訟の方法と対象

1 憲法訴訟の当事者適格

(1) 憲法訴訟の当事者適格

付随的違憲審査制の下では，憲法訴訟という特別の訴訟類型が当然に存在するわけではなく，具体的事件の解決のために憲法判断がなされるのであるから，憲法訴訟の当事者適格という表現は，必ずしも正確ではないが，憲法問題を提起し，裁判所の判断を要求する資格のことを，憲法訴訟の当事者適格というとすれば，そのような資格をもつ者は，その具体的事件の当事者ということになる。

これは，抽象的な違憲審査制の下では，理論的には，提訴権を，自己の利害と関係なく何人にも認めることができることと大きく異なっている。もっとも，実際に存在する憲法裁判所制度では，ここまで広範に提訴権が認められることはなく，例えばドイツの抽象的規範統制については，一定の機関争訟が認められているほか，提訴権者は，憲法上，「連邦政府，ラント政府または連邦議会構成員の4分の1」(基本法93条1項2号)，「(基本法72条2項について)連邦参議院，ラント政府，ラント議会」(基本法93条1項2a号)などに限定されている。

一般の民刑事事件を基礎に，憲法問題が争われる場合，通常は，憲法訴訟の当事者適格が問題になることは少ない。

当事者適格が，特に問題にされることが多いのは，行政事件の場合である。

行政事件訴訟法は，取消訴訟の原告適格について，「処分又は裁決の取消しを求めるにつき法律上の利益を有する者」（行訴9条1項）が有すると定めるが，これについて，判例は「法的に保護された利益説」により，学説上は「法的保護に値する利益説」，さらには処分の適法性保障説が主張されるという状況にあった。処分の適法性保障説は，現行法の解釈としては無理があるとともに，そもそも付随的違憲審査制とも齟齬を来しかねないところがあるが，従来の判例の立場については，原告適格を限定しすぎるとの批判が強く，このような批判を受けて，「法的に保護された利益説」によりつつも，判例上，原告適格の範囲は少しずつ拡大される傾向にあった（例えば，原子炉設置許可処分の無効確認訴訟について，一定範囲内の住民に原告適格を認めたもんじゅ訴訟・最判平成4・9・22民集46巻6号571頁）。そして，2004（平成16）年の行政事件訴訟法改正により，9条2項として，「裁判所は，処分又は裁決の相手方以外の者について前項に規定する法律上の利益の有無を判断するに当たつては，当該処分又は裁決の根拠となる法令の規定の文言のみによることなく，当該法令の趣旨及び目的並びに当該処分において考慮されるべき利益の内容及び性質を考慮するものとする。この場合において，当該法令の趣旨及び目的を考慮するに当たつては，当該法令と目的を共通にする関係法令があるときはその趣旨及び目的をも参酌するものとし，当該利益の内容及び性質を考慮するに当たつては，当該処分又は裁決がその根拠となる法令に違反してされた場合に害されることとなる利益の内容及び性質並びにこれが害される態様及び程度をも勘案するものとする」との規定が追加された。新法の下で，小田急立体交差訴訟（最大判平成17・12・7民集59巻10号2645頁）は，従来の判例を変更し，建設大臣のした私鉄の連続立体交差化を内容とする鉄道事業認可および付属街路事業認可処分の取消訴訟において，都市計画事業の事業地の周辺に居住する住民のうち当該事業が実施されることにより騒音，振動等による健康または生活環境に係る著しい被害を直接的に受けるおそれのある者について，原告適格を認めた。この判断については，画期的であるというべきなのであろうが，ただ，これまでの判例法理の展開からも導き得た判断であって，改正法のもつ可能性を全面的に展開したものとまではいえない側面もあり（藤田裁判官および町田裁判官の補足意見参照），今後のさらなる展開が注目される。なお，行政事件訴訟の原告適格の問題については，

本案での救済にどこまで結び付くのかという観点（ちなみに，前掲小田急立体交差訴訟を受けた小法廷の同事件に関する最判平成18・11・2民集60巻9号3249頁は原告の請求を棄却している），抗告訴訟のみならず，当事者訴訟での救済も視野に入れた上での適切な当事者適格の承認という観点も重要である。

　なお，これまで，憲法9条に関する裁判所の判断を得ようと，種々の訴訟が提起されてきたが，裁判所は一般に9条に関する判断に対して慎重であるといわれてきた。防衛のための国費の支出等の差止請求訴訟について，具体的な権利義務に関する争訟が存するものとはいえないとして訴えを不適法として却下した原審（名古屋高判昭和50・7・16判時791号71頁）の判断を是認した小牧訴訟（最判昭和52・4・19税務訴訟資料94号138頁），確定申告による所得税額のうち，予算中の軍事費に相当する割合の額を支払わないでいたところ，滞納国税として銀行預金の差押えを受け，滞納国税分に充当され，その返還を求めた自衛官が，命令服従義務不存在確認を求めた事案について，「行政庁によって一定の処分がされる蓋然性があること」を満たさない場合には，不適法であるとして原審に差し戻した集団的自衛権に関する訴訟（最判令和元・7・22民集73巻3号245頁）が退けられたので，軍備が憲法違反でないことの証明を求めた事案について，法律上の争訟性を否定した原審（仙台高判昭和58・9・30判時1119号24頁）に対する上告を棄却した防衛費納税拒否訴訟（最判昭和59・2・17 LEX/DB22800031），非核三原則に基づきアメリカ原子力潜水艦に対しわが国領海からの退去要求をするように国に求めた義務付け訴訟について，法律上の利益を否定した横須賀港核搭載艦船入港拒否請求訴訟（東京地判昭和62・9・30行集38巻8＝9号1184頁）などがその例である。これに対し，自衛隊イラク派遣違憲訴訟（名古屋高判平成20・4・17判時2056号74頁〔原告上告せず確定〕）は，イラクでの航空自衛隊の空輸活動は，いわゆるイラク復興支援特別措置法2条2項・3項に違反し，かつ，憲法9条1項に違反するとしつつ，平和的生存権侵害なしとして，違憲確認の訴えおよび派遣差止の訴えを却下し，国賠請求を棄却した。この判決は平和的生存権の具体的権利性を認めた上で判断しているのであるが，憲法判断回避の準則との関係で議論を呼ぶところである。

　このほか，通常の民事訴訟の類型に属する訴訟にあっては，例えば損害賠償請求訴訟であれば，一定の損害を被ったと原告が主張して金銭の支払を請求し

ている以上，当事者適格は認められることになるのが通例であるが，実際には国民の 1 人としてもつ一般的利害関係を主張しているにすぎないような場合，果たしてそれでよいのか，という問題もある。

(2) 第三者の憲法上の権利を主張することの可否

(a) 特定の第三者の憲法上の権利を主張することの可否

事件・争訟として適切に裁判所に提起されている場合において，その当事者は，特定の第三者の憲法上の権利を主張することが認められるか。これは，(1)の問題とは別の問題であるが，付随的違憲審査制の下では，消極的に考えるのが出発点のはずである。実際，最高裁も，当初，「他人の権利に容喙干渉」(最大判昭和 35・10・19 刑集 14 巻 12 号 1611 頁) することは許されないとして，第三者の権利主張を認めなかった。しかし，2 年後，最高裁はいわゆる第三者所有物没収事件 ◇判例 8-2◇ において，この立場を変更することになる。

◇**判例 8-2**◇ **最大判昭和 37・11・28 刑集 16 巻 11 号 1593 頁**

〈第三者所有物没収事件〉

【事案】 $Y_1 Y_2$ 2 名は共謀の上，密輸出を企て，貨物を積載して出航したが，時化のために目的を遂げなかった。第一審は，Y らの行為が関税法 111 条 2 項等に違反するとして執行猶予付きの懲役刑を言い渡すとともに，関税法 118 条 1 項 (当時，第三者が善意の場合を除いて，犯罪貨物等の没収を認めていた) に基づいて，Y_1 が所有する船舶と第三者所有の貨物の没収を言い渡した。第二審が Y らの控訴を棄却し，Y らが上告。

【判旨】 破棄自判 (原審の貨物の没収に関する部分については破棄された)。「第三者の所有物を没収する場合において，その没収に関して当該所有者に対し，何ら告知，弁解，防禦の機会を与えることなく，その所有権を奪うことは，著しく不合理であって，憲法の容認しないところであるといわなければならない。けだし，憲法 29 条 1 項は，財産権は，これを侵してはならないと規定し，また同 31 条は，何人も，法律の定める手続によらなければ，その生命若しくは自由を奪われ，又はその他の刑罰を科せられないと規定しているが，前記第三者の所有物の没収は，被告人に対する附加刑として言い渡され，その刑事処分の効果が第三者に及ぶものであるから，所有物を没収せられる第三者についても，告知，弁護〔原文ママ〕，防禦の機会を与えることが必要であって，これなくして第三者の所有物を没収することは，適正な法律手続によらないで，財

329

産権を侵害する制裁を科するに外ならないからである」。

　「そして，かかる没収の言渡を受けた被告人は，たとえ第三者の所有物に関する場合であっても，被告人に対する附加刑である以上，没収の裁判の違憲を理由として上告をなしうることは，当然である。のみならず，被告人としても没収に係る物の占有権を剥奪され，またはこれが使用，収益をなしえない状態におかれ，更には所有権を剥奪された第三者から賠償請求権等を行使される危険に曝される等，利害関係を有することが明らかであるから，上告によりこれが救済を求めることができるものと解すべきである」。

　学説は，判決が挙げる，被告人に対する附加刑であること，占有権が剥奪されること，賠償請求の可能性があることに加えて，第三者自身が争うことが不可能ないし著しく困難であること（奥野裁判官の補足意見がこの点を指摘する）を挙げて，判決の立場を肯定するのが一般的である。そして，医師と患者のような実質的関係がある者の場合についてもこの理が認められるべきであるとされる。解散を命ぜられた宗教法人が，信者の信教の自由を援用した事案について，オウム真理教解散命令事件（最決平成8・1・30民集50巻1号199頁）は，「解散命令は，信者の宗教上の行為を禁止したり制限したりする法的効果を一切伴わない」としつつ，「宗教法人の解散命令が確定したときはその清算手続が行われ（法〔宗教法人法。以下同じ〕49条2項，51条），その結果，宗教法人に帰属する財産で礼拝施設その他の宗教上の行為の用に供していたものも処分されることになるから（法50条参照），これらの財産を用いて信者らが行っていた宗教上の行為を継続するのに何らかの支障を生ずることがあり得る」として，「憲法の保障する精神的自由の一つとしての信教の自由の重要性に思いを致し，憲法がそのような規制を許容するものであるかどうかを慎重に吟味しなければならない」と判断している。さらに言えば，「訴訟当事者が申し立てている損害が同時にまた第三者の憲法上の権利を奪うような性質のものである場合」（佐藤683頁）について広く第三者の憲法上の権利の主張を認めるのであれば，その範囲は相当に広いものとなることが留意されるべきである。

　なお，以上と関連して，行政事件訴訟法10条1項が「取消訴訟においては，自己の法律上の利益に関係のない違法を理由として取消しを求めることができない」と定めていることの意義が問題となるが，第三者の権利の主張が憲法上

認められるべき場合については，それは，自己の法律上の利益に関係のある違法と解すべきであろう。

(b)　不特定の第三者の憲法上の権利を主張することの可否　　(a)と関連して，表現の自由の行使の規制については，規制を受ける当事者自身の行為の規制は憲法上許容されるものであったとしても，規制する法律が不明確または広汎に失したり，あるいは事前抑制の方法をとっているような場合には，萎縮的効果の除去のため，その当事者に違憲性の主張を認めるべきであるとされる。これは，いわば，不特定の第三者の憲法上の権利の主張を認めよとの主張である。

(3)　ムート

当事者適格の問題と関連して，アメリカの判例上，事件・争訟のあらゆる段階において，現実の事件・争訟性が存在しなければならないことが，憲法上の要請とされ，訴訟の途中で事件・争訟性が失われると，事件が「ムート (moot) になった」とされ，裁判所は憲法判断をなしえないとされる。

ムートという表現を使うかどうか（当事者適格・訴えの利益あるいは事件・争訟性の後発的喪失とでもいうべきか）はともかく，同様のことはわが国でも妥当するはずであるが，1952（昭和27）年メーデーでの皇居外苑使用不許可処分の取消しを訴えた事案について，最高裁は，「同日の経過により判決を求める法律上の利益を喪失」したとしつつ，「（なお，念のため……）」として，憲法判断を行った（皇居外苑使用不許可事件・最大判昭和 28・12・23 民集 7 巻 13 号 1561 頁）。朝日訴訟（最大判昭和 42・5・24 民集 21 巻 5 号 1043 頁）でも，上告人の死亡によって訴訟は終了したとしつつ，同様の手法がとられた。前掲皇居外苑使用不許可事件の場合は，アメリカ法でも「繰り返されうるが審査は免れる」場合についてはムートの例外とされており，判断を正当化する余地はあろう（今日では，義務付け訴訟・仮の義務付け訴訟の整備により，そもそも同事件のような経緯を辿ることは現実には少ないと考えられるが）。しかし，朝日訴訟の場合は，このような正当化は難しく，憲法判断回避の準則との関係でも，問題がある判断であったとみる余地がある。

2 憲法訴訟の対象

(1) 総 説

81条によれば，違憲審査の対象となるのは，「一切の法律，命令，規則又は処分」である。憲法より下位のすべての法規範が違憲審査の対象になることについては，異論がない。多少の争いはあるが，地方議会の条例は「法律」，行政機関の制定するものは「命令」，議院規則および裁判所規則は「規則」と解してよかろう。最高裁判所規則の取消請求について，法律上の争訟にあたらないとした判例（裁判所支部廃止違憲訴訟・最判平成3・4・19民集45巻4号518頁）があるが，これは規則が裁判所支部を廃止したのに対し，その支部の管轄内に居住する国民としての立場のみから出訴したためのものである。なおこの種の場合，規則制定にかかわった最高裁判所裁判官が上告審を担当することがありうるが，制度上予定されているとして，忌避の申立ては退けられている（最決平成3・2・25民集45巻2号117頁）。

行政処分のほか，裁判所による「裁判」も「処分」であるとされる（裁判所法施行法等違憲訴訟・最大判昭和23・7・7刑集2巻8号801頁）。

やや特異なケースとして，ハイジャック犯として仮拘禁されている者について，中国政府から引渡しの要求があった事案に関し，検察官の審査請求を受けて，東京高裁が逃亡犯罪人引渡法10条1項3号に基づいてなした「逃亡犯罪人を引き渡すことができる場合に該当する」との決定について，同法に基づく特別の決定であって，刑事訴訟法上の決定でないばかりか，逃亡犯罪人引渡法には，これに対し不服申立を認める規定がおかれていないのであるから，同決定に対しては不服申立をすることは許されないと解すべきであり，同決定の性質にかんがみると，このように解しても81条に違反するものでないとした逃亡犯罪人引渡審査請求事件（最決平成2・4・24刑集44巻3号301頁）がある。この判例は，本件を非訟事件と捉えており，高裁決定後になされる法務大臣の引渡命令に対する不服申立の手続において，引渡しの要件について争うことできるのであれば，81条違反はないといえよう。ただし，実際には，中国民航機ハイジャック犯引渡命令の執行停止請求事件（東京高決平成2・4・27行集41巻4号915頁）は，その後の執行停止申立事件でこの点について争えないとの見解

をとっており，人身保護請求制度のあり方とあわせて，問題を残している。

(2)　条約に対する違憲審査

違憲審査の対象となるか否かがかつて大きく争われたのが，条約である。条約が憲法所定の手続に従って締結・承認・公布されたかという形式面については，内閣および国会の自律性との関係で，議事手続と司法審査一般にかかわる問題はあるが，支配的な見解は審査を肯定している。問題は，条約の内容が憲法に抵触しないかという実質審査の可否であったが，すでにみたように，最高裁は，条約の違憲審査が可能であることを当然の前提とした上で，条約が「高度の政治性」を有する場合には，「一見極めて明白に違憲無効であると認められない限りは，裁判所の司法審査権の範囲外のもの」としている（砂川事件・最大判昭和 34・12・16 刑集 13 巻 13 号 3225 頁〈 **判例 4-1** 〉）。

学説は，消極説（A 説）と積極説（B 説）とに分かれる。条約優位説に基づく消極説（A₁ 説）は無理だと思われるが，かつては，81 条に「条約」が欠けていること，98 条 2 項の「条約」遵守義務，外国との合意によるという条約の特殊性を理由とする（A₂ 説）が支配的であった。しかし，今日，条約が，その国内法的効力についても一切違憲審査の対象とならないとみることは基本的人権の保障の観点からはあまりにも困難であって，現時点では B 説が通説であるといってよいと思われる。その場合，81 条の文言との対応が問題となるが，条約を「法律」であるとか，「規則又は処分」であるとするのは無理で，結局，81 条の列挙事項は例示と解するほかなかろう。

(3)　「立法の不作為」に対する違憲審査

(a)　**総　説**　近年の判例の展開によって，憲法訴訟論の分野において，最も激動に見舞われているのが「立法不作為」論である。

「法律」が違憲審査の対象になることに争いはない。では，「法律」が制定されていないことは，違憲審査の対象になるか。これがここでの問題である。

これについては，国会が，いつ・いかなる立法をなすべきか，なすべからざるかの判断は，原則として国会の裁量事項であるとしつつ，①憲法の明文上一定の立法をなすべきことが規定され，あるいは，②憲法解釈上そのような結論

が導かれる場合，国会はそのような立法をなすべき義務を負い，立法の不作為は違憲となるとされ，①は 10 条や 17 条の場合，②は 25 条の場合が典型例であるとされた。そして，立法の不作為をもって直ちに違憲になると一般的に断言することはできないが，国会がその立法の必要性を十分認識し，立法をなそうと思えばできたにもかかわらず，一定の合理的期間を経過してもなお放置したというような状況の存する場合に，その立法の不作為が具体的に違憲となると説かれた（佐藤〔青林〕346 頁〜347 頁）。そして，このような立法不作為は，原則として裁判過程になじむものではないが，憲法訴訟における争い方によっては，司法審査の対象となることがありうるとされ，具体的には，①立法不作為違憲確認訴訟，②通常の訴訟で，不備ないし欠陥のある法律に基づく措置を違憲とし，あるいはそのような不備ないし欠陥を司法的に匡正する，③国家賠償請求訴訟の 3 つの争い方について，検討がなされていた。

(b) **立法不作為違憲確認訴訟**　　生存権（25 条）の保障に関して，伝統的な具体的権利説は，立法不作為違憲確認訴訟の可能性を，訴訟法の改正を必要とすると考えるか否かについての相違はあったが，主張してきた。しかし，これに対しては，立法の不作為がどの程度に至れば違憲なのか，どのような立場の者に提訴権を認めるのか，判決はどのような形になるのか，一定内容の立法を直接義務づけるのであれば立法権侵害にならないか，その点を考慮して違憲の確認にとどまるべきものとするならばそのような判決に具体的にどのような意味があるか等々の課題が指摘され，さらに，立法不作為の違憲確認訴訟が認められるべきものとするならば，違憲立法（作為）の違憲確認訴訟といったものが認められるべきことにならないか，もしそうなって，立法の作為および不作為の違憲確認が「広く」認められるということになると，それは付随的違憲審査制から相当距離をもった制度ということにならないか，また，民主主義との関係でかなり重大な問題を提起することにならないか，といった疑問が示されてきた（佐藤 688 頁〜689 頁）。ただし，台湾人元日本兵・軍属の戦死傷について，国が日本人に対するのと同等の補償をなすべき補償立法を制定しないことは違憲・違法であることを確認することを求めた訴訟の第二審判決（台湾人元日本兵補償請求訴訟・東京高判昭和 60・8・26 行集 36 巻 7 = 8 号 1211 頁）については，要件が限定的に過ぎないかの疑問を指摘した上で，立法不作為の違憲確認訴訟

の可能性を認めたものとして注目がされていた。

(c)　**通常の訴訟での救済**　　通常の訴訟で，①不備ないし欠陥のある法律に基づく措置を違憲とし，あるいは②そのような不備ないし欠陥を司法的に匡正する具体的な方法が考えられ，①の例として，第三者所有物没収事件〈 判例 8-2 〉が挙げられ，29 条 3 項からの直接請求権の発生を認めた判例（河川附近地制限令事件・最大判昭和 43・11・27 刑集 22 巻 12 号 1402 頁など）が②の例として挙げられていた（佐藤〔青林〕349 頁）。

(d)　**国家賠償請求訴訟**　　国会議員の立法行為や立法不作為について，国の代位責任者としての損害賠償責任を追及する方法については，あまり安易に認めることは付随的違憲審査制ないしは権力分立制との関係で緊張関係をはらむことは否定しがたいが，免責特権（51 条）が当然にその障害となるものではなく，①立法作為・不作為義務が明確で，②立法不作為が処分的性格をもち，③損害との間に具体的実質的関連性があり，④「合理的期間」の経過があれば，請求を認めうるとされていた。そして，この観点から，在宅投票制の廃止問題について，「国会議員は，立法に関しては，原則として，国民全体に対する関係で政治的責任を負うにとどまり，個別の国民の権利に対応した関係での法的義務を負うものではないというべきであって，国会議員の立法行為は，立法の内容が憲法の一義的な文言に違反しているにもかかわらず国会があえて当該立法を行うというごとき，容易に想定し難いような例外的な場合でない限り，国家賠償法 1 条 1 項の規定の適用上，違法の評価を受けないものといわなければならない」として損害賠償請求を退けた在宅投票制廃止違憲訴訟（最判昭和 60・11・21 民集 39 巻 7 号 1512 頁）について，「憲法の一義的な文言」ということにこだわって，国家賠償請求訴訟の憲法訴訟としての展開にとって，桎梏とならないようにとの希望が表明されていた（佐藤〔青林〕350 頁）。しかし，民法 733 条の再婚禁止期間が問題となった，かつての再婚禁止期間違憲国賠訴訟（最判平成 7・12・5 判時 1563 号 81 頁），生糸一元輸入制度が問題になった西陣ネクタイ訴訟（最判平成 2・2・6 訟月 36 巻 12 号 2242 頁）でも前掲在宅投票制廃止違憲訴訟が先例（の 1 つ）となって請求が退けられた。

(e)　**在外日本国民選挙権訴訟**　　このような状況に転機をもたらしたのが，次の判例である（〈 判例 8-3 〉）。

判例 8-3 最大判平成 17・9・14 民集 59 巻 7 号 2087 頁

（クエスト憲法Ⅱ **判例 11-1**）　　　　　　　　　　〈在外日本国民選挙権訴訟〉

【事案】 平成 10 年法律第 47 号による改正（以下「本件改正」）前の公職選挙法では，在外国民は，わが国のいずれの市町村においても住民基本台帳に記録されないため，選挙人名簿には登録されず，衆議院議員の選挙または参議院議員の選挙において投票をすることができなかった。

本件改正により，新たに在外選挙人名簿が調製されることとなり（公選第 4 章の 2 参照），衆議院議員および参議院議員の選挙が，在外選挙制度の対象となった。ただし，当分の間は，衆議院比例代表選出議員の選挙および参議院比例代表選出議員の選挙のみが対象とされた（本件改正後の公職選挙法附則 8 項）。

在外国民である X_1 らは国に対し，在外国民であることを理由として選挙権の行使の機会を保障しないことは，憲法 14 条 1 項・15 条 1 項および 3 項・43 条ならびに 44 条ならびに市民的及び政治的権利に関する国際規約（昭和 54 年条約第 7 号）25 条に違反すると主張して，主位的に，①本件改正前の公職選挙法は，X_1 らに衆議院議員の選挙および参議院議員の選挙における選挙権の行使を認めていない点において，違法（上記の憲法の規定および条約違反）であることの確認，ならびに②本件改正後の公職選挙法は，X_1 らに衆議院小選挙区選出議員の選挙および参議院選挙区選出議員の選挙における選挙権の行使を認めていない点において，違法（上記の憲法の規定および条約違反）であることの確認を求めるとともに，予備的に，③X_1 らが衆議院小選挙区選出議員の選挙および参議院選挙区選出議員の選挙において選挙権を行使する権利を有することの確認を請求して出訴した。

また，X_1 らと 1996（平成 8）年 10 月 20 日当時は在外国民であったがその後帰国した X_2 らは，国に対し，立法府である国会が在外国民が国政選挙において選挙権を行使することができるように公職選挙法を改正することを怠ったために，同日に実施された衆議院議員の総選挙（以下「本件選挙」）において投票をすることができず損害を被ったと主張して，1 人当たり 5 万円の損害賠償およびこれに対する遅延損害金の支払を請求している。

第 1 審，第 2 審とも，本件の各確認請求に係る訴えはいずれも法律上の争訟にあたらず不適法であるとして却下すべきものとし，また，本件の国家賠償請求はいずれも棄却すべきものとしたので，X_1 X_2 らが上告。

【判旨】 一部破棄自判，一部上告棄却（X_1 らが，次回の衆議院議員の総選挙における小選挙区選出議員の選挙および参議院議員の通常選挙における選挙区選出議員の選挙において，在外選挙人名簿に登録されていることに基づいて投票をすることができる地位にあることを確認する。X_1 X_2 らの損害賠償請求を 5000 円の限度で認

容)。

〔在外国民の選挙権の行使を制限することの憲法適合性について（本件改正前）〕

「自ら選挙の公正を害する行為をした者等の選挙権について一定の制限をすることは別として，国民の選挙権又はその行使を制限することは原則として許されず，国民の選挙権又はその行使を制限するためには，そのような制限をすることがやむを得ないと認められる事由がなければならないというべきである。そして，そのような制限をすることなしには選挙の公正を確保しつつ選挙権の行使を認めることが事実上不能ないし著しく困難であると認められる場合でない限り，上記のやむを得ない事由があるとはいえず，このような事由なしに国民の選挙権の行使を制限することは，憲法 15 条 1 項及び 3 項，43 条 1 項並びに 44 条ただし書に違反するといわざるを得ない。また，このことは，国が国民の選挙権の行使を可能にするための所要の措置を執らないという不作為によって国民が選挙権を行使することができない場合についても，同様である。」

「国には，選挙の公正の確保に留意しつつ，その行使を現実的に可能にするために所要の措置を執るべき責務があるのであって，選挙の公正を確保しつつそのような措置を執ることが事実上不能ないし著しく困難であると認められる場合に限り，当該措置を執らないことについて上記のやむを得ない事由があるというべきである。」

「世界各地に散在する多数の在外国民に選挙権の行使を認めるに当たり，公正な選挙の実施や候補者に関する情報の適正な伝達等に関して解決されるべき問題があったとしても，既に昭和 59 年の時点で，選挙の執行について責任を負う内閣がその解決が可能であることを前提に上記の〔衆議院議員の選挙および参議院議員の選挙全般についての在外選挙制度の創設を内容とする〕法律案を国会に提出していることを考慮すると，同法律案が廃案となった後，国会が，10 年以上の長きにわたって在外選挙制度を何ら創設しないまま放置し，本件選挙において在外国民が投票をすることを認めなかったことについては，やむを得ない事由があったとは到底いうことができない。そうすると，本件改正前の公職選挙法が，本件選挙当時，在外国民であった上告人らの投票を全く認めていなかったことは，憲法 15 条 1 項及び 3 項，43 条 1 項並びに 44 条ただし書に違反するものであったというべきである。」

〔在外国民の選挙権の行使を制限することの憲法適合性について（本件改正後）〕

「本件改正後に在外選挙が繰り返し実施されてきていること，通信手段が地球規模で目覚ましい発達を遂げていることなどによれば，在外国民に候補者個

人に関する情報を適正に伝達することが著しく困難であるとはいえなくなったものというべきである。また，参議院比例代表選出議員の選挙制度を非拘束名簿式に改めることなどを内容とする公職選挙法の一部を改正する法律（平成12年法律第118号）が平成12年11月1日に公布され，同月21日に施行されているが，この改正後は，参議院比例代表選出議員の選挙の投票については，公職選挙法86条の3第1項の参議院名簿登載者の氏名を自書することが原則とされ，既に平成13年及び同16年に，在外国民についてもこの制度に基づく選挙権の行使がされていることなども併せて考えると，遅くとも，本判決言渡し後に初めて行われる衆議院議員の総選挙又は参議院議員の通常選挙の時点においては，衆議院小選挙区選出議員の選挙及び参議院選挙区選出議員の選挙について在外国民に投票をすることを認めないことについて，やむを得ない事由があるということはできず，公職選挙法附則8項の規定のうち，在外選挙制度の対象となる選挙を当分の間両議院の比例代表選出議員の選挙に限定する部分は，憲法15条1項及び3項，43条1項並びに44条ただし書に違反するものといわざるを得ない。」

〔確認の訴えについて〕

「〔主位的確認請求①は〕，過去の法律関係の確認を求めるものであり，この確認を求めることが現に存する法律上の紛争の直接かつ抜本的な解決のために適切かつ必要な場合であるとはいえないから，確認の利益が認められず，不適法である。」

「〔主位的請求②は〕，予備的確認請求に係る訴えの方がより適切な訴えであるということができるから……不適法であるといわざるを得ない。」

「本件の予備的確認請求に係る訴えは，公法上の当事者訴訟のうち公法上の法律関係に関する確認の訴えと解することができるところ，その内容をみると，公職選挙法附則8項につき所要の改正がされないと，在外国民であるX₁らが，今後直近に実施されることになる衆議院議員の総選挙における小選挙区選出議員の選挙及び参議院議員の通常選挙における選挙区選出議員の選挙において投票をすることができず，選挙権を行使する権利を侵害されることになるので，そのような事態になることを防止するために，同X₁らが，同項が違憲無効であるとして，当該各選挙につき選挙権を行使する権利を有することの確認をあらかじめ求める訴えであると解することができる。

選挙権は，これを行使することができなければ意味がないものといわざるを得ず，侵害を受けた後に争うことによっては権利行使の実質を回復することができない性質のものであるから，その権利の重要性にかんがみると，具体的な選挙につき選挙権を行使する権利の有無につき争いがある場合にこれを有する

ことの確認を求める訴えについては，それが有効適切な手段であると認められる限り，確認の利益を肯定すべきものである。そして，本件の予備的確認請求に係る訴えは，公法上の法律関係に関する確認の訴えとして，上記の内容に照らし，確認の利益を肯定することができるものに当たるというべきである。なお，この訴えが法律上の争訟に当たることは論をまたない。」

「X₁ らは，次回の衆議院議員の総選挙における小選挙区選出議員の選挙及び参議院議員の通常選挙における選挙区選出議員の選挙において，在外選挙人名簿に登録されていることに基づいて投票をすることができる地位にあるというべきであるから，本件の予備的確認請求は理由があり，更に弁論をするまでもなく，これを認容すべきものである。」

〔国家賠償請求について〕

「立法の内容又は立法不作為が国民に憲法上保障されている権利を違法に侵害するものであることが明白な場合や，国民に憲法上保障されている権利行使の機会を確保するために所要の立法措置を執ることが必要不可欠であり，それが明白であるにもかかわらず，国会が正当な理由なく長期にわたってこれを怠る場合などには，例外的に，国会議員の立法行為又は立法不作為は，国家賠償法 1 条 1 項の規定の適用上，違法の評価を受けるものというべきである。〔在宅投票制廃止違憲訴訟・最判昭和 60・11・21 民集 39 巻 7 号 1512 頁〕は，以上と異なる趣旨をいうものではない。

在外国民であった X₁ X₂ らも国政選挙において投票をする機会を与えられることを憲法上保障されていたのであり，この権利行使の機会を確保するためには，在外選挙制度を設けるなどの立法措置を執ることが必要不可欠であったにもかかわらず，前記事実関係によれば，昭和 59 年に在外国民の投票を可能にするための法律案が閣議決定されて国会に提出されたものの，同法律案が廃案となった後本件選挙の実施に至るまで 10 年以上の長きにわたって何らの立法措置も執られなかったのであるから，このような著しい不作為は上記の例外的な場合に当たり，このような場合においては，過失の存在を否定することはできない。このような立法不作為の結果，X₁ X₂ らは本件選挙において投票をすることができず，これによる精神的苦痛を被ったものというべきである。したがって，本件においては，上記の違法な立法不作為を理由とする国家賠償請求はこれを認容すべきである。」

上にみたようなこれまでの判例・学説でなされてきた議論との関係で，本判決にはいくつもの重要な判示が含まれている。

その中でもとりわけ重要であるのは，まず，この判決が，そもそも，憲法訴

訟の対象論として，大げさに「立法不作為」を取り上げるという考察方法自体
を否定しているように読める点である。少なくとも，実体的な合憲性の検討お
よび確認訴訟についての検討がなされている部分において，本判決が，立法の
瑕疵が，立法不作為による場合とそれ以外による場合とで区別しているように
は読めない。このように，憲法上の権利の侵害があるのか否かをまず問題にし，
そのことが肯定されれば，それにあわせて救済の方法が検討されるべきだとい
う姿勢は，次の(f)の国籍法違憲判決にもみられるスタンスである。

　次に，立法不作為の違憲確認について，本判決は，主位的請求のいずれをも
退けているが，①については損害賠償による救済が適切ということで別論とし
ても，②については，立法不作為の違憲確認こそ認めないものの，予備的請求
として，選挙権を行使できる地位にあることの確認請求が適法と認められてい
るという点である。この確認請求の認容は，直接的にはいわば，制度に半分フ
タをしていた公職選挙法附則8項が違憲無効であるという論理に依拠している
が，実質的には，立法不作為の違憲確認を認めたことに限りなく接近している。
特に留意すべきであるのは，この確認請求が認容されただけでは，当然には当
事者の救済は完結しないのであって，理屈の上では，「そのような判決に具体
的にどのような意味があるかという課題」を指摘することができる（このよう
な指摘は従来生存権との関係でなされていたものであることには注意する必要がある
が）可能性がある点である。それにもかかわらず，本判決は，このような判断
を主文で行うことに意味があると考えたのである（そして，それに従った法改正
が行われた）。加えて，立ち入った推測が許されるならば，本件訴訟が，本件改
正前の時点で起こされたと仮定した場合，実体判断および確認訴訟に関する本
判決の論理が，公職選挙法附則8項が無効という論理が使えないことを理由に，
具体的な救済を拒絶するとは，少々考えにくい。そもそも在外選挙人名簿も存
在しない状態で，いかなる地位の確認を主文に掲げることになるのか，あるい
はその場合，主位的請求②のような請求を認容することも選択肢になりうるの
ではないか。この点で注目されるのは，下級審の裁判例ではあるが，最高裁判
所裁判官の国民審査の在外投票について，国が，「日本国外に住所を有するこ
とをもって，次回の最高裁判所の裁判官の任命に関する国民審査において，審
査権の行使をさせないことは違法であることを確認する」とした東京高判令和

2・6・25 判時 2460 号 37 頁（上告中）である。この判決は上述の附則 8 項についての論理が用い得ないことを前提に，地位確認は不可能とした上で，違法確認を認めている。

　　国家賠償請求については，「立法の内容又は立法不作為が国民に憲法上保障されている権利を違法に侵害するものであることが明白な場合や，国民に憲法上保障されている権利行使の機会を確保するために所要の立法措置を執ることが必要不可欠であり，それが明白であるにもかかわらず，国会が正当な理由なく長期にわたってこれを怠る場合」に，国会議員の立法行為が国家賠償法上違法と評価されるとされた。最高裁自身は，先例と異なる趣旨をいうものではないとしているが，これは，「一義的文言云々」についての上にみた学説の懸念に実質的には回答したものであろう。ハンセン病国賠熊本訴訟（熊本地判平成 13・5・11 訟月 48 巻 4 号 881 頁。国側控訴せず確定）が「一義的文言云々」を一種の例示と解して，最高裁判例の論理をかいくぐる努力を示していたところであったが，これなどは，本判決（ 判例 8-3 ，クエスト憲法Ⅱ 判例 11-1 ）を先取りするものであったと評価することができる。

　　なお，立法行為の国賠法上の違法性に関しては，その後，前掲再婚禁止期間事件（最大判平成 27・12・16 クエスト憲法Ⅱ 判例 3-1 ）が，「法律の規定が憲法上保障され又は保護されている権利利益を合理的な理由なく制約するものとして憲法の規定に違反するものであることが明白であるにもかかわらず，国会が正当な理由なく長期にわたってその改廃等の立法措置を怠る場合など」との要件を示しており，在外日本国民選挙権訴訟判決との関係が議論になっている（前掲の再婚禁止期間違憲判決の千葉裁判官の補足意見参照）。

　　在外日本国民選挙権訴訟判決以降，「立法不作為」の問題については，確認訴訟による救済が本則と考えられ，損害賠償請求による救済は不要ということになるであろうか。本判決（ 判例 8-3 ，クエスト憲法Ⅱ 判例 11-1 ）の泉裁判官の反対意見は，本件自体についてそのように主張している。しかし，福田裁判官の補足意見にもあるように，本件自身についても，すでに帰国している X₂ らに関しては，1996（平成 8）年選挙についての損害賠償による救済しか考えられないのであって，損害賠償請求を不要と決めつけるのは早計であろうと思われる。ただ，従来，国家賠償請求が，立法不作為の違憲確認訴訟の代替物

として用いられていた場合はたしかにある。本判決と内容的にも時期的にも密接な関係に立つ筋萎縮性側索硬化症患者選挙権訴訟（東京地判平成 14・11・28 判タ 1114 号 93 頁）が，請求を棄却しつつも，理由中で公職選挙法の違憲性に言及し，速やかに改正法の成立に結び付いたのはその例ということができる。このような事例については，今後は，確認訴訟の活用が正当であるということになろう。本判決後に下された，精神的原因による投票困難者の選挙権訴訟（最判平成 18・7・13 判時 1946 号 41 頁）は国家賠償請求しかなされていなかったため，原告の請求を退けているが，泉裁判官の補足意見は確認訴訟であれば救済が可能であったはずであることを強く示唆している。

　なお，本判決（　判例 8-3　，クエスト憲法Ⅱ　判例 11-1　）の違憲判断の基準時は，判決言渡し時，厳密にいうと，判決言渡し後，はじめて総選挙または参議院通常選挙がなされる時となっている点，通常の違法・違憲判断の基準時と異なっているものと思われる点も注記しておきたい。

　(f)　国籍法違憲判決　　前掲在外日本国民選挙権訴訟（　判例 8-3　，クエスト憲法Ⅱ　判例 11-1　）の 3 年後，国籍法違憲判決（最大判平成 20・6・4 民集 62 巻 6 号 1367 頁クエスト憲法Ⅱ　判例 3-3　）は，「父母の婚姻及びその認知により嫡出子たる身分を取得した子で 20 歳未満のもの（日本国民であつた者を除く。）は，認知をした父又は母が子の出生の時に日本国民であつた場合において，その父又は母が現に日本国民であるとき，又はその死亡の時に日本国民であつたときは，法務大臣に届け出ることによつて，日本の国籍を取得することができる」と規定する国籍法 3 条 1 項について違憲との判断を下した。本判決は，同項を，日本国民である父の非嫡出子について，父母の婚姻により嫡出子たる身分を取得した者に限り日本国籍の取得を認めていることによって，同じく日本国民である父から認知された子でありながら父母が法律上の婚姻をしていない非嫡出子は，その余の同項所定の要件を満たしても日本国籍を取得することができないという区別を生じさせていると理解した上で，これを生じさせた立法目的自体に合理的な根拠は認められるものの，立法目的との間における合理的関連性は，わが国の内外における社会的環境の変化等によって失われており，今日において，国籍法 3 条 1 項の規定は，日本国籍の取得につき合理性を欠いた過剰な要件を課するものとなっているとした。

その上で，ここで注目すべきなのは，本判決が，「国籍法3条1項が日本国籍の取得について過剰な要件を課したことにより本件区別が生じたからといって，本件区別による違憲の状態を解消するために同項の規定自体を全部無効として，準正のあった子（以下「準正子」という。）の届出による日本国籍の取得をもすべて否定することは，血統主義を補完するために出生後の国籍取得の制度を設けた同法の趣旨を没却するものであり，立法者の合理的意思として想定し難い」として，「憲法14条1項に基づく平等取扱いの要請と国籍法の採用した基本的な原則である父母両系血統主義とを踏まえれば，日本国民である父と日本国民でない母との間に出生し，父から出生後に認知されたにとどまる子についても，血統主義を基調として出生後における日本国籍の取得を認めた同法3条1項の規定の趣旨・内容を等しく及ぼすほかはない」と判断したことである。すなわち，「このような子についても，父母の婚姻により嫡出子たる身分を取得したことという部分を除いた同項所定の要件が満たされる場合に，届出により日本国籍を取得することが認められるものとすることによって，同項及び同法の合憲的で合理的な解釈が可能となるものということができ，この解釈は，本件区別による不合理な差別的取扱いを受けている者に対して直接的な救済のみちを開くという観点からも，相当性を有するものというべきである」というのである。この判断は，「日本国民たる要件は，法律により創設的・授権的に定められるものである。本件で問題となっている非準正子の届出による国籍取得については立法不存在の状態にあるから，これが違憲状態にあるとして，それを是正するためには，法の解釈・適用により行うことが可能でなければ，国会の立法措置により行うことが憲法の原則である（憲法10条，41条，99条）。また，立法上複数の合理的な選択肢がある場合，そのどれを選択するかは，国会の権限と責任において決められるべきであるが，本件においては，非準正子の届出による国籍取得の要件について，多数意見のような解釈により示された要件以外に『他の立法上の合理的な選択肢の存在の可能性』があるのであるから，その意味においても違憲状態の解消は国会にゆだねるべきであると考える」と説く，甲斐中・堀籠両裁判官の反対意見を押し切ってなされたものであり，前掲在外日本国民選挙権訴訟（〈判例8-3〉，クエスト憲法II〈判例11-1〉）とあわせて，立法不作為の問題として論じられてきた事案につい

ての，最高裁判所の先進的な考え方を鮮明にしたものとして注目される。

(4)　国の私法上の行為

憲法は，国の最高法規（⇒p.18の**1**）であるものの，国の私法上の行為が違憲審査の対象になるかについては肯定説（A説）と否定説（B説）とがありうる。この問題を提起したのは，茨城県百里航空自衛隊基地の建設のための用地の売買契約をめぐる紛争において，国の土地取得行為が違憲無効であると主張された百里基地事件（最判平成元・6・20民集43巻6号385頁）であった。最高裁は，98条1項にいう「国務に関するその他の行為」とは，同条項に列挙された法律，命令，詔勅と同一の性質を有する国の行為，言い換えれば，公権力を行使して法規範を定立する国の行為を意味し，国の行為であっても，私人と対等の立場で行う国の行為は，「国務に関するその他の行為」に該当しないものとし，B説をとった。

たしかに，実定法律制度上，私法上の行為と公権力の行使にあたる行為とが，訴訟手続等の点において，完全に同じ扱いを受けなければならないとまでいうことはできない。しかし，そのことは，国家が脱法行為的に私法上の行為という形式を利用することを，無限定に認めることを意味しないはずである。A説を前提とした上で，私法上の行為の特質に応じた配慮を検討するというのが，正当な途であると考えられる。

(5)　司法権の限界

司法権の限界に属する事項については，憲法訴訟の対象から除かれることになるが，この点については，統治行為論を含めて，すでに述べた（⇒p.273の**4**）。

第3節　憲法判断の方法とその効果

1　憲法判断の回避

付随的違憲審査制の下にあっては，憲法判断をせずに事件を処理できる場合には，憲法判断を回避すべきであるということが，その帰結とされる。p.324

の**2**ですでにみた，ブランダイス判事の 7 準則の，特に，その第 4 準則，「憲法問題が記録によって適切に提出されているとしても，その事件を処理することのできる他の理由がある場合には憲法問題について判断しない」と，第 7 準則「法律の合憲性について重大な疑いが提起されたとしても，その問題を回避できるような法律解釈が可能であるか否かをまず確認すべきである」が，憲法判断回避との関係でわが国でもよく論じられる。このうち，本来の，狭義の憲法判断回避の準則というべきものは，第 4 準則である。第 7 準則は，さらに，「法律の違憲判断の回避」（純粋の合憲解釈）と「法律の合憲性に対する疑いの回避」という二種類のものを含み，後者が第 4 準則に接近するともされるが，そこでは憲法判断が完全に回避されるわけではないからである。なお，政治的問題の法理・統治行為論も広い意味での憲法判断回避として論じられることがある（戸松秀典『憲法訴訟〔第 2 版〕』〔有斐閣，2008 年〕224 頁以下）が，統治行為論では，たしかに当該論点について裁判所の審査権の外として判断しないことになるものの，問題の国家行為は有効なものとして事件は処理されるので，ここでの問題とは異なるところがあろう。

　具体的事件・争訟の解決に必要な限りにおいて憲法問題を提起することが許され，そのことを前提として裁判所の憲法判断がなされることになる付随的違憲審査制の下において，憲法判断回避の準則の根拠は，「司法権の行使であることに伴う憲法上の限界認識とともに，自己のアイデンティティ保持にかかわる分別的配慮」（樋口陽一ほか『注解法律学全集 4　憲法Ⅳ』〔青林書院，2004 年〕133 頁〔佐藤幸治〕）に求められる。分別的配慮とは，「憲法判断は経験的素材に基づき十分熟慮されたものであることが望ましいこと」，「民主主義体制下にあっては，違憲審査権はできるだけ自己抑制的に行使されるべきであること」（佐藤 677 頁）などをいうのであろう。

　わが国で，憲法判断回避についての議論がなされる契機となったのは，自衛隊の通信線を切断した被告人が，「その他の防衛の用に供する物」を損壊したとして自衛隊法 121 条違反に問われた恵庭事件（札幌地判昭和 42・3・29 下刑集 9 巻 3 号 359 頁）である。裁判所は，自衛隊の実態に関心を示したが，結局，構成要件該当性を否定し，憲法判断は不要かつすべきものでもないとして，無罪判決を下した。

その後，逆に，憲法判断を示したことが，議論を呼んだ事件として，網羅的ではないが，①自衛隊について違憲判断を行った長沼訴訟（札幌地判昭和48・9・7訟月19巻9号1頁〔上告審たる最判昭和57・9・9民集36巻9号1679頁は，訴えの利益なしとして第一審判決を取り消した第二審判決に対する上告を棄却〕），②靖国神社への首相等の公式参拝および県の玉串料支出を違憲としつつ，過失等を否定して請求（住民訴訟）を棄却した岩手県議会靖国神社公式参拝議決・玉串料訴訟（仙台高判平成3・1・10行集42巻1号1頁〔上告審たる最決平成3・9・24宗務時報89号96頁は県側の上告を却下〕），③小泉首相の靖国参拝を違憲としつつ権利侵害を否定して国家賠償請求を棄却した首相靖国参拝違憲国賠訴訟（福岡地判平成16・4・7訟月51巻2号412頁〔原告控訴せず確定〕），④イラクでの航空自衛隊の空輸活動は，イラク復興支援特別措置法2条2項・3項に違反し，かつ，憲法9条1項に違反するとしつつ，平和的生存権侵害なしとして，違憲確認の訴えおよび派遣差止めの訴えを却下し，国賠請求を棄却した自衛隊イラク派遣違憲訴訟（名古屋高判平成20・4・17判時2056号74頁〔原告上告せず確定〕）等の下級審の「違憲」判決の他，⑤訴訟終了（原告死亡）としつつ，「（なお，念のために……）」として合憲判断を行った朝日訴訟（最大判昭和42・5・24民集21巻5号1043頁），⑥原告の法的利益の侵害を否定しつつ，合憲判断をした自衛官合祀訴訟（最大判昭和63・6・1民集42巻5号277頁）等の最高裁の「合憲」判決がある。⑦夫婦同氏制が違憲だと争われた夫婦別氏事件（最大判平成27・12・16民集69巻8号2586頁クエスト憲法Ⅱ 判例 3-4 ）についても，大法廷は合憲と判断したが，憲法適合性についての見解の対立が激しく，また，国籍法や民法相続編による非嫡出子の取扱いについての最高裁判所自身の見解の変遷にも顕れているように，時とともに多数派の見解が遷ろう可能性のある領域であり，立法行為についての国賠訴訟であったことから，違憲性が明白でないとのみ述べれば済んだのではないかとの評価のありうるところである（なお，その後，最大決令和3・6・23判タ1488号94頁が再度の合憲判断を示しているが，こちらについては国賠ではない）。⑧再婚禁止期間の一部を違憲とし，一部を合憲とした再婚禁止期間事件（最大判平成27・12・16民集69巻8号2427頁クエスト憲法Ⅱ 判例 3-1 ）についても，この点は同様である。ただし，再婚禁止については，その他の訴訟では争いにくい面があり，国賠訴訟での判断にやむをえないところがあると

いえるかもしれない。

前掲恵庭事件判決（札幌地判昭和 42・3・29）に否定的な見解として，無罪判決の場合を含め，法律を事件に適用するには，その合憲性判断が論理的に先行すると説くものがある（有倉遼吉「恵庭判決」法学セミナー 135 号 14 頁）が，一種の観念論であろう。そうだとすると，上にみた裁判例のすべてについて，「その事件を処理することのできる憲法問題以外の理由がある」ことになり，付随的違憲審査制を前提とすれば，憲法判断は回避されるべきだったことになる。このような理解は，基本的には妥当なものであり，特に，判決の理由中結論を直接根拠づけている部分（ratio decidendi）について判例の拘束力を法的なものと解し，先例拘束性を憲法法理とする理解（佐藤 43 頁）と整合的である。

ただ，学説では，付随的違憲審査を前提としつつも，「違憲審査制の憲法保障機能」を強調して，憲法判断回避の準則を絶対的なルールとすることを批判し，「事件の重大性や違憲状態の程度，その及ぼす影響の範囲，事件で問題にされている権利の性質等」を総合的に考慮すべきことを求める立場（芦部 393 頁）が支配的である。比較的慎重な論者も，「国民の重要な基本的人権にかかわり，類似の事件が多発するおそれがあり，しかも憲法上の争点が明確であるというような事情が存する場合」（佐藤 701 頁）には，憲法判断を是認する。

なお，このような従来の理解に対しては，憲法上の限界という意味での「法理」の問題と，「分別」の問題の境界が明らかでなく，「法理」としての検討の必要も指摘されているが，「法理」の貫徹には困難が伴うであろう。

2 合憲限定解釈

(1)　総　　説

付随的違憲審査制の下では，法律の解釈として複数の解釈が可能な場合に，憲法に適合する解釈がとられなければならないという準則が帰結される。これが合憲限定解釈で，ブランダイス判事の 7 準則の第 7 準則に相当する。ただし，これは憲法判断ではなく，違憲判断の回避に関する準則である。

(2)　具体的適用とその意義と限界

合憲限定解釈の手法がそれ以前から用いられていなかったわけではないが

（例えば金銭債務臨時調停法7条に関する金銭債務臨時調停法事件・最大決昭和35・7・6民集14巻9号1657頁〈 判例 7-4 〉）, わが国で合憲限定解釈が大きな論争を呼んだのは, 公務員の労働基本権をめぐる紛争においてであった。当時の公共企業体等労働関係法（昭和23年法律第257号。現在の行政執行法人の労働関係に関する法律）17条1項によって禁止されている争議行為が, 郵便法79条1項前段の郵便不取扱い罪の責任を問われるかが問題になった事案である全逓東京中郵事件（最大判昭和41・10・26刑集20巻8号901頁）は, 労働組合法1条2項の刑事免責規定の適用を否定した先例を変更し, 争議行為が労働組合法1条1項の目的のためであり, 暴力の行使その他の不当性を伴わないときは, 正当な争議行為として刑事制裁を科せられないとした。さらに, 地方公務員の争議行為のあおり行為の刑事処罰が問題になった都教組事件（最大判昭和44・4・2刑集23巻5号305頁）は,「法律の規定は, 可能なかぎり, 憲法の精神にそくし, これと調和しうるよう, 合理的に解釈されるべきものであつて, この見地からすれば, これらの規定の表現にのみ拘泥して, 直ちに違憲と断定する見解は採ることができない」として, あおり行為の処罰は,「争議行為自体が違法性の強いものであることを前提とし, そのような違法な争議行為等のあおり行為等であつてはじめて」, しかも,「争議行為に通常随伴して行なわれる行為」にとどまらないあおり行為についてのみ許されるとするいわゆる二重のしぼり論を展開した。

　しかし, このような合憲限定解釈に対しては, 犯罪構成要件の保障機能を失わせることとなり, 31条違反の疑いすらあるとの批判があり, 全農林警職法事件（最大判昭和48・4・25刑集27巻4号547頁クエスト憲法II〈 判例 10-3 〉）はこの批判をいれ, 判例を変更し, 争議行為のあおり行為の全面処罰を肯定した。

　たしかに, 合憲限定解釈の手法には, 法律の予見機能を失わせる危険性があり, 法律の書き直しとなるような合憲限定解釈は, 司法権の権限を超え, 国会の立法権を侵すものとして許されないといわなければならない。

　このことは, 特に萎縮的効果が問題となる領域では強調されなければならない。最高裁は, 正当にも,「憲法の保障する基本的人権の中でも特に重要視されるべきものであつて, 法律をもつて表現の自由を規制するについては, 基準の広汎, 不明確の故に当該規制が本来憲法上許容されるべき表現にまで及ぼさ

れて表現の自由が不当に制限されるという結果を招くことがないように配慮する必要があり，事前規制的なものについては特に然りというべきである」と述べ，「表現の自由を規制する法律の規定について限定解釈をすることが許されるのは，その解釈により，規制の対象となるものとそうでないものとが明確に区別され，かつ，合憲的に規制し得るもののみが規制の対象となることが明らかにされる場合でなければならず，また，一般国民の理解において，具体的場合に当該表現物が規制の対象となるかどうかの判断を可能ならしめるような基準をその規定から読みとることができるものでなければならない」と判示し，「けだし，かかる制約を付さないとすれば，規制の基準が不明確であるかあるいは広汎に失するため，表現の自由が不当に制限されることとなるばかりでなく，国民がその規定の適用を恐れて本来自由に行い得る表現行為までも差し控えるという効果を生むこととなるからである」と指摘している（札幌税関事件・最大判昭和59・12・12民集38巻12号1308頁）。

　ただ，問題は，同判決では，輸入禁制品である関税定率法（当時）21条1項3号にいう「風俗を害すべき書籍，図画」というときの「風俗」は専ら性的風俗のことであるという合憲限定解釈が可能であるとされている点である（伊藤・谷口・安岡・島谷裁判官の反対意見がある）。また，次にみる広島市暴走族追放条例事件 ＜ 判例 8-4 ＞ についても，同様の問題があろう。

＜ 判例 8-4 ＞ **最判平成19・9・18刑集61巻6号601頁**
〈広島市暴走族追放条例事件〉

【事案】 広島市暴走族追放条例（平成14年広島市条例第39号）16条1項は，「何人も，次に掲げる行為をしてはならない」と定め，その1号として「公共の場所において，当該場所の所有者又は管理者の承諾又は許可を得ないで，公衆に不安又は恐怖を覚えさせるような集又は集会を行うこと」を掲げる。そして，本条例17条は，「前条第1項第1号の行為が，本市の管理する公共の場所において，特異な服装をし，顔面の全部若しくは一部を覆い隠し，円陣を組み，又は旗を立てる等威勢を示すことにより行われたときは，市長は，当該行為者に対し，当該行為の中止又は当該場所からの退去を命ずることができる」とし，本条例19条は，この「市長の命令に違反した者は，6月以下の懲役又は10万円以下の罰金に処する」ものと規定している。なお，本条例2条7号は，暴走族につき，「暴走行為をすることを目的として結成された集団又は公

共の場所において，公衆に不安若しくは恐怖を覚えさせるような特異な服装若しくは集団名を表示した服装で，い集，集会若しくは示威行為を行う集団をいう」と定義している。

　Xは，観音連合などの暴走族構成員約40名と共謀の上，2002（平成14）年11月23日午後10時31分頃から，広島市が管理する公共の場所である広島市中区所在の「広島市西新天地公共広場」において，広島市長の許可を得ないで，所属する暴走族のグループ名を刺しゅうした「特攻服」と呼ばれる服を着用し，顔面の全部もしくは一部を覆い隠し，円陣を組み，旗を立てる等威勢を示して，公衆に不安または恐怖を覚えさせるような集会を行い，同日午後10時35分頃，同所において，本条例による広島市長の権限を代行する広島市職員から，上記集会を中止して上記広場から退去するよう命令を受けたが，これに従わず，引き続き同所において，同日午後10時41分頃まで本件集会を継続し，もって，上記命令に違反したとして，起訴された。第一審，第二審とも，Xを有罪としたので，Xが上告。

【判旨】上告棄却。「なるほど，本条例は，暴走族の定義において社会通念上の暴走族以外の集団が含まれる文言となっていること，禁止行為の対象及び市長の中止・退去命令の対象も社会通念上の暴走族以外の者の行為にも及ぶ文言となっていることなど，規定の仕方が適切ではなく，本条例がその文言どおりに適用されることになると，規制の対象が広範囲に及び，憲法21条1項及び31条との関係で問題があることは所論のとおりである。しかし，本条例19条が処罰の対象としているのは，同17条の市長の中止・退去命令に違反する行為に限られる。そして，本条例の目的規定である1条は，『暴走行為，い集，集会及び祭礼等における示威行為が，市民生活や少年の健全育成に多大な影響を及ぼしているのみならず，国際平和文化都市の印象を著しく傷つけている』存在としての『暴走族』を本条例が規定する諸対策の対象として想定するものと解され，本条例5条，6条も，少年が加入する対象としての『暴走族』を想定しているほか，本条例には，暴走行為自体の抑止を眼目としている規定も数多く含まれている。また，本条例の委任規則である本条例施行規則3条は，『暴走，騒音，暴走族名等暴走族であることを強調するような文言等を刺しゅう，印刷等をされた服装等』の着用者の存在（1号），『暴走族名等暴走族であることを強調するような文言等を刺しゅう，印刷等をされた旗等』の存在（4号），『暴走族であることを強調するような大声の掛合い等』（5号）を本条例17条の中止命令等を発する際の判断基準として挙げている。このような本条例の全体から読み取ることができる趣旨，さらには本条例施行規則の規定等を総合すれば，本条例が規制の対象としている『暴走族』は，本条例2条7号の定義に

もかかわらず，暴走行為を目的として結成された集団である本来的な意味における暴走族の外には，服装，旗，言動などにおいてこのような暴走族に類似し社会通念上これと同視することができる集団に限られるものと解され，したがって，市長において本条例による中止・退去命令を発し得る対象も，被告人に適用されている『集会』との関係では，本来的な意味における暴走族及び上記のようなその類似集団による集会が，本条例16条1項1号，17条所定の場所及び態様で行われている場合に限定されると解される。

そして，このように限定的に解釈すれば，本条例16条1項1号，17条，19条の規定による規制は，広島市内の公共の場所における暴走族による集会等が公衆の平穏を害してきたこと，規制に係る集会であっても，これを行うことを直ちに犯罪として処罰するのではなく，市長による中止命令等の対象とするにとどめ，この命令に違反した場合に初めて処罰すべきものとするという事後的かつ段階的規制によっていること等にかんがみると，その弊害を防止しようとする規制目的の正当性，弊害防止手段としての合理性，この規制により得られる利益と失われる利益との均衡の観点に照らし，いまだ憲法21条1項，31条に違反するとまではいえないことは」，猿払事件（最大判昭和49・11・6刑集28巻9号393頁クエスト憲法Ⅱ〈 判例 1-4 〉），成田新法事件（最大判平成4・7・1民集46巻5号437頁クエスト憲法Ⅱ〈 判例 9-1 〉）の趣旨に徴して明らかである。

この判決については，前掲札幌税関事件を先例として引きつつ，「通常人の読み方からすれば，ある条例において規制対象たる『暴走族』の語につき定義規定が置かれている以上，条文の解釈上，『暴走族』の意味はその定義の字義通りに理解されるのが至極当然というべきであり（そうでなければ，およそ法文上言葉の『定義』をすることの意味が失われる）」，「法文の規定そのものから多数意見のような解釈を導くことには，少なくとも相当の無理がある」と論じる藤田裁判官の反対意見が付されている。多数意見の限定解釈の方法は，条例の下位法令である施行規則の内容を根拠にするなど，恣意的であり，反対意見の立場をもって正当とみるべきであろう。また，多数意見は，前掲札幌税関事件や徳島市公安条例事件（最大判昭和50・9・10刑集29巻8号489頁〈 判例 9-1 〉）を明示的に先例として引用せず，前掲猿払事件（クエスト憲法Ⅱ〈 判例 1-4 〉）と前掲成田新法事件（クエスト憲法Ⅱ〈 判例 9-1 〉）のみを先例として引用しており，限定解釈ができると主張するのみで，なぜその限定解釈が

許されるのかについての論証を行っていない。

　前掲札幌税関事件にみられたのと同様の条件は，刑罰法規についての合憲限定解釈についても求められるところ（徳島市公安条例事件〈 判例 9-1 〉）であるが，判例は，ここでも，青少年保護育成条例が処罰する「淫行」について，「広く青少年に対する性行為一般をいうものと解すべきではなく，青少年を誘惑し，威迫し，欺罔し又は困惑させる等その心身の未成熟に乗じた不当な手段により行う性交又は性交類似行為のほか，青少年を単に自己の性的欲望を満足させるための対象として扱つているとしか認められないような性交又は性交類似行為をいうもの」とする合憲限定解釈を行う（最大判昭和 60・10・23 刑集 39巻 6 号 413 頁）。この判決には伊藤裁判官の反対意見がある。

　以上のような問題があり，また，合憲限定解釈は違憲判断の回避としての側面をもつものであるが，前掲全農林警職法事件（クエスト憲法Ⅱ〈 判例 10-3 〉）のような全面的な否定的な態度（しかも他の分野では大胆な合憲限定解釈を許容するという非法原理的な態度）が正当なものであるかについては疑念がある。労働基本権の保障をどう解するかによって立場は異なりうるが，その実質的保護を課題として引き受けつつ，しかし労働基本権についての規制が全くなくなる状態が一時的にせよ生ずることを回避したいということであれば，「合憲限定解釈は合理的な選択肢であった」との指摘（佐藤 705 頁）があるところである。さらにいえば，合憲限定解釈が不可能であるというべきだとしても（刑事処罰が問題となっているので，後にみる法令の意味上の一部違憲の手法もやはり難しいと考えるとしても）当然に法令違憲となると考える必要は必ずしもなく，この場合の適用違憲による解決も，必ずしも「妥協的」（佐藤〔青林〕369 頁）とみる必要はないのかもしれない。

　なお，堀越事件判決（最判平成 24・12・7 刑集 66 巻 12 号 1337 頁）が示した，政治的行為の解釈について，合憲限定解釈か否かが議論となっている（同判決の千葉裁判官の補足意見参照）が，これはやや特殊な背景のある事件についての議論で，一般化が可能か否かについては，慎重な検討が必要であろう。

3　違憲審査の方法と法令違憲・適用違憲 ─────────

(1)　総　　説

　違憲判断の示し方として，法令違憲は，法令の規定それ自体を違憲とするものであり，適用違憲は，法令の規定が当該事件に適用される限りにおいて違憲とする処理の仕方のことである。違憲審査のやり方としては，通常，「適用審査」と「文面審査」とがあるといわれる。「文面審査」は，当該事件の事実とかかわりなく法令の文面上の憲法適合性を審査する方法である。「文面審査」を，さらに，立法事実を問題にしない狭義の文面審査と，立法事実を問題にする広義の文面審査に分けて考える（広義の文面審査も文面審査の一類型として考える）のが，近時の多数説と思われる。「適用審査」は，法令の適用関係に即して個々的に審査する方法であり，違憲審査の範囲は，当該事件に係る司法事実から抽出される事実類型（適用事実類型）に限定される。

　付随的違憲審査制の下での伝統的・本来的手法は，適用審査─適用違憲という組み合わせのはずである。「文面審査」は，アメリカにおいて，典型的には，表現の自由の優越的地位の理論などと結び付いて，法令の漠然不明確性や過度の広汎性との関連で妥当してきた新しく攻撃的な手法（狭義の文面審査）であるし，適用違憲での処理が可能であるのに法令違憲に踏み込むことは，通常は，事件の解決のために必要な憲法判断とはならないはずだからである。

　ただ，短いながらもすでに 70 年を超えようとするわが国での違憲審査の歴史を振り返るとき，上のような整理では具合が悪い。というのは，まず，審査のやり方として，アメリカ流の文面審査が採用されることはほとんどないものの，純粋の適用審査とみるべき事例がほとんどみられないのである。特に最高裁判所の審査については，具体的な事件・争訟の提起を契機とはしつつも，法令そのものの「客観的審査」ないし「一般的審査」とでも呼ぶべきものが行われている（広義の文面審査）。そして当然ながら，適用違憲との判断方法がとられることはほとんどなく，すでにみたように，合憲限定解釈が不可能であれば，法令違憲か法令合憲か，という発想がとられるのである。

　しかし，このような傾向に対しては，一貫して有力な異論がみられるところであって，特に近時，違憲審査制の活性化をめぐって，適用審査が本則である

ということを，もう一度見直してみるべきだとの主張がなされていることは注目されるべきである。

　なお，適用審査は，法令違憲にも結び付きうるし，文面審査が，当然法令違憲を帰結することはいうまでもない。

(2)　適用違憲の手法の具体的適用とその限界

　適用違憲については類型化して検討を行うのが一般的である。以下では最近の有力な見解を参考に説明する。

　適用違憲は，法令違憲とは異なるが，法令に瑕疵があるとの判断を含むものである。法令に瑕疵がある場合，これを合憲と解釈できないかがまず探られるのが一般であろう。

　このような合憲限定解釈が，行われるべきであるのに，行われなかったという場合にその適用を違憲とする。これをまず第 1 のタイプ（合憲限定解釈可能型適用違憲）の適用違憲として捉えることができる。全逓プラカード事件（東京地判昭和 46・11・1 行集 22 巻 11 = 12 号 1755 頁）が，この型に属する。

　では，合憲限定解釈が不可能な場合はどうなるか。そのような法令は違憲であるというべき場合もあるが，常にそうとは限らない。違憲の瑕疵をもち，合憲限定解釈が不可能な法令の適用が，そのような類型の事実（「適用事実類型」）に対する限りで違憲とされる場合がある。これが第 2 のタイプ（合憲限定解釈不可能型適用違憲）である。このタイプは法令の意味上の一部違憲と近似するが，法令の意味上の一部違憲が，法令の合憲な部分と違憲な部分を明示するのに対し，合憲限定解釈不可能型適用違憲では，適用事実類型に対する法令の適用が違憲とされるのみで，それ以外の類型への適用についての憲法判断は示されない。

　このタイプに該当するのは，公務員の政治的行為の制限に関する猿払事件（クエスト憲法 II　判例 1-4 ）第一審判決（旭川地判昭和 43・3・25 下刑集 10 巻 3 号 293 頁）である。この事件は，表現の自由に関するものであるから，合憲限定解釈が不可能なのであれば，端的に法令違憲の判断が示されるべきだと指摘することはでき，それはそれでたしかに正当な指摘であるが，法令違憲判決のインパクトが大きすぎて，適用違憲の手法が許されないのであれば，裁判所として違憲判断自体を回避せざるをえなくなるような場合について，付随的違憲

審査制の下で本来的な適用違憲の手法をとることを批判するのは，やや筋違いというべき側面があることに留意すべきであろう。

　すでにみた，前掲全農林警職法事件（クエスト憲法Ⅱ　判例 10-3 ）についても，仮に事案が政治ストに関連するものでなかったならば，適用違憲での処理もありえたところである（同事件の田中・大隅・関根・小川・坂本裁判官の意見参照）。また，大分県屋外広告物条例事件（最判昭和 62・3・3刑集 41 巻 2 号 15 頁）の伊藤正己裁判官の補足意見が，「美観風致の侵害の程度と掲出された広告物にあらわれた表現のもつ価値とを比較衡量した結果，表現の価値の有する利益が美観風致の維持の利益に優越すると判断されるときに，本条例の定める刑事罰を科することは，適用において違憲となる」としているのも，この類型に当たる。

　なお，前掲猿払事件最高裁判決は，第一審判決の立場を，「ひっきょう法令の一部を違憲にするにひとし」いと一蹴し，合憲との判断を下している。これについては，法令違憲でない以上，問題となっている法令は適用されうるあらゆる場面において合憲であるという強すぎる判断を含んでいる点で論理的に誤っているとの指摘があるところである（長谷部 450 頁）。

　以上のものとは別に，従前，あるいは今日でも，法令そのものは合憲であるが，その解釈適用の仕方が憲法に違反する場合に，解釈適用行為を違憲とするものが，適用違憲の類型として掲げられる場合がある（「通常型適用違憲」と呼ばれたりする）。ただ，この類型は，法令が違憲の瑕疵をもつという非難を含まないものであるので，本書では処分違憲として後述する。

　さらに位置づけが微妙であるのは，法令そのものは合憲であるが，法令を実施するにあたって憲法上要請される手続を尽くさないために，実施上の行為が違憲とされるタイプである。法令違憲判決とみる異論があるが，第三者所有物没収事件　判例 8-2 　は，このタイプのものとみることもできよう。従来の区分では第 3 のタイプの通常型の適用違憲，本書のここでの区分では処分違憲ということになる。最高裁判所も，裁判事務処理規則上，法令違憲判決としての扱いをしなかったとのことである。ただし，第三者との関係での手続的な瑕疵の是正は，立法によって図られるべき性質のものであることは否定しがたい。

(3)　法令違憲の手法の具体的適用と法令の一部違憲

　最高裁判所で現に妥当している法律が違憲とされた例として，次のものがある。すなわち，①刑法200条を違憲とした尊属殺人事件（最大判昭和48・4・4刑集27巻3号265頁クエスト憲法Ⅱ　判例 3-2 ），②薬事法6条2項・4項を違憲とした薬事法判決（最大判昭和50・4・30民集29巻4号572頁クエスト憲法Ⅱ　判例 8-2 ），③公職選挙法別表第一（1975〔昭和50〕年改正前）を違憲とした議員定数不均衡訴訟〔昭和51年判決〕（最大判昭和51・4・14民集30巻3号223頁），④公職選挙法別表第一（昭和50年改正後）を違憲とした議員定数不均衡訴訟〔昭和60年判決〕（最大判昭和60・7・17民集39巻5号1100頁），⑤森林法186条を違憲とした森林法判決（最大判昭和62・4・22民集41巻3号408頁クエスト憲法Ⅱ　判例 8-3 ），⑥郵便法68条・73条の規定のうち，特別送達郵便物について，郵便業務従事者の故意または過失による不法行為に基づき損害が生じた場合に，国の損害賠償責任を免除し，または制限している部分は違憲無効であるとした郵便法違憲判決（最大判平成14・9・11民集56巻7号1439頁クエスト憲法Ⅱ　判例 12-1 ），⑦公職選挙法附則8項の規定のうち，在外選挙制度の対象となる選挙を当分の間両議院の比例代表選出議員の選挙に限定する部分を違憲とした在外日本国民選挙権訴訟（最大判平成17・9・14民集59巻7号2087頁　判例 8-3 ，クエスト憲法Ⅱ　判例 11-1 ），⑧国籍法3条1項の規定が，日本国民である父の非嫡出子について，父母の婚姻により嫡出子たる身分を取得した者に限り日本国籍の取得を認めていることによって，同じく日本国民である父から認知された子でありながら父母が法律上の婚姻をしていない非嫡出子は，その余の同項所定の要件を満たしても日本国籍を取得することができないという区別を生じさせていることを違憲とした国籍法違憲判決（最大判平成20・6・4民集62巻6号1367頁クエスト憲法Ⅱ　判例 3-3 ），⑨民法900条4号ただし書の規定のうち嫡出でない子の相続分を嫡出子の相続分の2分の1とする部分を，遅くとも平成13年7月当時において，憲法14条1項に違反していたものとした非嫡出子相続分違憲決定（最大決平成25・9・4民集67巻6号1320頁），⑩女性について6か月の再婚禁止期間を定める民法733条1項の規定のうち100日超過部分が，平成20年当時において，憲法14条1項に違反するとともに，憲法24条2項にも違反するに至っていた再婚禁止期間事件（最大判平成27・12・16

民集 69 巻 8 号 2427 頁クエスト憲法Ⅱ〈 **判例 3-1** 〉）の 10 判決である。

　これらはいずれも法令・法典を全体として違憲としたものではなく，その意味ではすべて法令の一部違憲判決という言い方も可能であるのかもしれないが，①～⑤の判決が，法令のうち，明らかに他の規定とは独立している規定を違憲と判断したのに対し，⑥～⑩の判決は，1 つの条文の文言上ないし意味上の一部分を違憲無効としており，その意味で法令の本来的な一部違憲判決であるということができる。

　このうち⑥の判決は，法令の文言上は区別することのできない法令の意味の一部を取り出してきて違憲と判断しており，法令の意味上の一部違憲と捉えることができ，そのようなものとしてはじめての判例であるということができる。これについては，最高裁の「客観審査」「一般的審査」傾向が適用違憲ではなく法令違憲判断を志向させたという事情と，合憲限定解釈を行うのは不可能な事案であったことが指摘できよう。

　⑦判決については，改正後の公職選挙法附則 8 項に，読み替えで在外投票に適用される条項につき「……『衆議院議員又は参議院議員の選挙』とあるのは『衆議院（比例代表選出）議員又は参議院（比例代表選出）議員の選挙』と……する」等の文言があり，この部分だけを違憲としたものであって，もしこの部分が単独の条文として規定されていたのであれば，これを違憲無効としたことは①～⑤の判決と同じだと思われるかもしれない。しかし，⑦判決では，この部分が違憲無効とされることによって，本文上の在外選挙人名簿の効力が働いて，これに基づいて選挙権を行使できる地位にあることを確認する結論が導出されているのであって，やはり従来の判決の場合とは異なる問題が含まれているとみるべきである。

　⑧判決については，この点はさらに顕著であって，上の違憲判断を前提に，父母の婚姻により嫡出子たる身分を取得したことという部分を除いた同項所定の要件が満たされる場合に，届出により日本国籍を取得することが認められるとして，国籍を確認する救済が与えられている。

　⑨判決については，当該規定の文言上の一部を切り取って無効にしたものということができるが，⑩判決については，文言上の一部を切り取ったものとは言えず，意味上の一部違憲とみるべきであろう。

　これらの判断は，基本的に妥当なものと受け止められているが，特に，⑥〜⑧については，にわかに走り出した最高裁判例に，学説がやや後追いの状態におかれているところがあり，これらの判断の射程が他の事例にどのように及びうるかについての検討は，今後の課題として残されているといえよう。

⑷　法令以外に関する違憲判決

　以上にみたのは，法令の法令としての違憲判決，あるいは法令が適用される限りでの違憲判決という意味でいずれも法令の違憲性が問題になるものであったが，81 条が想定する違憲判決はこれに尽きるものではなく，法令の適用としてなされるわけではない個別の行為が違憲とされることもある。県知事の玉串料等の支出が違憲とされた愛媛玉串料訴訟（最大判平成 9・4・2 民集 51 巻 4 号 1673 頁クエスト憲法Ⅱ　判例 5-3 ），市が町内会に対し市有地を無償で神社施設の敷地としての利用に借している行為が違憲とされた空知太神社訴訟（最大判平成 22・1・20 民集 64 巻 1 号 1 頁クエスト憲法Ⅱ　判例 5-4 ），市長が都市公園内の国公有地上に孔子等を祀った施設を所有する一般社団法人に対して同施設の敷地の使用料を全額免除した行為が憲法 20 条 3 項に違反するとされた那覇市孔子廟訴訟・最大判令和 3・2・24 民集 75 巻 2 号 29 頁はその例である。これらは処分違憲判決と呼ばれる（法令の適用行為以外についての処分違憲）。

　処分違憲判決を，法令の憲法上の瑕疵を問題にしない違憲判断と捉えると，以上に加えて，法令の適用行為を問題にしているが，法令の憲法上の瑕疵を問題にしない処分違憲というものがあることになる（法令の適用行為についての処分違憲）。このタイプは，上述のとおり，従前は，適用違憲と位置づけられることもあった。第二次家永教科書訴訟（東京地判昭和 45・7・17 行集 21 巻 7 号別冊 1 頁）が，学校教育法上の検定制度が思想内容にわたってはならないものとされているとしか解釈できないとしているとすれば，このタイプの判断ということになる。本来，違法なのであるから，憲法判断回避の準則からいえば，違憲との非難は行われるべきでないともいえるが，例外的に判断が正当化される場合はありえよう。

　なお，さらにここで，法令の適用行為についての処分違憲のサブカテゴリーとして，近時議論が深められ，また，実際上も重要性を有するものとして，処

分権者の裁量が問題になる事例を挙げておこう。

　その典型は，エホバの証人剣道不受講事件（最判平成 8・3・8 民集 50 巻 3 号 469 頁クエスト憲法 II 〈 **判例 5-1** 〉）である。そこでは，比較的解釈の余地の広い要件を定める法令をあてはめて処分を行うことが予定されていて，処分権者の裁量が認められるような事例において，裁量の逸脱があったとして違法判断が示されるのである。ただ，そこでは，たしかに，当該法令が違憲となることは考えられないが，憲法上の権利が制約されていることが，裁量統制のありように影響し，違法との判断に至っている。その意味で，憲法判断が示されたとは必ずしも受け止められていない場合があるが，そこでは憲法と無関係に判断が下されている訳ではない。起立斉唱を求めること自体が合憲（最判平成 23・5・30 民集 65 巻 4 号 1780 頁クエスト憲法 II 〈 **判例 4-2** 〉【1】など）とされたあとの国旗国歌訴訟で，懲戒処分が取り消される例（最判平成 24・1・16 判時 2147 号 127 頁および 139 頁，最決平成 28・5・31 LEX/DB25543369・Westlaw Japan：2016WJPCA 05316009）もこの類型に属するものといえよう。

4　違憲審査の基準と方法

(1)　審査基準論

(a)　総　説　　法令の合憲性が問題になる場合，裁判所はそれをどのような審査によって判断するべきか。

　この点について，わが国の判例は，当初，あまり自覚的であったとは思われない。これに対して，学説は，主としてアメリカの判例を参照して，審査基準論を展開し，精神的自由についての審査は，経済的自由についての審査より厳しく行われるべきであるとする，いわゆる二重の基準論を採用すべきことを主張してきた。

　その後，判例は，大枠として二重の基準論の発想を受け入れるに至っている（小売市場事件・最大判昭和 47・11・22 刑集 26 巻 9 号 586 頁クエスト憲法 II 〈 **判例 8-1** 〉，北方ジャーナル事件・最大判昭和 61・6・11 民集 40 巻 4 号 872 頁クエスト憲法 II 〈 **判例 7-1** 〉）。ただ，精神的自由・表現の自由について学説が主張しているような厳格な審査を行っているかというと，必ずしもそうではない（煽動罪事件・最大判昭和 24・5・18 刑集 3 巻 6 号 839 頁）し，学説が主張している審

査基準論が，比較的判例と整合している部分（前掲小売市場事件クエスト憲法Ⅱ
〈 判例 8-1 〉，前掲薬事法判決クエスト憲法Ⅱ〈 判例 8-2 〉）もあるが，全面的に判
例に採用されているというわけでもない（寡婦（夫）控除事件・最判平成7・12・
15税務訴訟資料214号765頁）。ただ，最高裁判所の個別意見の中には，学説の
枠組みに依拠して論ずるものがある程度現れている（非嫡出子相続分違憲訴訟・
最大決平成7・7・5民集49巻7号1789頁中島・大野・高橋・尾崎・遠藤裁判官の反対
意見，東京都管理職試験受験拒否訴訟・最大判平成17・1・26民集59巻1号128頁ク
エスト憲法Ⅱ〈 判例 1-2 〉の泉裁判官反対意見，前掲国籍法違憲判決（クエスト憲法Ⅱ
〈 判例 3-3 〉）の泉裁判官補足意見）し，最近の重要判決の中に，かなり厳格な審
査基準を提示するものも現れてきている（在外日本国民選挙権訴訟〈 判例 8-3 〉，
クエスト憲法Ⅱ〈 判例 11-1 〉）。なお，近時の学説の議論の中には，審査基準論よ
りも，ドイツ的な比例原則こそが判例に内在する判断基準だという理解も現れ
てきているが，判例内在的な分析の重要性と審査基準論の洗練・改訂の必要性
は否定するべくもないとしても，審査基準論に取って代わるべき議論であるの
か否かは疑問なしとしない。

　以上のような意味での審査基準論の全面的な検討は，人権総論あるいは人権
各論の相当部分を費やしてなされるべきものであって，ここで論じ尽くすこと
はできないので，以下では，審査基準の理念型を示し，若干の論点を指摘する
にとどめる。

　(b)　**審査基準の理念型**　　審査基準について考える際には，そこに「実体的
判断基準」（「合憲性判断基準」とも「実体的判定基準」とも呼ばれる）の問題と「審
査の程度」（「審査基準」とも「審査の範囲」とも呼ばれる）の問題とが含まれてい
ることを区別することが有益であろう。「実体的判断基準」は，裁判所が法令
の合憲性を審査する際にどのような実体的基準を用いるかにかかわり，「審査
の程度」はその際に立法者の判断をどの程度尊重するかにかかわる。

　「実体的判断基準」の具体的内容は，様々でありうるが，1つの共通枠組み
として，目的手段審査を観念することができる。そこでは，立法の目的と目的
の実現のために採用されている手段が特定された上で，その目的が満たすべき
実体的基準，目的と手段との関係が満たすべき実体的基準が問題になる。目的
が満たすべき実体的基準について，やむにやまれざるものでなければならない，

重要なものでなければならない，正当なものであればよいという三段階が考えられ，目的と手段との関連性について，必要不可欠でなければならない，実質的に関連していなければならない，合理的に関連していればよいという三段階が考えられる。これらの順に組み合わせると厳格審査，中間審査（あるいは厳格な合理性の審査といわれることもある），合理性審査が観念できる。なお，特に表現の自由に関して，種々の固有の法理（例えば，明白かつ現在の基準）が説かれるが，それらは厳格審査を前提に，さらに強い保障を確保するべく考案されたものと位置づけることができよう。

　「審査の程度」については，立法者の判断に合憲性の推定を認めれば緩やかな審査となるし，それを否定すれば厳格な審査となる。実体的判断基準として厳格審査の場合は合憲性の推定は否定されるし，合理性審査であれば合憲性が推定される。中間審査の場合は，合憲性の推定は否定されるべきものかと思われるが，中間審査について，合憲性の推定が認められるべき場合を観念することになると，結果として審査基準の理念型は4つあることになる。

　以上のような理念型として考えられる審査基準との関係で，例えば前掲北方ジャーナル事件（クエスト憲法Ⅱ　判例 7-1 ），泉佐野市民会館事件（最判平成7・3・7民集49巻3号687頁クエスト憲法Ⅱ　判例 7-4 ），在外日本国民選挙権訴訟（　判例 8-3 ，クエスト憲法Ⅱ　判例 11-1 ）などで最高裁が示した比較的厳格な基準，前掲薬事法判決（クエスト憲法Ⅱ　判例 8-2 ），前掲森林法判決（クエスト憲法Ⅱ　判例 8-3 ），前掲郵便法違憲判決（クエスト憲法Ⅱ　判例 12-1 ）といった経済的自由権等に関する分野で違憲判断を帰結した基準や，前掲国籍法違憲判決（クエスト憲法Ⅱ　判例 3-3 ）が示した「慎重な」という言い回し，前掲小売市場事件（クエスト憲法Ⅱ　判例 8-1 ），サラリーマン税金訴訟（最大判昭和60・3・27民集39巻2号247頁）などにみられる比較的緩やかな基準がどう位置づけられるべきかということは，人権論で検討される。

(2)　立 法 事 実

　違憲審査に際して，憲法上の争点に関する諸事実が考慮の対象となるが，これらのうち，係属中の事件の解決にとってその確定が直接必要とされる事実は，判決事実あるいは司法事実と呼ばれる。これについては，原則として通常の訴

訟法上のルールによって認定される。しかし，憲法判断のためには，適用されるべき法律を成立せしめ，かつその存続を支える事実についても認定が必要な場合があり，このような事実を立法事実という。立法事実の認定のありようは，上に述べた合憲性の推定がされる場合であるか否かによって大きく変わってくる。前掲薬事法距離制限規定違憲判決が，そのような立法事実の認定を裁判所が立ち入って行った場合として知られている。

　ただ，立法事実をどのような場合にどのようにして認定すべきかという点についての議論は必ずしも十分詰められていない。例えば，前掲国籍法違憲判決（クエスト憲法Ⅱ　判例 3-3 ）の多数意見では，特に典拠や具体的数値を示すことなく，「我が国における社会的，経済的環境等の変化に伴って，夫婦共同生活の在り方を含む家族生活や親子関係に関する意識も一様ではなくなってきており，今日では，出生数に占める非嫡出子の割合が増加するなど，家族生活や親子関係の実態も変化し多様化してきている」とか，「近年，我が国の国際化の進展に伴い国際的交流が増大することにより，日本国民である父と日本国民でない母との間に出生する子が増加しているところ，両親の一方のみが日本国民である場合には，同居の有無など家族生活の実態においても，法律上の婚姻やそれを背景とした親子関係の在り方についての認識においても，両親が日本国民である場合と比べてより複雑多様な面があり，その子と我が国との結び付きの強弱を両親が法律上の婚姻をしているか否かをもって直ちに測ることはできない」とか，「諸外国においては，非嫡出子に対する法的な差別的取扱いを解消する方向にあることがうかがわれ……国籍法3条1項の規定が設けられた後，自国民である父の非嫡出子について準正を国籍取得の要件としていた多くの国において，今日までに，認知等により自国民との父子関係の成立が認められた場合にはそれだけで自国籍の取得を認める旨の法改正が行われている」などとの判断が示されている。これに対して，同事件の横尾・津野・古田裁判官の反対意見では，「統計によれば，非嫡出子の出生数は，国籍法3条1項立法の翌年である昭和60年において1万4168人（1.0%），平成15年において2万1634人（1.9%）であり，日本国民を父とし，外国人を母とする子の出生数は，統計の得られる昭和62年において5538人，平成15年において1万2690人であり，増加はしているものの，その程度はわずかである。……少なくとも，

子を含む場合の家族関係の在り方については，国民一般の意識に大きな変化が
ない」とか，「西欧諸国を中心として，非準正子についても国籍取得を認める
立法例が多くなったことは事実である。しかし，これらの諸国においては，そ
の歴史的，地理的状況から国際結婚が多いようにうかがえ，かつ，欧州連合
（EU）などの地域的な統合が推進，拡大されているなどの事情がある。また，
非嫡出子の数も，30％を超える国が多数に上り，少ない国でも10％を超えて
いるようにうかがわれるなど，我が国とは様々な面で社会の状況に大きな違い
がある」などとの反論がなされている。具体的な結論としていずれの立場を支
持するかということは別として，いずれの議論の仕方が望ましいものであるか
ということは，論を待たないところではなかろうか。

　また，前掲国籍法違憲判決（クエスト憲法Ⅱ　判例 3-3 ）もそうであるが，
在外日本国民選挙権訴訟（　判例 8-3 ），クエスト憲法Ⅱ　判例 11-1 ）や再婚禁
止期間事件（クエスト憲法Ⅱ　判例 3-1 ）など近時の重要な違憲判決では，当
初は合憲であった法令が，その後の立法事実の変化（在外日本国民選挙権訴訟で
は，通信手段のめざましい発達などがそれにあたる）によって違憲になった（なる）
と判断されていることにも注意しておきたい。

5 違憲判決の効力

(1) 総　説

　付随的違憲審査制を前提に考える限り，違憲判決の効力が，原則として，当
該事件について及ぶことは，当然ながら最低限認められなければならない。当
該事件について及ぶということは，時間的にいえば，少なくとも，当該事件に
ついての法的判断の基準時まで，違憲判決の効力が遡及するということである。
しかし，最高裁判所の法令違憲判決の場合，さらに，以上の点を超えて，違憲
判決の効力がどの範囲まで及ぶのかが問題になる。これは，当該事件を超えて
法令の効力にまで及ぶのかという観点と，時間的観点の双方について問題にな
り，さらに，例外的に，当該事件についての効力を排除することができるのか
も問題となる。

⑵　一般的効力・個別的効力

(a)　理論的検討　　違憲判決の効力が，当該事件についてのみ及ぶのか，当該事件を超えて法令の効力にまで及ぶのかという問題は，一般的効力説（A説）と個別的効力説（B説）の間で争われてきた。憲法裁判所制度を前提にするのであれば，すなわち抽象的違憲審査制の下では，一般的効力説が本則だということになるのかもしれないが，付随的違憲審査制を前提にすれば必ずしもそうはいえず，むしろ国会が唯一の立法機関である（41条）ことから，違憲判決に一般的効力，少なくとも当該法令を法令集から除去するような強い一般的効力を認めることは，裁判所に一種の消極的立法権限を認めることになり，問題であるといえよう。これに対して，A説は，「憲法……の条規に反する法律……は，その効力を有しない」（98条1項）と規定されている以上，付随的違憲審査制を前提にしても，具体的な事件において違憲であることが明らかになった法令は，一般的に違憲無効だと考えるべきだとする。

　この対立は，おそらく，抽象的違憲審査制が前提としている法秩序観と，付随的違憲審査制が前提としている法秩序観の相違に遡る対立であって，前者は，法段階説的なピラミッド構造を想定し，形式的効力において優位する法規範に違反する下位規範が有効であることなどありえない，と考える。後者は，そのようなことを一般的に語ることはそもそもできないはずで，我々が語りうるのは具体的な事件における法令の適用の適否だけだという発想を基本としている。後者では，違憲な法律は無効だが，無効だとされるのが具体的事件においてのみ，なのである。この対立はすでにみた，適用審査・適用違憲（⇒p.353の⑴）を本則と考えるか，「一般的」「客観的」審査・法令違憲を本則と考えるかという対立と同根のものである。

　しかし，もし，適用審査・適用違憲が本則だという立場を貫くのであれば，そもそも法令違憲判決は必要ないはずである。このような立場は，理論的におよそありえないとはいえないであろうが，一般にとられていない。その限りにおいて，付随的違憲審査制だから，個別的効力しかありえない，とはいえないのである。実際，アメリカでも，最高裁判所によって違憲とされた法令は一般的に施行できない状態におかれるといわれる。

　そこで，C説として，A説かB説かは立法で決められるという説も存在す

る。たしかに，立法である程度まで定めることは可能かもしれない。しかし，現にそのような立法は存在しないわけであるから，その場合にどう解するかが問われなければならない。

　この点については，上にみた強い一般的効力を否定しつつ，弱い一般的効力を認める立場が正当であろう（佐藤 721 頁）。最高裁判所によって法令違憲とされた法律について，内閣が「誠実に執行……する」（73 条 1 号）義務を負うのは背理であって，そのような法律は一般的に執行されないという結果になるというのである。この立場は，当初からわが国に，「一般的」「客観的」審査志向が強いことに配慮したものである。実質的には一般的効力があるといってもいいのかもしれない。最高裁判所裁判事務処理規則 14 条が，違憲判決の要旨の官報による公告，内閣・国会へ裁判書正本の送付が定められているのは，このような観点から理解されるべきである。ただし，この考え方では，判決後に国会が立法的対応をしない場合には，法律は法令集には残っているのであるから，内閣は，場合によっては，当該法律を再度執行するという判断をすることがありうる。後にみるように，憲法判例には変更の可能性があることに注意が必要である。なお，p. 356 の(3)でみた⑥〜⑩のような，一部無効判決が登場したことによって，違憲判決の効力論にも新たな対応を迫られている側面がある。例えば⑧の場合，次にみるように後の立法で経過措置が定められたが，違憲判決後，国籍法改正までの間に，最高裁判決で国籍の確認が認められた当事者と同じ範疇に属する者からの届出があった場合，行政が，直ちに国籍の発生を前提とした対応をすることは，認められるのか。⑦の場合，公職選挙法附則 8 項の一部は違憲無効とした最高裁判決に対して，立法的対応がなされないままに，衆議院が解散された場合，行政が，その選挙における小選挙区の在外投票を実施することは可能なのであろうか。無効とされた一部を執行されないものとするのであれば，以上についてその可能性を否定する論理は存在しないように思われるが，これらを認めることは，消極的立法権を認めるよりもさらにインパクトのある権限行使を，裁判所に認めることになっているのではないかとの疑問ももっともなように思われ，今後の検討が求められている。

　なお，違憲判決の効力の問題を，判例の拘束力の問題に還元できるとする立場があるが，以上のように考えれば，違憲判決の効力の問題は，後の裁判所

（最高裁判所を含む）の裁判官の憲法解釈に対する効力の問題に尽きるものではないことが理解されよう。

(b) **実務上の取扱い**　上の法令違憲判決のうち，①についての立法的対応は，1995（平成7）年の改正で，口語化にあわせて，尊属関係の加重類型が全廃されるまでなされず，この間，検察側は，通常の殺人罪で起訴するとの対応をとった。遡及効については後述する。②については，問題の条項は行政の許可実務において直ちに適用されなくなり，国会によってすみやかに廃止された。③については，問題になった選挙と最高裁判決の間に公職選挙法が改正されていた。④については翌年，公職選挙法の改正がなされた。⑤については，当該規定はすみやかに廃止された。⑥については，判決の趣旨に従った郵便法の改正がすみやかになされ，特別送達郵便についてだけではなく，多数意見が言及した書留郵便全般についても，損害賠償の範囲の拡大がなされた。⑦についても判決の趣旨に従った公職選挙法の改正が，すみやかになされた。⑧については，判決の趣旨に従った国籍法3条の改正がなされるとともに，あわせて，同条の虚偽届出について，1年以下の懲役または20万円以下の罰金が定められた（国籍法20条）。そして，改正法の附則に，ⓐ従前の届出をした者で，改正法によれば国籍を取得できるはずだったものについては，改正法の施行日から3年以内に限り，法務大臣に届け出ることによって，届出の時に国籍を取得する（改正法附則2条1項・3項），ⓑただし，2003（平成15）年1月1日以後に従前の届出をしているときは，当該従前の届出の時に遡って日本の国籍を取得する（同条3項ただし書），ⓒ最高裁判決後に従前の届出をした者については，法務大臣に対して反対の意思を表示した場合を除き，改正法の施行日に附則2条1項の届出をしたものとみなして，同項および同条3項ただし書の規定を適用する（改正法附則3条1項）などの経過規定がおかれた。⑨については，すみやかに法改正が行われたが，これについては遡及効が問題となる。⑩については，直ちに制限が戸籍実務で適用されないものとして取り扱われ，その後速やかに法改正が行われた。

(3) **遡 及 効**

(a) **理論的検討**　上にみたとおり，違憲判決の効力を当該事件について認

めるということは，少なくとも，当該事件に法令が適用される基準時まで，当該法令が違憲で無効だという裁判所の判断の効力が及んでいることになる。この当事者遡及効を否定することは，当事者の救済を否定することになり，付随的違憲審査制の下では許されないと考えるのが基本である（例外がありうるかは次に検討する）。

　しかし，当事者以外についても，この効力は及ぶのであろうか。つまり，違憲判決の効力として，一般的遡及効は認められるのであろうか。もちろん，過去の事案についても，これから訴訟が可能であるというのであれば，通常は，訴訟をすればいいのであって，そうすれば，先例拘束性（すぐ後にみる判例の立場では，「先例としての事実上の拘束性」）の効果によって，同じ違憲判断による救済が与えられるはずである（同じくすぐ後にみるように，このことをも制限する必要がある場合があるというのが判例の立場であるが）。ただし，立法事実の変化が違憲判断に影響している場合は，事案の発生時点によって結論が異なりうる。

　問題は，すでに確定判決を経ている等の事情があって，通常の方法では新たな裁判所の判断が得られない場合である。このような場合にも一般的遡及効を当然だと考える立場もあるが，比較憲法的にみれば，憲法裁判所制度をとる国にあっても，一般的将来効は憲法裁判所の判決に法律の効力を認める形で認められるが，一般的遡及効の承認は当然ではない。特に，判例変更（実質的に判例変更と目すべき場合を含む）によって違憲判決がもたらされたような場合，一般的遡及効の承認は，相当な混乱を伴うことが予想される。他方，しかしながら，憲法が，ある法律の規定に基づいて有罪判決を受けて服役している受刑者について，当該規定が最高裁判所によって違憲無効だとされた場合についてまで，身柄の拘束を認めているともまた考えにくいところである。そこで，憲法は国民の権利・自由の保護の徹底を要請していると考えられることから，国民の権利・自由の保護にプラスになる場合には，違憲無効の効果が一般的に遡及することもありうるとされ，民事法・行政法の領域では一般に遡及しないのに対し，刑事法とりわけ刑事実体法（刑事手続であっても事実認定の信頼性に影響する場合を含む）の領域では遡及することが原則であるという見解が示されてきた（佐藤 722 頁）。

　(b)　具体例　　以上のように考えたとしても，確定刑事判決が，後の違憲判

決によって，直ちに失効せしめられるわけではないので，救済方法が考えられなければならない。p. 356 の(3)でみた①（クエスト憲法Ⅱ 判例 3-2 ）の判決で，この点が問題になった。刑事訴訟法上の再審制度や非常上告制度の活用も検討されたようであるが，必ずしも適切であるとは考えられず，実際上は個別恩赦による対応がなされた。しかし，恩赦は文字どおり恩赦であって，当事者の権利ではなく，人身保護法による救済も検討されるべきである（佐藤 722 頁）。ただし，①（クエスト憲法Ⅱ 判例 3-2 ）については，加重類型のみが違憲無効とされたのであって，殺人罪自体の成立は否定できないという固有の難しさがある。

　非嫡出子相続分違憲訴訟（最大決平成 7・7・5 民集 49 巻 7 号 1789 頁）の中島・大野・高橋・尾崎・遠藤裁判官の反対意見は，多数意見が合憲とした民法 900 条 4 号ただし書前段を違憲としつつ，その効力に遡及効を認めない旨を明示することによって，従来当該規定の有効性を前提にしてなされた裁判，合意の効力を維持すべきであるとしていた。

　この反対意見の立場が，結論として多数意見となった非嫡出子相続分違憲決定（最大決平成 25・9・4 民集 67 巻 6 号 1320 頁）においては，「憲法に違反する法律は原則として無効であり，その法律に基づいてされた行為の効力も否定されるべきもの」として，「本件規定は，本決定により遅くとも平成 13 年 7 月当時において憲法 14 条 1 項に違反していたと判断される以上，本決定の先例としての事実上の拘束性により，上記当時以降は無効であることとなり，また，本件規定に基づいてされた裁判や合意の効力等も否定されることになろう」とされた。しかし，判決は，「法的安定性は法に内在する普遍的な要請であり，当裁判所の違憲判断も，その先例としての事実上の拘束性を限定し，法的安定性の確保との調和を図ることが求められている」ともする。そして，「既に関係者間において裁判，合意等により確定的なものとなったといえる法律関係までをも現時点で覆すことは相当ではないが，関係者間の法律関係がそのような段階に至っていない事案であれば，本決定により違憲無効とされた本件規定の適用を排除した上で法律関係を確定的なものとするのが相当」であるとした。より具体的には，「相続の開始により法律上当然に法定相続分に応じて分割される可分債権又は可分債務については，債務者から支払を受け，又は債権者に弁

済をするに当たり，法定相続分に関する規定の適用が問題となり得るものであるから，相続の開始により直ちに本件規定の定める相続分割合による分割がされたものとして法律関係が確定的なものとなったとみることは相当ではなく，その後の関係者間での裁判の終局，明示又は黙示の合意の成立等により上記規定を改めて適用する必要がない状態となったといえる場合に初めて，法律関係が確定的なものとなったとみるのが相当である」としたのである（なお，可分債権の相続による当然分割については，その後，最大決平成28・12・19金判1510号37頁で，これを否定し，遺産分割の対象となるとの判断が示されている）。

　一般には，この判断は，違憲判決の遡及効を制限したものと理解されている。たしかにその通りで，特に，確定判決を経ていない場合であっても，黙示的な合意によってですら，法律関係が確定的になっている場合には，先例としての事実上の拘束性が及ぶことを遮断していることは，遡及効を相当に制限していると捉えることができる。

　もっとも，法的安定性を徹底的に重視し，民事については一般的に遡及しないとの考え方をとれば，当該大法廷決定以降に生じた相続についてのみ，平等な相続を求めるという考え方もありえなくはない。このような考え方と比較すれば，平等原則違反という重大性にかんがみ，裁判，合意等で確定的になっている場合には遡及効を否定し，そうでない場合には遡及効を肯定する判断を示したものということもできる。

　1998（平成10）年12月に発生した郵便過誤事件に関し，損害賠償請求を棄却し，1999（平成11）年に確定した簡易裁判所による判決に対し，郵便法違憲判決（最大判平成14・9・11民集56巻7号1439頁クエスト憲法Ⅱ　**判例 12-1**）を受けて提起された再審の訴えについて，郵便法違憲判決再審請求事件再抗告審（大阪高決平成16・5・10判例集未登載）は，「憲法81条は，法の執行機関に対し，既存の法制度の枠内において，違憲判断の趣旨に従って必要な対応を義務付けている」として，民事訴訟法338条1項8号（「判決の基礎となった民事若しくは刑事の判決その他の裁判又は行政処分が後の裁判又は行政処分により変更されたこと」）を類推適用して，再審の開始を決定した。本件決定に近い学説上の主張もあり，加えて本件は国の損害賠償責任を制限していた法律の規定が違憲無効とされた事案に関するものであり，また，類似の事案が極めて多数にのぼることはない

かもしれない事案であったとはいえ，決定の論理は，すべての民事事件に及びうるものとなっており，問題点の検討が十分になされた上での判断であったようには思われない。また，最高裁の違憲判決は，1998（平成10）年4月に発生した郵便過誤事件について，2002（平成14）年に下されたものであったが，簡裁判決に納得して控訴しなかった当事者に，最高裁まで争った者が獲得した違憲判決の効力を及ぼさなければならないという論理にも，釈然としないところが残る。なお，本件決定は，再抗告が申立期間の経過後になされたものであったことを見落としていたため，郵便法違憲判決再審請求事件特別抗告審（最決平成16・9・17判時1880号70頁）によって，破棄された。

(4)　純粋将来効

上にみたとおり当事者遡及効を否定することは，それでも司法権の行使といいうるのかという問題があり，許されないと考えるのが原則ということになるが，この原則に例外を認められないか，というのが純粋将来効判決の問題である。議員定数訴訟について，事情判決による違憲判決を，当然国会はこれに従った対応をなすはずであるとの想定の下に一種の将来効判決と捉え，当事者にとっては次の選挙のための定数の是正が実質的目的ともいいうるところから，純粋将来効判決として正当化する余地があるとみる見解がある（佐藤723頁）。

6　憲法判例とその変更

(1)　総　　説

判例に法源性を認め，先例拘束性の法理によるとしても，判例変更がおよそ認められないという立場は，一時期のイギリスでとられたことはあるが，アメリカではとられたことがない。では，わが国の憲法判例に法源性を認めるとして，判例変更についてどのような立場がとられるべきか。

(2)　具　体　例

裁判所法10条は「憲法その他の法令の解釈適用について，意見が前に最高裁判所のした裁判に反するとき」（同条3号）を「小法廷では裁判をすることができない」場合としており，判例変更が可能であることは当然の前提としつつ，

判例の変更を特別な事態だと捉えていることをうかがわせる。ただし，従来の
わが国の法学の支配的見解は判例に法源性を認めていないことが留意されるべ
きではある。

　わが国では判例の変更の実例は枚挙に暇がない。憲法判例が変更された例と
しては，金銭債務臨時調停法事件〈判例 7-4〉，第三者所有物没収事件
〈判例 8-2〉なども挙げることができるが，特に影響の大きかったのは，合憲
判断から法令違憲判断への変更が行われた前掲尊属殺人事件（クエスト憲法Ⅱ
〈判例 3-2〉）と，公務員の争議権について，合憲限定解釈を施した全司法仙台
事件（最大判昭和 44・4・2 刑集 23 巻 5 号 685 頁）を変更し，全面的合憲の判示を
行った全農林警職法事件（最大判昭和 48・4・25 刑集 27 巻 4 号 547 頁クエスト憲法
Ⅱ〈判例 10-3〉）である。全農林警職法事件に続いては，都教組事件（最大判昭
和 44・4・2 刑集 23 巻 5 号 305 頁）から岩教組学テ事件（最大判昭和 51・5・21 刑集
30 巻 5 号 1178 頁），全逓東京中郵事件（最大判昭和 41・10・26 刑集 20 巻 8 号 901
頁）から全逓名古屋中郵事件（最大判昭和 52・5・4 刑集 31 巻 3 号 182 頁）への類
似の判例変更も行われた。なお，以上 6 判決の中で最も早い時期の前掲全逓東
京中郵事件も刑事免責の適用範囲を拡大し，争議権の制限の範囲を合憲的に限
定するという意味で判例変更を行ったものであった。さらに，最近の例として，
地方議会の議員の出席停止について，岩沼市議会出席停止事件・最大判令和
2・11・25 民集 74 巻 8 号 2229 頁は，先例を変更して司法審査の対象になると
した。

　また，形式的には判例変更ではないことになっているが，非嫡出子相続分違
憲決定（最大決平成 25・9・4 民集 67 巻 6 号 1320 頁）は，実質的には判例変更と
みることもできるものである。

⑶ **検　　討**

　上にみたほか，わが国の憲法分野以外の実例でも，また，比較法的にみた場
合にも，判例の変更は広く認められており，これを，わが国の憲法判例に限っ
て認めないという理由はない。むしろ，硬性憲法である日本国憲法については，
法律についての判例に比べ，憲法判例については，相対的にその変更を緩やか
に認めるべき立場に立たないと，最高裁判所に，憲法改正によらなければ変更

できない形で憲法解釈を固定化する権限を認めることにすらなりかねない。法的安定性への配慮は重要であるが，特に，憲法判断が，立法事実に依拠して行われる場合，立法事実に属する事実に変化があれば，憲法判例が変更されるべきことはむしろ当然というべきである。このほか，先例が明白に誤っている場合がありうることは否定できないし，先例に従うことが不可能である，あるいは重大な困難を帰結する場合等も含めて，先例の変更が必要な場合であるといえる。このほか，先例の変更が正当とされるべき場合として，先例に従うかあるいは他の判例に示される哲学に従うかを選択しなければならないとき，先例がその後の時代的要請に十分対応しえなくなったとき（これは上にみた立法事実の変化による場合と重なる場合もあろう），慎重な再検討に基づき先例と違った解釈の妥当性を確信するに至ったときなどが考えられる。

　以上の点で，特に議論を呼んだのは，前掲全農林警職法事件による判例変更であった。同判決の5裁判官の意見は，判例変更について特段の吟味を要求し，また，僅少差での判例変更はできるだけ避けるべきであるとして，判例変更に反対している。同判決の多数意見は8裁判官の参加によるもので，上の5裁判官以外に岩田裁判官が意見を，色川裁判官が反対意見を書いている。しかし，一般論として，8対7で判例変更をしてはいけないということは難しいだろう。ただ，本判決の場合，判例変更をしなくても事件の処理の結論は変わらなかった案件であり（だから5裁判官の「意見」なのである），判決に先行する政治部門の動向も関係して，議論の余地を残している。

　国民の権利・自由を縮減する方向での憲法判例の変更は可能か。一般論として，これを不可能ということは適切ではあるまい。ただ，これについては，その他の場合よりも先例に対する信頼の保護という点で，一層慎重な検討が必要であるということはできよう。アメリカにおいて，人工妊娠中絶を認めるか否かは国論を二分する争いであるが，1973（昭和48）年にこれについて憲法上の権利を認めた先例は，その後の最高裁判所の構成の大きな変化にもかかわらず，先例拘束性法理によって，その中核部分において維持され続けている（ただし，トランプ政権下でのさらなる最高裁判事の構成の変化を受け，2021年10月開廷期はこれまでにも増して予断を許さない）。

　上のケースと重複する場合もあるが，憲法判例の変更が，判例に従った者に

不利益になる場合に判例変更は可能か。これも一般に不可能ということはできないであろう。しかし、この場合にこそ、純粋将来効あるいは判例の不遡及的変更の方法の利用が検討されなければならない。全農林警職法事件（クエスト憲法Ⅱ 判例 10-3 ）による判例変更は、当該事案の案件が、そもそも前掲全司法仙台事件以前の事案であったので問題にならなかったが、全農林警職法事件以降の判決による判例変更前に変更前の判例を信頼した行為者を処罰することが問題になった岩手県教組事件（最判平成 8・11・18 刑集 50 巻 10 号 745 頁）は、「行為当時の最高裁判所の判例の示す法解釈に従えば無罪となるべき行為を処罰する」ことも憲法 39 条に違反しないことは先例の趣旨に徴して明らかであるとした。39 条の問題になるのは立法の場合だけであるという理解だと考えられるが、判例の法源性を認めるのであれば、処罰は許されないというべきであろう。なお、本件事案は、前掲岩教組学テ事件による地方公務員についての判例変更前ではあったが、すでに全農林警職法事件で国家公務員についての判例変更はなされた後での行為を問題にしたものであって、両事案が憲法解釈という観点からはほとんど同一の事案というべきものであったという事情があり、違法性の錯誤は故意を阻却しないという先例を見直すべきであるという立場に立つ、河合裁判官の補足意見も、本件の場合の処罰を肯定している。

練習問題

1 憲法判断を、最高裁判所に集中することは、憲法上許されるであろうか。例えば、下級裁判所は、裁判の途中で憲法問題に直面した場合、その論点だけを最高裁判所に回付し、最高裁判所の判断を待って、裁判を継続するものとするのである。このような制度を採用すべきだという主張が出てくるのはなぜだろうか。また、このような方法は、このような主張が対応しようとしている問題に対する対応として、適切であろうか。

2 在外投票制度に関する大法廷判決（在外日本国民選挙権訴訟 判例 8-3 、クエスト憲法Ⅱ 判例 11-1 ）の論理によれば、定数是正訴訟（1 票の重みの格差に関する訴訟）について、これまでと異なる救済方法を考えることができるであろうか。

3 国籍法 3 条 1 項についての大法廷判決（前掲国籍法違憲判決クエスト憲法Ⅱ 判例 3-3 ）によると、平等に関する問題であるがゆえに、あるいは立法不作為に関する問題であるがゆえに、これまでは具体的な救済が難しいと考えられていた

ような事案についても，救済が可能になる場合があるのではないか。どのような場合がありうるか。

第9章

地方の政治制度

第1節　地方自治の保障とその意義
第2節　地方公共団体とその機関
第3節　地方公共団体の権能

　明治憲法では，地方自治についての定めはおかれておらず，わが国では日本国憲法が，はじめて地方自治について規定した。1999（平成11）年に，地方自治法制の大規模な改正が行われたが，戦前戦後を通じて，中央の官による支配が，統治構造の中核をなしているわが国にあっては，地方自治の実質を確保することは，今日なお政治的な課題として残されているといえよう。

　本章では，地方自治の保障の意義を確認した上で（第1節），地方公共団体の機関について説明し（第2節），その権能，特に条例制定権と法律の関係について述べる（第3節）。

第1節　地方自治の保障とその意義

1 現代国家と地方自治

　地方自治は近代主権国家にとって，当然に必要なものではない。アメリカのように，独立したステイトが集まって連邦国家を建設した例外はあるが，一般に，近代主権国家には，歴史的にはそれに先行する封建的な分権制と異なり，単一不可分の主権を行使する中央政府による統一的支配を志向するものだからである。しかし，地方の固有性を尊重し，中央政府の権力を抑制し少数者や個人を守り，そして，いわゆる「民主主義の学校」としての役割を果たさせるた

め，消極国家を理念とする近代国家においても，地方自治の重要性は共通して認識されるところであった。

全体主義の歴史的経験と現代国家による積極国家化の進展は，中央政府への権力集中が，避けがたくもまた危険であることを実感させるところとなった。地方自治の，権力分立的側面と民主主義の学校としての側面は，現代国家においてなお一層重要なものになった。わが国では，現在，行政改革，司法制度改革などに続いて，あるいはそれらに並行して，地方分権改革が進められてきたところである。

② 地方自治権の性質と根拠

地方自治権の本質については，固有権説と伝来説・承認説が対立している。固有権説は，地方自治権を，個人の基本的人権と同様の前国家的権利であるとし，伝来説・承認説は，近代主権国家にあっては，地方自治権は国家の統治権に伝来し，国の承認ないし委任に根拠を有するとする。固有権説には，主権理論との整合性，固有権説の前提となっている歴史的基盤のわが国での欠如，「地方公共団体の組織及び運営に関する事項は，地方自治の本旨に基いて，法律でこれを定める」として法律の留保を認める92条との整合性，固有権の具体的内容の不明確さといった問題点があり，日本国憲法は，伝来説・承認説の立場を前提にするものと考えるほかない。

ただし，このことは，一部の伝来説・承認説が考えているように，地方自治の制度が，全面的に立法政策に委ねられているということではない。主権は不可分であるが，国内でその主権をどのように構成し，秩序づけるかは具体的な憲法解釈の問題である。憲法は独立の章を設け地方自治について規定しているのであって（上で触れたように明治憲法には地方自治の章はない），地方自治制度の本質的内容は，92条による法律の留保にもかかわらず，憲法上，立法に対しても保障されているものと考えるべきである（いわゆる制度的保障）。

その「本質的内容」を規定するのは，92条が言及する「地方自治の本旨」ということになろうが，その中心的内容は，権力分立と民主主義の学校という地方自治の意義にかんがみれば，団体自治と住民自治ということになる。団体自治とは，国から独立した法人格をもった地域団体の設置を認め，この地域団

体の機関によって地方の公共的事務を自主的に処理することであるとされ，住民自治とは，地域団体の政治や行政が地域団体の住民の意思に基づいて行われることであるとされる。ただし，その内容がある程度抽象的なものにとどまらざるをえないこと，また，制度的保障があるとはいえ，法律の留保があるのであるから，法律によらずに，地方公共団体の組織・運営について条例で独自の定めをおくことには許されず（マッカーサー草案87条ではこれらに関して自治体が独自の憲章を定めることが認められていた），「地方自治の本旨」とはいえども，以上と整合する内容のものにとどまることは，否定できない。

第2節　地方公共団体とその機関

1 地方公共団体の意義

　憲法は「地方公共団体」について規定するだけで，その意義を示すところがない（92条〜95条）。憲法が想定している「地方公共団体」は，現行制度上存在する都道府県，東京都の特別区，市町村のうちのいずれのことか，あるいはこれらに限られないのか。

　地方自治法は，地方公共団体を，「普通地方公共団体及び特別地方公共団体」とし（自治1条の3第1項），「普通地方公共団体は，都道府県及び市町村」（同条2項），「特別地方公共団体は，特別区，地方公共団体の組合及び財産区」とする（同条3項）。

　判例は，憲法上の地方公共団体といえるためには，「事実上住民が経済的文化的に密接な共同生活を営み，共同体意識をもっているという社会的基盤が存在し，沿革的にみても，また現実の行政の上においても，相当程度の自主立法権，自主行政権，自主財政権等地方自治の基本的権能を附与された地域団体であることを必要とする」としている（特別区区長公選廃止事件・最大判昭和38・3・27刑集17巻2号121頁）。なお，この事件は，1952（昭和27）年の地方自治法の改正で東京都の特別区の長の公選制を廃止したことが憲法93条2項に違反するとして問題になったものであるが，判決は，特別区は地方公共団体ではないとした。ただし，公選制は，その後1974（昭和49）年の改正で復活している

（自治283条1項・17条〜19条）。

　何が憲法上の地方公共団体であるか，という問題は，憲法が地方公共団体に認めている諸権能が認められなければならず，憲法が認めている諸権利の行使がその住民に認められなければならないような団体とは何か，という問題である。したがって，住民の権利が問題になっている際に，団体の基本的権能の内容を基準の1つとして，地方公共団体の意義を定めようとする判例の立場は，循環論法の疑いがあるところが指摘されなければならない。結局，憲法上の地方公共団体の意義の問題を，すべて立法政策の問題にしてしまっているのではないかとの批判がありうるところではある。しかし，ともかく，判例の基準をあてはめれば，普通地方公共団体が憲法上の地方公共団体となることは異論がない。

　ただ，市町村が地方公共団体であることには異論がないが，都道府県の位置づけについては議論がある。

　「普通地方公共団体は，地域における事務及びその他の事務で法律又はこれに基づく政令により処理することとされるものを処理する」とされている（自治2条2項）。「都道府県は，市町村を包括する広域の地方公共団体として，第2項の事務で，広域にわたるもの，市町村に関する連絡調整に関するもの及びその規模又は性質において一般の市町村が処理することが適当でないと認められるものを処理するもの」とされている（同条5項）。市町村は，「基礎的な地方公共団体として」上で都道府県が処理するものとされているものを除き，「一般的に，前項〔同条2項〕の事務を処理するもの」とされる（同条3項。ただし，同条4項によれば，上の都道府県の事務のうち，「その規模又は性質において一般の市町村が処理することが適当でないと認められるものについては，当該市町村の規模及び能力に応じて，これを処理することができる」）。

　今日の実状にかんがみれば，都道府県を，憲法上の地方公共団体でないというのは困難であろう。ただし，いわゆる道州制の導入が，憲法上禁止されているかということになると，それは憲法上の地方自治の意義にかんがみ，ありうる再構成であるといわざるをえず，その限りでは都道府県を廃止することも，許容されていると考えるべきであろう。

　なお，地方自治の担い手としてのふさわしい規模を確保するという観点から，地方公共団体の合併の問題は重要である。地方自治の保障を制度的保障と考え

るのであれば，場合によっては強制合併も，合併後の地方公共団体が，合併前
のものと同じく憲法上の地方公共団体としての実質を備えるものであれば，許
されるとの考え方もありえよう。もっとも当事者の意思に反したこのような取
扱いが，地方自治の本旨に反するものにならないか，慎重な検討が必要であろう。

　また，特別区以外の特別地方公共団体については，もともと特殊な法技術的
な存在であり，憲法上の地方公共団体とみることは困難であると考えられる。
しかし，例えば，地方公共団体の組合，特に一部事務組合（「普通地方公共団体
及び特別区は，その事務の一部を共同処理するため，その協議により規約を定め，都道
府県の加入するものにあつては総務大臣，その他のものにあつては都道府県知事の許可
を得て，一部事務組合を設けることができる」。自治284条2項前段）や広域連合
（「普通地方公共団体及び特別区は，その事務で広域にわたり処理することが適当である
と認めるものに関し，広域にわたる総合的な計画……を作成し，その事務の管理及び執
行について広域計画の実施のために必要な連絡調整を図り，並びにその事務の一部を広
域にわたり総合的かつ計画的に処理するため，その協議により規約を定め，〔一部事務
組合〕の例により，総務大臣又は都道府県知事の許可を得て，広域連合を設けることが
できる」。同条3項前段）が，上の合併の場合と同種の考慮から，地方公共団体
の重要な事務を担う場合が増加してきている。これらについては，住民の民主
的コントロールが，普通地方公共団体の場合と比べて間接的であることには留
意が必要である。その留意を前提としつつ，以下では，「普通地方公共団体」
を念頭において説明する。

2　地方公共団体の機関

(1)　総　説

　地方公共団体には，「議事機関として議会を設置する」（93条1項）。「地方公
共団体の長，その議会の議員及び法律の定めるその他の吏員は，その地方公共
団体の住民が，直接これを選挙する」（同条2項）。

(2)　地方有権者団

　地方公共団体の最も基礎的な機関は，その有権者団である。地方有権者団は，
日本国民たる普通地方公共団体の住民（自治11条）によって構成される。年齢

満18年以上の者で，引き続き3か月以上普通地方公共団体の区域内に住所を有する者であることが必要である（自治18条，公選9条）。この地方有権者団の範囲は，地方自治法10条1項（「市町村の区域内に住所を有する者は，当該市町村及びこれを包括する都道府県の住民とする」）の「住民」の範囲よりも狭い。日本国民でない住民について，地方有権者団の構成員とすることができるか。最高裁は，傍論で，「我が国に在留する外国人のうちでも永住者等であってその居住する区域の地方公共団体と特段に緊密な関係を持つに至ったと認められるものについて，その意思を日常生活に密接な関連を有する地方公共団体の公共的事務の処理に反映させるべく，法律をもって，地方公共団体の長，その議会の議員等に対する選挙権を付与する措置を講ずることは，憲法上禁止されているものではない」としたことがある（在日韓国人地方参政権訴訟・最判平成7・2・28民集49巻2号639頁）。この種の選挙権の付与が憲法上，禁止されている，許容されている，要請されているとの立場がありうるところであるが，地方選挙といえども国政と無関係なわけではなく，要請されていると解するのは困難であろう。禁止とみるべきか許容とみるべきかは，実際の地方自治制度の構築の仕方に依存するところがあるが，およそ許容できないとみる立場は少数にとどまる。なお，地方有権者団の権能は，地方自治法上，選挙に限られず，後述するように，直接民主主義的な手法が定められている。

(3)　地方議会

　直接選挙で選ばれる議員によって構成される議事機関としての議会の設置は，93条の要求するところであり，地方自治法89条がこれに対応するが，この規定にかかわらず，町村は，条例で，議会をおかず，選挙権を有する者の総会を設けることができる（自治94条）。この「町村総会」（自治95条）も，憲法上は「議会」である。地方自治法下での実例は過去の一例しかない（東京都八丈支庁管内宇津木村〔当時人口61〕。後合併により八丈町の一部となる）が，地方自治の原点というべき制度である（ただし違憲論もある）。

　議員の任期は4年（自治93条1項）であり，衆参両院議員および地方公共団体の常勤職員等との兼職が禁止される（自治92条）。被選挙権は，普通地方公共団体の議会の議員の選挙権を有する者で年齢満25年以上のものに与えられ

る（自治 19 条，公選 10 条）。議員は，衆参両議院の場合と異なり，住民から議会の解散および議員の解職の請求を受ける場合がある（自治 76 条以下）。

　地方公共団体の統治構造は，部分的に大統領制的な制度が取り入れられており，議員と長との兼職はできない（自治 141 条 2 項）。しかし，議院内閣制的に，議会が長の不信任決議をし，長が解散権をもつ場合もある（自治 178 条 1 項）。

(4)　地方公共団体の長

　地方公共団体の長は地方公共団体を代表する独任制の執行機関であり，住民によって直接選挙される（93 条 2 項）。長の直接公選制は日本国憲法が導入したものである。長の任期は 4 年であり（自治 140 条），議員と同様に兼職が禁止される（自治 141 条）。長の被選挙資格は，都道府県知事にあっては年齢満 30 年以上のもの，市町村長にあっては年齢満 25 年以上のものであって，いずれも日本国民であること（自治 19 条，公選 10 条 1 項 4 号・6 号）で，議員の場合と異なり，住民である必要はない。なお，特に都道府県知事について，多選制限を行うべきだという議論がある。知事の被選挙権も，憲法上の権利であると考えられるが，多選の弊害が実際に甚だしいというのであれば，条例によることは難しいとしても，法律によって制約することがおよそ不可能と考えるべきではなかろう。

　長についても解職請求制度がある（自治 13 条 2 項・80 条以下）。議会から不信任決議を受け，失職する場合もある（自治 178 条 2 項）。かつては，機関委任事務の管理執行に違法懈怠があり，裁判所の職務執行命令にも従わない場合には，罷免される場合がありえたが，この制度は平成 3 年の改正で廃止され，現在では後述のように機関委任事務制度自体が廃止され，一部が法定受託事務に移行している。

第 3 節　地方公共団体の権能

1　地方公共団体の権能

(1)　地方分権一括法以前

「地方公共団体は，その財産を管理し，事務を処理し，及び行政を執行する

権能を有し，法律の範囲内で条例を制定することができる」(94 条)。これは，非権力的作用および権力的作用の両者をあわせて包括的に地方公共団体の実体的権能を保障したものと解される。「財産を管理」するとは，財産を取得・利用・処分することをいう。「事務を処理」することと「行政を執行」することとの区別は明らかでないが，一般には前者は非権力的な公共事業，後者は権力的・統治的作用のこととされる。

　地方公共団体の権能に関しては，1999（平成 11）年の「地方分権の推進を図るための関係法律の整備等に関する法律」（地方分権一括法〔平成 11 年法律第 87 号〕）によって大きな改正が行われた。

　従来，地方自治法は，外交が国の事務に属することは当然の前提とした上で，地方公共団体が処理することのできない国の専属的事務として，司法，刑罰，郵便などを掲げていた（改正前の自治 2 条 10 項）。これら以外の事務について，地方公共団体の事務として，①「その公共事務」，②「法律又はこれに基く政令により普通地方公共団体に属するもの」，③「その区域内におけるその他の行政事務で国の事務に属しないもの」の 3 つが掲げられ（同条 2 項），その例示として多数の事務が挙げられていた（同条 3 項）。

　上の①は「固有事務」「公共事務」，②は「団体委任事務」，③は「行政事務」と呼ばれ，それぞれ，①非権力的サービス，②特定の事務を指定して地方公共団体に処理させるもの，③権力的取締事務のことであるとされた。しかし，①と②の区別は明確を欠くとともに区別の実益がない，③の概念を独自に観念することにいかなる意味があるのか，などの批判が一般的であった。

　さらに，以上の事務（まとめて「自治事務」と呼ばれた。改正後の「自治事務」とは異なる）の他，実際上地方公共団体が行う事務として，「機関委任事務」があった。これは「団体委任事務」とは異なり，地方公共団体の機関に委任された国（または他の地方公共団体その他公共団体）の事務であった（改正前の自治 148 条・180 条の 8・180 条の 9・186 条・202 条の 2）。この場合，主務大臣と知事，主務大臣および知事と市町村長は上級・下級行政機関の関係に立ち，指揮監督がなされることとなっていた（改正前の自治 150 条）。この事務については，地方公共団体の事務ではないので，条例を制定することができず，議会によるコントロールも限定されていた。しかし，性質上，自治事務と機関委任事務との区

別は不明確で，また，実際には機関委任事務が，地方公共団体の仕事量の都道府県で 7 〜 8 割，市町村で 4 割に達しているとされ，制度改革の必要が指摘されていた。

(2)　地方分権一括法以後

平成 11 年改正後の地方公共団体の権能に関する規定は次のようになっている。

まず，大原則として，「地方公共団体は，住民の福祉の増進を図ることを基本として，地域における行政を自主的かつ総合的に実施する役割を広く担うものとする」（自治 1 条の 2 第 1 項）。また，「国においては国際社会における国家としての存立にかかわる事務，全国的に統一して定めることが望ましい国民の諸活動若しくは地方自治に関する基本的な準則に関する事務又は全国的な規模で若しくは全国的な視点に立つて行わなければならない施策及び事業の実施その他の国が本来果たすべき役割を重点的に担」うものとする（同条 2 項）。

そして，自治事務と法定受託事務という区分が導入される。「普通地方公共団体は，地域における事務及びその他の事務で法律又はこれに基づく政令により処理することとされるものを処理する」（自治 2 条 2 項）とした上で，法定受託事務が，「法律又はこれに基づく政令により都道府県，市町村又は特別区が処理することとされる事務のうち，国が本来果たすべき役割に係るものであつて，国においてその適正な処理を特に確保する必要があるものとして法律又はこれに基づく政令に特に定めるもの」（同条 9 項 1 号。2 号として市町村または特別区と都道府県との関係のものもある）と定義され，自治事務とは，「地方公共団体が処理する事務のうち，法定受託事務以外のものをいう」（同条 8 項）とされる。

法定受託事務は，機関委任事務に比べると，量的に減少した（同条 10 項および別表第一，第二参照）。また，地方公共団体の事務であることには変わりがないので，議会によるコントロールが制約されるという問題も原則的に解消された。

平成 11 年改正では，さらに，普通地方公共団体に対する国（または都道府県）の「関与」という一般的概念が導入された。そして，地方自治法は，この関与を類型化（自治 245 条）するとともに，関与の法定主義（自治 245 条の 2），

関与の基本原則（自治 245 条の 3），関与の手続について定め（自治 246 条～250 条
の 6），国と地方公共団体の関係の公正・透明化につとめている。そして，この
ような国の関与に対しては，国地方係争処理委員会（自治 250 条の 7）による審
査（自治 250 条の 13～250 条の 20）を経て，最終的には訴訟による解決の途が開
かれており（自治 251 条の 5・251 条の 7），地方公共団体と国との間に対等な法
的立場を保障することが試みられている。

　このような改正については，個別法による例外が広範に存在しないか，財政
的な裏付けが不十分ではないかとの観点からの検証がなお必要であろう。また，
特に法定受託事務に関しては，「関与」が自治事務に比べて広く想定されてい
る点（自治 245 条の 3 など），所管の各大臣等への審査請求が認められている点
（自治 255 条の 2），条例による議会の任意的議決権の創設が認められない点（自
治 96 条 2 項括弧書），検閲・検査・監査（自治 98 条），調査（自治 100 条）に関し
て，国の安全を害するおそれがあることその他の事由により議会の検査等の対
象とすることが適当でないものとして政令で定めるものを除くとされている点
（自治 98 条 1 項括弧書・同条 2 項前段括弧書・100 条 1 項括弧書）など残された問題
もある。とはいえ，従来憲法違反の疑いすら考えられる部分もあった制度に大
幅な変更を加えたものであって，改革の基本的方向性は肯定的に評価されるべ
きものであろう。

② 地方公共団体の機関の権能

(1)　地方公共団体の機関の権能

(a)　議会の議員・地方公共団体の長などの選挙　
ここにいう選挙は 15 条
3 項にいう「公務員の選挙」にあたる。なお「法律の定めるその他の吏員」
（93 条 2 項）については，必ず設けなければならないものとは解されていない。

(b)　特別法の住民投票　
「一の地方公共団体のみに適用される特別法は，
法律の定めるところにより，その地方公共団体の住民の投票においてその過半
数の同意を得なければ，国会は，これを制定することができない」（95 条）。こ
の規定は国会の立法権を制限するもので，その意味で「連邦制」的な規定であ
る。「一の地方公共団体のみに適用される特別法」の意味は明確ではないが，
「一の」が，「複数の」に対する「一の」ではなく，「特定の」の意味であるこ

とについては異論がない。

　この住民投票の手続を経て制定された地方特別法としては，首都建設法（昭和25年法律第219号）など18都市16件にわたる一連の建設法がある。これらは財政援助を内容とする議員立法であった。

　しかし，一般に，95条の趣旨は，特定の地方公共団体の本質にかかわるような不平等・不利益な特例を設けることを防止するところにあると解されており，地方公共団体の組織・運営に直接かかわらない法律や特別性の軽度な法律，あるいは地方公共団体に権能を与え，住民に利益を与えるような法律は，本条に該当しないとされている。実際，首都建設法を一旦廃止してその内容を受け継いだ首都圏整備法については，住民投票は行われなかった。なお，「都」は現在のところ東京都しか存在しないが，このことが都に関する法律を本条にいう特別法にするものではないことはいうまでもない（東京地判昭和39・5・2判タ162号149頁）。

(c)　**直接請求とそれに基づく住民投票**　　地方有権者団の部分機関である住民に対し，直接請求が認められ，これについて，地方有権者団が投票について決定することが，地方自治法その他の法律で認められている場合がある。これは「地方自治の本旨」を受けてのことである。地方自治法では，①条例の制定改廃請求権（自治12条1項），②事務の監査請求権（同条2項），③議会の解散請求権（自治13条1項），④議会の議員，長，副知事もしくは副市町村長，指定都市の総合区長，選挙管理委員もしくは監査委員または公安委員会の委員の解職請求権（同条2項）が定められている。①と②については，有権者の50分の1の連署が必要で（自治74条1項・75条1項），要件が満たされれば，①の場合は議会が判断することになり（自治74条3項），②の場合は監査が行われる（自治75条3項）。③と④については，有権者の「総数の3分の1（その総数が40万を超え80万以下の場合にあつてはその40万を超える数に6分の1を乗じて得た数と40万に3分の1を乗じて得た数とを合算して得た数，その総数が80万を超える場合にあつてはその80万を超える数に8分の1を乗じて得た数と40万に6分の1を乗じて得た数と40万に3分の1を乗じて得た数とを合算して得た数）以上の者の連署」が必要で（自治76条1項・80条1項・81条1項・86条1項），議会の解散請求，議員または長の解職請求については，要件が満た

されば，有権者団の投票で決定する（自治 76 条 3 項・80 条 3 項・81 条 2 項）。地方自治法以外の例としては，「市町村の合併の特例に関する法律」（平成 16 年法律第 59 号。平成 22 年改正でこの法律名になった）による住民発議制度（有権者の 50 分の 1 で合併協議会の設置を請求）および合併協議会の設置の議案が議会で否決されたとき，長からの請求またはそれがなかった場合に有権者 6 分の 1 以上の請求に基づいて実施される住民投票の制度が，先行する「市町村の合併の特例に関する法律」（昭和 40 年法律第 6 号）以来，重要な役割を果たしている。

　上述の，法律による直接請求と住民投票以外に，条例で住民投票を認めることができるか。条例によって住民投票の制度を設けること自体は可能であるが，住民投票による判断によって長の判断を法的に拘束するなどし，地方公共団体の意思を決定することは，地方自治体の組織および運営に関する事項であり，法律によらざる限り認められない。法律による場合も，住民投票という意思決定の方法の特性にかんがみた配慮が必要であろう。住民投票結果と異なる首長の判断について，住民投票の結果の尊重が求められているにすぎないとして損害賠償請求を棄却したものとして那覇地判平成 12・5・9 判時 1746 号 122 頁（確定）がある。

　なお，有権者団の構成員である住民個人に地方自治法によって権利として認められている住民監査請求（自治 242 条）および住民訴訟（自治 242 条の 2）も「地方自治の本旨に基づく住民参政の一環」（最判昭和 53・3・30 民集 32 巻 2 号 485 頁）として重要な機能を果たしてきている。

(2)　地方議会の権能

　条例制定権（94 条）については次の**3**で述べる。議会の権能としては，地方自治法で，予算などについての議決権（自治 96 条），事務に関する監査権・調査権等（自治 98 条～100 条の 2），特定の選挙争訟についての決定権（自治 118 条 1 項），長の不信任決議権（自治 178 条）等が与えられている。また，議会は，会議規則を制定し（自治 120 条），議員に対し懲罰を科することができる（自治 134 条～137 条。その司法審査の範囲については p. 278 の(オ)を参照）。地方議会の議員については，国会の場合と異なり，免責特権や不逮捕特権は憲法上も法律上も存在しない。

(3)　地方公共団体の長の権能

「普通地方公共団体の長は，当該普通地方公共団体を統轄し，これを代表する」（自治 147 条）。同法によって構成される地方公共団体の統治構造は大統領制的なところがあり，長には議会に対する拒否権が認められている（自治 176 条・177 条）。また，長は，「法令に違反しない限りにおいて，その権限に属する事務に関し，規則を制定することができる」（自治 15 条 1 項）のであるが，この規則の効力については，次の **3**(1)で述べる。

3　条例制定権とその限界

(1)　条例制定権

地方公共団体は，「法律の範囲内で条例を制定することができる」（94 条後段）。条例制定権は，「地方自治の本旨」（92 条）を受けて，憲法により認められたものであり，「国の立法」に相当する地方公共団体の自主立法である。「法律の範囲内」である以上，その所管と効力については，法律の定めによるが，「地方自治の本旨」に反するような制限は許されないと解される。現在は，「普通地方公共団体は，法令に違反しない限りにおいて第 2 条第 2 項の事務に関し，条例を制定することができる」（自治 14 条 1 項）とされている。この条項は，平成 11 年改正の前後を通じて変更されていないが，「第 2 条第 2 項の事務」の範囲が変更されていることはすでに述べた。条例の制定手続は，地方公共団体の組織・運営に関する事項として，法律事項である（92 条）。

なお，地方自治法上は，以上の条例（狭義の条例）とは別に，上にみた長の制定する規則（自治 15 条 1 項）と各種委員会が，「法律の定めるところにより，法令又は普通地方公共団体の条例若しくは規則に違反しない限りにおいて，その権限に属する事務に関し」制定する「規則その他の規程」（自治 138 条の 4 第 2 項）が認められている。憲法上，議事機関として議会が特定されている以上，議会以外が制定したものを自主立法たる条例として扱うことには問題があるが，一般には，これらも憲法上の「条例」（広義の条例）と解されている。各種委員会については，一種の地方版独立行政委員会として説明することができようか。

狭義の条例と規則の所管事項については，地方自治法は，「義務を課し，又は権利を制限するには，法令に特別の定めがある場合を除くほか，条例によら

なければならない」（自治 14 条 2 項）とするのみであるが，憲法上法律に留保されているものは，組織法上のもの以外は，狭義の条例に留保されているものと解すべきであろう。そして，それ以外の住民の利害関係事項については，両者の共管と解し，競合する場合は狭義の条例が優先するという立場が有力である（佐藤 613 頁）。

(2)　条例制定権の範囲と限界

(a)　総　説　　上述のとおり，条例は，広く地方公共団体が処理する事務の全般に及ぶ（地方自治法上，法定受託事務について若干の例外があることはすでに述べた）。この事務の範囲は，極めて広範囲である。しかし，条例が及びうるのはその範囲に限られ，事柄の性質上国法によって全国的に規律されるべき事項については及びえない。条例の限界としてこのほか具体的に問題になるのは，憲法上，特に法律の留保が定められている財産権（29 条 2 項），租税（30 条・84 条），刑罰（31 条・73 条 6 号）の場合についてどう解するかという問題と，具体的に，条例が法令に違反するのはどういう場合かという問題である。

(b)　法律留保事項にかかわる問題

(i)　財産権の内容　　「財産権の内容は……法律でこれを定める」（29 条 2 項）のであるが，これについて，条例で定めることが可能か。

　判例では，奈良県ため池条例の合憲性が問題になった事案が著名である。最高裁は，「ため池の破損，決かいの原因となるため池の堤とうの使用行為は，憲法でも，民法でも適法な財産権の行使として保障されていないものであつて，憲法，民法の保障する財産権の行使の埒外にあるものというべく，従つて，これらの行為を条例をもつて禁止，処罰しても憲法および法律に牴触またはこれを逸脱するものとはいえない」としている（奈良県ため池条例事件・最大判昭和 38・6・26 刑集 17 巻 5 号 521 頁）。学説上，財産権の条例による規制には法律による具体的委任が必要であるとする A 説，財産権の内容と行使を区別し，行使については条例による規制を認める B 説，条例による規制は法令に反しない限り可能と考える C 説があるが，判決は，本件ではそもそも 29 条が問題になっていないという立場などと B 説の立場を折衷したようなものになっていて明確さを欠く。また，従来は，地方自治法 2 条 3 項 18 号に，普通地方公共

団体の処理すべき事務の例の1つとして「法律の定めるところにより……住民の業態に基く地域等に関し制限を設けること」という規定があったこともあり，法律の根拠を必要とする立場が実務を支配していたところであった。しかしながら，B説には内容と行使を本当に区別できるのかという疑問があるし，地方自治法による普通地方公共団体の処理すべき事務の例示規定は，平成11年改正ですべて廃止された。上に述べた条例の自主立法としての性質からすればC説が妥当と考えるべきである。ただし，その場合であっても，事柄の性質上国法によって全国的に規律されるべき事項は民法典商法典などの法律によって規定されるべきであって，条例による規制が及びえないことはいうまでもない。

(ii)　租税法律主義　租税については，30条および84条の租税「法律」主義によって，地方公共団体の課税権は否定されているとする説（A説）と条例制定権の当然の内容として課税権を肯定する説（B説）とがある。

神奈川県臨時特例企業税事件（最判平成25・3・21民集67巻3号438頁）は，「普通地方公共団体は，地方自治の本旨に従い，その財産を管理し，事務を処理し，及び行政を執行する権能を有するものであり（憲法92条，94条），その本旨に従ってこれらを行うためにはその財源を自ら調達する権能を有することが必要であることからすると，普通地方公共団体は，地方自治の不可欠の要素として，その区域内における当該普通地方公共団体の役務の提供等を受ける個人又は法人に対して国とは別途に課税権の主体となることが憲法上予定されているものと解される」と明言している。B説を正当とすべきである。

もっとも，判決もいうように，「憲法は，普通地方公共団体の課税権の具体的内容について規定しておらず，普通地方公共団体の組織及び運営に関する事項は法律でこれを定めるものとし（92条），普通地方公共団体は法律の範囲内で条例を制定することができるものとしていること（94条），さらに，租税の賦課については国民の税負担全体の程度や国と地方の間ないし普通地方公共団体相互間の財源の配分等の観点からの調整が必要であること」に照らせば，「普通地方公共団体が課することができる租税の税目，課税客体，課税標準，税率その他の事項については，憲法上，租税法律主義（84条）の原則の下で，法律において地方自治の本旨を踏まえてその準則を定めることが予定されており，これらの事項について法律において準則が定められた場合には，普通地方

公共団体の課税権は，これに従ってその範囲内で行使されなければならない」
ことはいうまでもない。

　「普通地方公共団体は，法律の定めるところにより，地方税を賦課徴収する
ことができる」（自治 223 条）との規定を受けて，「地方団体は，この法律の定
めるところによつて，地方税を賦課徴収することができる」（地税 2 条）とされ，
さらに「地方団体は，その地方税の税目，課税客体，課税標準，税率その他賦
課徴収について定をするには，当該地方団体の条例によらなければならない」
（地税 3 条 1 項）と定められているところである。

　なお，地方税法は，法定外普通税を認めているところ（地税 4 条 3 項・5 条 3
項・734 条 5 項），地方分権一括法による改正前は，法定外普通税の新設・変更
には自治大臣（当時）の許可（認可）が必要であるとされ，積極要件・消極要
件の定めがあった（改正前の地税 259 条～261 条・669 条～671 条）。改正後は，総
務大臣の同意を要する協議制に改められ（地税 259 条 1 項・669 条 1 項），国の経
済政策に照らして適当でないこと等の消極要件のみが協議の対象となった。ま
た，従前は法定外目的税は認められていなかったが，この点も改められ（地税
4 条 6 項・5 条 7 項・731 条 1 項・735 条 2 項），産業廃棄物税（三重県など）など多
種多様な新税が登場するに至っている。

　(iii)　罪刑法定主義　　31 条および 73 条 6 号にもかかわらず，「法律」によ
らずに刑罰を科すことができるか。地方自治法は，「普通地方公共団体は，法
令に特別の定めがあるものを除くほか，その条例中に，条例に違反した者に対
し，2 年以下の懲役若しくは禁錮，100 万円以下の罰金，拘留，科料若しくは
没収の刑又は 5 万円以下の過料を科する旨の規定を設けることができる」（自
治 14 条 3 項）とする。判例は，「条例によって刑罰を定める場合には，法律の
授権が相当な程度に具体的であり，限定されておればたりると解する」とした
上で，大阪市の売春取締条例について，この規定（事件当時は 5 項で，罰金額な
どには違いがある）と，風俗または清潔を汚す行為の制限その他の保健衛生，風
俗のじゅん化に関する事項を処理すること（旧 2 条 3 項 7 号）ならびに，住民お
よび滞在者の安全，健康および福祉を保持すること（同項 1 号）が普通地方公
共団体の処理する行政事務に属するとされていた規定とをあわせて，31 条に
違反しないとしたことがある（大阪市売春取締条例事件・最大判昭和 37・5・30 刑

集 16 巻 5 号 577 頁）。これは学説上，個別的委任が必要（A 説），一般的委任で足りる（B 説），委任不要（C 説）との立場があるところ，A 説と B 説の中間をとったものとされるが，当時の地方自治法 2 条 3 項が平成 11 年改正で廃止されたことから，判例を文字どおり受け止めれば，現時点で条例による処罰は原則として違憲なものになったということになってしまう。この結論は非常識で，判例は当初憲法解釈を誤っていたものであって，C 説が正当である。上の現行規定は，そのことを前提に，刑罰の上限を定めたものとみるべきである。

　財産権あるいは罰則について，前掲奈良県ため池条例事件および前掲大阪市売春取締条例事件以降，最高裁は正面から条例によって規定することについて改めて判示する機会をもっていない。しかし，前掲神奈川県臨時特例企業税事件が，地方公共団体の権能に触れつつ，課税権について，「地方自治の不可欠の要素として」「憲法上予定」されていると述べているところは，今日，等しく，財産権および罰則について当てはまるところと考えるべきで，古い最高裁判例は，法改正もあり，すでに歴史に属するものとみるべきであろう。

　なお，「普通地方公共団体の長は，法令に特別の定めがあるものを除くほか，普通地方公共団体の規則中に，規則に違反した者に対し，5 万円以下の過料を科する旨の規定を設けることができる」（自治 15 条 2 項）のであるが，秩序罰とはいえ実質的に刑罰としての罰金や科料と同様の性質をもつものとして憲法 31 条の要請を満たすべき（非訟事件手続法事件・最大決昭和 41・12・27 民集 20 巻 10 号 2279 頁）「過料」について，長かぎりで制定できると解することについては，判例や A，B 説からいっても違憲ではないか，C 説からでも，現行法上の長は議員と同様に政治的代表と呼ぶにふさわしい存在か，規則の制定手続が罰則を定めるにふさわしいものになっているかを問題にすべきだとの指摘がある（佐藤 615 頁）。

　(c)　**法令上の限界**　　条例は，「法律の範囲内」（94 条）で制定できるのであって，地方自治法はこれを受けて，①「法令に違反しない限りにおいて」，②「第 2 条第 2 項の事務に関し」条例制定を認めている（自治 14 条 1 項）。②については すでに説明したので，①について検討する。これは，法律と条令の所管が競合する場合の問題である。このような場合について，判断する基準を定立したのが，次の判例である。

判例 9-1　最大判昭和 50・9・10 刑集 29 巻 8 号 489 頁

〈徳島市公安条例事件〉

【事案】道路交通法 77 条 1 項は,「次の各号のいずれかに該当する者は, それぞれ当該各号に掲げる行為について」所轄警察署長の許可を受けなければならないとし, その 4 号において,「前各号に掲げるもののほか, 道路において祭礼行事をし, 又はロケーションをする等一般交通に著しい影響を及ぼすような通行の形態若しくは方法により道路を使用する行為又は道路に人が集まり一般交通に著しい影響を及ぼすような行為で, 公安委員会が, その土地の道路又は交通の状況により, 道路における危険を防止し, その他交通の安全と円滑を図るため必要と認めて定めたものをしようとする者」と規定し, 同条 3 項は, 1 項の規定による許可をする場合において, 必要があると認めるときは, 所轄警察署長は, 当該許可に道路における危険を防止しその他交通の安全と円滑を図るため必要な条件を付することができるとし, 同法 119 条 1 項 13 号は, 77 条 3 項により警察署長が付した条件に違反した者に対し, これを 3 か月以下の懲役または 3 万円以下の罰金に処する旨の罰則を定めている。そして, 徳島県においては, 徳島県公安委員会が, 同規定により許可を受けなければならない行為として, 徳島県道路交通施行細則 (1960〔昭和 35〕年徳島県公安委員会規則第 5 号) 11 条 3 号において,「道路において競技会, 踊, 仮装行列, パレード, 集団行進等をすること」と定めている。

　他方,「集団行進及び集団示威運動に関する条例」(1952〔昭和 27〕年徳島市条例第 3 号) は, 1 条において, 道路その他公共の場所で集団行進を行おうとするとき, または場所のいかんを問わず集団示威運動を行おうとするときは, 同条 1 号, 2 号に該当する場合を除くほか, 徳島市公安委員会に届け出なければならないとし, 3 条において,「集団行進又は集団示威運動を行おうとする者は, 集団行進又は集団示威運動の秩序を保ち, 公共の安寧を保持するため, 次の事項を守らなければならない」として,「交通秩序を維持すること」(同条 3 号) と規定し, 5 条において, 3 条の規定等に違反して行われた集団行進または集団示威運動 (以下,「集団行進等」) の主催者, 指導者またはせん動者に対し, これを 1 年以下の懲役もしくは禁錮または 5 万円以下の罰金に処する旨の罰則を定めている。

　本件集団示威行進については, 主催者から所轄徳島東警察署長に対し, 道路交通法 77 条 1 項 4 号, 徳島県道路交通施行細則 11 条 3 号により道路使用許可申請がされ, 徳島東警察署長から,「だ行進, うず巻行進, ことさらなかけ足又はおそ足行進, 停滞, すわり込み, 先行てい団との併進, 先行てい団の追越し及びいわゆるフランスデモ等交通秩序を乱すおそれがある行為をしないこ

と」等 4 項目の条件を付して，道路使用許可がされていた。

　X は「自らもだ行進をした」点が道路交通法 77 条 3 項・119 条 1 項 13 号に該当し，「集団行進者にだ行進をさせるよう刺激を与え，もつて集団行進者が交通秩序の維持に反する行為をするようにせん動した」点が「集団行進及び集団示威運動に関する条例」3 条 3 号・5 条に該当するとして，起訴された。

　第一審が，条例違反の点について X を無罪とし，第二審も控訴を棄却したので，検察官が上告。

【判旨】破棄自判（有罪）。「条例が国の法令に違反するかどうかは，両者の対象事項と規定文言を対比するのみでなく，それぞれの趣旨，目的，内容及び効果を比較し，両者の間に矛盾牴触があるかどうかによつてこれを決しなければならない。例えば，①ある事項について国の法令中にこれを規律する明文の規定がない場合でも，当該法令全体からみて，右規定の欠如が特に当該事項についていかなる規制をも施すことなく放置すべきものとする趣旨であると解されるときは，これについて規律を設ける条例の規定は国の法令に違反することとなりうるし，逆に，②特定事項についてこれを規律する国の法令と条例とが併存する場合でも，ⓐ後者が前者とは別の目的に基づく規律を意図するものであり，その適用によつて前者の規定の意図する目的と効果をなんら阻害することがないときや，ⓑ両者が同一の目的に出たものであつても，国の法令が必ずしもその規定によつて全国的に一律に同一内容の規制を施す趣旨ではなく，それぞれの普通地方公共団体において，その地方の実情に応じて，別段の規制を施すことを容認する趣旨であると解されるときは，国の法令と条例との間にはなんらの矛盾牴触はなく，条例が国の法令に違反する問題は生じえないのである。」（①②ⓐⓑは著者）

　「道路における集団行進等に対する道路交通秩序維持のための具体的規制が，道路交通法 77 条及びこれに基づく公安委員会規則と条例の双方において重複して施されている場合においても，両者の内容に矛盾牴触するところがなく，条例における重複規制がそれ自体としての特別の意義と効果を有し，かつ，その合理性が肯定される場合には，道路交通法による規制は，このような条例による規制を否定，排除する趣旨ではなく，条例の規制の及ばない範囲においてのみ適用される趣旨のものと解するのが相当であり，したがつて，右条例をもつて道路交通法に違反するものとすることはできない。」

　「条例によつて集団行進等について別個の規制を行うことを容認しているものと解される道路交通法が，右条例においてその規制を実効あらしめるための合理的な特別の罰則を定めることを否定する趣旨を含んでいるとは考えられないところであるから，本条例 5 条の規定が法定刑の点で同法に違反して無効で

あるとすることはできない。」

判例 9-1 【判旨】より

国の法令の存否	法令の趣旨・法令の目的と条例の 目的との関係・条例の適用の効果		条例の法令違反の有無
ある事項について国の法令中にこれを規律する明文の規定がない場合	当該法令全体からみて，右規定の欠如が特に当該事項についていかなる規制をも施すことなく放置すべきものとする趣旨であると解されるとき		→これについて規律を設ける条例の規定は国の法令に違反することとなりうる（①）
	当該法令全体からみて，右規定の欠如が特に当該事項についていかなる規制をも施すことなく放置すべきものとする趣旨であるとは解されないとき		→これについて規律を設ける条例の規定は国の法令に違反しないものとなりうる
特定事項についてこれを規律する国の法令と条例とが併存する場合（②）	後者が前者とは別の目的に基づく規律を意図するものであるとき	その適用によって前者の規定の意図する目的と効果をなんら阻害することがないとき	→国の法令と条例との間にはなんらの矛盾牴触はなく，条例が国の法令に違反する問題は生じえない（②ⓐ）
		その適用によって前者の規定の意図する目的と効果を阻害するとき	→国の法令と条例との間に矛盾牴触があり，条例が国の法令に違反する問題が生じうる
	両者が同一の目的に出たものであるとき	国の法令が必ずしもその規定によって全国的に一律に同一内容の規制を施す趣旨ではなく，それぞれの普通地方公共団体において，その地方の実情に応じて，別段の規制を施すことを容認する趣旨であると解されるとき	→国の法令と条例との間にはなんらの矛盾牴触はなく，条例が国の法令に違反する問題は生じえない（②ⓑ）
		国の法令がその規定によって全国的に一律に同一内容の規制を施す趣旨であり，それぞれの普通地方公共団体において，その地方の実情に応じて，別段の規制を施すことを容認する趣旨ではないと解されるとき	→国の法令と条例との間に矛盾牴触があり，条例が国の法令に違反する問題が生じうる

　この判例の提示する，条例と法律との関係に関する基準は基本的に学説上も広く受け入れられているといってよい。

　②ⓐの例としては，古くは狂犬病予防法と畜犬（飼犬取締）条例の例が挙げられた。②ⓑの法理の展開を促したのは，公害問題である。いわゆる「上乗せ条例」（法令による規制事項について同一目的でさらに厳しい規制を加えるもの），「横出し条例」（法令が規制していない事項について同一目的で規制するもの）が多く制定された。大気汚染防止法4条1項などのように，これらの趣旨を法律が明文で定める例もある。徳島市公安条例事件〈 判例 9-1 〉の事案自体もこの類型に属し，道路交通法と公安条例との関係について，「道路における集団行進等に対する道路交通秩序維持のための具体的規制が，道路交通法77条及びこれに基づく公安委員会規則と条例の双方において重複して施されている場合においても，両者の内容に矛盾牴触するところがなく，条例における重複規制がそれ自体としての特別の意義と効果を有し，かつ，その合理性が肯定される場合には，道路交通法による規制は，このような条例による規制を否定，排除する趣旨ではなく，条例の規制の及ばない範囲においてのみ適用される趣旨のものと解するのが相当」であると判示している。

　これに対して，判例において，徳島市公安条例事件判決の基準を適用して，条例が法律の範囲内にないとされたものとして，普通河川（河川法の適用や準用を受けない河川）については，適用河川または準用河川に対する管理以上に強力な河川管理の定めをすることは明文の規定はないが河川法の許すところでないと判断した高知市普通河川等管理条例事件（最判昭和53・12・21民集32巻9号1723頁）がある。

　上乗せ・横出し条例は，公害問題を念頭に，基本的に好意的に受け止められてきた。ある種の風俗営業の規制に関しても同様な事例として，例えば，パチンコ店の建築について，風俗営業等の規制及び業務の適正化等に関する法律およびこれに基づく県の同法施行条例よりも強度の規制を定めた市の教育環境保全条例を合憲とした伊丹市教育環境保全条例事件（神戸地判平成5・1・25判タ817号177頁）がある。しかし，他方，宝塚パチンコ店建築中止命令事件（大阪高判平成10・6・2判時1668号37頁）は，市が，パチンコ店を建築しようとしている者に対して，パチンコ店等の建築等の規制に関する条例に基づき，パチン

コ店の建築工事の続行の禁止を求めたところ，建築基準法において，用途地域内における建築物の制限について，地方公共団体の条例で同法と異なる規制を行うことを予定していないと解すべきであるとした（上告審たる最判平成 14・7・9 民集 56 巻 6 号 1134 頁 判例 7-1 は法律上の争訟性を否定した）し，飯盛町旅館規制条例事件（福岡高判昭和 58・3・7 行集 34 巻 3 号 394 頁）は，旅館業を目的とする建築について町長の同意を要求した飯盛町旅館建築の規制に関する条例について，旅館業法に反するとした（上告審たる最判昭和 60・6・6 判自 19 号 60 頁は条例が廃止されたので法律上の利益が失われたとした）。また，環境問題に関しても，特に産業廃棄物の規制に関し，条例による制約を無制約に認めると，産業廃棄物の処理自体が事実上不可能になってしまう事態も考えられる。宗像市環境保全条例事件（福岡地判平成 6・3・18 行集 45 巻 3 号 269 頁）は，専ら自然環境の保全および自然環境に係る事業者と市民の間の紛争を予防する観点から一般的に産業廃棄物の処理施設の設置等の抑止を広く行おうとする条例について，処理施設に起因する環境悪化の防止という要請との調和を保ちつつ同処理施設による産業廃棄物の処理を通じて生活環境の保全および公衆衛生の向上を図るという目的をもつ廃棄物処理法の目的の実現を阻害するとして，違法であると判示している。

練 習 問 題

1　地方公共団体の長の多選が問題となっている。これについて，条例で制限することは可能であろうか。法律によるのであれば，どうか。

2　地方公共団体の外国との交流（あるいは対立）が，しばしば，自治体外交などと称されることがある。これは憲法上どのように位置づけるべきものであろうか。

事 項 索 引

判 例 索 引

＊〔百選Ⅰ-○〕は長谷部恭男＝石川健治＝宍戸常寿編『憲法判例百選Ⅰ〔第7版〕』，〔百選Ⅱ-○〕
は同編『憲法判例百選Ⅱ〔第7版〕』を示す。○の数字は各巻の項目番号を示す。

憲法Ⅰ 総論・統治〔第3版〕
Japanese Constitutional Law
(General Theory & Separation of Powers), 3rd ed.

2011 年 2 月 25 日	初 版第 1 刷発行
2017 年 4 月 30 日	第 2 版第 1 刷発行
2022 年 3 月 31 日	第 3 版第 1 刷発行
2023 年 4 月 15 日	第 3 版第 2 刷発行

	毛 利		透
著 者	小 泉	良	幸
	淺 野	博	宣
	松 本	哲	治
発 行 者	江 草	貞	治
発 行 所	株式会社 有	斐	閣

郵便番号 101-0051
東京都千代田区神田神保町 2-17
http://www.yuhikaku.co.jp/

印刷・製本 共同印刷工業株式会社
© 2022, T. Mohri, Y. Koizumi, H. Asano, T. Matsumoto.
Printed in Japan
落丁・乱丁本はお取替えいたします
★定価はカバーに表示してあります。

ISBN 978-4-641-17950-9